令和7年版

根本正次のリ

司法

合格ゾーン テキスト

3 民法Ⅲ

債権
親族法
民法総合

はじめに

本書は、初めて司法書士試験の勉強にチャレンジする方が、本試験突破の「合格力」を無理なくつけるために制作しました。

まず、下の図を見てください。

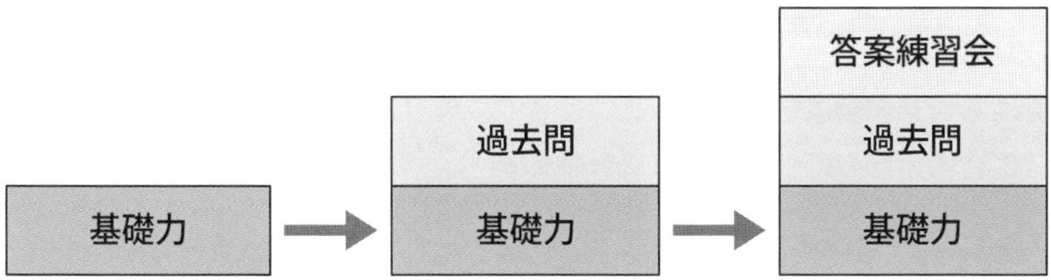

これは、司法書士試験での、理想的な知識の入れ方のイメージです。

まず、がっちりとした基礎力をつけます。この基礎力が備わっていれば、その後の部分は演習をすることで、徐々に知識を積み重ねていくことが可能になります。

私は、**この基礎力のことを「合格力」と呼んでいます。**

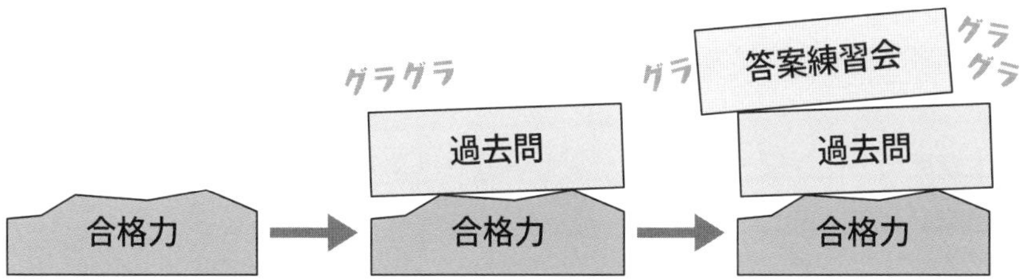

この合格力がついていないと、いくら勉強しても、知識を上積みすることができず、ドンドンと抜けていってしまいます（これまでの受験指導の中で、こういった受験生を本当に多く見ています…）。

本書は、まさにこの**「合格力（＋ある程度の過去問知識）」をつけるための基本書です。**

本書では、この「合格力」をつけるためにさまざまな工夫をしています。

①「合格に必要な知識」だけを厳選して掲載。

学問分野すべてを記載するのではなく、司法書士試験に出題がある部分（または今後出題される可能性が高いもの）に絞った記述にしています。学問的に重要であっても、「司法書士試験において必要かどうか」という観点で、論点を大胆に絞りました。

覚えるべき知識量を抑えることによって、繰り返し学習がしやすくなり、スムーズに合格力がつけられるようになります。本書を何度も通読し、合格力がついてきたら、次は過去問集にチャレンジしていきましょう。

②初学者が理解しやすい言葉、言い回しを使用。

本書は、司法書士試験に向けてこれから法律を本格的に学ぶ方のために作っています。そのため、**法律に初めて触れる方でも理解しやすい言葉や言い回しを使っています**。これは「極めて正確な用語の使い回し」をしたり、「出題可能性が低い例外を説明」することが、「必ずしも初学者のためになるとは限らない」という確固たる私のポリシーがあるからです。

③実際の講義を受けているようなライブ感を再現。

生講義のライブ感そのままに、話し言葉と「ですます調」の軟らかな文体で解説しています。また、できるだけ長文にならないよう、リズムよく５～６行ごとに段落を区切っています。さらに文章だけのページが極力ないように心掛けました。

④「図表」→「講義」→「問題」の繰り返し学習で知識定着。

１つの知識について、「図表・イラスト」、「講義」、「問題」で構成しています。そのため、本書を読み進めるだけで、**１つの知識について、３つの角度から繰り返し学習ができます**。また、「図表」は、講義中の登場人物の心境や物語の流れを把握するのに役立ちます。

⑤本試験問題を解いて実戦力、得点力アップ。

試験で落としてはいけない「基本知識」の問題を掲載。講義の理解度をチェックし、実戦力、得点力を養います。基礎知識を確認するための問題集としても使えます。

最後に

2002年から受験指導を始めて、たくさんの受験生・合格者を見てきました。
改めて、司法書士試験の受験勉強とは何をすることかを考えると、

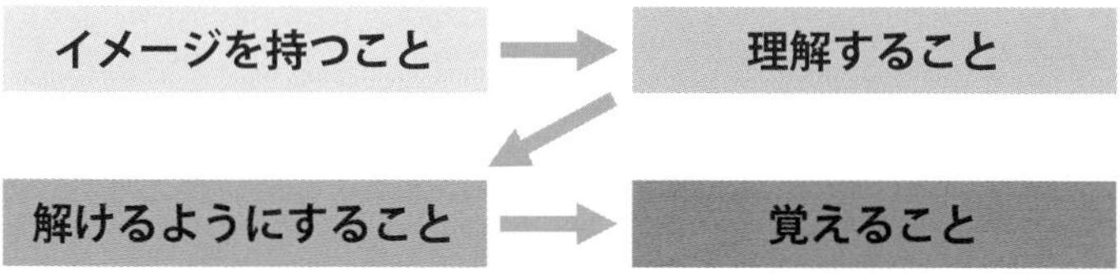

このプロセスを丹念に踏むことに尽きると思っています。

学習のスタートは、早ければ早いほど合格に近づきます。

しかし、いざ学習を始めるに当たり、「自分にできるかどうか」という不安をもっている方も多いのではないでしょうか。
ですが、**司法書士試験に今までの学習経験・学歴は、一切関係ありません**。**出題される知識を、「繰り返す」「続ける」努力を続けた人が勝つ試験です**。
本書は、いろいろな方法で学習を始めやすい・続けやすい工夫を凝らしています。安心して、本書を手に取って学習を始めてみましょう。

2024年5月
LEC専任講師　根本 正次

◆本書は、2024年5月1日現在成立している法律に基づいて作成しています。

●本書シリーズを使った学習法

STEP 1 本書を通読＋掲載されている問題を解く（1～2周）
※　ただし「2周目はここまで押さえよう」の部分を除く

まずは、本書をあたまから順々に読んでいってください。

各章ごとに、「問題を解いて確認しよう」という問題演習のパートがあります。それを解くことによって、知識が入っているかどうかを確認してください。ここの問題を間違えた場合は、次に進む前に、該当箇所の復習をするようにしてください。

STEP 2 本書の「2周目はここまで押さえよう」の部分を含めて通読する　＋　問題を解く（2周以上）

本書には「2周目はここまで押さえよう」というコーナーを多く設けています。この部分は、先の学習をしないとわからないところ、知識の細かいところ、基本知識が固まらないうちに読むと消化不良を起こす部分を記載しています。

STEP 1を数回クリアしていれば、この部分も読めるようになっています。ぜひ、この部分を読んで知識を広げていってください（法律の学習は、いきなり0から10まで学ぶのではなく、コアなところをしっかり作ってから、広げるのが効率的です）。

STEP 3 本書の姉妹本「合格ゾーン ポケット判択一過去問肢集」で演習をする　＋　「これで到達合格ゾーン」のコーナーを参照する

ここまで学習が進むとアウトプット中心の学習へ移行できます。そこでお勧めしたいのが、「合格ゾーン ポケット判択一過去問肢集」です。こちらは、膨大な過去問集の中からAAランク・Aランクの知識に絞って演習ができる教材になっています。

そして、分からないもの、初めて見る論点があれば、本書の「これで到達合格ゾーン」の個所を見てください。

ここには、近年の司法書士試験の重要過去問について、解説を加えています。

この部分を読んで、新しい知識の記憶を強めていきましょう。

（そして、学習が深化してきたら、「これで到達合格ゾーン」の部分のみ通読するのも効果的です。）

STEP 4　ＬＥＣの答案練習会・公開模試に参加する

本試験では、過去問に出題されたとおりの問題が出題されたり、問い方を変えて出題されたりすることがあります。

また、本試験の２～３割以上は、過去に出題されていない部分から出されます。

こういった部分の問題演習は、予備校が実施する答練で行うのが効率的です。

ＬＥＣの答練は、

・過去問の知識をアレンジしたもの

・未出知識（かつ、その年に出題が予想されるもの）

を出題していて、実力アップにぴったりです。

どういった模試・答練が実施されているかは、ぜひお近くのLEC各本校に、お問い合わせください。

TOPIC　令和６年度から記述式問題の配点が変更！より要求されるのは「基礎知識の理解度」

令和６年度本試験から、午後の部の配点が、択一の点数（１０５点）：記述の点数（１４０点）へと変更されました。

「配点の多い記述式の検討のため、択一問題を速く処理すること」、これが新時代の司法書士試験の戦略です。

そのためには、基礎知識を着実に。かつ、時間をかけずに解けるようにすることが、特に重要になってきます。

●本書の使い方

本書は、**図表➡説明という構成になっています**（上に図表があり、その下に文章が載っています）。

本書を使うときは、「図表がでてきたら、その下の説明を読む。その講義を読みながら、上の図表を見ていく」、こういうスタイルで見ていってください。

そして、**最終的には、「図表だけ見たら知識が思い出せる」というところを目標にしてください。**

イントロダクション

この編で何を学んで行くのかの全体像がつかめます。この内容を意識しながら学習を進めるといいでしょう。

章の初めには、「どういったことを学ぶのか」「どういった点が重要か」という説明が書かれています。この部分を読んでから、メリハリをつけて本文を読みましょう。

基本構造

本書の基本構造は「図表➡その説明」となっています。「図表を軽く見る➡本文を読む➡図表に戻る」という感じで読んでいきましょう。

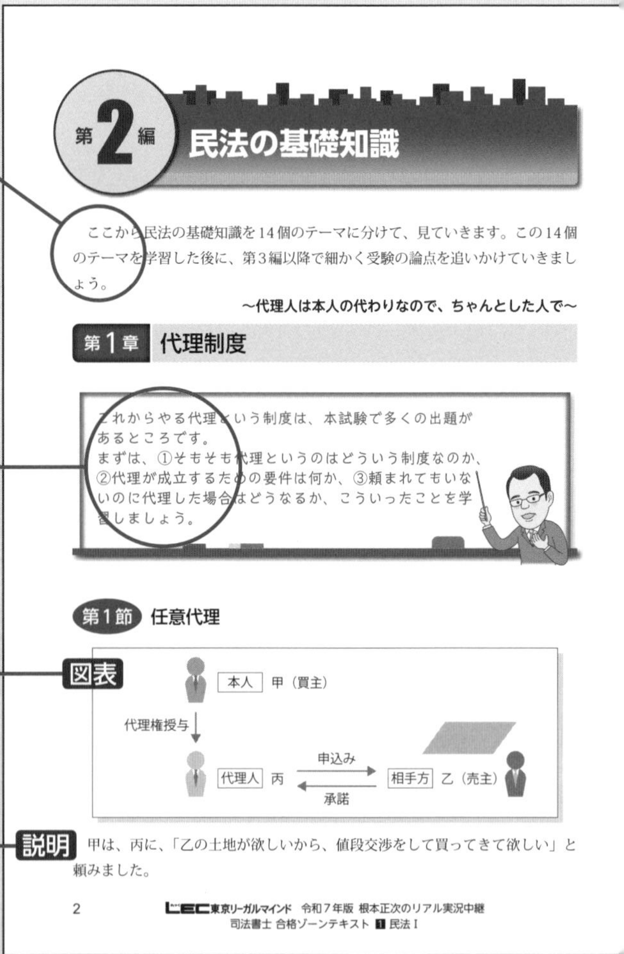
第2編 民法の基礎知識

ここから民法の基礎知識を14個のテーマに分けて、見ていきます。この14個のテーマを学習した後に、第3編以降で細かく受験の論点を追いかけていきましょう。

〜代理人は本人の代わりなので、ちゃんとした人で〜

第1章 代理制度

これからやる代理という制度は、本試験で多くの出題があるところです。
まずは、①そもそも代理というのはどういう制度なのか、②代理が成立するための要件は何か、③頼まれてもいないのに代理した場合はどうなるか、こういったことを学習しましょう。

第1節 任意代理

説明 甲は、丙に、「乙の土地が欲しいから、値段交渉をして買ってきて欲しい」と頼みました。

2 LEC東京リーガルマインド 令和7年版 根本正次のリアル実況中継 司法書士 合格ゾーンテキスト 1 民法Ⅰ

根本講師が説明！ 本書の使い方Web動画！

本書の使い方を、著者の根本正次ＬＥＣ専任講師が動画で解説します。登録不要、視聴無料で、いつでもアクセスできます。

本書の構成要素を、ひとつひとつ解説していき、設定の意図や留意点などを分かりやすく説明していきます。

是非、学習前に視聴していただき、本書を効率よく使ってください。

※スマートフォン等による視聴の場合、パケット通信料はお客様負担となります。

◆アクセスはこちら

◆二次元コードを読み込めない方はこちらから
https://www.lec-jp.com/shoshi/book/nemoto.html

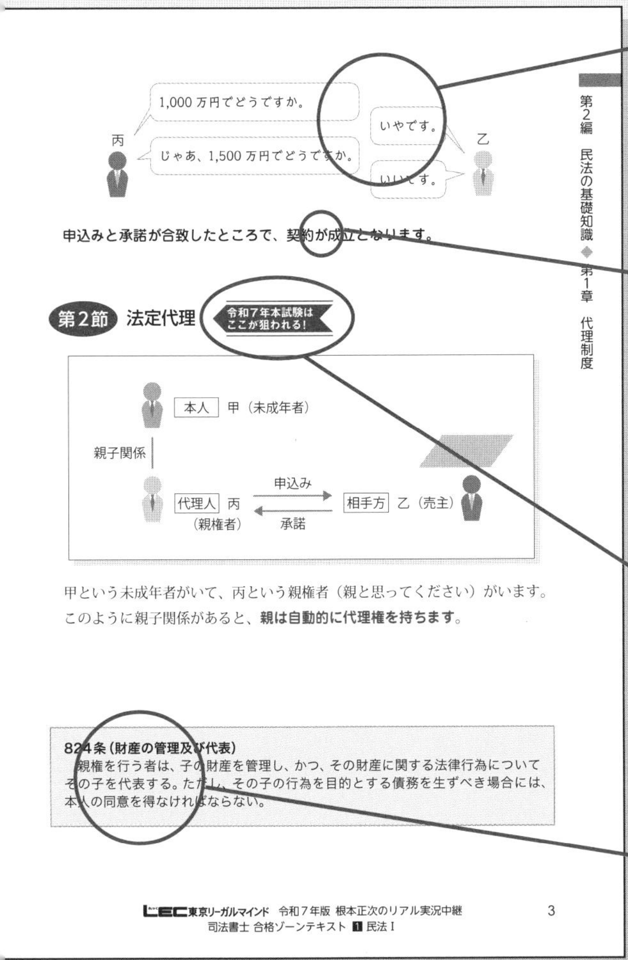

会話調のイラスト

流れや状況を会話調のイラストにすることにより、イメージしやすくなり、理解が早まります。

本文

黒太字：知識の理由となっている部分です。理由付けは理解するためだけでなく、思い出すきっかけにもなるところです。

赤太字：知識として特に重要な部分につけています。

令和７年本試験はここが狙われる！

令和７年本試験で狙われる論点をアイコンで強調表示しています。

条文

本試験では条文がそのまま出題されることがあります。覚える必要はありませんが、出てくるたびに読むようにしてください。

※上記は見本ページであり、実際の書籍とは異なります。

図に表示されている矢印の違い

本書には数多くの図が掲載されていますが、掲載されている矢の形で意味合いが異なってきます。

覚えましょう

試験問題を解答していく上で、欠かせない重要な部分です。読んだ後、この箇所を隠して暗記できているかを確認していきましょう。

Point

その単元の特に重要な部分です。この部分は特に理解することをこころがけて読んでください。

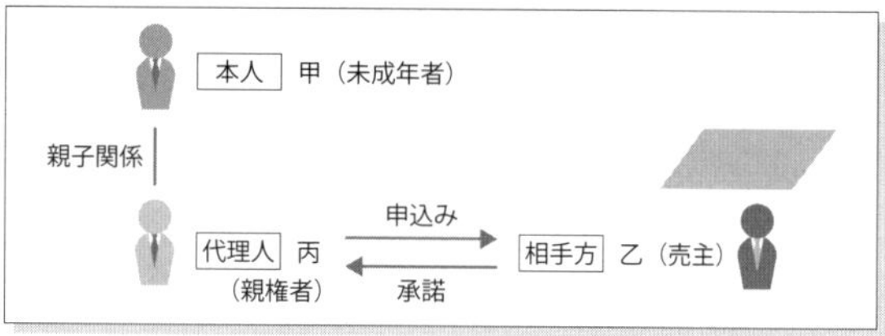

覚えましょう

代理行為が成立する要件

① 本人 甲が権利能力を有すること
② 代理人 丙が代理権を有すること
③ 代理人 丙が 相手方 乙に対して顕名をすること
④ 代理人 丙と 相手方 乙との間に有効な契約が成立すること

理行為が有効に成立するためには、①から④までの要件が必要です。
この4つをすべてクリアすると、直接甲に効果帰属します。

（1）権利能力について

Point

権利能力：権利義務の帰属主体となりうる地位
→ 「人」が持つ
→ 「人」とは、自然人・法人

権利能力とは、私は「**権利を持てる能力、義務を負える能力**」と説明しています。

そして、この**能力を持つのは、人**です。

法律の世界で人といった場合は、**自然人と法人**を指します。

4　LEC東京リーガルマインド　令和7年版 根本正次のリアル実況中継 司法書士 合格ゾーンテキスト 1 民法Ⅰ

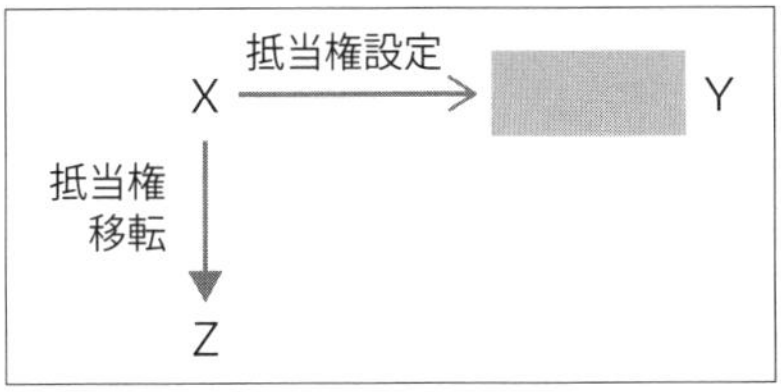

→ や ➡ 流れを示しています。権利や物がその方向で動いていると思ってください。
※太さが異なっても意味は同じです。

→ 債権、所有権、地上権などの権利を差しています。誰が権利をもっていて、どこに向かっているかを意識してみるようにしてください。

～お金を貸すときは担保が大事です～

第3章 債権者平等の原則と担保物権

第2編 民法の基礎知識◆第3章 債権者平等の原則と担保物権

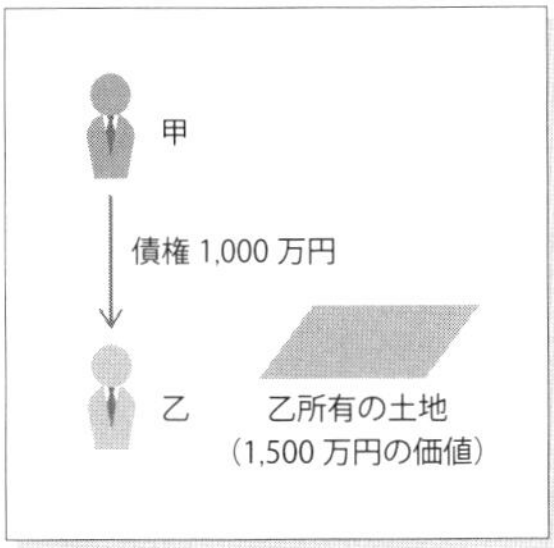

甲と乙が「1,000万円貸す」という借金契約をしました（この借金契約のことを、法律では、金銭消費貸借契約と呼びます）。

この場合、甲から乙に対し貸金債権が発生します。これは、「貸したお金を返せ」と請求できる権利です。

取引の常識
甲は、乙に金を貸す際に、乙の資産状態（資力ともいう）を確認してから貸す

問題を解いて確認しよう

1	金銭消費貸借契約をすることによって、抵当権は当然に設定されたこととなる。〔オリジナル〕	×

ヒトコト解説

1 借金の契約とは別に、抵当権をつけるという契約をしないと抵当権は設定されません。

LEC東京リーガルマインド 令和7年版 根本正次のリアル実況中継 司法書士 合格ゾーンテキスト 1 民法Ⅰ　5

根本のフキダシ
根本が考える「この部分は、こう考えるといいよ」という理解の方向性を示している部分です。

問題を解いて確認しよう
ここまでの理解を確認します。理解していればすぐに解ける肢を、主に過去問からセレクトしていますので学習の指針にしてください。また、出題年度を明記しています。
例：〔13-2-4〕→平成13年問題2の肢4
×肢には「ヒトコト解説」が付いてくるので、なぜ誤っているかはここで確認してください。

※上記は見本ページであり、実際の書籍とは異なります。

目次

根本正次のリアル実況中継

司法書士

合格ゾーン テキスト

3 民法Ⅲ

まるわかりWeb講義

著者、根本正次による、科目導入部分のまるわかり Web 講義！

科目導入部分は、根本講師と共に読んで行こう！
初学者の方は、最初に視聴することをおすすめします。

- 二次元コードを読み込んで、アンケートにお答えいただくと、ご案内のメールを送信させて頂きます。
- 「まるわかりWeb講義」は各科目の「第1編・第1章」のみとなります。2編以降にはございません。
- 一度アンケートにお答えいただくと、全ての科目の「まるわかりWeb講義」が視聴できます。
- 応募期限・動画の視聴開始日・終了日については、専用サイトにてご案内いたします。
- 本書カバー折り返し部分にもご案内がございます。

第6編　債権総論

　ここからは、司法書士試験の債権法を学んでいきます。
　学習範囲は、非常に広いのですが、出題が4問となっているため、メリハリが特に重要になってくる分野です。

～まずは債権の基本、身近に感じてみると分かりやすいです～

第0章　債権の学習にあたって

ここでは、債権法の全体マップを見ていきます。債権法は、範囲が広いため「自分は何を勉強しているのか」を見落としがちになります。
まず、この章を使って全体マップを頭に入れていきましょう。

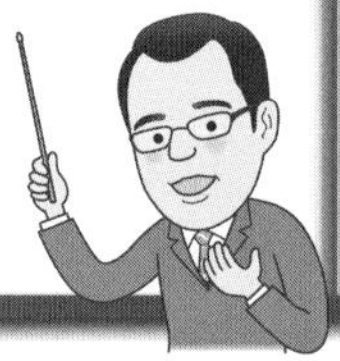

第1節　債権法の概要

第6編　債権総論
　第0章　債権の学習にあたって
　第1章　債権の効力
　第2章　責任財産の保全
　第3章　多数当事者の債権・債務関係
　第4章　債権譲渡・債務引受
　第5章　債権の消滅

債権各論
　第7編　契約総論
　第8編　契約各論
　第9編　事務管理・不法行為

ここからは債権について説明します。まず債権法の作りを説明しましょう。

債権法は、債権総論というカテゴリーと債権各論というカテゴリーに分かれています（条文番号でいうと債権総論に当たるのが399条から520条の20、債権各論に当たるのが、521条から724条の2です）。

これらの条文で、**「債権が生まれる場面→債権が発生した場合の効力→債権が消滅する場面」をルール化**しています。

その債権が生まれる場面は、次の債権各論に載っています。

債権は、ほとんどといっていいほど契約で生まれます。民法は、契約に共通する部分を第3編第2章第1節で規定し、その後に、1つ1つの契約の特色を同編同章第2～14節で規定しています。

そして、同編3～5章では**契約以外で債権が発生する場面を規定**しています。

これが債権法の大枠だと思ってください。

ではまずは特色のある債権を見ていきましょう。

第2節　特定物債権と不特定物債権

特定物債権と不特定物債権、これは引渡債権の分類だと思ってください。

特定物　：これがいい
不特定物：どれでもいい

という感じで押さえればいいでしょう。

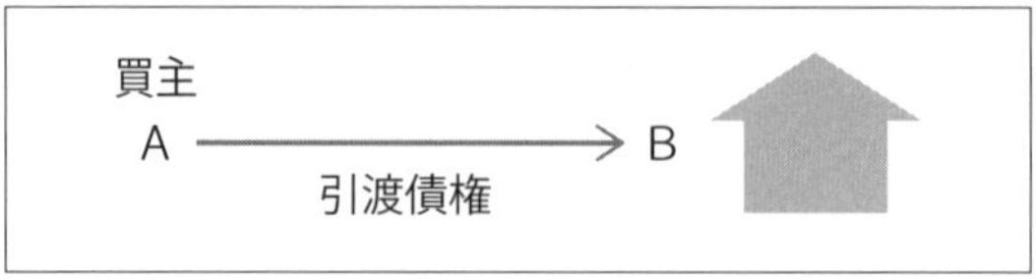

Aがマイホームを探しています。いろんな物件を探した結果、Bの持っている物件がいいと思って売買契約をしました。それにより、引渡債権が発生します。

このAは、家ならどれでもいいんですか？　この家だからよかったんですか？

この家だからよかったんですよね。

この場合の引渡債権は、特定物債権と呼ばれます。

この時の所有権・占有の流れを説明しましょう。次の時系列を見てください。

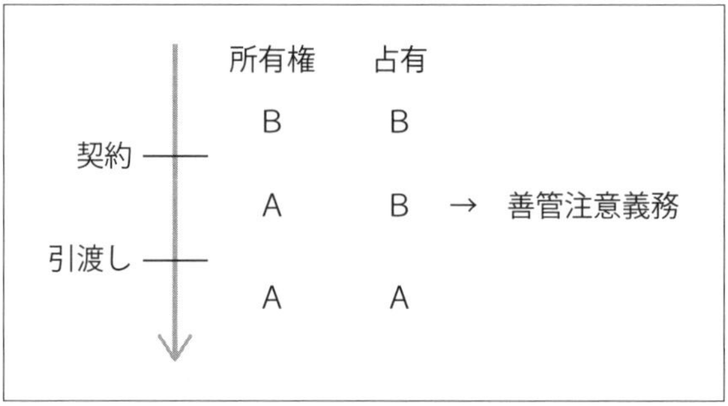

時系列の左側には、契約をする、後日引き渡すという流れが載っています。

時系列の右側には、誰が所有権を持っているか、誰が現実に占有している（物を持っている）のかが、載っています。

まず、所有権自体は契約時に、BからAへと移転します。**意思主義という立場ですので、意思の時点で所有権は移ります**。

一方、占有はもともとBが持っている状態から、引渡しをすることによって、Aに移ります。

契約から引渡しの間はどういう状態でしょうか。

これは、**所有権はAにあるけど現実に持っているのはBという状態**です。
ある意味、Bとしてみれば、他人の物を管理している状態です。

他人の物を管理する場合、民法は、注意義務を課します。次の条文を見てください。

> **400条（特定物の引渡しの場合の注意義務）**
> 債権の目的が特定物の引渡しであるときは、債務者は、その引渡しをするまで、契約その他の債権の発生原因及び取引上の社会通念に照らして定まる善良な管理者の注意をもって、その物を保存しなければならない。

他人の物を持っている場合の注意義務、レベルが2つあります。

覚えましょう

善管注意義務　＞　自己の財産におけるのと同一の注意義務

善管注意義務というのは、厳しく管理しなさいと要求しているとイメージしてください。
一方、**自己の財産におけるのと同一の注意義務というのは、自分の財産と同じように管理すればいい**ですよ、くらいの要求です。

1つ具体例を説明します。次の条文を見てください。

> **659条（無報酬の受寄者の注意義務）**
> 無報酬の受寄者は、自己の財産に対するのと同一の注意をもって、寄託物を保管する義務を負う。

お金を払って預けるのと、タダで預けるのでは、注意義務のレベルが違います。

例えば皆さんが私に自転車をタダで預けたとします。この場合、私はその自転車を、自分の自転車と同じように管理すればいいのです。

自分の自転車を外に出しているのであれば、預かった自転車も外に出しておけばいいのです。

一方、これがもしお金を払って預けたような場合、例えば、お金を払って自転車置き場に預けた場合は、自転車置き場の担当者はプロの目で管理することが必要になります。

基本的に他人の財産を管理している場合は、ほとんどが善管注意義務です。
自己の財産におけるのと同一の注意義務になるケースは少ないので、そのケースが出てきたら、暗記していきましょう。

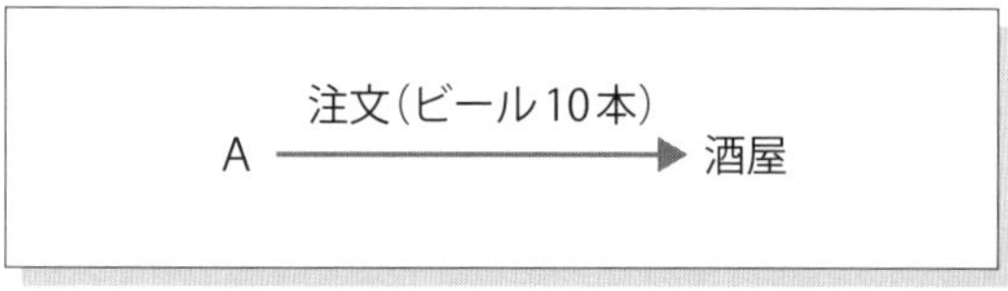

Aが酒屋に行き、「ビール10本ください。後でいいので届けてください」。
そんなことを言って売買契約をしました。

この場合、Aは引渡債権を持ちますが、「これならいい」「どれでもいい」のどっちでしょう(ビールは全部同じ賞味期限、冷え方もすべて同じと思ってください)。

全部同じ品質であれば、「どれでもいい」と思っているはずです。
この場合のビールの引渡債権は、不特定物債権と呼ばれます。

では、このビール10本の所有権の流れを見ていきましょう。
次の時系列を見てください。

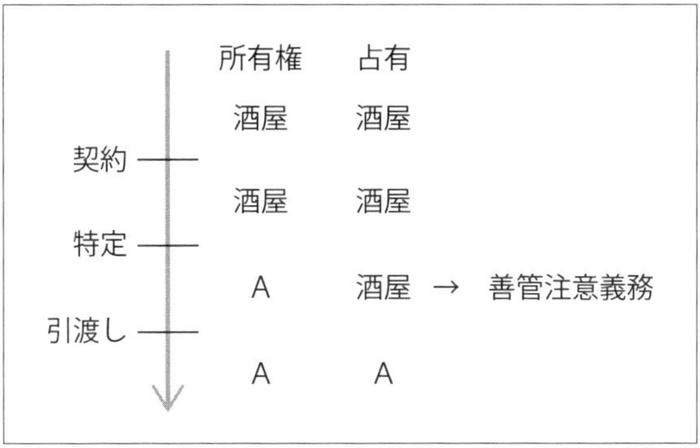

特定という言葉があります。ある時点で、酒屋にある多数のビールの中から、どの10本になるか決まります。**どの10本か決まる時点、これを特定と思ってください**。

所有権から流れを確認していくと、所有権はまず酒屋にあり、契約時もまだ酒屋にあります。**まだどの10本か決まってない以上、所有権を飛ばしようがない**ですね。

その後、**特定が起きれば、どの10本か決まるので、その時点で所有権がAに飛んでいきます**。

覚えましょう

特定の効果 ＝ 所有権移転

一方、占有状態は、初めが酒屋で、最後の引渡しによってAに行くことになります。特定から引渡しの間は、酒屋はAのビール10本を管理しているという状態になり、他人の物を管理しているという状態になるので、これは善管注意義務が課せられます。

一方、特定する時点までは酒屋は注意義務を負いません。なぜなら、酒屋は自分のお酒を自分で持っているだけだからです（**他人の物を管理しているのではないからです**）。

第3節 金銭債権

Point

金銭債権

一定額の金銭の支払を内容とする債権

ex. 代金債権・貸金債権・賃料債権

金銭債権とは、「お金を払え」と請求する権利です。

そのお金を払えという債権にも、売った代金を払え（代金債権）、貸したお金を払え（貸金債権）、今月の家賃を払え（賃料債権）、いろんなタイプがあります。

この金銭債権には、利息という概念があります。

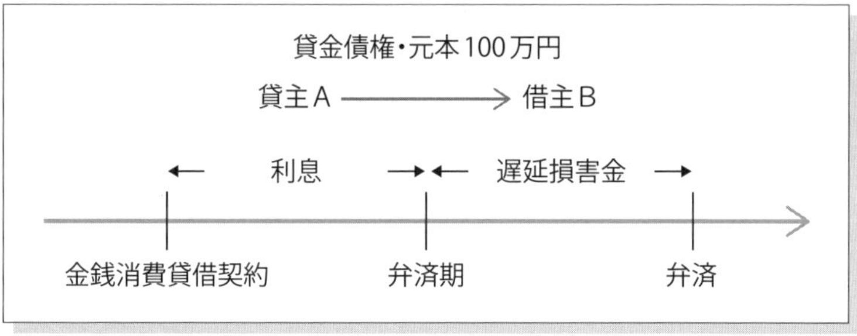

弁済期を決めているのに、その日に払わず、しばらくしてから払ったという事例です。

元本100万円にいわゆる利息が付くのですが、その利息にも、2タイプあります。

1つ目が、**弁済期までに付くもので、「利息」といいます。**

これは、弁済期までの対価、**「弁済期まで貸してくれてありがとう」というお礼**として渡すものです。

もう1つが、弁済期後に付くものです。一般的には利息と呼ばれていますが、法律上は、**遅延損害金**と呼びます（別名、遅延利息ともいいます）。

これは、お礼ではなく**「約束の日に払わなかったな！」という損害賠償の扱い**

です。

ここでは利息が、どれくらい取れるのかを見ましょう（遅延損害金は、別のところで説明します）。

Point

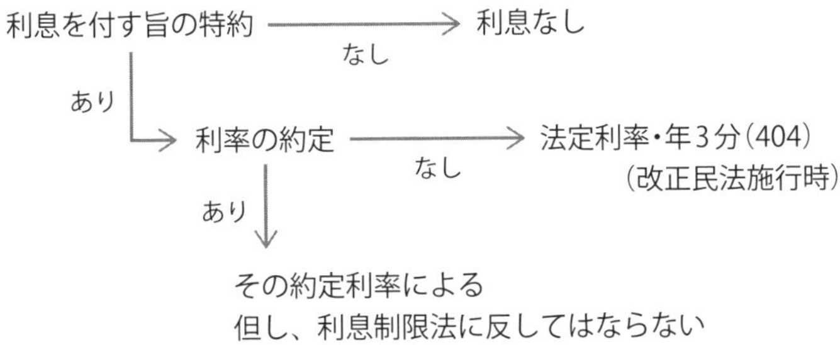

利息を取るという約束があるかどうか、そこからスタートです。

民法は民間人同士、一般人同士の契約を考えています。

皆さんが誰か知り合いにお金を貸す時、普通、利息は取らないと思います。**利息を取る場合は、「利息を取るよ」という約束が別個に必要**です。

利息を取るという約束をした上で、利率をどれだけにするか、これも基本は約束で決めます。

ですが、どんな利率でもいいわけではありません。例えば、元本10万円、利率100%とか、そういうことはできません。利息制限法という法律があり、利率にも上限が決まっているのです。

> **利息制限法第1条（利息の制限）**
> 金銭を目的とする消費貸借上の利息の契約は、その利息が以下の利率により計算した金額を超えるときは、その超過分につき無効とする。
> ① 元本が10万円未満の場合――年2割
> ② 元本が10万円以上100万円未満の場合――年1割8分
> ③ 元本が100万円以上の場合――年1割5分

数字はぜひ覚えてください。

例えば、80万円を貸す場合に、利率20%はダメということになりますね（18%が上限です）。

フローチャートに戻って、利率の約定なしの部分を見てください。

これは、ちょっと間抜けな話ですよね。

利息を取るよと決めておきながら、何%にするのかを決めずに貸してしまったという場合です。

この場合、改正民法施行時においては**利率は3分**になります（**法定利率**といいます）。

ちなみに、改正時の法定金利は３分としましたが、３年後に金利は変わります（具体的には、金利は民法404条４項以降の条文に従って、３年に１回自動的に変わるようになっています）。

第4節 選択債権

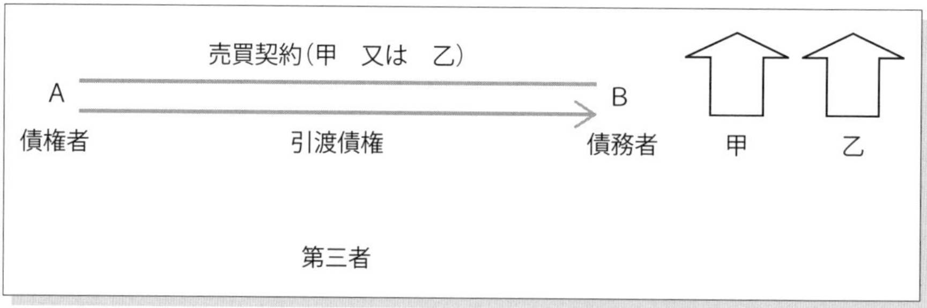

Aは投資物件を探していて、Bが持っている甲物件・乙物件のどちらかにすることまで決めましたが、決めきれません。そこでAはBに対して「甲又は乙を買いたい」と申し込んだところ、Bがそれに応じました。

これにより、AはBに対して「甲又は乙を渡せ」という引渡債権を持ちます。この引渡債権を選択債権と呼びます。

この場合、甲にするか、乙にするかは誰が決めるのでしょうか。これは債権者Aにすること、債務者Bにすることだけでなく、第三者Cにすること（投資物件に詳しい人など）にすることもできます。

選択する人は、通常は売買契約時に「選択権は○○が持つ」という形式で決めることが多いです。

ちなみに、契約で何も決めていなければ、選択権は債務者が持つことになっています。

◆ 選択権の移転 ◆

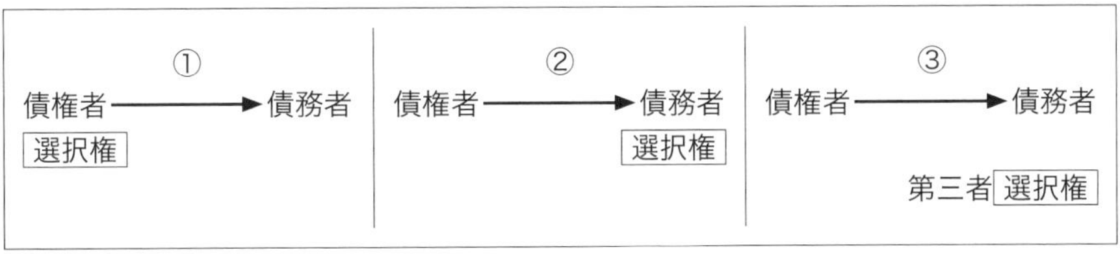

選択権を使わない場合、その選択権は移ることになります。

上記の①で債権者が選択権を使わなかった場合には、その選択権は債務者に移ります。

上記の②で債務者が選択権を使わなかった場合には、その選択権は債権者に移ります。

上記の③で第三者が選択権を使わなかった場合には、**その選択権は債務者に移ります**（原則に戻る、と考えるといいでしょう）。

◆ 選択権の行使 ◆

	誰に対する意思表示で行うのか	撤回の要件
債務者・債権者が選択する場合	相手方に対する意思表示によってする(407 Ⅰ)	相手方の承諾(407 Ⅱ)
第三者が選択する場合	債権者又は債務者に対する意思表示によってする(409 Ⅰ)	債権者及び債務者双方の承諾

債務者が選択権を持っている場合、その選択権は契約相手である債権者に対して行います。また、選択した後に「やっぱり、他の物件にしたい」と撤回する場合は、相手の同意が必要になります。

一方、第三者が選択権を持っている場合には、その選択権は「債権者又は債務者」に対して行います（どちらかに言えば、どちらかに伝えるだろうと考えたようです)。ただ、撤回をする場合、利害を持っている「債権者及び債務者」の双方の同意が必要になります。

ちなみに、選択権には遡及効があります。契約時から、その物を選んでいたと評価されるのです。

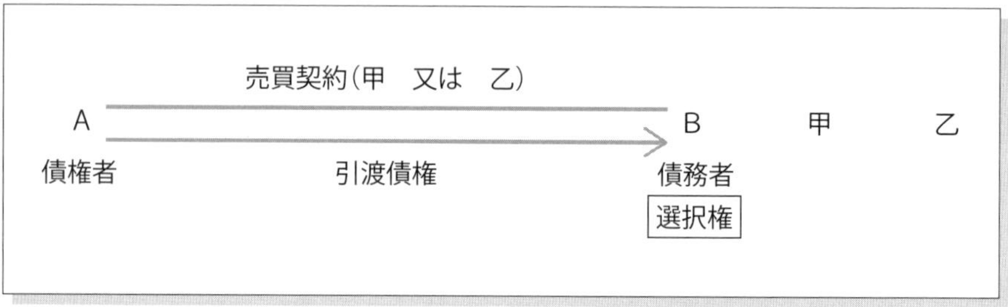

上記のような売買で選択債権が発生した後に、天災で甲が消滅してしまいました。

この場合でも、選択権を持つBは「甲・乙」を選べます。具体的には、
「乙を選択します。乙を渡すので、お金を下さい」と請求できるし
「甲を選択します。もう物がなく渡せないので契約は終了です」とすることも可能です。

このように、**物が滅失して選択できる（乙に特定しない）のが原則**ですが、下記の例のみ例外と扱われます。

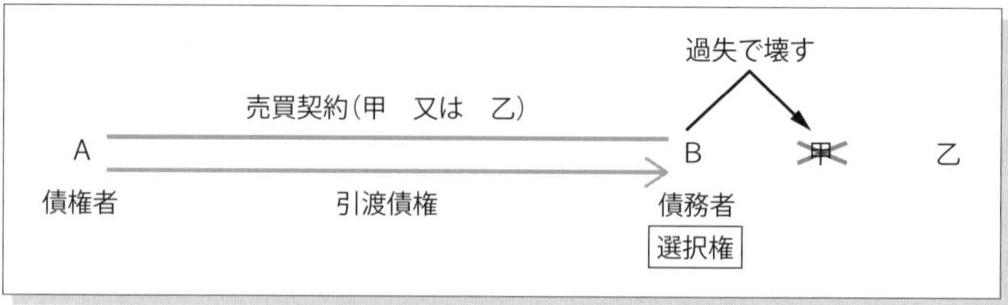

これは、選択権者の過失で壊してしまったような場合です。この場合は、あた

かも「選択権を持つ者が、壊すことによって、乙を選んだ」ともいえます。

このように**選択権を有するものの過失で滅失した場合「のみ」、物は特定する**ことにしています（ここは特定する場面を覚えて、あとは特定しない という処理でとどめることをお勧めします。場合分けや、1つ1つ具体例を考えると、ハマるのでおすすめしません)。

問題を解いて確認しよう

1	第三者が選択権を有する場合において、その第三者が選択をすることができないときは、選択権は債権者に属する。〔61-10-3（27-16-オ)〕	×
2	債務者がした選択の意思表示は、債権者の利益を害しない限り、いつでもこれを撤回することができる。〔61-10- 5（27-16-ア)〕	×
3	第三者が選択権を有する場合には、選択の意思表示は、債権者又は債務者のいずれか一方に対してすれば足りる。〔27-16-エ〕	○
4	選択債権についての選択は、債権の発生の時にさかのぼってその効力を生ずる。〔27-16-ウ〕	○
5	債権の目的たる給付のうち、選択権を有しない当事者の過失により不能となったものがあるときは、選択権を有する当事者は不能となった給付を選択することができる。〔61-10- 2（27-16-イ)〕	○

×肢のヒトコト解説

1 債務者に属します。

2 債権者の同意が必要です。

～損害賠償を請求したり、ダメなら解除も出来たりする～

第1章　債権の効力

令和7年本試験は
ここが狙われる!

学問的にはかなり面白いところですが、司法書士試験での出題は限定的です。そのため、「試験に出ていないことは考えない」というスタンスで読むようにしてください。

第1節　債務不履行総説

覚えましょう

債務不履行
債務者が債務の本旨に従った履行をしないこと

債務不履行は、**契約違反とも言われます**。

ざっくり言えば、「契約と違うじゃないか」、「やるべきことをやっていないじゃないか」そんなイメージを持っておいてください。

この債務不履行にも、いくつかのパターンがあります。

履行遅滞	履行期（弁済期）に履行しない場合
履行不能	履行期における履行が不能となった場合
不完全履行	履行期における履行は一応あったが、不完全であった場合　例）契約不適合

上から、遅れる、履行できない、それ以外を指しています。

それ以外とは、「遅滞でも不能でもない、でもなすべきことをキチンとしていない」そういう場合です。

色々なケースがありますが、代表例が契約不適合です。

買った物を引き渡してもらったのですが、「壊れていた」「数量が足りない」「他人の権利がついていた」など、契約内容と異なる物の引渡しを受けた場合です（契約不適合は、また別の章で改めて説明します）。

司法書士試験で出題が多いのが、いつになると履行遅滞になるかという点です。弁済期があるケースとないケースで分けて考えるのが効率的なので、まずは、弁済期がある場合を見てみます。

覚えましょう

	例	遅滞時期
確定期限ある債権	金銭消費貸借 弁済期 令和６年５月20日	期限到来の時期 （412 Ⅰ）
不確定期限ある債権	金銭消費貸借 弁済期 Ａの父が死亡したとき	①期限の到来した後に履行の請求を受けた時 又は ②期限の到来したことを知った時 いずれか早い時（412 Ⅱ）

弁済期という期限にも２タイプあります。**確定期限**と**不確定期限**です。

確定期限がある債権、これは、期限が来るかどうかが分かっていて、かつ、いつ来るかも分かっている場合です。

例えば弁済期を令和６年５月20日としたような場合には、令和６年５月20日に払わなければ、履行遅滞となります。

次に、不確定期限がある債権、来るかどうかは分かっている、でも、いつ来るか分からない場合を見ましょう。

例えば金銭消費貸借の時に、Ａが「お金を貸すけど、返すのは今でなくていい。自分の父が死んだら、物入りになるから、その時に返してくれるかな」こんな風に約束していた場合です。

この場合、父親が死んだ時から遅滞になるのではありません。

確かに払うべきなのは、Ａの父が死んだ時です。ただ、死んだ時から遅滞にすると、こんなことも起きるでしょう。

・Aの父が死亡し、2年経過
・2年経過後、Aが請求する

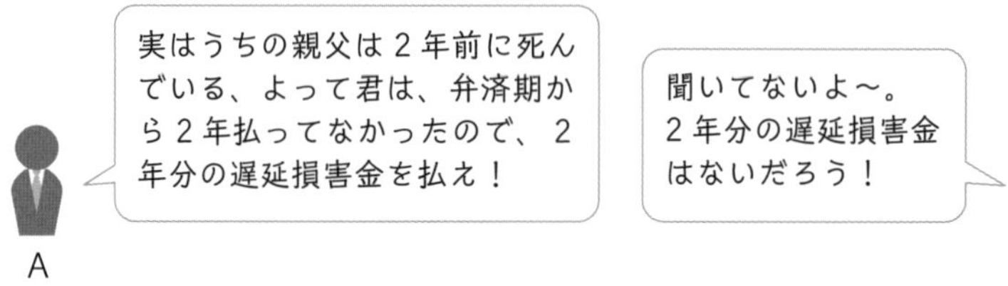

実はうちの親父は2年前に死んでいる、よって君は、弁済期から2年払ってなかったので、2年分の遅延損害金を払え！
聞いてないよ～。2年分の遅延損害金はないだろう！
A
B

これではBに不意打ちになるので、**「期限が到来して、債務者が知るまで」は履行遅滞にしない**ことにしました。

ちなみに、期限が到来しても、債務者が全く知ろうとしない場合は、「父が死んだからそろそろ払ってくれ」と請求することになります。これによって、期限が到来して債務者が知ったことになるので、履行遅滞状態になります。

では次に、弁済期を全く決めていなかった場合を見ていきます。
ここは原則の処理を押さえた上で、不法行為の例外、金銭消費貸借の例外をしっかりと覚えることが重要です。

覚えましょう

	例	遅滞時期
期限の定めのない債権	①期限を定めていない代金債権 ②法律の規定で発生する債権	履行の請求を受けた時 （412 Ⅲ）

弁済期を決めていない場合、いつから遅滞になるのでしょうか。
例えば、知り合いに何かを売った時に、「代金いつ払えばいい？」「あー、いつでもいいよ」。このような場合は、弁済期を決めていないと扱われます。

この場合、いつから遅滞になるかといえば、これは**請求を受けた時**です。
「そろそろ払ってよ」と言われたら遅滞になるのです。

だから債務者側としては、いつでも払える準備をしておかないといけません。

この期限の定めのない債権は、「法律の規定で発生する債権」にも該当します。

例えば、債務不履行による損害賠償債権は、要件をクリアすれば勝手に発生するため、当事者間で弁済期をいつにするかを決めていません。こういった**法律の要件をクリアして発生した債権は、期限の定めのない債権と扱われます**。

期限の定めのない債権の履行遅滞時期については、2つの例外があります。

覚えましょう

	例	遅滞時期
不法行為に基づく損害賠償請求権（709）	令和6年5月20日にAがBを交通事故ではねた	不法行為の時
金銭消費貸借に基づく返還請求権（587）	金銭消費貸借をした場合で、弁済期の定めをしなかった場合	催告後相当期間が経過した時（591）

まず不法行為に基づく損害賠償請求権です。

不法行為という要件をクリアすれば、損害賠償請求権は自動的に発生するものなので、期限の定めのない債権です。

ただ、遅滞になるのは、請求時ではなく、不法行為の時なのです。

民法

不法行為の趣旨
→被害者を救済したい

被害者を救済したいので、**1日でも早く履行遅滞にして、1日分でも多く、遅延損害金を取らせてあげようとしている**のです。

もう1つは、弁済期を決めていない借金です。

契約が成立する→「払え」と請求する→しばらく経つ、ここまで来て遅滞です。

お金を借りた人は、借りたお金を使っています。

そのため、**返すお金を集めるまでしばらく待ってあげる必要がある**ため、原則より遅らせました。

この履行遅滞時期は、債務不履行の論点で一番の出題実績があるところなので、今回の内容は必ず覚えておいてください。

問題を解いて確認しよう

1	不確定期限のある債務において、期限が到来し、債務者がその期限の到来を知った場合、その後、債権者が催告をしたときでも、債務者は、期限の到来を知った時から遅滞の責任を負う。〔オリジナル〕	○
2	不法行為に基づく損害賠償債務は、期限の定めのない債務であるので、加害者は、損害賠償の請求を受けた時から遅滞の責任を負う。〔オリジナル〕	×
3	期限の定めのない金銭消費貸借に基づく金銭債務を負う債務者が、債権者より履行の催告を受けた場合、当該催告を受けた当日に履行したとしても、催告を受けてから履行するまでの遅滞責任を免れることはできない。〔オリジナル〕	×

×肢のヒトコト解説

2 被害者の救済のため、不法行為時から遅滞になります。

3 催告後相当期間が経過しないと履行遅滞になりません。

2周目はここまで押さえよう

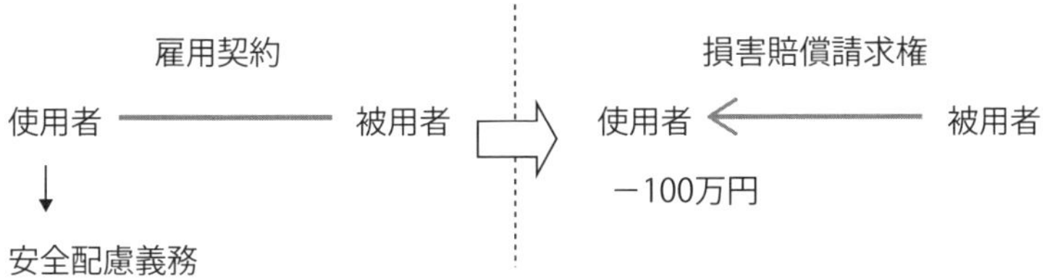

工場内の施設の不備があり、そこで働いていた人が大けがを負いました。この場合、雇われた方は、雇い主に債務不履行による損害賠償請求をすることができる場合があります。

この理屈は、雇用契約をした時点で、雇い主は「被用者を安全に働かせる義務」を負っており、その債務不履行の効果として損害賠償が認められるということです。

では、この損害賠償請求権はいつから遅滞になるのでしょう。

この損害賠償請求権は法律の規定を満たして発生している債権なので、期限の定めのない債権です。そのため、請求を受けた時点で遅滞になります。

1	雇用契約上の安全配慮義務違反に基づく損害賠償債務は、期限の定めのない債務であるので、使用者は、損害賠償の請求を受けた時から遅滞の責任を負う。〔19-17-イ改題〕	○
2	雇用契約上の安全配慮義務に違反したことを理由とする債務不履行に基づく損害賠償債務は、その原因となった事故の発生した日から直ちに遅滞に陥る。〔29-16-イ〕	×

第2節 損害賠償

ここからは、債務不履行の効果を２つ見ていきます。

まずは、損害賠償です。

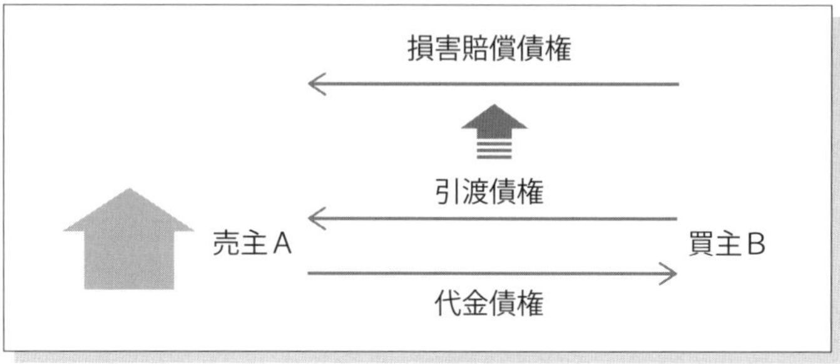

引渡債務を負っているＡの履行が、１週間程度遅れました。

マイホームとして買ったＢは当てが外れ１週間住めなかったので、その間、ホテル等に住みました。この場合、**引渡債権は残った上で、そこから、損害賠償債権が生み出されます**。

つまり、損害賠償請求をしつつ、引渡請求も別個にすることが可能なのです。

もし、上記の事例でＡが不始末で家を壊してしまった場合（家の履行ができない状態）でも、引渡債権は残りながらも損害賠償請求することが可能です（家の引渡しを求めることはできないのですが、引渡債権が勝手に消滅することはありません）。

417条（損害賠償の方法）
損害賠償は、別段の意思表示がないときは、金銭をもってその額を定める。

あなたのせいで損害が出たから、殴らせろなんてことはできません（気持ちは分かりますが…）。

損害が出た場合は、全部お金で解決しなさいということです。

そのため、**損害賠償債権は、金銭債権となります。**

覚えましょう

損害賠償請求をするための要件
①債務の存在
②債務不履行の事実
③損害の発生
④債務不履行の事実と損害との因果関係

損害賠償を請求するための要件が載っています。
損害が発生することが必要です。
いくらひどい債務不履行をされても、損害がなければ、損害賠償請求はできません。

また、その損害と履行遅滞（又は履行不能）の間に因果関係が必要です。
その遅滞（又は不能）のせいで、この損害が起きた、例えば、「あなたが約束どおりに家を渡さなかったから、ホテル代がかかったんだ」のような関係が必要なのです。

415条（債務不履行による損害賠償）
1　債務者がその債務の本旨に従った履行をしないとき又は債務の履行が不能であるときは、債権者は、これによって生じた損害の賠償を請求することができる。ただし、その債務の不履行が契約その他の債務の発生原因及び取引上の社会通念に照らして債務者の責めに帰することができない事由によるものであるときは、この限りでない。

但書以降に注目してください。これは、「免責事由」と呼ばれるもので、

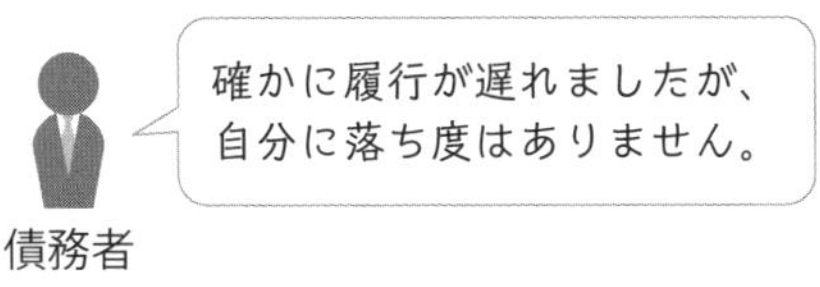

確かに履行が遅れましたが、
自分に落ち度はありません。
債務者

こういったことを裁判で証明できれば、責任を負わなくていいという規定です。

これが一般論ですが、**金銭債務を債務不履行した場合には、扱いが相当異なります**。

> **419条（金銭債務の特則）**
> 1　金銭の給付を目的とする債務の不履行については、その損害賠償の額は、債務者が遅滞の責任を負った最初の時点における法定利率によって定める。ただし、約定利率が法定利率を超えるときは、約定利率による。
> 2　前項の損害賠償については、債権者は、損害の証明をすることを要しない。
> 3　第1項の損害賠償については、債務者は、不可抗力をもって抗弁とすることができない。

2項で損害の証明をすることを要しないとしています。

後に説明しますが、金銭債務については、現実に損害があったかどうかを問いません。損害の有無を問わず、損害賠償の請求ができます。

3項は、免責事由の適用がないことを言っています。言い訳が一切通じないのです。

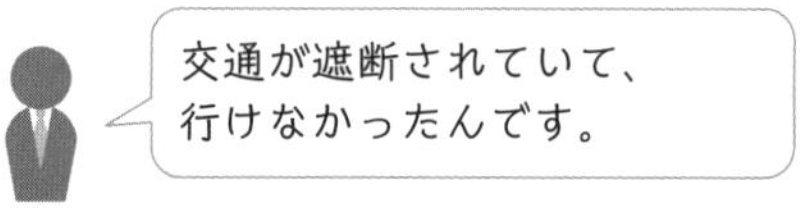

交通が遮断されていて、
行けなかったんです。

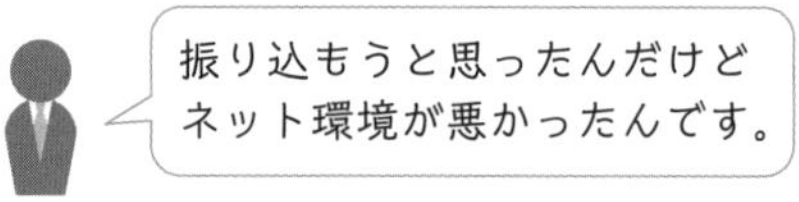

振り込もうと思ったんだけど
ネット環境が悪かったんです。

こういった事情であったとしても、債務者は損害賠償義務を負います。金銭債務は、**弁済期を過ぎれば落ち度があろうがなかろうが責任追及ができるのです**。

利息年1割・弁済期1年後
A ――――――→ B　※遅延損害金についての約定はない
貸金債権100万円

AがBに100万円貸している。弁済期は1年後で、利息は年1割にしています。この図において、弁済期に払わなかったら遅延損害金が加算されていきます。

では、何％ずつ加算されるのでしょう。

覚えましょう

遅延損害金率の約定 →（あり）その約定による
↓（なし）
法定利率よりも高い約定利率 →（あり）その約定利率による
↓（なし）
法定利率による

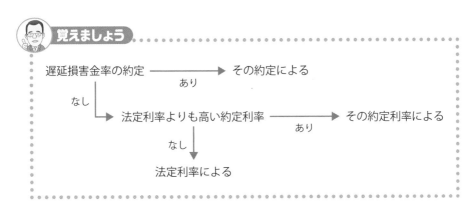

遅延損害金のパーセンテージを決めていればその数字になります（もちろん、利息制限法の制限には注意が必要です）。

これが無かった場合、次は利率で判断します。利率が法定利率より高ければ、その利率が遅延損害金率となります。ただ利率がそれより低ければ、法定利率を使います。

法定利率は保証してあげたい

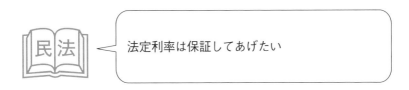

こういう趣旨として理解するといいでしょう。

今回の事例で遅延損害金がどれぐらいになるかというと、遅延損害金率を決めてない、ただ、利率は法定利率の3分よりも大きいため、利率である10％を採用することになります。

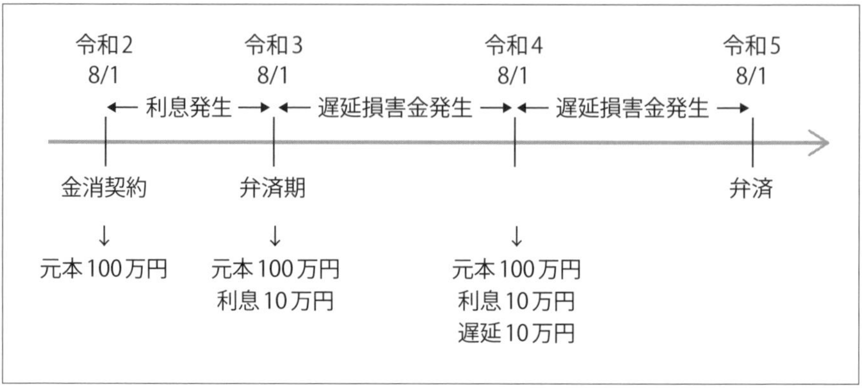

令和2年に契約をして、弁済期が1年後でした。ただ、しばらく払わずにいて、払ったのが令和5年だったのです。

弁済期までは利息が発生します。

弁済期の後は、損害があろうがなかろうが、損害賠償請求権が発生します（この損害賠償債権は遅延損害金と呼ばれるものです）。

それがどれぐらい発生していくか、数字を確認していきましょう。

時系列の下の部分を見ていきます。

令和3年には、元本が100万円で利息が10％付いて、10万円利息が発生します。この後1年間払わなければ、遅延損害金が発生します。

令和4年の状態を見ると、元本100万円、利息が10万円、そして、遅延損害金は10万円となります。

遅延損害金というのは、元本を払わないことに対する損害賠償という定義になっています。そのため、**元本の100万円にしか10％はかからない**のです。

基本、利息には利息を付けられません。ただ、**例外があります**。

405条（利息の元本への組入れ）
利息の支払が1年分以上延滞した場合において、債権者が催告をしても、債務者がその利息を支払わないときは、債権者は、これを元本に組み入れることができる。

利息は元本にしか付けられないのですが、利息を元本化すれば、話は変わります。

元本 100万円		元本 110万円		元本 110万円	
利息 10万円	→		→		
遅延 10万円		遅延 10万円		遅延 21万円	

今、元本100万円、利息が10万円、遅延損害金が10万円でした。この利息を元本の中に取り込んでしまうのです。

そうすると、元本110万円、遅延損害金が10万円になります。

この後1年後、遅延損害金率の10%は110万にかかります。そのため、遅延損害金は11万円発生することになるのです。

このように、**利息を元本化することによって、翌年の遅延利息の金額を増やすことができます**。

ただ、**利息が発生しただけでは元本に入ることにはなりません**。利息が発生した後1年経過し、意思表示をすることが必要です。

問題を解いて確認しよう

1 教授：金銭債務について履行遅滞が生じた場合に、その債務者は、履行遅滞が不可抗力によって生じたものであるから、その責任を負わないと主張することができますか。
学生：債務者は、履行を遅滞したことが不可抗力によるものであることを証明すれば、責任を免れることができます。
〔15-17-ア改題〕 ×

2 教授：金銭債務の履行遅滞による損害賠償の額は、どのように定められますか。
学生：約定利率が定められていない場合には、法定利率によることになりますが、約定利率が定められている場合には、それが法定利率より高いか低いかを問わず、約定利率によることになります。
〔15-17-イ〕 ×

3	教授：それでは、約定利率が定められていない場合において履行遅滞によって実際に生じた損害の額が（債務者が遅滞の責任を負った最初の時点における）法定利率を上回るときは、債権者は、その超過分を請求することができますか。 学生：いいえ。債権者は、法律に定めがある場合を除けば、履行遅滞によって実際に損害が生じた場合であっても、当該法定利率を超過した損害賠償を請求することはできません。 〔15-17-ウ改題〕	○
4	教授：元本と利息の支払を遅滞した場合、利息について遅延損害金が生じますか。 学生：はい。利息請求権も金銭債権ですから、当然に遅延損害金が生じることになります。〔15-17-エ〕	×

×肢のヒトコト解説

1　金銭債務の不履行は、一切言い訳が利きません。

2　約定利率と法定利率を比べて、法定利率以上は保証します。

4　利息には遅延損害金はつきません（元本に組み入れる手続をしていれば可能です）。

損害賠償請求権の違いを説明します。

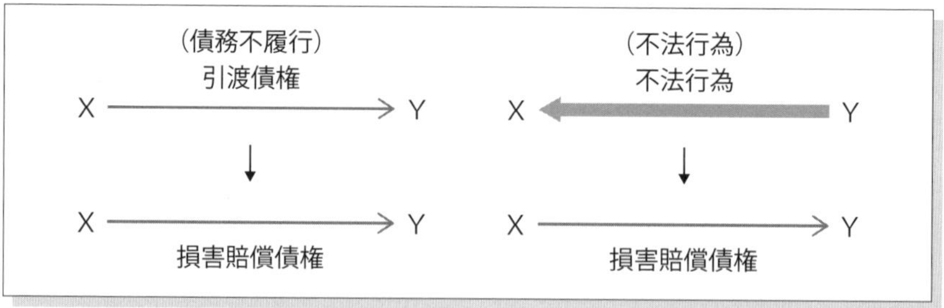

図の左側は、引渡債権を持っていたのですが、債務者のＹが履行不能状態にしたため、引渡債権が損害賠償債権に化けたことを図にしています。

一方、図の右側は、ＹがＸに不法行為をした結果、ＸからＹに損害賠償債権が発生しているという図です。

同じ損害賠償債権でも似ている点と違う点があります。次の表は頻繁に出題されているところなので、確実に暗記をするようにしましょう。

覚えましょう

	債務不履行	不法行為
帰責事由（過失）の立証責任	債務者	債権者（被害者）
損害賠償の方法	金銭賠償の原則（417）	同左（722Ⅰ・417）
過失相殺	①責任の免除できる ②必要的考慮（418）	①責任の免除できない ②裁量的考慮（722Ⅱ）
遅滞の時期	履行の請求を受けた時（412Ⅲ）	不法行為の時
消滅時効	債権者が権利を行使することができることを知った時から5年（166Ⅰ①）又は、権利を行使することができる時から10年（166Ⅰ②）	被害者又は法定代理人が損害及び加害者を知った時から3年（724Ⅰ①）又は、不法行為の時から20年（724Ⅰ②）

帰責事由（過失）の立証責任

裁判になったら、故意・過失をどちらが証明するかという話です。

原則は、被害者が言うべきです。**裁判では、自分の権利の発生の要件は、自分で言うべきものとされている**からです。

ここでは、被害者が損害賠償請求権を持つので、被害者が言うべきなのです。

ただ、これだと、理不尽な結果になるのが、債務不履行です。

債務不履行は、被害者のXがやらかしたことではないし、Y自身が義務を尽くさないことから始まったのです。

義務を尽くしていないにもかかわらず、立証責任がX側にあるというのは酷だということから、証明責任に関しては、義務を負っていた債務者に負わせることにしています。

損害賠償の方法

この点は共通で、どちらも損害賠償債権は金銭債権です。そのため、不可抗力で払えなくても、損害賠償請求権について責任を問われます。

過失相殺

過失相殺は、被害者X側にも落ち度があったという場合の話です。

例えば、交通事故の不法行為で、被害者Xが飛び出したといった場合は、XとYの過失を比べます。

2：8でYが悪いという場合、損害が100万円だとしても、100万円全部Yに払わせるのは、理不尽です。

この事例で裁判になった場合、賠償額は80万円でいいとされます。

被害者側に落ち度があったら、賠償額を差っ引く、こういうのを過失相殺といいます。

この過失相殺の処理は、債務不履行と不法行為とでは相当違います。

債務不履行から見ていきますと、債務不履行は、**0円にできます**（これが、「責任の免除」ということです）。

そしてもう1つ、必要的考慮、つまり**被害者に落ち度があった場合は、必ず差っ引かないといけない**のです。

> **418条（過失相殺）**
> 債務の不履行又はこれによる損害の発生若しくは拡大に関して債権者に過失があったときは、裁判所は、これを考慮して、損害賠償の責任及びその額を定める。

条文のポイントが2つあって、「責任」という言葉がありますよね。

あともう1つ「定める」と書いてありますね。これで、「必ず減額する」と読み取るのです。

次は不法行為の部分を見てください。

不法行為については、責任の免除ができません。**どれだけ被害者が悪くても、0円にはできない**のです。

そしてもう1つ、過失相殺は裁量的、つまり、するかしないかは裁判所が決めていいのです。**要件を満たしていても過失相殺しないということも可能**です。

> **722条（損害賠償の方法、中間利息の控除及び過失相殺）**
> 2　被害者に過失があったときは、裁判所は、これを考慮して、損害賠償の額を定めることができる。

これは、「額」を定めるとしか書いていません。「責任」という言葉がないのです。

また定めることが「できる」となっています。

不法行為の趣旨は、被害者の救済です。

だから、被害者に落ち度があったとしても0円にはできないし、また、落ち度があったとしても減額をしない、そういう処理も許されます。

遅滞の時期

これは、損害賠償請求権がいつ遅滞になるかということです。

債務不履行の損害賠償請求権は期限の定めのない債権なので、履行の請求を受けた時となります。

一方、不法行為の場合は、不法行為時から履行遅滞になります。これは1日分でも多く損害賠償させたいということでした。

消滅時効

これも損害賠償請求権の消滅時効です。

債務不履行による損害賠償請求権は単なる金銭債権と考えて原則5年又は10年です（損害賠償請求権は金銭債権です）。

一方、不法行為による損害賠償請求権に関しては原則短い年数、3年となっています。

不法行為というのは、ものによっては証拠が残っていない、また、3年も経てば、被害者の感情も沈静化する、という理由だそうです（納得しきれないかと思いますが…）。

問題を解いて確認しよう

1	債務不履行の損害賠償と不法行為の損害賠償のいずれの損害賠償についても、債務者又は加害者は常に不可抗力を主張して、その責任を免れることができる。〔4-1-5〕	×
2	債務不履行による損害賠償の方法は金銭賠償に限られるが、不法行為による損害賠償の方法は金銭に限られない。〔4-1-3〕	×
3	裁判所は債務不履行及び不法行為のいずれの損害賠償においても、責任の有無及び損害賠償の額を算定するには、債権者又は被害者の過失を考慮しなければならない。〔4-1-4〕	×
4	加害者は、不法行為に基づく損害賠償の請求を受けた時から、遅延損害金の支払義務を負う。〔3-6-2〕	×

ヒトコト解説

1 損害賠償債権は金銭債権です。金銭債務の不履行は、一切言い訳が利きません。

2 どちらも金銭債権になります。

3 不法行為では、過失を考慮するかどうかは裁判所の裁量です。

4 不法行為時から遅滞になります。

第3節 解除

債務不履行の効果の2つ目、解除を見ていきます。

解除というのは、「もうこんな人との契約をやめよう」と**契約をキャンセルする、契約をなかったことにする制度**です。

この解除のやり方には、大きく分けて2つあります。

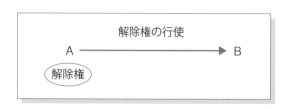

Aが解除権という権利を持っていて、これを一方的に相手方Bに使う、単独行為です。

これは好き勝手にできるわけではなく、解除権を持っている場合にしかできません。
例えばこれからやる債務不履行の場合は、解除権が与えられるので、それを使って一方的に解除することが可能です。

上図のように、お互いで契約をやめることについて合意することができます。
こういうのを解除契約とか、合意解除と言ったりします。
これは、解除権がなくてもできますし、解除権があってもできます。

今回は、債務不履行による解除、解除権はどうすれば発生するのかを見ていきます。

541条（催告による解除）
当事者の一方がその債務を履行しない場合において、相手方が相当の期間を定めてその履行の催告をし、その期間内に履行がないときは、相手方は、契約の解除をすることができる。ただし、その期間を経過した時における債務の不履行がその契約及び取引上の社会通念に照らして軽微であるときは、この限りでない。

覚えましょう

解除権発生の要件
①当事者の一方がその債務を履行しないこと
②相手方が相当の期間を定めて催告したこと
③催告期間内に履行がされなかったこと
④軽微な不履行でないこと（541但）
⑤不履行につき債権者に帰責性がないこと（543）

ポイントになる点を説明していきます。

②相手方が相当の期間を定めて催告したこと（541本文） ③相当期間内に履行がされなかったこと（541本文）

「君は債務不履行になっているね。○○日待つから、払ってくれ」と相手に伝えます。

ラストチャンスを与えるという感覚です。

「一度契約になった以上、履行で終わって欲しい」
「債務不履行みたいなイレギュラーな形で終わって欲しくない」

こういった趣旨から、ラストチャンスを与えることにしました（このラストチャンスを与えたのに、履行してくれなければ、解除もやむを得ません）。

このラストチャンスの催告はどれぐらいの期間が要るのかというと、これはものによります。そのため、試験には出題されません。

ただ、試験では次のような感じで出題されます。

状況	本来、2週間かかる内容の履行のもの
催告の内容	「3日以内に払え」
結論	2週間を経過したら有効

期間が足りない催告をしたとしても無効にはしません（**どうせまた催告することになる**からです）。

そのため催告は無効にせず、ただ、2週間経たないと、解除権は発生しないという立場をとっています。

542条（催告によらない解除）
1　次に掲げる場合には、債権者は、前条の催告をすることなく、直ちに契約の解除をすることができる。
①　債務の全部の履行が不能であるとき。

履行不能の場合、履行不能になった瞬間、解除権が発生します。催告をすることは不要です。履行不能状態に**「履行しろ」と言っても無駄**だからです。

④軽微な不履行でないこと(541但)

これは、**「些細な債務不履行であれば、解除をさせないよ」という趣旨で設けられた規定です**。何をもって些細なものとするかは今後の判例で明らかになっていくでしょう（ここは条文の言葉だけ押さえておきましょう）。

⑤不履行につき債権者に帰責性がないこと(543)

買主は、家の履行がされていないのに代金債務を負っている状態です。この代金債務を負っている状態から解放するために、作った制度が解除です。

この趣旨を全うさせるため

債務者に過失があろうが、なかろうが解除できる

として、**債権者（買主）の保護を図ることにしました。**

では、以下のような場合でも解除をさせてよいでしょうか。

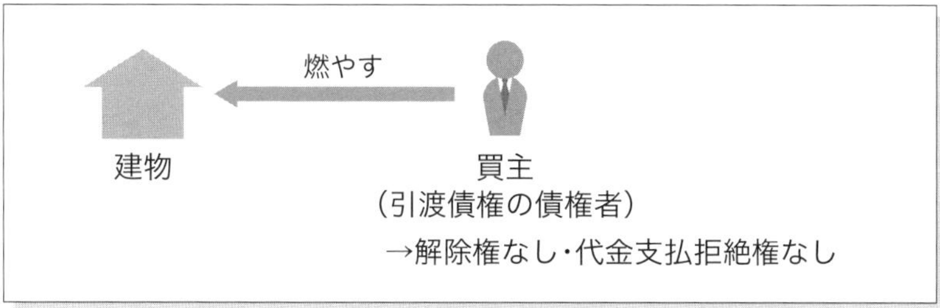

売買契約後に買主が、物件を見に行った際に誤って建物を燃やしてしまいました。

この場合、買主の不始末で燃やした以上、買主に責任を取らせるべきです。

そこで、**買主に解除権は認めず、また、買主は代金債務の支払を拒絶することもできません**。

問題を解いて確認しよう

1	Aが、その所有名義の甲土地をBに売り渡したが、その登記をしないでいたところ、CがAから甲土地の所有権の移転の登記を受けた。Cへの所有権の移転の登記がＡＢ間の売買契約の後にされたＡＣ間の売買契約によるものである場合において、Bの責めに帰すべき事由によるものでないときは、Bは、Aに対して、甲土地の所有権の移転の登記又は引渡しの義務の履行を催告しなくても、ＡＢ間の売買契約を解除することができる。〔7-8-ア改題（元-15-イ）〕	○
2	Aは、Bに甲建物を賃貸していたが、Bは、3か月前から賃料を全く支払わなくなった。Aは、Bに対し、期間を定めずに延滞賃料の支払を催告したが、相当期間が経過してもBが延滞賃料を支払わなかったので、賃貸借契約を解除する旨の意思表示をした。この場合、解除は無効である。〔14-14-イ（22-18-エ）〕	×
3	AはBに対してA所有の建物を売り渡す契約をしたが、引渡しも登記もしない間に建物が地震によって滅失した。Bは、Aの建物引渡義務の履行不能を理由として契約を解除することができない。〔8-8-オ〕	×

×肢のヒトコト解説

2　期間を定めなくても、相当期間を経過していれば解除は有効になります。

3　債務者の帰責性がなくても、解除は可能です。

これで到達！  合格ゾーン

□ 土地の売買契約において、登記手続の完了までに当該土地について発生する公租公課は買主が負担する旨の合意があったが、買主がその義務の履行を怠った場合において、当該義務が契約をした主たる目的の達成に必須とはいえないときは、売主は、特段の事情がない限り、当該義務の不履行を理由として契約を解除することができない。〔22-18-ア〕

★１つの契約の中で色々な約束事をします。その中の１つを破ったら、契約全体が解除されるのか、という点につき、判例は「契約の『要素たる債務』ではなく『付随的債務』の不履行にとどまる場合には、原則として、解除権は発生しない（最判昭36.11.21）」という指針を示しています。

540条（解除権の行使）
1　契約又は法律の規定により当事者の一方が解除権を有するときは、その解除は、相手方に対する意思表示によってする。
2　前項の意思表示は、撤回することができない。

生まれた解除権をどうやって使うかといった条文です。

先ほど言ったように、解除権の行使は一方的な意思表示で可能です。

①解除の意思表示
A ――――→ B
②撤回の意思表示　　③同意 → 撤回の効力あり

ＡからＢに対し、解除するぞという一方的意思表示で、契約は解除状態になります。

この後、Ａから「やっぱり解除するのやめるよ」「契約履行してください」こういうことができるかというと、できません。

撤回（やっぱりやめた）というのは、相手の迷惑になるので基本できません。

他の制度でも、撤回ときたら、まずダメだろうなと思ってください。

なぜこれがダメかというと、世のため人のためではありません。

Bが迷惑するからダメなのです。

だったら、**Bの方が「解除やめてくれるんだ。ありがと、それでいいよ」と同意したのであれば、撤回を認めてもいい**ですね。

ではこの解除権を使った場合、どんな効果が出るかを見ていきます。

545条（解除の効果）
1　当事者の一方がその解除権を行使したときは、各当事者は、その相手方を原状に復させる義務を負う。ただし、第三者の権利を害することはできない。
2　前項本文の場合において、金銭を返還するときは、その受領の時から利息を付さなければならない。
3　第1項本文の場合において、金銭以外の物を返還するときは、その受領の時以後に生じた果実をも返還しなければならない。
4　解除権の行使は、損害賠償の請求を妨げない。

覚えましょう

◆ 解除の効果 ◆

基本的効果	契約は遡及的に失効する
派生的効果	①原状回復義務（545 Ⅰ） ②損害賠償義務（545 Ⅳ）

解除権の目的は、契約がなかった状態にしたいので、遡及効で処理します。

つまり、**契約は初めからなかったよという扱いにする**のです。

そこから発生する効果が、原状回復義務と、損害賠償義務です。

損害賠償は、先ほどの節でやりましたので、ここでは原状回復について説明をします。

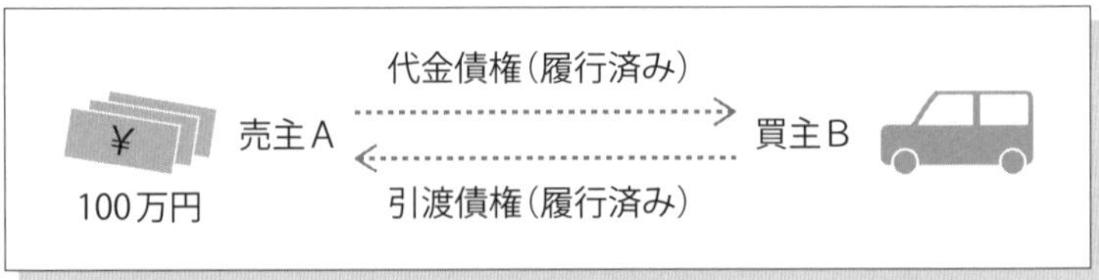

お互いの履行があった後、何らかの理由で契約が解除されました。

Point

解除時の原状回復義務

・売主は、100万円＋利息　　　　　　　を返還する
・買主は、車そのもの＋物の使用利益　を返還する

売った方は、100万円だけ返せばいいわけではありません。

もし契約がなかったら、買主は100万円をどうしたでしょう？
銀行等に預けることができ、利息が取れたはずです。そのため**売主は100万円払うだけではダメで、プラス利息を払いなさい**としています。

それをいうなら、売主も言いたいことがあるはずです。

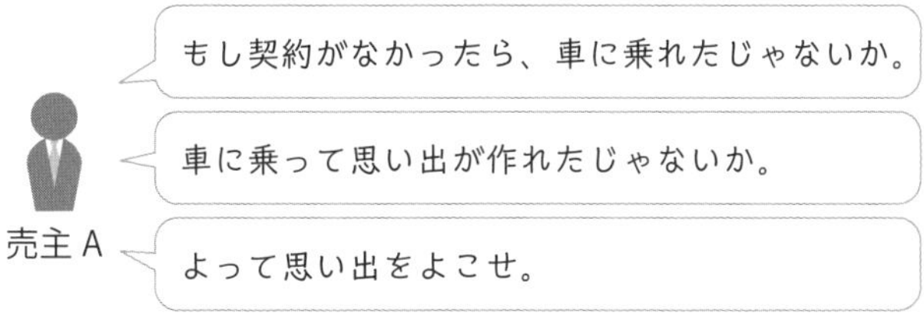

と請求するのは無理なので、お金で解決します。

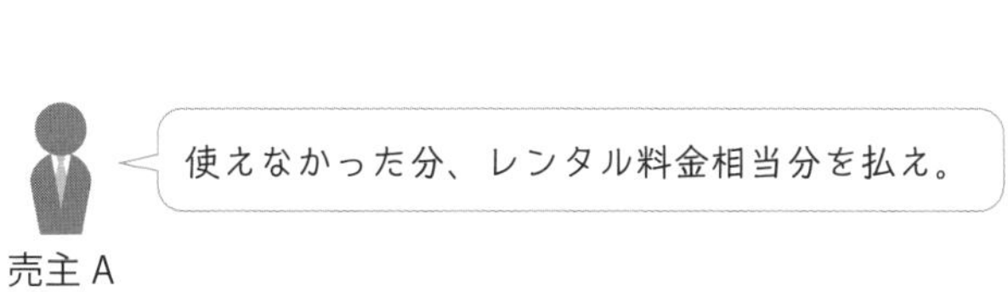

使用利益といいますが、そういったものを請求できます。

では次に、解除の前後で目的物が転売されていた場合の処理をみていきます。

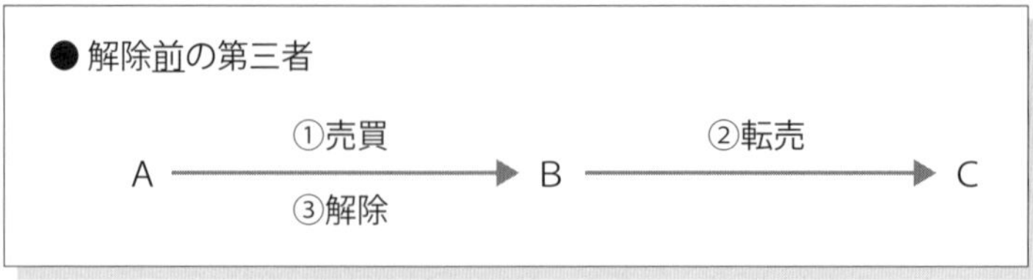

AがBに土地を売り、BがCに転売しました。

Bに債務不履行（代金を支払っていない）があったようで、ＡＢ間の契約が解除されました（今回のこのCを、解除の前に出てきた人ということで、解除前の第三者と呼びます）。

この場合、所有権の流れがどうなっているかを見ましょう。

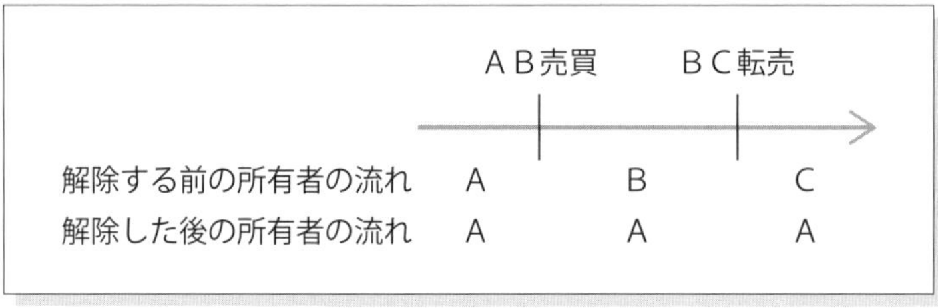

所有権は、AからB、BからCと移っています。

ただ、解除することによって、ＡＢ売買は初めからなかったことになりますので、所有者はずっとAだったことになります。

Cは、持っていた所有権を奪われるということになるのです。

これでは酷なので、545条1項但書は「第三者の権利を害してはいけない」という規定を設けて、Cを保護しようとしています。

ただ、どんな第三者を保護するのかが、条文から読み取れません。判例の見解は次のとおりです。

覚えましょう

解除前の第三者が保護されるための要件
①善意・悪意は問わない（→96 Ⅲとの違い）
②登記・引渡しが必要

もし、今回の事例がＢによる詐欺だった場合、Ｃが悪意の場合には保護しませんでした。**「Ｃさん、ＡＢ売買が詐欺だと分かっていて、何で買ったんですか」と非難ができるため、保護に値しない**のです。

一方、今回の事例がＢの債務不履行だった場合、Ｃが悪意でも保護に値しないとは限りません。

このＣが、**「ＢがＡに金を払ってないのは知っています。私が払ったお金で彼はＡに払うと思ったんです。」という意識であれば、Ｃが債務不履行について悪意でも、十分に保護に値します**ね。

ここで、善意・悪意が基準にならないことが分かりましたが、では、何を基準にすればいいのでしょう。

判例は、**利害関係を持っているかどうかの基準は、登記があるかどうかで判断**しよう、Ｃが登記をしていたら、Ｃは所有権を取れるとしようと処理しています。

論理性はあまりありません。

登記しか、利害関係を持っているかどうかを分ける基準がなかったのです。

● 解除後の第三者

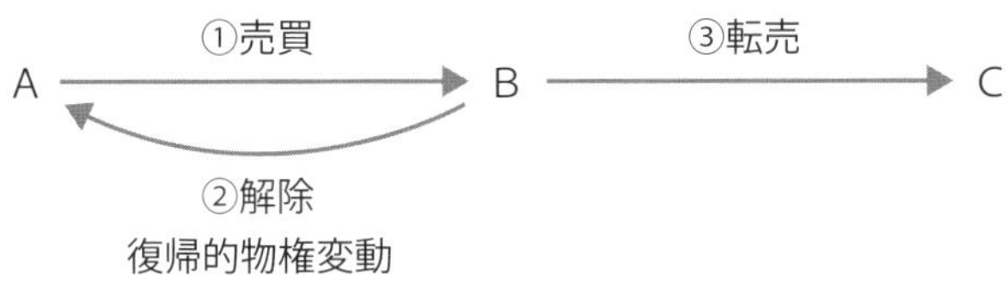

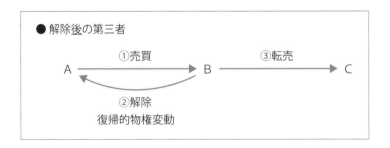

Ｃが出てくるタイミングを見てください。解除の後に出てきているので、こういったＣを解除後の第三者と呼びます。

覚えましょう

解除後の第三者が保護されるための要件
①善意・悪意は問わない（ただし、背信的悪意者は除く）
②「対抗要件」としての登記・引渡しが必要

○○後の第三者というのには、ほとんど共通することがあります。
これは、対抗関係になるということです。

以前、**詐欺取消し後の第三者の処理をやりましたが、今回も論法が同じ**なのです。

ＡからＢに売却してＢに所有権が移った後に、解除がありました。
→　すると所有権がＢからＡに戻る。
→　一方、Ｂは、その所有権をＣに売っている。
→　これは、Ｂを起点とした二重譲渡だと考えて、後はＡとＣ、どちらが先に登記をしたかで決まります。

結局、解除前のＣであれ、解除後のＣであれ、保護される要件は登記となります。

解除権が発生した後でも、債権者が解除する前に、債務者が本来の給付に遅滞による損害を加えたものを提供したときは、一度生じた解除権はこれによって消滅する。

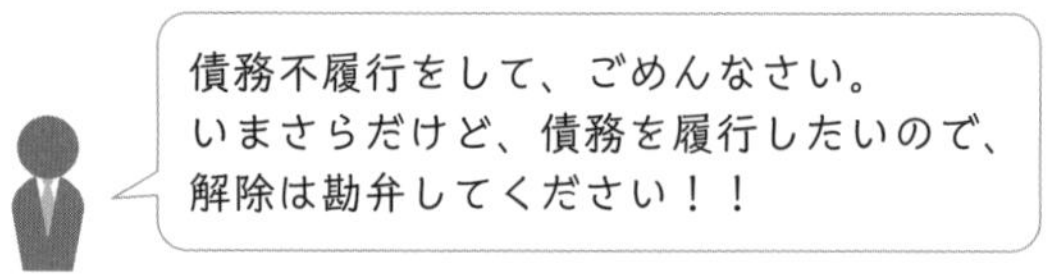

債務不履行をして、ごめんなさい。
いまさらだけど、債務を履行したいので、
解除は勘弁してください！！

まさに契約が円満に終わろうとしているので、解除権を消してあげたいところですが、ポイントが１つあります。
債務者は損害賠償を追加で付ける必要があります。
債務不履行をしておいて、タダでは済まされません。損害賠償まで持ってこなければ、解除権を消せないのです。

問題を解いて確認しよう

1	土地の売買契約が解除された場合には、売主は、受領していた代金の返還に当たり、その受領の時からの利息を付さなければならないが、買主は、引渡しを受けていた土地の返還に当たり、その引渡しの時からの使用利益に相当する額を返還することを要しない。〔22-18-イ〕	×
2	甲から乙、乙から丙に土地が売却され、丙に所有権移転の登記がされている場合、甲は乙の代金不払を理由として契約を解除したとしても、丙に土地の引渡しを請求することができない。〔2-7-ウ（8-9-オ）〕	○
3	Aは、Bに甲建物を賃貸していたが、Bは、3か月前から賃料を全く支払わなくなった。Aは、Bに対し、相当期間を定めて延滞賃料の支払を催告した。Bは、催告の期間経過後に延滞賃料及び遅延損害金を支払ったが、その後、Aは、Bに対し、賃貸借契約を解除する旨の意思表示をした。この場合、解除は無効である。〔14-14-エ〕	○
4	Aは、Bに甲建物を賃貸していたが、Bは、3か月前から賃料を全く支払わなくなった。Aは、Bに対し、相当期間を定めて延滞賃料の支払の催告をした上、賃貸借契約を解除する旨の意思表示をしたが、その後、Bが延滞賃料を支払ったので、Bの承諾を得て、解除を撤回する旨の意思表示をした。この場合、解除の撤回は有効である。〔14-14-ア〕	○

×肢のヒトコト解説

1　使用利益を返還する必要があります。

2周目はここまで押さえよう

◆ 他人物売買と解除 ◆

<table>
<tr><th colspan="3">他人の権利の売買契約において、売主が目的物の所有権を取得して買主に移転することができず、契約が解除された場合の原状回復義務</th></tr>
<tr><td rowspan="2">所有者A
売買＋引渡し
売主B ⇒ 買主C</td><td>当該不動産の所有者からの追奪により買主が当該不動産の占有を失っていた場合の、不動産の返還に代わる価格返還義務</td><td>×</td></tr>
<tr><td>解除までの間目的物を使用したことによる利益を売主に返還すべき義務</td><td>○</td></tr>
</table>

売買契約の履行後に解除があった場合、原状回復請求権として

- 契約から解除まで使えなかった分のお金を払え
- その物の値段を払え（壊してしまったなどの理由で物が返せなかった場合）と請求できるのですが、この売買が他人物売買でも同じでしょうか。

例えば、上の図のとおり、Aの所有物をBが使用していましたが、Bがそれを Cに売却しました。

後日、他人物売買契約と発覚し、解除になったのですが、この場合

- BはCに「契約から解除まで使えなかった分のお金を払え」とはいえますが
- Cが物を返せなかったときに、BがCに「その物の値段を払え」とは言えません。これを言うべきなのは所有者のAです。

1	他人の不動産の売主が当該不動産の引渡義務は履行したが、所有権を取得する義務を履行しなかったため、買主が売買契約を解除した場合において、当該不動産の所有者からの追奪により買主が当該不動産の占有を失っていたときは、買主は、解除に伴う原状回復義務として、当該不動産の返還に代わる価格返還の義務を負う。〔22-18-オ〕	×
2	第三者の所有する土地を目的とする売買契約であることを契約時に知っていた買主Aは、売主Bから当該土地の引渡しを受けたものの、その後、当該土地の所有権の移転を受けることができなかった。この場合において、売買契約を解除したAは、Bに対し、当該土地の使用利益を返還すべき義務を負う。〔30-18-オ〕	○

第4節 受領遅滞

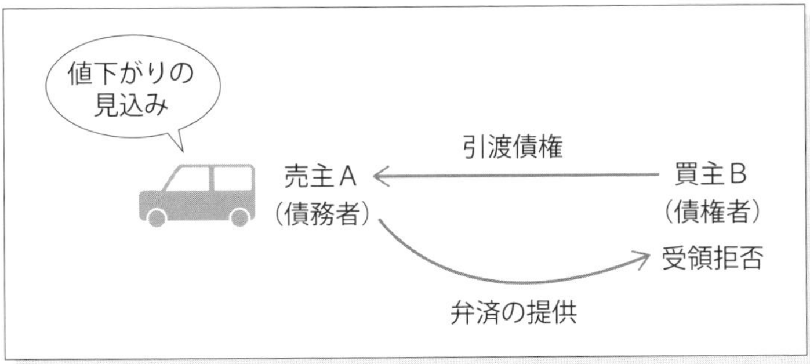

売主Aが車をBに売り、車をBのもとへ持って行ったところ、

Bは、「ガレージが出来ていないから、今日は受け取れない」などと言い、受け取ってくれません。

上の図の中の「弁済の提供」というのは、なすべきことをすることをいいます。相手の所へ持って行くというイメージでいいでしょう。

これに加えて、相手が受け取ることによって、弁済が完成し、債務は消滅します。

今回のように、**弁済の提供をしても、相手が受け取らなければ、弁済にはならないので、債務は消えません**。ただ、この場合、492条・413条という条文が発動します。

492条(弁済の提供の効果)
債務者は、弁済の提供の時から、債務を履行しないことによって生ずべき責任を免れる。

413条(受領遅滞)
1 債権者が債務の履行を受けることを拒み、又は受けることができない場合において、その債務の目的が特定物の引渡しであるときは、債務者は、履行の提供をした時からその引渡しをするまで、自己の財産に対するのと同一の注意をもって、その物を保存すれば足りる。
2 債権者が債務の履行を受けることを拒み、又は受けることができないことによって、その履行の費用が増加したときは、その増加額は、債権者の負担とする。

受け取ってくれなければ、債務者は持って帰ることになります。債務者は他人の物を保管している状態になりますが、ここの**注意義務を軽くしています。**

今まで善管注意義務だったのが、自己の財産に対するのと同一の注意義務になるのです。

また、この保管はもともと予想していなかったものです。そのため、ガレージを借りたり、駐車場を借りることがあるかもしれません。このような**増加費用を請求することもできます。**

このあとの記載は、債権法が一通り身についてから読むようにしてください。

413条の2（受領遅滞中の履行不能と帰責事由）

2　債権者が債務の履行を受けることを拒み、又は受けることができない場合において、履行の提供があった時以後に当事者双方の責めに帰することができない事由によってその債務の履行が不能となったときは、その履行の不能は、債権者の責めに帰すべき事由によるものとみなす。

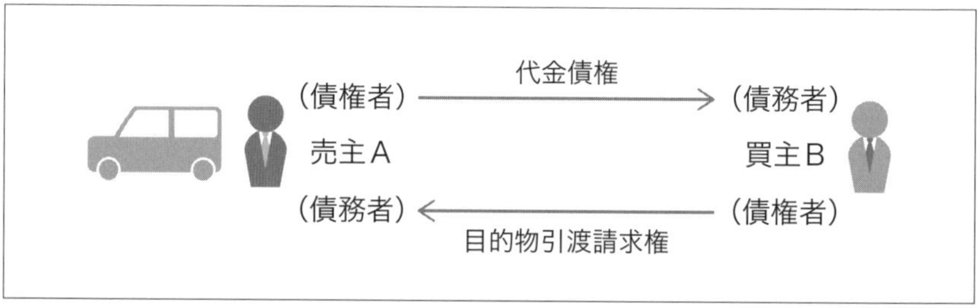

AがBに、売った車を持って行ったところ、Bが「ガレージができていない」という理由で受取りを拒否しました。

ここでBは受領遅滞という状態になります。

その後、Aが車を持って帰って数日したところ、地震が起き、車が大破してしまいました。

ここで、Aが債務不履行を負うのはおかしいですし、Aが代金債権を取れなくなるのは不当です。

そこで、この履行不能は「債権者の責めに帰すべき事由によるものとみなす」ことにより、

①**債権者が契約を解除できないこと（543参照）**

②**債権者は反対債務の履行拒絶をすることができないこと（536 Ⅱ）**

③**債務者は、履行不能による損害賠償責任を負わないこと（415 Ⅰ但書）**

にしました。

問題を解いて確認しよう

1	有名画伯の作品である絵画をAがBに売却し、約束の期日にAの住所においてBに引き渡すという契約が締結された。Bが引取りに来るまでの間の絵画の保管について、Aが目的物の引渡しについて口頭の提供をしたとしても、引渡義務が消滅するまでの間は、善良な管理者の注意をもって、目的物を保存しなければならない。〔23-16-2改題〕	×
2	有名画伯の作品である絵画をAがBに売却し、約束の期日にAの住所においてBに引き渡すという契約が締結された。Bが絵画を引き取らないのであれば、代わりにその絵画を買い取りたいと言っている人がいる場合に、Bが絵画を受領しないことを理由として、Aは、Bとの契約を解除することができる。〔23-16-5改題〕	×

ヒトコト解説

1 自己の財産におけるのと同一の注意義務で足ります。

2 受領遅滞を理由として解除することはできません。

～債権を回収するには方法があります～

第2章 責任財産の保全

ここで学習する債権者代位権、詐害行為取消権は本試験での頻出論点で、しかも2つとも同じ程度出題されます。
どうやって債権を回収するのか、そして、他人の利益調整をどう図っているのかを意識しながら読んでいきましょう。

第1節 責任財産の保全総説

- 債権の確保（債権回収の手段）
  - 債権の担保
    - 人的担保（保証人）
    - 物的担保（抵当権など）
  - 債権の保全
    - 債権者代位権（423）
    - 詐害行為取消権（424）

債権の保全：強制執行の準備として債務者の責任財産（＝強制執行の引き当てとなる財産）を集める・戻す制度

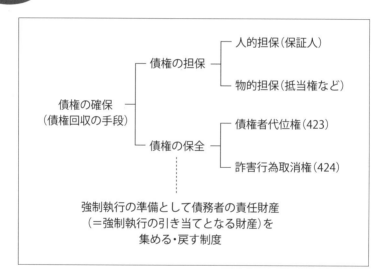

債権の回収をしやすくするためにはどうすればいいか、という話です。
債権の回収をしやすくするには、担保を取るという方法があります。
担保には、人を担保に取る、又は物を担保に取るというやり方があります。

もう1つ、債権の保全という言葉があります。
債権の保全というのは、**強制執行しやすくするように、債務者のところに財産を集める**仕組みと思ってください。

この財産を集める方法には、債権者代位権と、詐害行為取消権という２つの方法があります。

第2節 債権者代位権

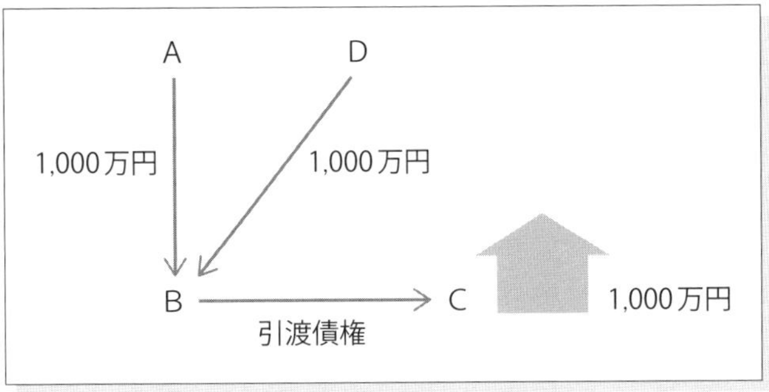

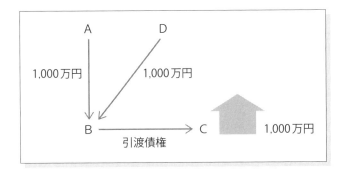

ＢがＡとＤからお金を借りていて、このＢは、無資力の状態です（無資力というのは、債務を全額払うことができない状態をいいます）。

Ｂは、債務を払えるほどの現金はないのですが、Ｃに対し、1,000万円の建物についての引渡債権を持っていました。

ただ、Ｂはこの引渡債権を使おうとしません。引渡債権を使って自分のところに建物を持ってきたって、どうせＡやＤに強制執行されるのが目に見えているからです。

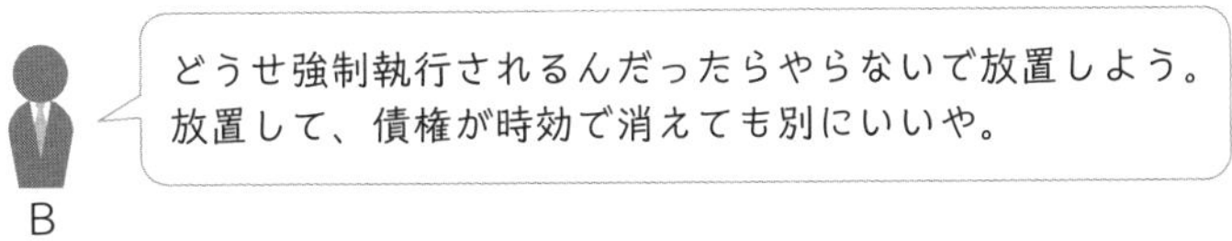

どうせ強制執行されるんだったらやらないで放置しよう。
放置して、債権が時効で消えても別にいいや。
B

と、やけになっているのです。

これで終わると、ＡとＤが困ります。

そこで、ＡとＤがＢの地位を乗っ取れるようにしました。**Ｂの地位を乗っ取って、代わりに引渡債権を使うことを認めた**のです。

Ｂの代わりに引渡債権を使って、Ｂのところに建物を持ってくる。
後は、ＡＤは、この建物に強制執行して、平等に配当してもらうのです。

債権者であれば、債務者の地位を乗っ取って権利が使える、これが債権者代位です。

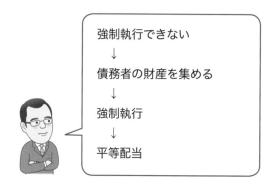

強制執行できない
↓
債務者の財産を集める
↓
強制執行
↓
平等配当

これが債権者代位の条文が予想している流れです。

債権者		債務者
債権保全の利益 ◀──	調和	──▶ 財産管理の自由

ここで債権者ＡＤの利益と、債務者Ｂの利益のバランスを考える必要があります。
債権者ＡＤから見れば、Ｂのもとにできるだけ財産を集めたいと思うでしょう。
一方、債務者Ｂの立場に立てば、自分の権利を使うのは自分だけだ、人には使われたくない、そういう心情のはずです。

債権者代位は、この2つの利益の調整からできています。

だから例えば、Ｂが現金を2,000万円持っていた場合、債権者代位は認められなくなります。
ＡＤは、現金2,000万円から債権を回収できるので、他の財産を集める必要がないからです。

これが**債権者代位に要求される１つの要件である「無資力」**です。

では、この債権者代位権の条文と要件を見ていきましょう。

423条（債権者代位権の要件）
1　債権者は、自己の債権を保全するため必要があるときは、債務者に属する権利（以下「被代位権利」という。）を行使することができる。ただし、債務者の一身に専属する権利及び差押えを禁じられた権利は、この限りでない。

覚えましょう

債権者代位権の要件
①債権保全の必要性があること
②被保全債権の弁済期が到来していること
③債務者が権利行使に着手していないこと
④代位されうる権利：一身専属権・差押えを禁じられた権利でないこと

③債務者が権利行使に着手していないこと

先ほどの例でいうと、「ＢがＣに対する権利行使をしていないこと」が必要です。
Ｂが権利行使をしていたら、ＡＤは代わりに権利行使する必要がありません。

例えば、ＢがＣを訴えているのですが、訴訟行為が下手で負けそうでした。そんな場合でも、ＡとＤはもう代位できません。Ｂが権利行使をしている以上、他人は黙っておくべきなのです。

②被保全債権の弁済期が到来していること

ＡからＢへの債権、この債権の弁済期が到来しないと債権者代位はできません。

債権者代位は強制執行の前段階の制度です。

そして、強制執行は、弁済期が来ていなければできません。だから、弁済期が来ていなければ、強制執行の準備手続を認める必要がないのです（**強制執行をしないのに人の財産に手をつけるのは、行き過ぎた干渉**です）。

Point

保存行為に該当する
→　弁済期が到来していなくても、債権者代位が許される

弁済期が到来しないと債権者代位ができないのが原則ですが、保存行為をする場合は認められます。

例えば、ＢＣ間の債権が時効間近になっているので、ＡやＤが代わりに使って時効を更新させようとする場合です。

こういった**財産が維持できる行為であれば、債務者のＢも喜ぶので、弁済期が到来していなくても、代位が許されます**。

④代位されうる権利：一身専属権・差押えを禁じられた権利でないこと

これは、ＢＣの権利についての要件です。

どんな権利でもＡＤが使えるわけではなく、ＢＣ間の債権が一身専属権だったら、代わりに使えないのです。

一身専属権：「その人の意思で、権利行使を決めるべき」権利
（他人が決めてはいけない権利）

この一身専属権というのは、相続できない権利である「一身専属権」とはニュアンスが違っています。

使うかどうかがその人の意思に委ねられているもの、それがここでいう一身専属権です。

例えば、ＢがＣに対し、離婚を請求できる状態だとします。

ＢＣが夫婦の関係で、Ｃが浮気をしているため、ＢはＣに対して離婚請求できる立場とします。

ただ、離婚するかどうかは、Ｂの意思で決めるべきです。
ここでＡが「お前は債権の支払ができないんだったら、Ｃと離婚しろ」といって、代わりに離婚の権利を使ってしまう、それはまずいでしょう。

どんなものがこの一身専属権になるかというといろいろありますが、**家族関係の権利は一身専属権に当たりやすいと思っておいていい**でしょう（結婚する権利とか、離婚する権利というのは、代わりに使うことはできません）。

Point

離婚の協議・審判等によって具体的内容が形成される以前の財産分与請求権を代位行使すること　⇒　×

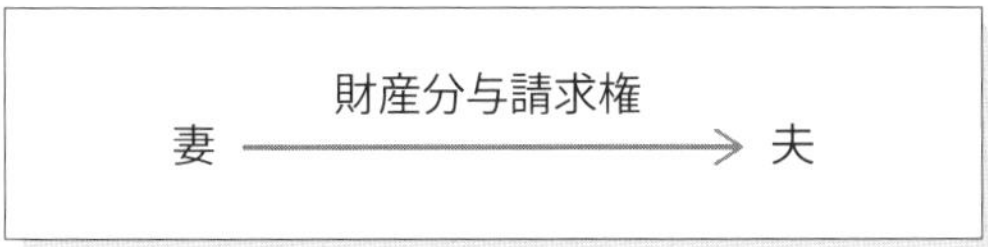

離婚をすると、妻から夫に対し、財産分与請求権という権利が発生します。
以前、夫婦の財産は潜在的には共有状態だと説明しました。死んだ場合は相続で財産を分配し、離婚したときは、財産分与という形で分配するようになっています。

ちなみに、この妻の債権者が、この財産分与請求権を代位行使できるかというと、ＮＯです。この**財産分与請求権、使うかどうかは妻の意思に委ねるべき**だからです。

その後、妻が財産分与請求権を行使することを決め、協議をして、具体的にどの財産をもらうかが決まりました。
すると、この権利は次のように変化します。

財産分与請求権
妻 ――――――――→ 夫
1,000万円

具体的に1,000万円よこせという権利に変わるのです。

こうなると、単なる金銭債権なので、妻の債権者は代位ができます。

財産分与請求権に代位できるか問われたら、**具体的な権利になっているか、抽象的なままなのかを考えるようにしてください。**

問題を解いて確認しよう

1	BとCとの離婚後、BC間で、CがBに対して財産分与として500万円を支払う旨の合意が成立したが、Bがその支払を求めない場合には、Bの債権者であるAは、Bに代位してCに対し、これを請求することができる。〔17-17-ウ〕	○
2	離婚による財産分与請求権は、協議、審判等によって具体的内容が決まるまでは内容が不確定であるから、離婚した配偶者は、自己の財産分与請求権を保全するために、他方配偶者の有する権利を代位行使することはできない。〔16-21-オ（24-22-ウ）〕	○
3	債務者が既に自ら権利を行使している場合には、その行使の方法又は結果の良否にかかわらず、債権者は重ねて債権者代位権を行使することができない。〔29-17-エ〕	○

では最後の要件を見ましょう。

①債権保全の必要性があること

債権保全の必要性
持っている債権が、役立たずになっている状態

せっかく債権をもっているのに、使いようがない…

そういう状態が「債権保全の必要がある」という要件です。

ではどのような状態が「債権保全の必要がある」（債権が役立たずになっている）のでしょうか。

債権保全の必要性があること
・ 被保全債権は金銭債権であること
　→ 保全の必要性として債務者の無資力が必要

いくら１億円の権利を持っていても、債務者が無資力であれば、こんな１億円の債権、役に立ちません。

債務者が無資力の時には、この要件をクリアします。

債権保全の必要性があること
・ 特定債権（金銭債権以外）保全
　→ 無資力要件は不要

ＡＤが持っている権利が、金銭債権ではないという場合もあります。

それが債権者代位の転用というものです。

転用というのは、本来の使い方とは、別の使い方をしているというニュアンスです。

次の図を見てください。

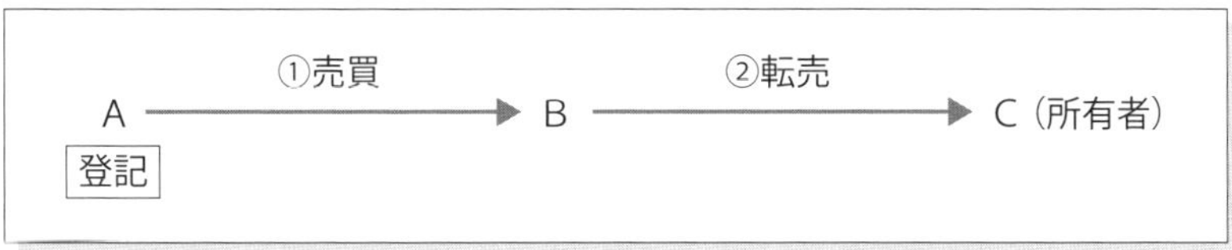

ＡがＢに不動産を売った後、ＢがＣに不動産を売っています。

今の所有者はＣですが、登記名義を持っているのは、いまだＡのままです。

ここで、Cが登記名義を得たいと思っています。

まず前提の知識ですが、登記の名義を、AからCにダイレクトに移すことはできず、AからB、BからCと移す必要があり、**Bを飛ばしてC名義にするのは、中間省略登記と扱われ禁止されています**（この辺りの理由付けは不動産登記法でやりますので、今は、真ん中を飛ばしちゃいけないんだな、というくらいで結構です）。

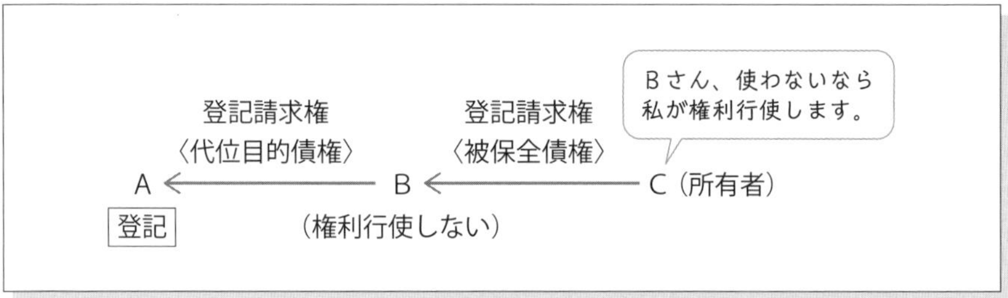

Aが登記名義を持っていて、BはAに対し、登記をよこせという権利を持っていますし、そしてCもBに対し、登記をよこせという権利を持っています。

だから、BがAに対し登記請求権を使って登記を持ってくれば、次にCが登記請求権を使って、自分のところに登記名義を持ってこられます。

ただ、Bが登記請求権を使おうとしません。もう売っちゃったからいいや、と言わんばかりに、Bが動いてくれません。

ここで、CからBへの登記請求権は、役立たずになります。いくら**登記請求権を持っていても、B名義にならない限りは、この権利は役に立ちません**。

そこで債権者代位の制度を使うのです。

CはBの債権者です。債権者であれば、債務者の権利が使えるので、**CはBの地位を乗っ取って、Aに対する登記請求権を代わりに使って、AからBへと登記名義を持ってくる**のです。

こうなれば、後は、CからBへ登記請求権を使って、自分名義の登記が実現できます。

債権者代位というのは、本来、債務者の財産を集めて強制執行するために作った制度ですが、今回はそんな話になりません。
債務者の権利を使うということを別の目的で使っています。
こういうのを債権者代位の転用といいます。

そして**このケースでは、Bの無資力というのは要件になりません**。
というのは**もう債権が役立たずな状態になっているので、これに加えて無資力という要件を要求する必要がない**からです。

もう1つ転用例があります。

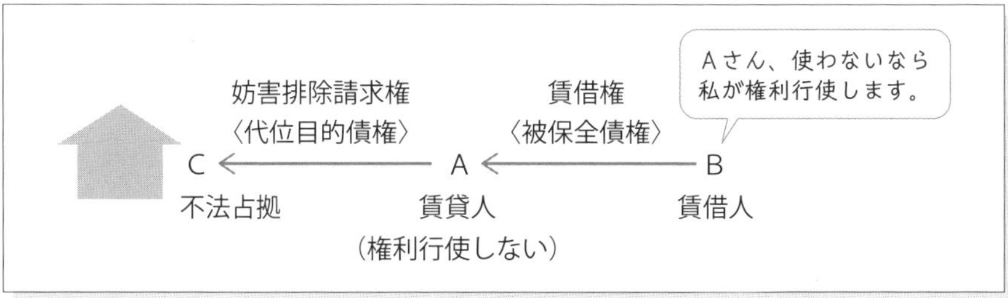

Aは自分の家をBに貸しました。
ただ、その家はCが不法占拠をしていたため、Bが住めません。
不法占拠しているCに対し、Aは妨害排除請求権を持っているので、これを使って追い出せばいいのです。
ただ、Aがこの権利を使おうとしません。
面倒なのか、Cが怖いからなのか分かりませんが、使ってくれないのです。

また、Bは賃借権に基づく物権的請求権を使いたいところですが、対抗要件を備えていなかったので、それができません。

BはAに対して賃借権がありますが、このままでは住めません。**この賃借権は、役立たずになっています**。
そこで、**BがAの地位を乗っ取って、代わりに妨害排除請求権を使う**のです。
それによってAのところに家が戻ってくるので、Bは賃借権を使えるようになるのです。

これも転用です。Aのところに財産を集めて強制執行をするといった場面ではないからです。

そして、**今の転用の例も無資力の要件は要求されません**。もう役立たずになっているという状態ですので、これに加えて無資力の要件を課す必要はないのです。

転用事例でよく問われるのは、「代位ができるかどうか」ということと、「無資力要件が要求されるか」という点です。

先ほどの2つの事例については、物語を理解するとともに、無資力要件が要らないということまで押さえてください。

転用かどうかの判断方法
持っている債権が金銭債権以外
→　転用の事例

持っている債権が登記請求権や賃借権のように、金銭債権ではない場合は転用のケース、だから無資力要件は不要なんだ、と基本的には思ってください。

ただ、**金銭債権を持っているのに、無資力要件を不要とした例もあります**。次の事例は、ぜひ丸呑みしてください（次の事例は、「同時履行の抗弁権」という制度を学んだ後に読むようにしてください）。

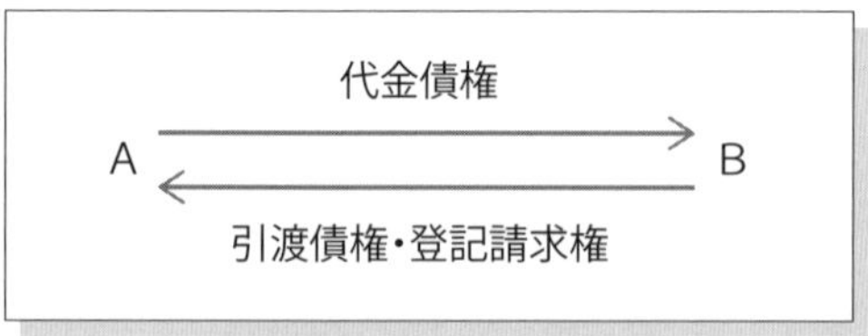

AがBに土地を売却して、債権債務を持っています。ただ、上記の債権債務を履行しないまま、Aが死亡して、CDが相続したのです。

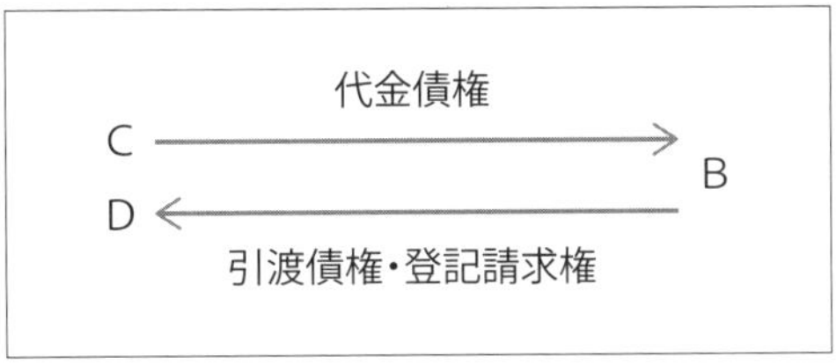

ここで、CがBに対して代金を請求したところ、Bから「登記と同時履行でないと払わない」と同時履行の抗弁権を主張されました。

Bは登記をしようと思ってCDに協力を求めたところ、Dが「父があの土地を売ったことは反対だ。自分は応じない」とゴネたのです。

正式な売買をしたのですから、BはDに登記請求権を行使すれば登記をとれます。ただ、BがDに対する権利行使（実際には裁判）を面倒がってやりません。

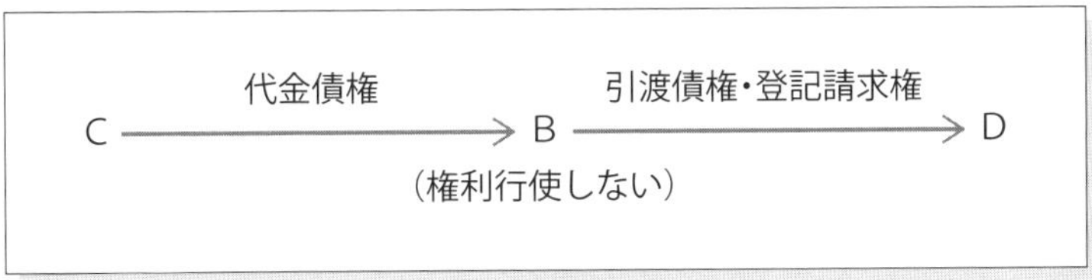

ここで、**Cの代金債権が役立たずになっています**。登記がBに移せない限り、Cは代金債権を持っていても使えません。

そこで、**Cは自分の代金債権の債務者Bに代位して、Bの持っている登記請求権を代位行使するのですが、ここでも無資力要件は要求されません**。

同時履行の抗弁権がある限り、金銭債権を持っていても、この金銭債権は使えません。**もう役立たずになっているので、これとは別に無資力の要件を要求する必要はない**のです（また強制執行をするという目的ではない、**転用事例と扱われるので、無資力要件がかからない**と考えてもいいでしょう）。

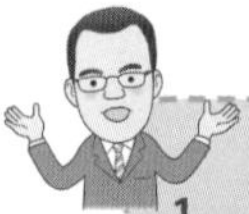

問題を解いて確認しよう

1	土地がCからBへ、BからAへと順次譲渡された場合において、BがCに対して所有権の移転の登記を請求しないときは、Aは、Bが無資力でなくても、BのCに対する所有権移転登記請求権を代位行使することができる。〔17-17-エ〕	○
2	A所有の不動産をBが賃借し、さらにCがBから転借している場合において、Dが不動産の使用を妨害しているにもかかわらず、その妨害の排除をAが請求せず、BもまたAに代位してその請求をしないときは、Cは、A及びBの資力の有無にかかわらず、AのDに対する妨害排除請求権をAに代位して行使するBの権利を、Bに代位して行使することができる。〔22-16-オ〕	○
3	不動産の売主Aの所有権移転登記義務をB及びCが共同相続した場合において、Bがその義務の履行を拒絶しているため、買主Dが同時履行の抗弁権を行使して代金全額の弁済を拒絶しているときは、Cは、自己の相続した代金債権を保全するため、Dの資力の有無にかかわらず、DのBに対する所有権移転登記請求権を代位行使することができる。〔12-7-オ（22-16-ウ）〕	○

2周目はここまで押さえよう

（深い理解はいらないところです。物語の概略がわかればクリアにできます。）

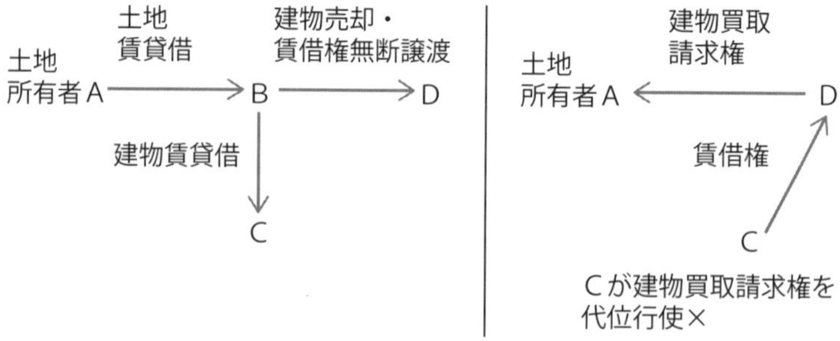

土地の所有者が更地の状態でBに貸したところ、Bが建物を建てて、その建物をCに貸しました（ここまでは何の問題もありません）。

この後、Bが建物所有権をDに売却しました。
建物所有権の売却によって、土地の賃借権も一緒にくっついて譲渡されますが、この点について、土地所有者の承諾を得ていないものでした。

これは無断譲渡になるので、土地の所有者Aは賃貸借契約を解除できる状態になります。
ここで建物を買ったDは、建物の取り壊しを防ぐために、Aに対して建物買取請求権を行使できるようになります（これは、借地借家法に認められている特殊な買取請求権です）。

ただ、Dがこの権利を使おうとしません。そこで、建物を借りたCがこの権利を代位行使できるのでしょうか。

結論はNOです。現時点で、Cが持っている建物賃借権は役立たずの状態になっていないため、保全の必要性がないからです。

☑ 1	Dが、Aから賃借した甲土地上に乙建物を所有し、これをCに賃貸していた場合において、Dが乙建物をBに売却したが、甲土地の賃借権の譲渡につきAの承諾が得られないときは、Cは、乙建物の賃借権を保全するために、Bの資力の有無にかかわらず、Bに代位して、Aに対する建物買取請求権を行使することができる。〔22-16-エ〕	×

次に債権者代位権をどのように使うかという話です。

Point

行使方法

①裁判以外の行使も可能

②債権者が自己の名において行使

この債権者代位は、裁判なしで人の権利が使えます。

そして、これは代理ではないので、債権者は自分の名前で行使します。顕名をした上で行うわけではありません。

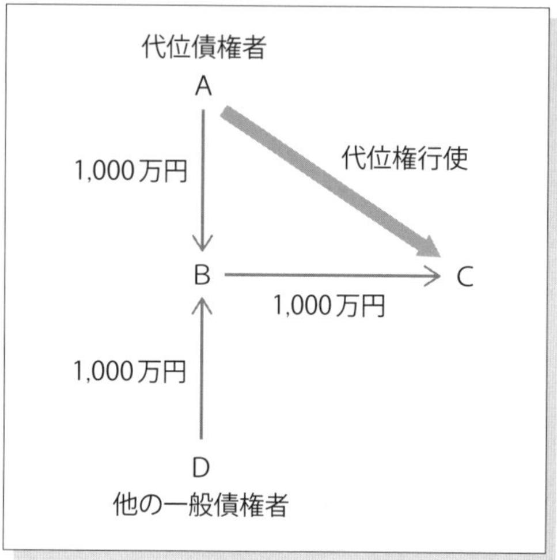

今、Bが無資力でＡＤがBに対してそれぞれ1,000万円の債権を持っています。Bが持っている財産は、Cに対する1,000万円の債権だけでした。

ここで、Bがこの1,000万円の権利を使って、現金1,000万円を取得する。その後、この1,000万円の財産について、ＡＤが強制執行して、500万円ずつ分配し合うということが理想的な姿です。

ただBが、1,000万円の権利を行使してくれません。

そこで、AがCに対し、代わりに権利行使することにしました。

本来、AはCに、「Bに1,000万円払え」と請求するはずです（その後、ＡＤで分配し合う)。ただ、**Bが受け取りを拒否する可能性があります**。

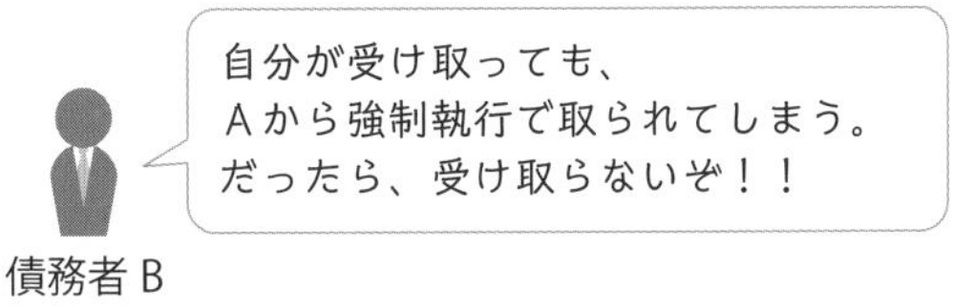

自分が受け取っても、
Aから強制執行で取られてしまう。
だったら、受け取らないぞ！！
債務者 B

423条の3（債権者への支払又は引渡し）
債権者は、被代位権利を行使する場合において、被代位権利が金銭の支払又は動産の引渡しを目的とするものであるときは、相手方に対し、その支払又は引渡しを自己に対してすることを求めることができる。この場合において、相手方が債権者に対してその支払又は引渡しをしたときは、被代位権利は、これによって消滅する。

そこで、423条の3により、AはCに対して、「私Aに1,000万円渡せ」と請求することを認めました。これを直接取立といいます。

債権者代位というのは、本来は債務者のところに財産を集める制度なのに、債権者がもらってよいとしたのです。

その結果、500万円ずつ分配し合うべきなのに、Aが1,000万円取ってお終いになります。

本来は**「財産を集めて平等配当にする制度」として設計したのに、「先に権利を見つけて、請求した者の勝ち」、早い者勝ちの制度に変わってしまった**のです。

債権者は「債務者に払え」と言うこともでき、「自分に払え」とも言えます。ただし、1つ例外があります。

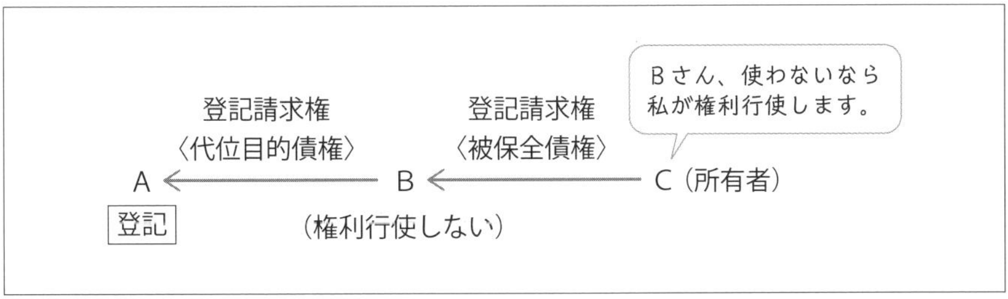

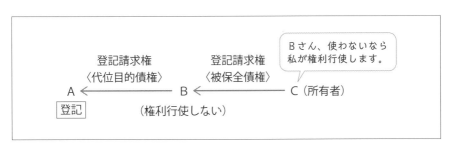

先ほど出した事例と同じで、不動産をAからB、BからCに売って、CがAに代位行使をする。「Bに登記を渡せ」と代位行使する場面です。

ここでは債権者による直接取立、つまり、CがAに「私に登記を渡せ」ということはできません。

これを認めてしまうと**AからCへと登記名義が移ることになり、中間省略登記になってしまう**からです。

また、**登記自体は、Bは受取拒否ができません**（代位登記という制度があり、これを使えば、Bが受取を拒否しても、B名義にすることができます）。

このように、**基本的には債権者は自分によこせと言えるのですが、登記だけは自分によこせと言えない、と処理しましょう**。

423条の2（代位行使の範囲）
債権者は、被代位権利を行使する場合において、被代位権利の目的が可分であるときは、自己の債権の額の限度においてのみ、被代位権利を行使することができる。

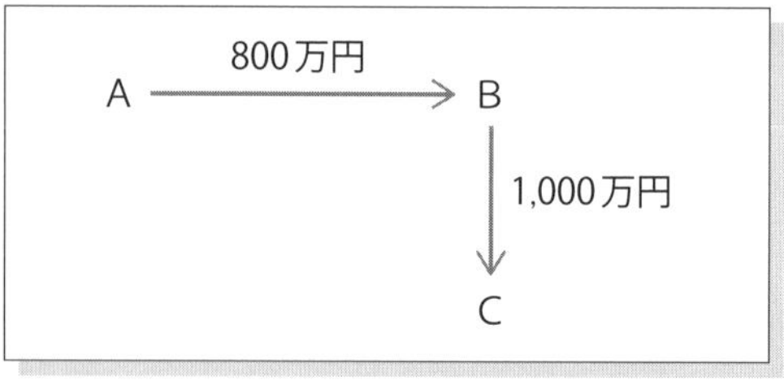

AがこのBCの権利を使う場合、いくらまで使えるでしょう。

AはCに、800万円までしかよこせと言えません。

800万円あれば、Aの債権の保全ができるので、それ以上はやらせる必要はありませんね（Aの債権保全の必要性と財産管理の自由のバランスを取っているのです）。

423条の5（債務者の取立てその他の処分の権限等）
債権者が被代位権利を行使した場合であっても、債務者は、被代位権利について、自ら取立てその他の処分をすることを妨げられない。この場合においては、相手方も、被代位権利について、債務者に対して履行をすることを妨げられない。

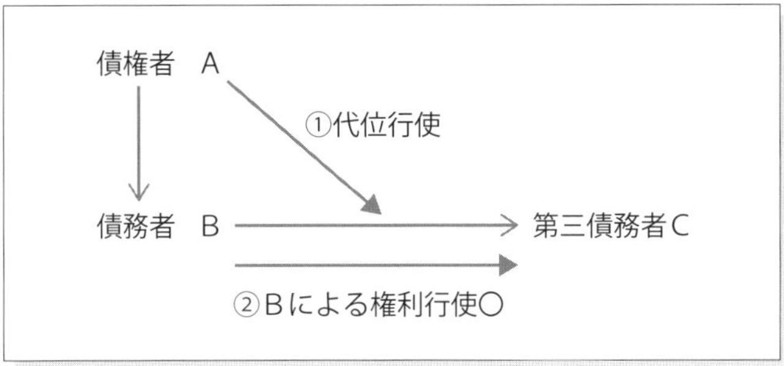

債権者Aが、債務者Bの持っている権利を行使しました。

AがCに対して「私に払うように」と請求しているのですが、Cはこれに応じません。

Aが債権者代位権を使っていますが、BはCに対して「私Bに払え」と請求できます。

BCの権利はBのものですし、債権者代位をするだけでBの処分権が制限されるのは不当だからです。

これにより、債権者の債権者代位権があっても、債務者はそれを防ぐことができるようになっています。

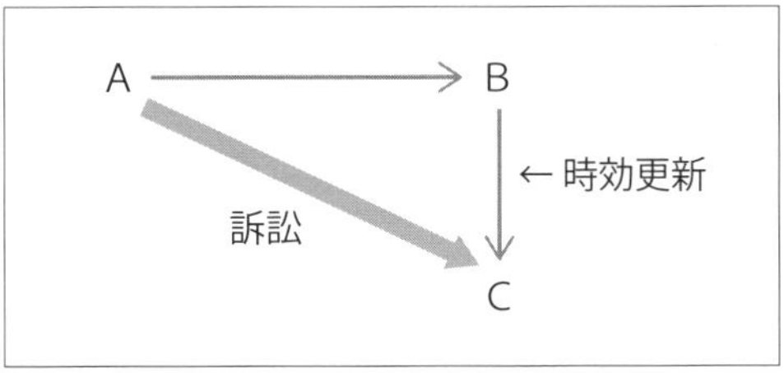

AがBCの権利を使おうとしています。今回Aが、BのCに対する権利を訴訟で請求したと思ってください。

この場合、権利行使をしたものはどの権利ですか（眠っていないと評価されるのはどの権利ですか）。

それはBC間の債権の方ですよね。

Bの持っている債権をCに請求しているので、BC間の債権の時効が更新されます（**AB間の債権は更新されない**ので注意してください）。

問題を解いて確認しよう

1	債権者代位権は、訴えによって行使しなければならない。〔53-3-3（26-16-エ）〕	×
2	Bの債権者であるAがBのCに対する動産の引渡請求権を代位行使する場合には、Aは、Cに対し、その動産を自己に直接引き渡すよう請求することはできない。〔17-17-オ〕	×
3	賃借人Aが賃貸人Bの所有する建物の賃貸借契約をしたが、引渡しを受けていない場合において、その建物をCが権原なく占有しているときは、Aは、Cに対し、BのCに対する所有権に基づく建物の返還請求権を代位行使して、直接自己に引き渡すことを請求することができる。〔6-8-エ〕	○
4	Aが、Bの有するCに対する移転登記請求権を代位行使する場合、Aは、直接自己名義に移転すべき旨を請求することはできない。〔オリジナル〕	○
5	債権者AがBに対する50万円の金銭債権を保全するために、BのCに対する100万円の貸金返還請求権を代位行使するに当たっては、BのCに対する債権が1個の契約に基づくものであっても、Aは、Cに対し、自己の債権額50万円に限って支払を請求することができる。〔6-8-ア（2-5-1、26-16-イ）〕	○
6	債権者が被代位権利を行使し、その事実を債務者が了知した場合であっても、当該債務者は、被代位権利について、自ら取立てその他の処分をすることができる。〔29-17-イ〕	○

×肢のヒトコト解説

1　債権者代位は訴訟をしなくても権利行使できます。

2　不動産の登記以外は、自分に渡せと請求ができます。

これで到達！合格ゾーン

□ AがBに対して1000万円の甲債権を有し、CがAに対して1500万円の乙債権を有し、甲債権と乙債権のいずれも弁済期が到来している。この事例において、Aが無資力である場合には、Cは乙債権を被保全債権として、甲債権について債権者代位権を行使した。この場合に、Cは、甲債権についてBから直接弁済を受領し、受領した金銭についてのAに対する返還債務に係る債権を受働債権とし、乙債権を自働債権とする相殺をすることができる。〔27-18-イ〕

★代位債権者Cは、受領した金銭の返還債務と、自己の債務者Aに対する債権とを相殺することができます（大判昭10.3.12）。この相殺によって、Cは自分の債権を消滅させる（自分の債権を回収させる）ことになります。

第3節 詐害行為取消権

令和7年本試験は
ここが狙われる！

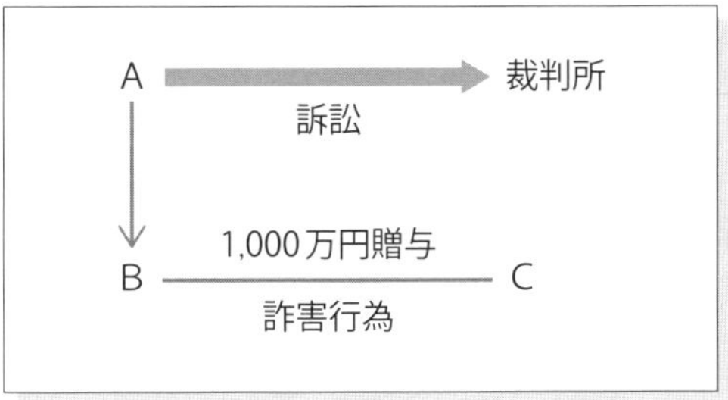

Aは、Bが1,000万円の財産を持っているため、債権が回収できると思っていました。

ところがBが唯一の財産である1,000万円をCにあげました。

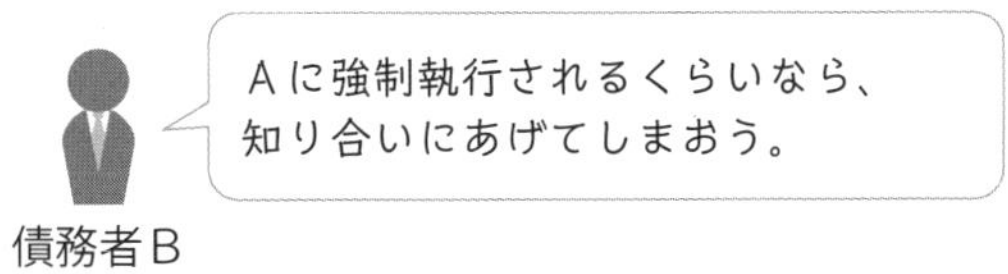

Aに強制執行されるくらいなら、
知り合いにあげてしまおう。
債務者B

と思ったようです。

それによって、Bは無資力になりました。

Aは怒り心頭です。当てにしていた財産が贈与されているのです。「人からお金を借りておいて、他人に財産をあげる」その結果、借金が返せないという事態は納得できないでしょう。

この場合、Aは、裁判所に訴えます。ＢＣ間の贈与契約を取り消してくれと訴えるのです。

この結果、裁判所が取消判決というものを出します。

判決

「ＢＣ間の贈与契約は取り消す。
Ｃは財産を返すように」

財産が返されれば、後は、Aはそこに強制執行を仕掛けていくことになります。

このように、**債務者のところから出ていった財産を取り返していく**、これが詐害行為取消権と呼ばれる制度です。

債権者代位は、債務者の権利を代わりに使う制度、
詐害行為取消権というのは、出ていった財産を取り戻していく制度

そんなイメージでいいでしょう。

債権者　　　　　　　　　　　　　　　債務者
債権保全の利益 ←── 調和 ──→ 財産管理の自由
↓
取引の安全
第三者の利益

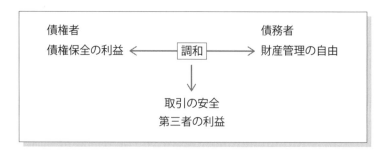

債権者代位より、バランスをとらなければいけない方が１人増えます。

Cです。

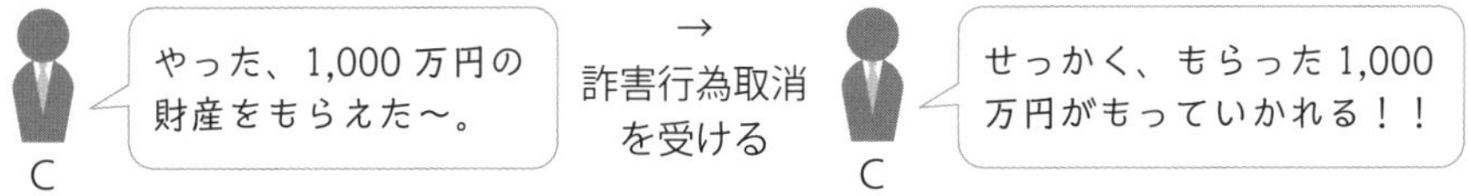

やった、1,000万円の財産をもらえた～。
C
→
詐害行為取消を受ける
せっかく、もらった1,000万円がもっていかれる！！
C

詐害行為取消請求を認めると、Cの権利を奪うことになります。Cが「詐害行為なんて知らなかった」という状態で取消しを認めれば不意打ちになります。

そこで、**Cが悪意の場合にしか詐害行為取消請求はできない**としたのです。

また、**訴訟を必須条件としてCの言い分を聞くようにしています**。

このように、債権者代位権と比べて、Cの利益も考えなくてはいけないという点がポイントです。

では、条文を見ながら要件を確認していきましょう。

424条（詐害行為取消請求）

1　債権者は、債務者が債権者を害することを知ってした行為の取消しを裁判所に請求することができる。ただし、その行為によって利益を受けた者（以下この款において「受益者」という。）がその行為の時において債権者を害することを知らなかったときは、この限りでない。

2　前項の規定は、財産権を目的としない行為については、適用しない。

3　債権者は、その債権が第1項に規定する行為の前の原因に基づいて生じたものである場合に限り、同項の規定による請求（以下「詐害行為取消請求」という。）をすることができる。

覚えましょう

詐害行為取消権の要件

①被保全債権が金銭債権

②詐害行為前に成立したこと（原則）

③債務者の無資力

④財産権を目的とした法律行為

⑤詐害の意思

⑥受益者の悪意

①被保全債権が金銭債権

先ほどの事例でいうと、ＡＢ債権のことで、ここは金銭債権の必要があります。

債権者代位のように転用するケースを認めていません。

そのため、債務者の無資力（表の中の③）も絶対に要求されることになります。

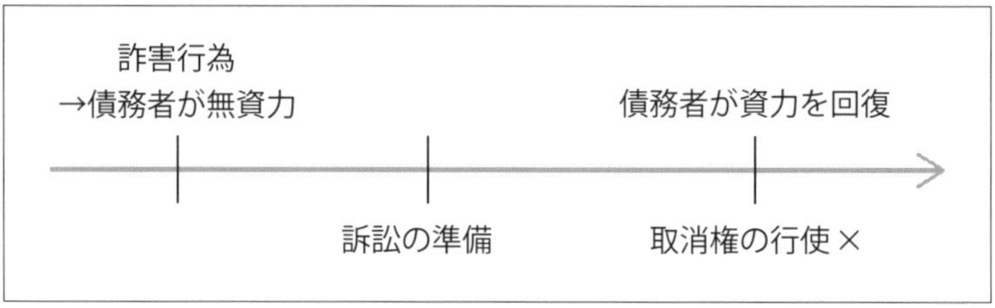

債務者が詐害行為をして無資力になりました。債権者は取り消そうと思って訴訟の準備に入ったのです。

訴訟はすぐにできるものではなく、ある程度準備期間が必要です。

訴訟の準備をしていたら、債務者が宝くじか何か当たって、資力を回復したようです。

資力があり、債権の回収ができるなら、詐害行為取消を認める必要はありません（詐害行為取消というのは、財産を回収するための手段です。頭にきた債権者による制裁のための制度ではありません）。

⑤詐害の意思

これは、Ｂの意思のことで、Ｂが贈与契約をする際に、「こんなことしたら、債権者Ａを害してしまうな」そういった意思のことを指します。

⑥受益者の悪意

今回の事例では、Ｃが悪意ということが要求されます。善意の人の権利まで取消しができると、不意打ちになってしまうので、要求している要件です。

④財産権を目的とした法律行為

ＢＣ間で行っている行為についての要件です。ＢＣ間で行ったことが、財産を減らす行為であれば、取り消せます。

2つほど事例を説明しましょう。

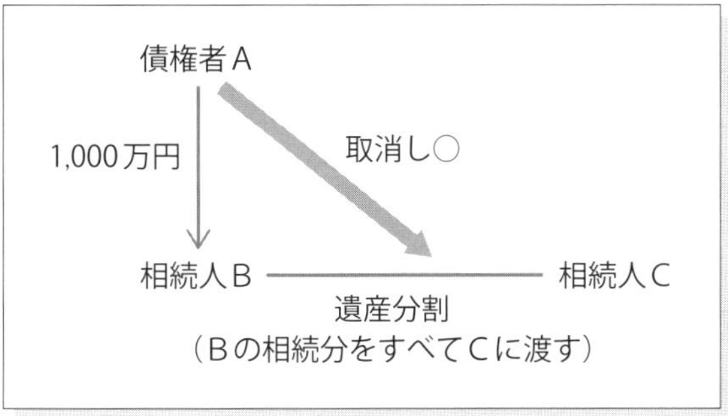

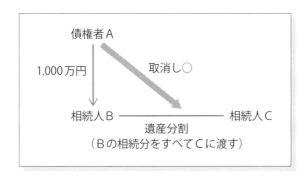

ＢがＡからお金を借りている状態で、このＢとＣは父から相続を受けました。ただ、Ｂが、遺産分割で、すべての遺産をＣに渡すと言っているのです。

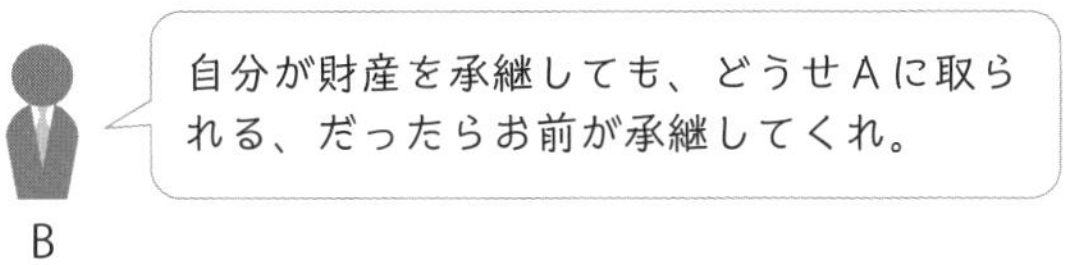

自分が財産を承継しても、どうせAに取られる、だったらお前が承継してくれ。
B

ということでしょう。
これをされると、Ａは当てが外れたことになります。

Aはこの遺産分割を取り消せます。
この遺産分割によって、Bの相続分が減っています。だから詐害行為取消請求ができるのです。

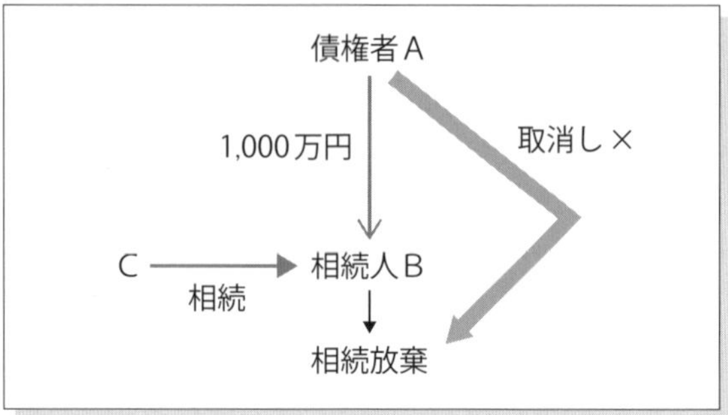

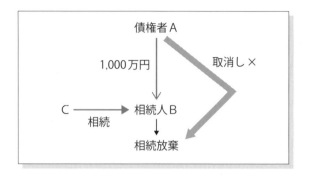

AがBに対して債権を持っていて、そのBがCを相続しました。

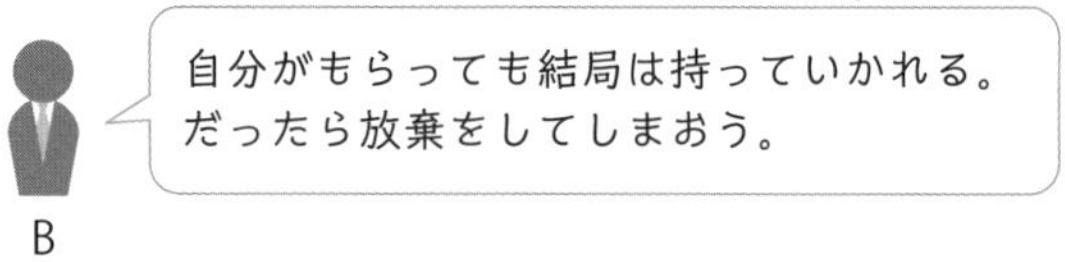

と相続放棄をしました。

相続放棄をされると、Aとしてみれば当てが外れます。
そこで、**相続放棄を取り消すことができるかというと、これはできない**のです。

相続放棄をすると、初めから相続人ではなかったことになります。
初めから財産をもらっていないことになるのです。
財産を減らすことは取り消せますが、**今回は財産を「減らす」行為ではない**のです（Cの相続財産が降りて来ないでほしいと、財産が入ってくるのを拒否しているのです）。
そのため、この相続放棄を詐害行為として取り消すことはできないのです。

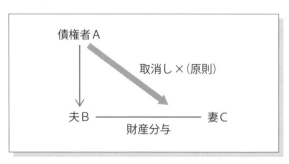

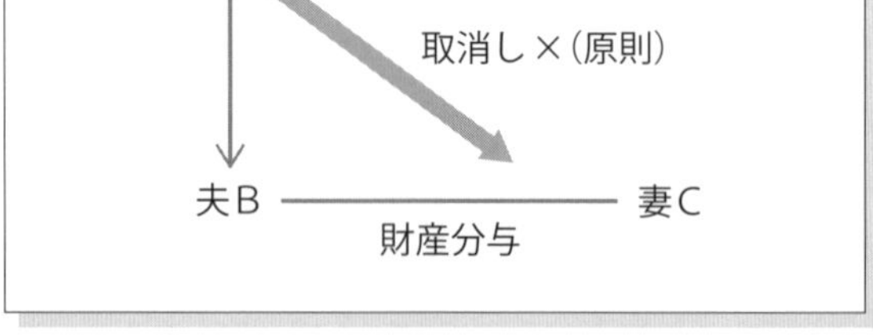

夫婦が離婚をして、財産分与をしていますが、これを詐害行為取消請求することは、できません。
家族関係の行為については、基本的に詐害行為取消請求はできないのです。

ただ場合によっては結論が変わります。

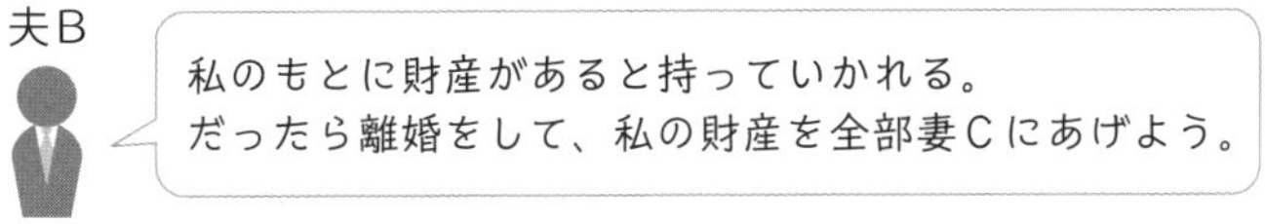

夫B
私のもとに財産があると持っていかれる。
だったら離婚をして、私の財産を全部妻Cにあげよう。

財産分与で妥当な金額を遥かに超えて渡している場合は結論が変わります（財産隠しをしているようですね）。
この場合、この行為は**財産分与の皮をかぶった単なる贈与契約であり、家族法の行為とはいえないため、過大な部分については、詐害行為取消が可能**です。

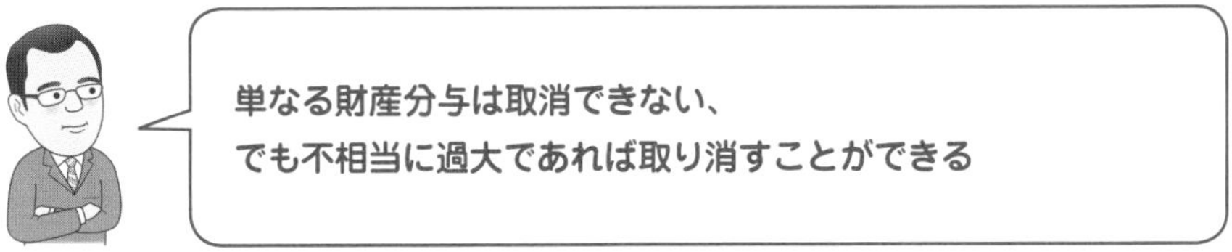

単なる財産分与は取消できない、
でも不相当に過大であれば取り消すことができる

このように考えておきましょう。

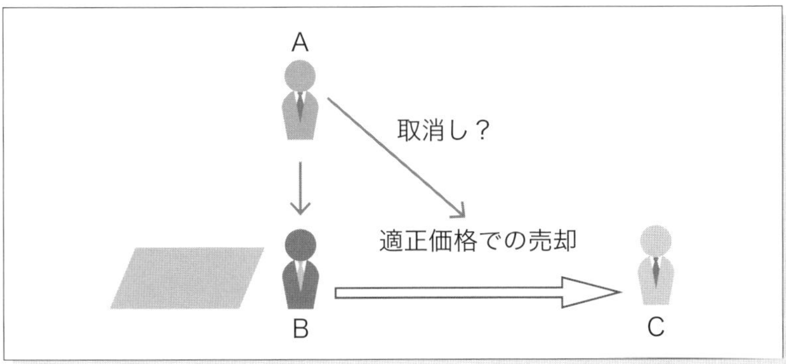

Aからお金を借りているBが、自分の不動産（時価1,000万円）をCに売却しました。その売却価格は、安すぎるというものではなく適正（売買価格1,000万

円）なものでした。

ここで、債権者のAはこの適正価格の売買を取り消すことができるでしょうか。

債務者の総財産が減少する行為を止めるのが、詐害行為取消の制度です。1,000万円の不動産を1,000万円で売却しても、Bの総財産は減少しません。

そのため、**適正価格で売却しても詐害行為取消請求で、取り消せないのを原則**にしました（例外的に取り消せる場面を、424条の2で規定しています。この例外要件は、眺めるぐらいにとどめておきましょう）。

424条の2（相当の対価を得てした財産の処分行為の特則）

債務者が、その有する財産を処分する行為をした場合において、受益者から相当の対価を取得しているときは、債権者は、次に掲げる要件のいずれにも該当する場合に限り、その行為について、詐害行為取消請求をすることができる。

① その行為が、不動産の金銭への換価その他の当該処分による財産の種類の変更により、債務者において隠匿、無償の供与その他の債権者を害することとなる処分（以下この条において「隠匿等の処分」という。）をするおそれを現に生じさせるものであること。

② 債務者が、その行為の当時、対価として取得した金銭その他の財産について、隠匿等の処分をする意思を有していたこと。

③ 受益者が、その行為の当時、債務者が隠匿等の処分をする意思を有していたことを知っていたこと。

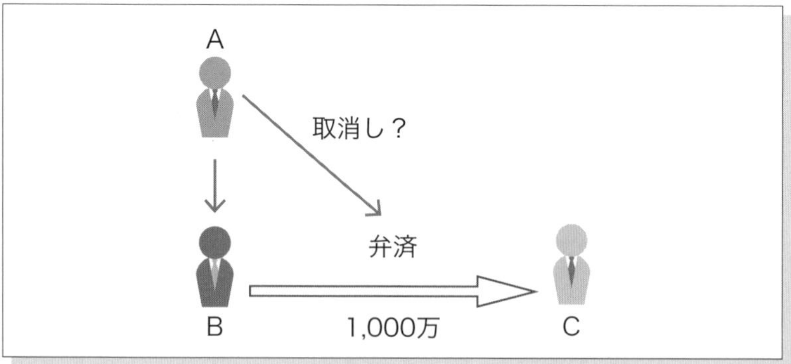

Aからお金を借りているBが、自分の債務（1,000万円）の弁済をしました。

その弁済は、物などで行ったものでなく、現金でおこなったようです。

ここで、債権者のAはこの弁済を取り消すことができるでしょうか。

債務者の総財産が減少する行為を止めるのが、詐害行為取消の制度です。

1,000万円の債務を1,000万円の現金で弁済しても、Bの総財産は減少しません。

そのため、**弁済行為は詐害行為取消請求で、取り消せないのを原則**にしました。

例外的に取り消せる場面を、424条の3で規定しています。

424条の3（特定の債権者に対する担保の供与等の特則）

1　債務者がした既存の債務についての担保の供与又は債務の消滅に関する行為について、債権者は、次に掲げる要件のいずれにも該当する場合に限り、詐害行為取消請求をすることができる。

① その行為が、債務者が支払不能（債務者が、支払能力を欠くために、その債務のうち弁済期にあるものにつき、一般的かつ継続的に弁済することができない状態をいう。次項第1号において同じ。）の時に行われたものであること。

② その行為が、債務者と受益者とが通謀して他の債権者を害する意図をもって行われたものであること。

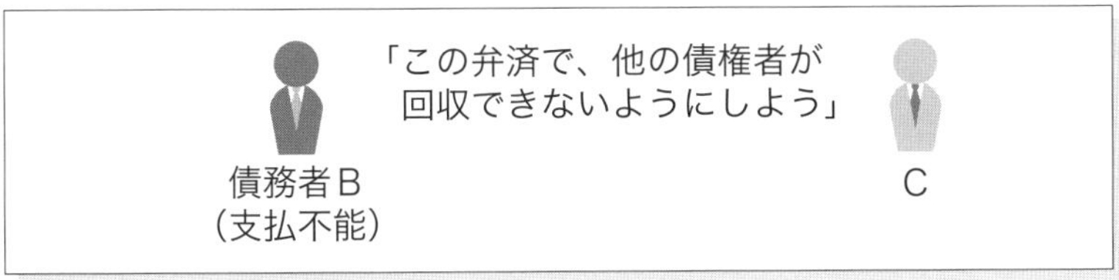
「この弁済で、他の債権者が
回収できないようにしよう」
債務者B
（支払不能）
C

上記のように

・支払不能の状態で

・ほかの債権者を害する通謀があった場合に限って、取消しを認めています。

問題を解いて確認しよう

1	Bがその所有する不動産を、Cに適正価格で売却していた場合、Bの債権者Aによる詐害行為取消請求は認められない。〔オリジナル〕	×
2	Cに対して負う弁済期が到来した債務を、Bは現金で弁済した。弁済をしたときにBが支払不能でなかった場合、Bの債権者Aは、Cに対し、詐害行為取消請求をすることができない。〔オリジナル〕	○

×肢のヒトコト解説

1　適正価格での売却でも、取消しができる場合があります。

②詐害行為前に成立したこと（原則）

ＡＢ間の債権と、ＢＣ間の詐害行為の順番についての要件です。

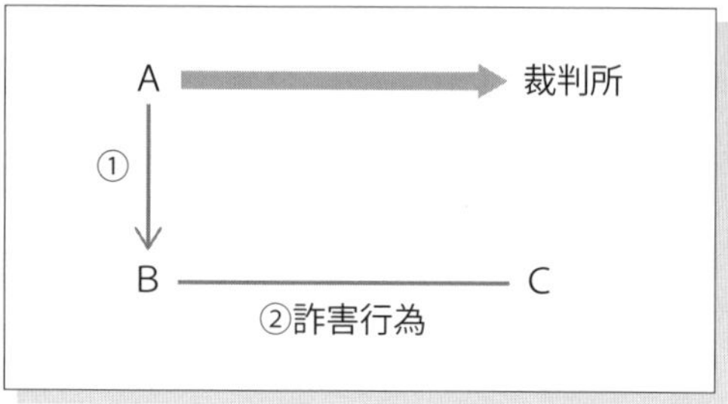

ＡＢ間の債権があった状態で、ＢＣ間の詐害行為がある、この順番になるのが必須条件で、逆だとダメなのです。

どういうことかというと、

「ＢＣで詐害行為がされる→Ｂが無資力になる→この後、ＡがＢに金を貸す」この場合は、詐害行為取消請求はできません。

というか認める必要はありません。**無資力になった人に金を貸す方が悪い**んですよ。

このように、詐害行為においては、債権の成立した順番が重要になります。

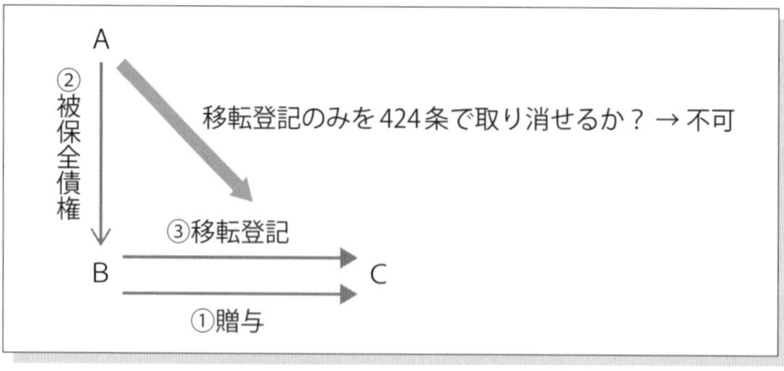

ＢがＣに不動産を贈与をした結果、無資力になった後に、ＡがＢに金を貸しています。その後、ＢがＣに贈与した不動産の移転登記をしています。

贈与契約の後に、お金を貸しているため、贈与契約を取り消すことはできません。では、お金を貸した後に行っている移転登記を取り消すことができるのでしょうか。

詐害行為というのは、財産を減らす行為だといいました。
贈与契約と移転登記、どっちの時点でＢから所有権がなくなるのでしょう？

贈与契約時に、Ｂから所有権が移転します。移転登記をしたことによって、所有権が移転するわけではありません。
そのため、**移転登記は財産を減らす行為ではないので、取り消すことはできないことになる**のです。

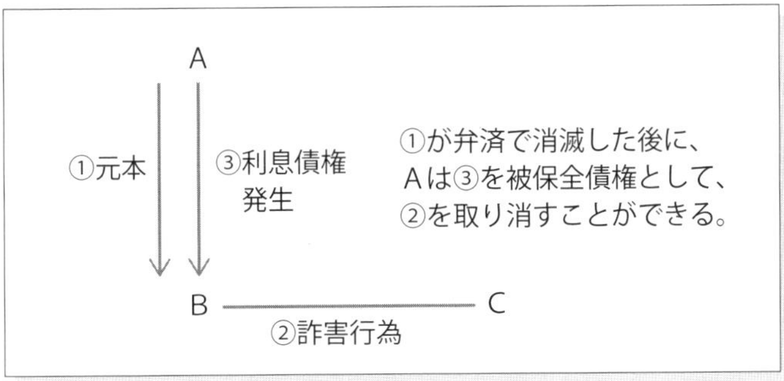

今回の被保全債権は③です。これは詐害行為の後に生まれていますが、その発生の原因は②より前の①の債権です。
順番だけでいえば、取り消すことができないはずですが、**「無資力になった人に金を貸した方が悪い」という状況ではありません**。

そこで、詐害行為の後に生まれた債権であっても、**その債権の発生原因が詐害行為前であれば、取消しができる**ことを規定しました（424条３項）。

問題を解いて確認しよう

1	所有権移転登記よりも前の金銭消費貸借契約によって成立した貸金債権であっても、それが譲渡の意思表示より後に成立したものであるときは、被保全債権とすることはできない。〔14-16-オ改題〕	○
2	債務者が第三者に贈与をしたことにより無資力となれば、その後に資力を回復しても、詐害行為取消権を行使することができる。〔2-10-4（14-16-イ）〕	×
3	離婚に伴う財産分与は、婚姻の解消という身分行為に伴うものではあるが、身分関係の廃止とは直接に関係のない行為であるから、財産分与が、不相当に過大であり、財産分与に仮託してされた財産処分行為であると認められるときは、詐害行為として取り消すことができる。〔11-7-イ（16-21-エ、21-22-オ、24-22-エ）〕	○
4	相続人となった債務者が債権者を害する目的で相続の放棄をしたときは、債権者は、その相続の放棄を詐害行為として取り消すことができる。〔9-19-オ（12-19-オ）〕	×
5	共同相続人の間で成立した遺産分割協議は、詐害行為取消権の対象とはなり得ない。〔15-23-ウ（20-18-ア、23-23-オ）〕	×
6	詐害行為の時点よりも前に成立した元本債権に対する遅延損害金であっても、それが詐害行為よりも後の期間に発生したものであるときは、被保全債権とすることはできない。〔14-16-エ改題〕	×

×肢のヒトコト解説

2 資力を回復したのであれば、もう取消権を使って財産を戻す必要はありません。

4 相続放棄では、財産が減ることにならないので取消しをすることができません。

5 遺産分割は、相続分を減らしたりできる行為なので取消しが可能です。

6 詐害行為前に、債権（遅延損害金）の発生原因が生じているため、その債権は被保全債権にできます。

2周目はここまで押さえよう

◆被保全債権について◆

弁済期	詐害行為時において履行期が未到来の債権	○
債権の種類	金銭債権	○
	特定物債権	×（※）
	強制執行により実現することのできないもの	×（424Ⅳ）

（※）特定物債権であっても、債務不履行によって損害賠償債権になっていれば、詐害行為取消も認められる（最判昭36.7.19）。
ただし、行使時までに、特定物引渡請求権が金銭債権に転じていることが必要。

自分の債務者が、不当な財産隠しをしているとします。債権者は、それを止めたいと考えるところですが、自分の債権の弁済期が来ていません。

この状態でも、詐害行為取消はできるでしょうか。

これは、可能です。

債権者代位権と異なり、弁済期が来ていなくても権利行使が認められています。

また、詐害行為取消をするための債権者は金銭債権を持っている必要があります。

仮に、「家を渡せ」という特定物債権（売買契約等で発生した権利）であっても、債務不履行によって、損害賠償債権に転化している場合は、詐害行為取消をすることは可能です。

損害賠償請求権は、金銭債権なので、詐害行為取消が許されるのです。

ただし、詐害行為時に金銭債権でなくてもいいのですが、詐害行為取消時には金銭債権に転化していることが必要です（この部分のひっかけが出題されたことがあります）。

☑ 1　被保全債権が発生し、かつ、その履行期が到来した後にされた行為でなければ、これについて詐害行為取消権を行使することはできない。〔30-16-ア〕　×

2	AがBに対して有する甲債権を保全するために、BのCに対する乙債権を代位行使する場合、Aは、甲債権の履行期が到来しているときに限って乙債権を代位行使することができる。〔26-16-ア改題〕	×
3	特定物の引渡請求権の債務者が当該特定物を処分することにより無資力となった場合には、当該引渡請求権が金銭債権に転じていなかったとしても、当該引渡請求権の債権者は、当該処分について詐害行為取消権を行使することができる。〔30-16-イ〕	×

覚えましょう

行使方法

①必ず、裁判上の訴えにより行使しなければならない

②債権者が自己の名において行使する

③取消しの訴えは、受益者又は転得者を相手方とすれば足り、債務者を被告とする必要はない

①必ず、裁判上の訴えにより行使しなければならない

債権者代位とは違うところです。人の権利を奪うため、その人に大迷惑をかけるため、必ず裁判の必要があります。

②債権者が自己の名において行使する

これは債権者代位と同じです。

③取消しの訴えは、受益者又は転得者を相手方とすれば足り、債務者を被告とする必要はない

財産を取り返すのですから、被告にするのは、財産を持っている人です。

債務者が財産を持っているわけではないので、債務者を被告にする必要はありません。

> **424条の9（債権者への支払又は引渡し）**
> 1　債権者は、第424条の6第1項前段又は第2項前段の規定により受益者又は転得者に対して財産の返還を請求する場合において、その返還の請求が金銭の支払又は動産の引渡しを求めるものであるときは、受益者に対してその支払又は引渡しを、転得者に対してその引渡しを、自己に対してすることを求めることができる。この場合において、受益者又は転得者は、債権者に対してその支払又は引渡しをしたときは、債務者に対してその支払又は引渡しをすることを要しない。
> （2項省略）

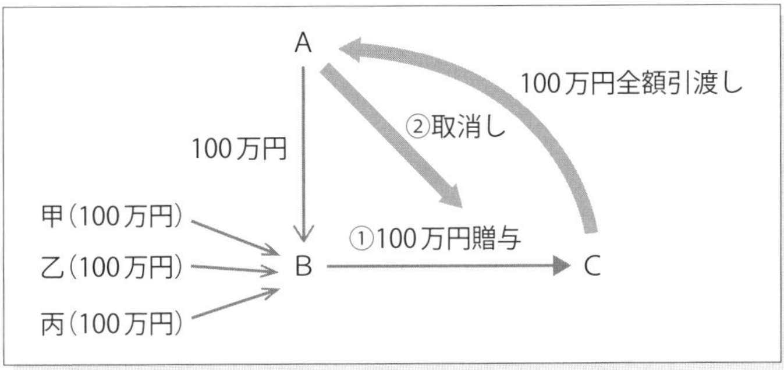

Bに対して多くの債権者がいて、このBは、Cに対して、100万円あげていました。

Aはこの贈与契約に気付き、100万円あげていた行為を取り消すために訴訟を提起しました。

本来は「贈与契約を取り消せ。100万円はBに返せ」と訴えるべきです。

ただ、**Bが受取りを拒否する危険がある**ため、「Cさんは私に100万円渡せ」と訴えることができ、その結果CがAに100万円渡してAだけお金を回収できます。

債権者代位と同じように、ここも、早い者勝ちになっています。

そして、**直接受け取れるという点、また、登記に関しては受け取れないという**

点も代位と同じです（金銭の支払、動産の引渡しのみ、直接取立が認められます）。

> **424条の8（詐害行為の取消しの範囲）**
> 債権者は、詐害行為取消請求をする場合において、債務者がした行為の目的が可分であるときは、自己の債権の額の限度においてのみ、その行為の取消しを請求することができる。

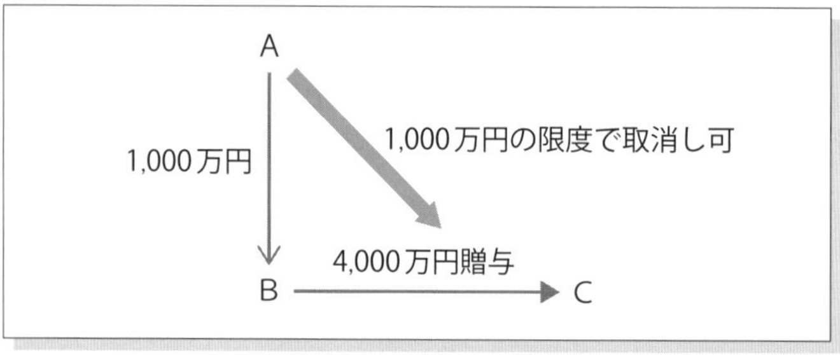

ＡのＢに対する債権が1,000万円で、ＢがＣに4,000万円贈与をしています。

この場合、取消しができる範囲はどこまでかというと、Ａの債権は1,000万円あれば回収できるんだから、取消しができるのも、1,000万円までです。

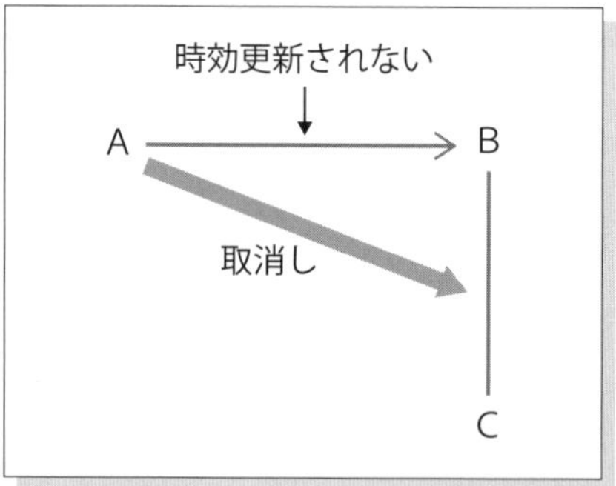

ＢＣの詐害行為をＡが取り消しました。

詐害行為取消は訴訟で行いますが、ＡＢ間の債権の時効は更新されません。

この時点では、**「取り消せ」と請求しているだけで、まだＡＢ間の債権の権利行使ではない**からです。

424条の5（転得者に対する詐害行為取消請求）
債権者は、受益者に対して詐害行為取消請求をすることができる場合において、受益者に移転した財産を転得した者があるときは、次の各号に掲げる区分に応じ、それぞれ当該各号に定める場合に限り、その転得者に対しても、詐害行為取消請求をすることができる。
① その転得者が受益者から転得した者である場合 その転得者が、転得の当時、債務者がした行為が債権者を害することを知っていたとき。
② （省略）

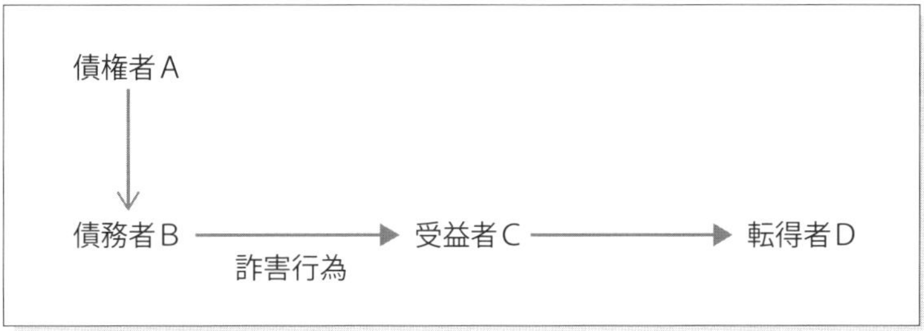

ＢがＣに詐害行為によって物を渡したあと、ＣはＤにその物を渡しています。この場合のＣを受益者、Ｄを転得者と呼びます。

ここで、転得者Ｄに取消請求ができるのは、どういうときでしょうか。

状況		効果	
受益者の主観	転得者の主観	受益者に対する詐害行為取消請求	転得者に対する詐害行為取消請求
善意	**善意**	×	×
善意	悪意	×	×
悪意	**善意**	○	×
悪意	悪意	○	○

転得者に対して取消請求できるのは「受益者が悪意　かつ　転得者が悪意」の場合だけになります。

転得者の権利をできるだけ保護するため、転得者に対しては、ほぼ取消請求できないようにしているのです。

問題を解いて確認しよう

1	詐害行為の受益者が債権者を害すべき事実について善意であるときは、転得者が悪意であっても、債権者は、転得者に対して詐害行為取消権を行使することができない。〔20-18-エ〕	○
2	詐害行為の受益者が債権者を害すべき事実について悪意である場合において、転得者が善意であるときは、転得者に対して詐害行為取消権を行使することはできない。〔30-16-ウ〕	○

425条（認容判決の効力が及ぶ者の範囲）
詐害行為取消請求を認容する確定判決は、債務者及びその全ての債権者に対してもその効力を有する。

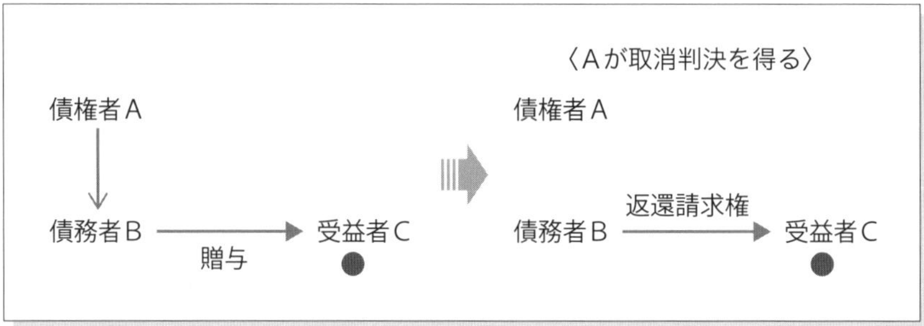

BがCに贈与をしたところ、Bの債権者のAが取消訴訟を起こし、それが認められました。

これによって、債権者AはCに取立請求をしますが、BCの贈与契約がなくなっているので、**債務者BもCに返還請求が可能です**。

問題を解いて確認しよう

1	債権者が受益者に対して詐害行為取消権を行使し、詐害行為を取り消す旨の認容判決が確定した場合であっても、債務者は、受益者に対して、当該詐害行為が取り消されたことを前提とする請求をすることはできない。〔30-16-エ〕	×

ヒトコト解説

1 債務者に対しても取消しの効力が生じているため、債務者は受益者に対して返還請求などをすることが可能です。

覚えましょう

◆ 債権者代位権と詐害行為取消権 ◆

	債権者代位権	詐害行為取消権
被保全債権の種類	原則：金銭債権 例外：特定物債権についても代位権の転用が認められる	金銭債権
債務者の無資力要件	原則：必要 例外：転用の場合には不要	常に必要
被保全債権の履行期	原則：履行期にあること必要 例外：保存行為	履行期にあることは不要 （大判大9.12.27）
行使方法	①裁判外でも行使可能 ②直接自己への給付請求 物の引渡し→できる 登記請求 →できない	①常に裁判上の行使が必要 ②直接自己への給付請求 物の引渡し→できる 登記請求 →できない
訴訟においての被告	第三債務者	受益者又は転得者
行使期間の制限	なし	あり（426）

比較の図表を作りました。一番下の行使期間の制限部分を見てください。

詐害行為の場合だけ、使える期間に縛りが入っているのです。

426条

詐害行為取消請求に係る訴えは、債務者が債権者を害することを知って行為をしたことを債権者が知った時から2年を経過したときは、提起することができない。行為の時から10年を経過したときも、同様とする。

この期間制限は、受益者・転得者の保護です。

受益者・転得者はいつ取り消されるかわからない不安定な状態に追い込まれます。この不安定な状態がずっと続かないようにするため、行使期間に制限をかけたのです。

問題を解いて確認しよう

1	詐害行為取消権を行使するときは、必ず訴えによらなければならない。〔オリジナル〕	○
2	詐害行為取消請求訴訟では、受益者又は転得者を被告とする必要がある。〔26-16-オ改題〕	○
3	不動産の引渡請求権を保全するために債務者から受益者への目的不動産の処分行為を詐害行為取消請求をする場合には、債権者は、受益者から債権者への所有権移転登記手続を請求することができる。〔20-18-イ改題〕	×
4	債務者Aに対し、Bは300万円、Cは200万円の金銭債権を有していたが、CがAから200万円の弁済を受けたことにより、Aは、無資力となった。Cに対するAの弁済がBの請求により詐害行為として取り消された場合、責任財産の回復を目的とする詐害行為取消制度の趣旨に照らし、Cは、Bに対し、自己の債権額に対応する按分額80万円についても支払を拒むことはできない。〔11-7-エ〕	○
5	AがBの債権者であり、Bの第三者Cに対する不動産の贈与が詐害行為に当たる場合において、Aが当該贈与の事実を知り、かつ、AがBに詐害の意思があることを知った時から2年が経過したときは、Aは、詐害行為取消権を行使することができない。〔オリジナル〕	○
6	詐害行為取消訴訟では、受益者又は転得者を被告とする必要がある。〔26-16-オ〕	○

×肢のヒトコト解説

3　登記については自分によこせ、と請求することはできません。

これで到達！　合格ゾーン

□ 債権者代位権を行使した債権者が、必要な費用を支出した場合、債権者は、費用償還請求権を有する（650Ⅰ参照）。詐害行為取消権を行使した債権者も、一般的には、費用償還を請求できると解されている。〔26-16-ウ〕

★どちらの行為であっても債務者の財産を増やしています。通説は、債務者と債権者の間に委任契約が結ばれていたと考えて、委任契約の条文を使います。

～多くの当事者がいる債権債務は、ケーススタディで考えましょう～

第3章 多数当事者の債権・債務関係

令和７年本試験は
ここが狙われる！

初めて学習する人が相当苦しむ難所です。
初めから完全な理解を求めようとせず、「問題が解ける」というレベルにすることを最優先課題にしてください。
学問的には難しいですが、出題されることはいつも同じところなので、問題が解ければＯＫのスタンスを強く意識しましょう。

第1節 分割債権債務・不可分債権債務

この章は、債権者が複数、債務者が複数、債権の本数が複数の場合の処理を見ていきます。

まず大原則の条文が、427条です。

427条（分割債権及び分割債務）
数人の債権者又は債務者がある場合において、別段の意思表示がないときは、各債権者又は各債務者は、それぞれ等しい割合で権利を有し、又は義務を負う。

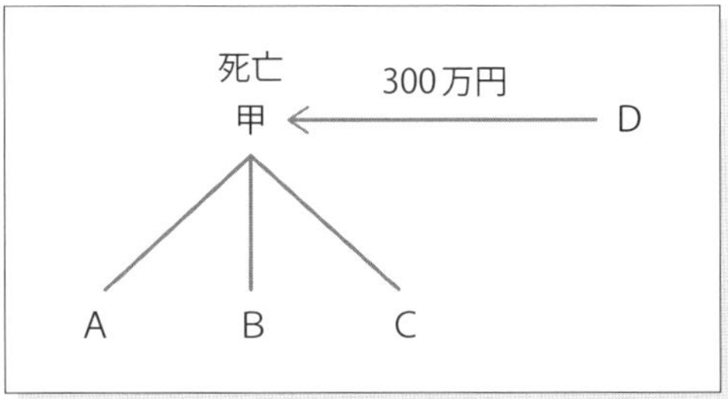

この状況で、甲が死んでＡＢＣが相続しました。甲が負っていた300万円の債務を相続人３人が承継したのです。

債務者が複数になりました。すると、債務はすぐに３つに分かれます。

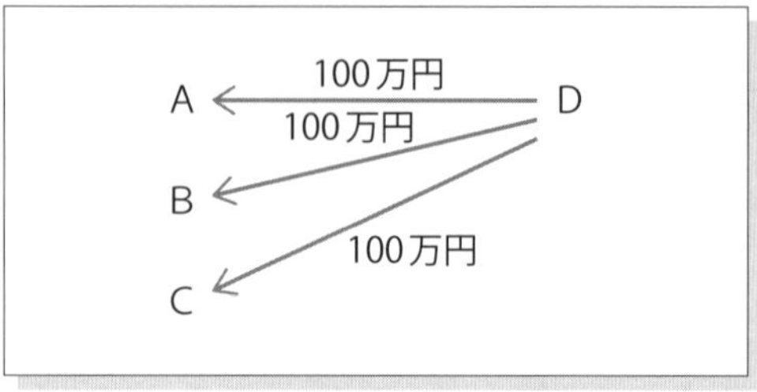

1人100万円ずつの債務に、分かれることになります。
こういうのを分割債務と呼びます。

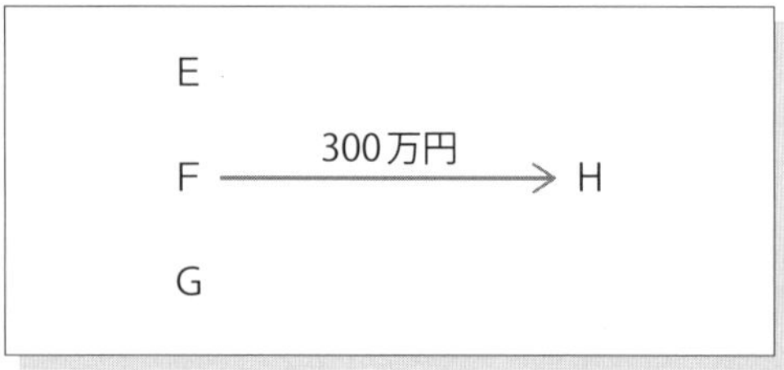

ＥＦＧ3人が持っている車をＨに売ったため、Ｈに対して、300万円の代金債権を持ちます。
債権者が3人になっているので、この瞬間3つに分かれます。

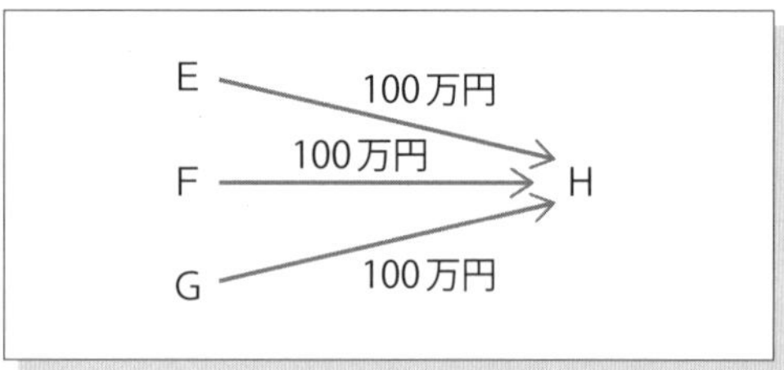

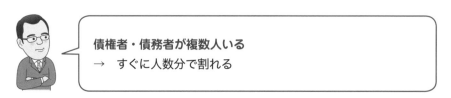

こういうのを分割債権と呼びます。

債権者・債務者が複数人いる
→　すぐに人数分で割れる

このように考えるのが、ここの基本中の基本です。

> **428条（不可分債権）**
> 次款（連帯債権）の規定（第433条及び第435条の規定を除く。）は、債権の目的がその性質上不可分である場合において、数人の債権者があるときについて準用する。

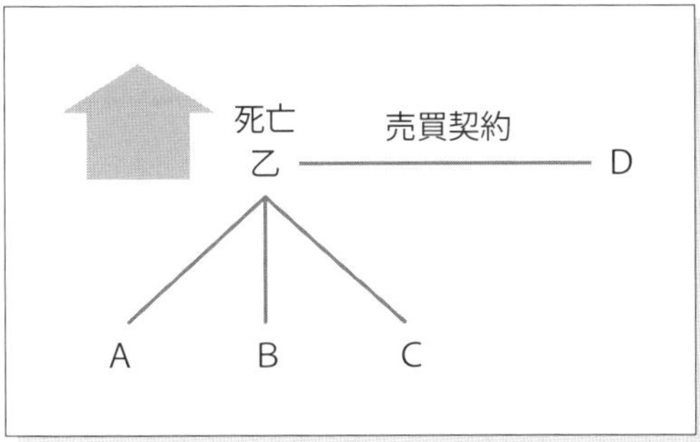

Dから乙が家を買い、乙は、Dに対し引渡債権を持ち、また、乙はDに対し、代金債務を負っています。

この乙が死亡し、この債権債務がＡＢＣに降りました。

代金債務は3人に降りてきて、3つに分割されます。

そのため300万円で買ったのであれば、1人100万円ずつの代金債務を負うことになります。

問題は引渡債権です。

引渡債権を3人で持ちますが、これが分割されていいでしょうか。

長男が屋根、次男が二階、三男が一階だけ引き渡せと請求でき…

これは、まずいですね。

こういうものは**分割されないまま、3人が持つ状態になります。**

不可分債権と呼ばれます。権利の性質上、割れちゃいけないというタイプの債権です。

問題を解いて確認しよう

1	A及びBが共有する建物がCの不法行為により全焼した場合には、Aは単独で、Cに対し、建物全部についての損害賠償を請求することができる。〔21-16-イ〕	×
2	Aに対する100万円の債務を負担していたBが死亡し、C及びDがBの債務を共同相続した場合には、Aは、100万円の債権全額を被担保債権として、Cが所有する建物を差し押さえることができる。〔21-16-ウ〕	×
3	A及びBが共有する自動車1台をCがA及びBから購入した場合には、Cは、A及びBのうち一方のみに対しても、当該自動車の引渡しを求めることができる。〔21-16-ア〕	○

×肢のヒトコト解説

1 損害賠償債権をABの2人が持つので、それはすぐに2つに割れます。そのため、A1人で全額の請求はできません。

2 100万円の債務をCD2人で負うので、それはすぐに2つに割れます。そのため、Cに対して全額を主張して差押えをすることはできません。

第2節 連帯債務

436条（連帯債務者に対する履行の請求）
債務の目的がその性質上可分である場合において、法令の規定又は当事者の意思表示によって数人が連帯して債務を負担するときは、債権者は、その連帯債務者の一人に対し、又は同時に若しくは順次に全ての連帯債務者に対し、全部又は一部の履行を請求することができる。

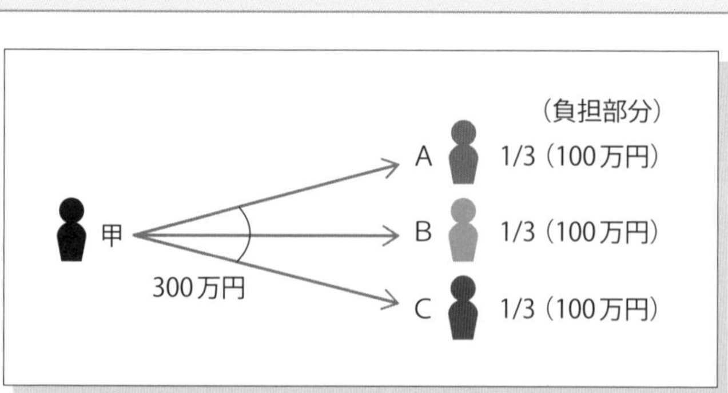

甲がＡＢＣにお金を貸す時に、「300万円貸すけど連帯債務にしてね」と頼んだところ、ＡＢＣも連帯債務で構いませんと約束しました。

ＡＢＣはみんなで300万円しか借りていないのですが、金額は300万円の債権が３本発生します。

もちろん、甲はＡから300万円、Ｂから300万円、Ｃから300万円取って合計900万円取れるわけではありません。合計で300万円しか取れません。

300万円取れる手段が３本あるという状態です。

取り方は、甲の自由です。３人からそれぞれ100万円ずつ取ってもいいし、資力のある者から300万円取ってもいいし、どのように取っても構いません。

これが連帯債務というもので、436条で規定されている内容です。

図の中に負担部分というものが載っています。これはＡＢＣで話し合う、**最終的な損失割合です**。

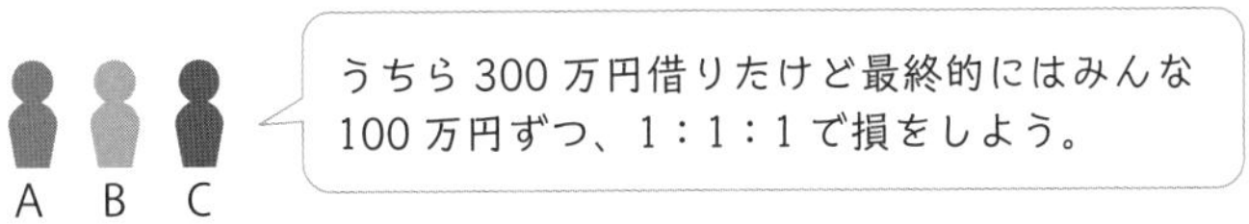

A B C
うちら300万円借りたけど最終的にはみんな100万円ずつ、1：1：1で損をしよう。

こういったことをＡＢＣで話し合って決めるのです。

この負担部分という割合は、誰かが払った後の事後処理で使います。

442条（連帯債務者間の求償権）

1　連帯債務者の一人が弁済をし、その他自己の財産をもって共同の免責を得たときは、その連帯債務者は、その免責を得た額が自己の負担部分を超えるかどうかにかかわらず、他の連帯債務者に対し、その免責を得るために支出した財産の額（その財産の額が共同の免責を得た額を超える場合にあっては、その免責を得た額）のうち各自の負担部分に応じた額の求償権を有する。

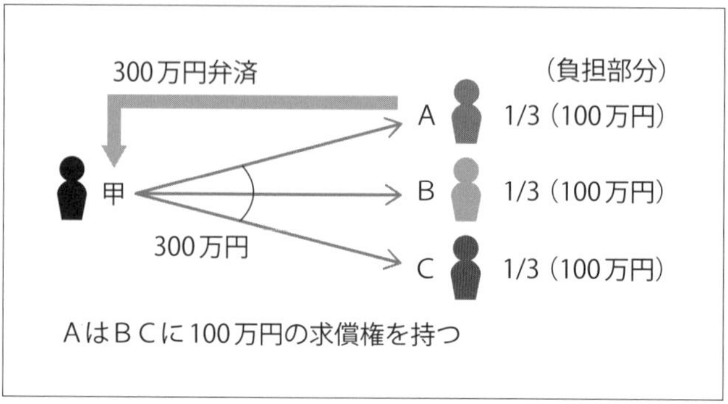

例えば、Aが甲に300万円払うと、甲A債権・甲B債権・甲C債権のすべてが消滅します。

ただ、ABCが最終的には1：1：1で損失を負担する約束をしているため、**Aだけが金銭的なマイナスを受けて終わりになるのはおかしい**です。

この場合、AはBとCに、100万円ずつお金を払えと請求できます。

この債権のことを**求償権**といいます。

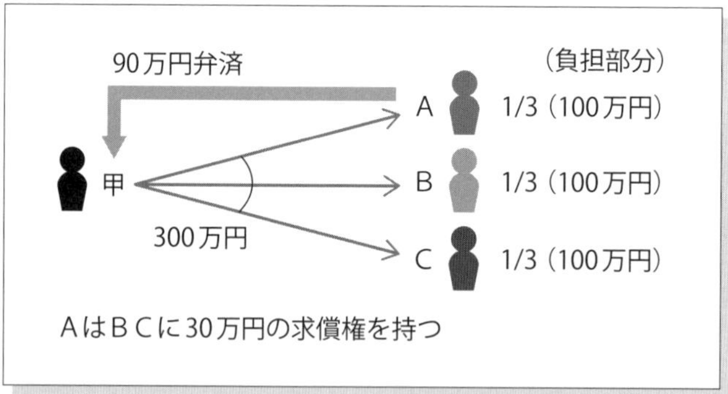

Aが甲に90万円払った場合、Aは、BとCに30万円ずつ求償ができます。

求償権で請求できる額は、**払った分×Ｂ（Ｃ）の負担部分**で計算します。

極論１円でも払えば、ＢとＣに求償が可能です。

最終的には、A 100万円、B 100万円、C 100万円ずつ損失を負担するという約束をしています。ただ、その全額を支払っていなくても、ちょっとでも払えば求償ができるのです。

この求償ですが、無条件にできるわけではありません。

覚えましょう

弁済等の行為をした連帯債務者が他の連帯債務者の存在を知っていた場合、当該連帯債務者は、弁済の前後に他の連帯債務者に通知することが必要である（443Ⅰ・Ⅱ）。

連帯債務者が払うときには、他の連帯債務者へ連絡が必要です。しかも、払う前と払った後です。

払う前には「これから払うよ」という連絡（事前通知）、
払った後は「もう払ったよ」という連絡（事後通知）が必要です。

例えば、事後通知、これは「私が払ったからもう払わないでね」ということを伝えるために行います。

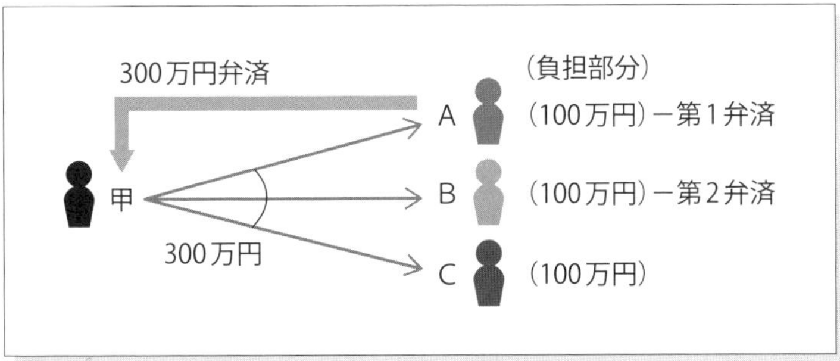

Point

第1の弁済（A）の後、事前通知をした上で、善意でなした第2の弁済（B）は、これを有効とみなすことができる。

Aが甲に払っています。

Aは、事前通知はしていたのですが、他の連帯債務者の存在について悪意でありながら、事後通知をしませんでした。そのため、

BとCは、「あいつ実は払ってないんじゃないか」と誤解したようです。

その後、BがAに、「これから払うよ」と連絡した上で、払ってしまったのです。

この場合、BはAに求償することはできますが、Aは弁済しているのにBに求償することはできません。

Aには、2度のミスがあります。

まず事後の通知をしなかったということ。そしてもう1つは、Bからの事前通知が来た時に無視したことです。

この2度のミスをしたAよりもBを保護するのです。

Point

他の連帯債務者の存在について悪意の第1の弁済者が事後の通知を怠り、第2の弁済者も事前の通知を怠って弁済した場合は、第1の弁済が有効になる。

今の事例の修正で、Aが事前通知をして払ったのですが、事後の通知をしませんでした。その後、他の連帯債務者の存在について善意のBが、事前通知をせずに払ったのです。

この場合、AとB、どちらの保護をするでしょう。

Aには1回のミス、事後通知をしなかったというミスがあります。

Bには事前通知をしなかったというミスがあります。お互いのミスの数が同じで、優劣がつけづらいことから、**順番通り処理して、Aからの求償を認めるというのが判例の立場**です。

問題を解いて確認しよう

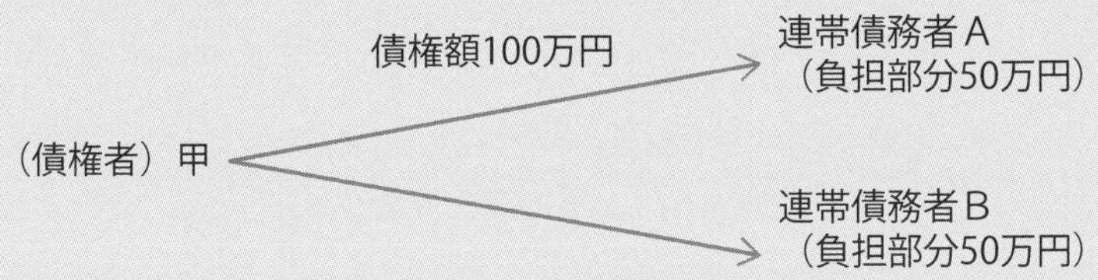

1	Ｂの存在を知っているＡがＢに事前の通知をすることなく連帯債務を全額弁済した場合、Ｂは、Ａに対して、自己の甲に対する債権をもって相殺することを対抗することができる。〔オリジナル〕	○
2	Ｂの存在を知っているＡが甲に100万円を弁済したが、Ｂに事後の通知をしないでいた間に、ＢがＡへの事前の通知をしないで甲に100万円を弁済した。ＡはＢに対して、50万円の求償債権を有する。〔15-18-ウ改題（28-17-オ）〕	○

444条（償還する資力のない者の負担部分の分担）
1　連帯債務者の中に償還をする資力のない者があるときは、その償還をすることができない部分は、求償者及び他の資力のある者の間で、各自の負担部分に応じて分割して負担する。

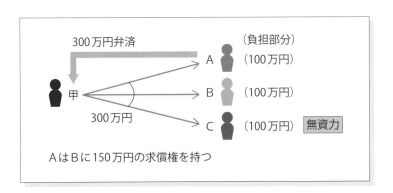

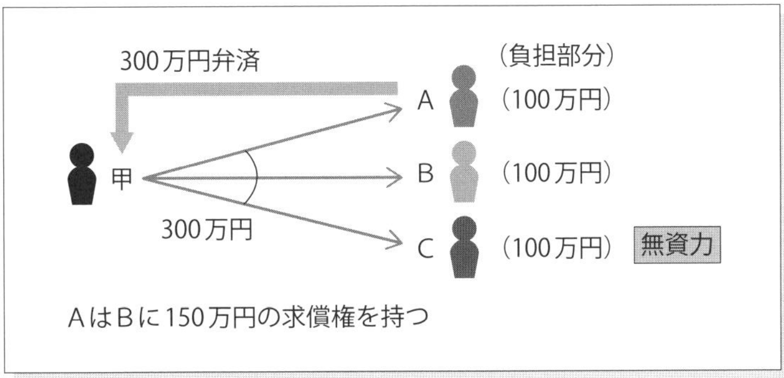

この状態でＡが甲に弁済をし、ＡはＢとＣに求償しようと請求したところ、Ｃが無資力だということが判明しました。

その結果、ＡはＣに求償しても、Ｃから取れません。

ここで、**弁済したＡだけが馬鹿を見るのはかわいそう**です。

そこで、**Cが払えない100万円を、AとBで分散して負担させることにしました。**

AとBの負担部分の比率は1：1です。そして、Cが最終的に負担するのは100万円です。

この100万円をAとBで50万円ずつ負担することとして、Bには本来求償できる100万円プラス上乗せ50万円、求償できることにしました。

一方、Aは、Bから150万円しか取れませんから、50万円分は泣くことになります。

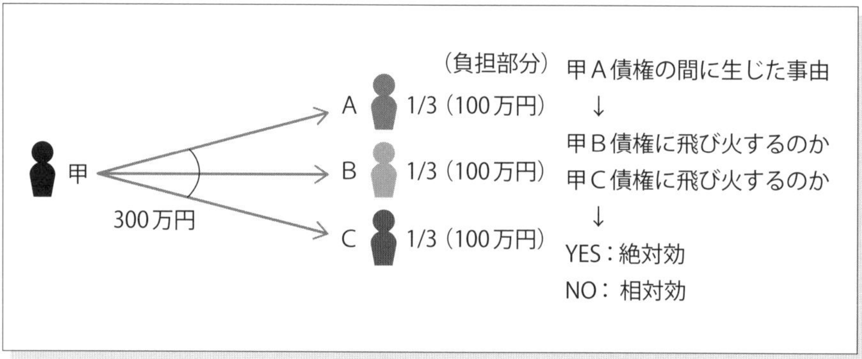

Aが甲に300万円弁済すると、その効果はＢＣにも及ぶ
→　Aの債務の消滅＋Bの債務・Cの債務も消滅する

Aから甲に弁済があれば、甲A間の債務は消えるし、同時に甲B間と甲C間の債務も消えます。

弁済は飛び火する、こういう場合「**弁済には絶対効がある**」と表現します。

どういった行為は飛び火するのか、飛び火したらどうなるのか、これが相当な数、出題されています。

次の図に行く前に、更改という制度を説明します。

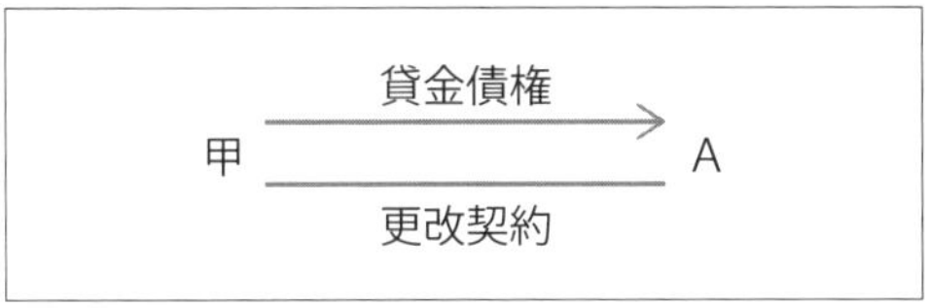

例えば、甲からAに貸金債権がありました。

Aは現金を持っていません。現金を持っていないのですが、それに相当する車を持っていました。

ここで、A「現金は払えないけど車でいいかな」、甲「その車ならいいよ」と合意をしたのです。これが更改契約と呼ばれるものです。

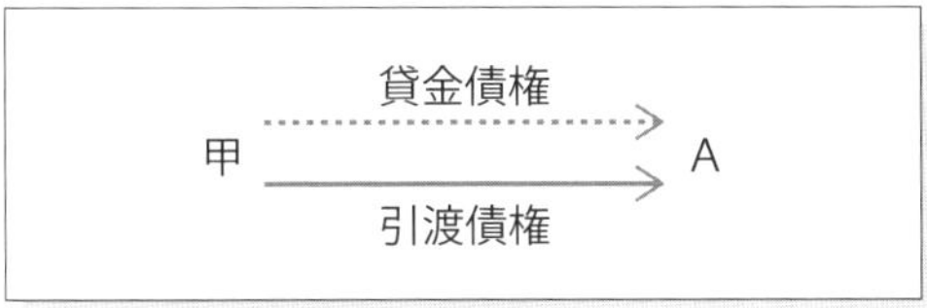

更改契約によって、今ある貸金債権は消滅し、新しく車を渡せという引渡債権が発生します。**旧債務の消滅、新債務の発生、これが更改契約の効果**です。

この更改が連帯債務で行われたらどうなるのでしょうか。

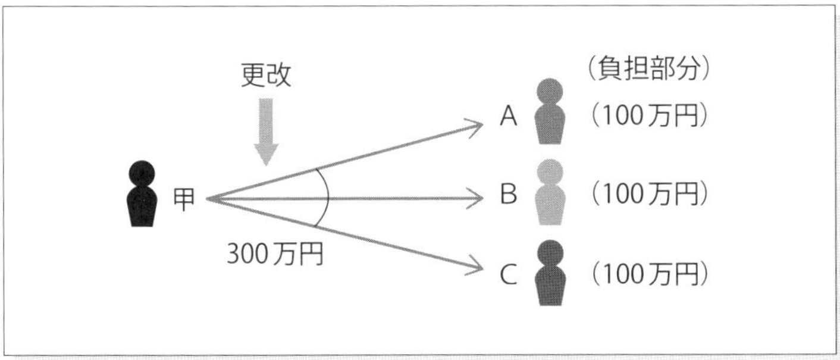

Aと甲が更改契約をすると、その効果はＢＣにも及ぶ
→　Aの債務の消滅＋Bの債務・Cの債務も消滅する

この状態で甲とAで更改契約をしました。

更改契約をすることによって甲A間の債務が消え、これは飛び火して、**甲B間の債務、甲C間の債務も消えます**。

ただ、新しい債務はAしか負いません。

更改の効果「旧債務の消滅、新債務の発生」、旧債務の消滅の方は飛び火しますが、新債務を履行できるのはAだけなので、Aだけが債務を負います。

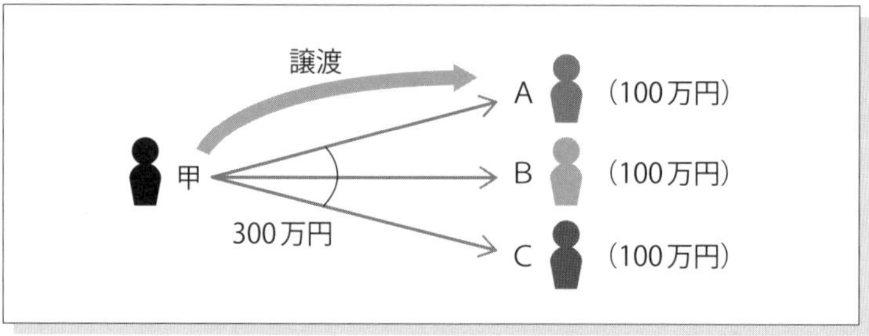

Aが甲の有する債権を譲り受けた場合 ↓ Aと甲が混同になると、その効果はBCにも及ぶ →　Aの債務の消滅＋Bの債務・Cの債務も消滅する

この状態で、甲がAに債権を譲渡しました。

債権者がA、債務者もAになります。つまり、AがAに対して300万円払うのです。

非常にバカらしい状態です。

こういう状態を混同といって、債務が消滅します（**債権者と債務者が同じになったら、消滅するという仕組みを混同といいます**）。

そしてこれも絶対効です。

つまり、このAの債務が消えるだけでなく、BとCの債務も消えます。

次の話に行く前に、相殺という制度を説明します。

例えば、甲はAに対し、150万円の債権を持っていて、一方、Aは甲に対しては100万円の債権を持っています。

ここで、Aが甲に150万円払い・甲がAに100万円払う、とお互い払い合ってもいいのですが、バカらしいですね。
この場合、相殺という行為をします。

具体的には、どちらか一方からもう片方に、相殺するよという意思表示をします。それによって、対等部分だけ減ります。

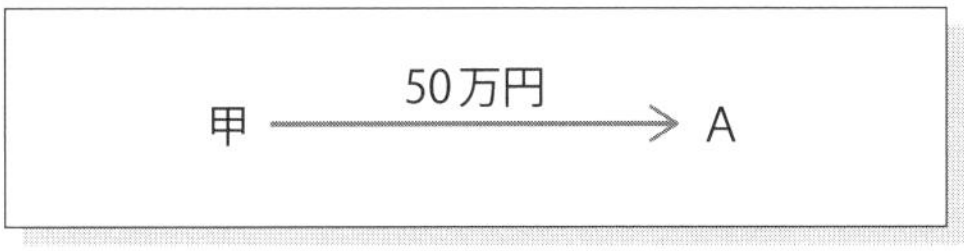

結果としては、甲からAの債権は150万円から50万円の債務になり、Aから甲の債権はゼロになります。

この相殺というのは、甲からでもAからでもできます。
例えば、Aから甲に「相殺するよ」と伝えても、上記と同じ権利関係になります。
ある意味、**自分の100万円の債権を使って、150万円の債務の一部を消滅させている**のです。

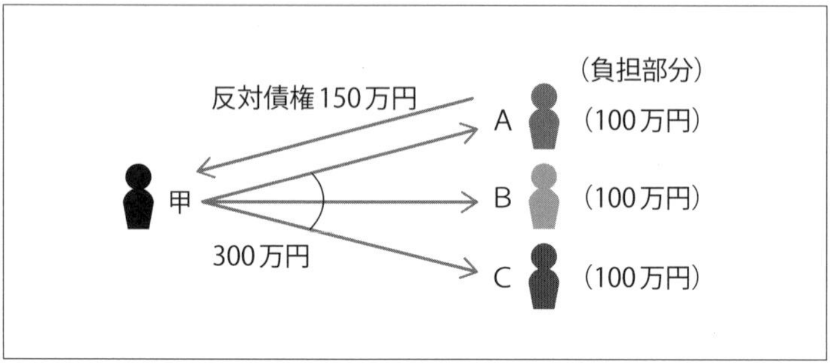

Point

①Aが相殺する場合
→　150万円全額相殺することができる
　　BもCも150万円だけ債務を免れる

②B又はCがAの有する債権について相殺することができるか
→　Aの負担部分（100万円）の限度でB又はCは、履行を拒むことができる。
→　BCがAの債権で相殺する×

この状態で、Aが相殺をすると、Aの債務は150万円減り、BとCの債務も150万円減ります。

もし、Aが行方不明などで意思表示ができない場合、BとCがAの債権を使って相殺できるでしょうか。

これを認めることは、**Aの財産をBCが勝手に使うことになるので認められません。**

その代わり、B又はCは「**Aの負担部分の100万円は履行しないよ**」と**履行を拒むことができる**ようにしています。
ただし、拒絶できる金額は、Aの負担部分の分だけです。

一つ一つ絶対効を説明しましたが、勉強の仕方として「なんで絶対効か」ということにハマっても、いいことはありません。

それよりも、絶対効だということはどんな処理になるか、それをひたすら繰り返してください。

問題の解き方

見たことがある事例が出題

→「見たことがあるから絶対効だ」

見たことがない事例が出題

→「見たことがないから絶対効ではない」

このように処理できるのが一番効率的です。

例えば、下記のような事例が出た場合には、「やったことはないから絶対効じゃないんだ」と判断できるようにしてください。

> 甲がAに請求すると、その効果はBCに及ぶか
> →　原則として及ばない

甲がAに請求すれば、原則としてBとCにも請求したことにはなりません。

もし、この甲の債権が期限の定めがない債権の場合、請求することによりAは履行遅滞になりますが、BとCはなりません。

また、裁判で請求した場合は、Aの債務の消滅時効が更新するだけで、BとCの債務については、消滅時効の更新がされません。

問題を解いて確認しよう

〈その①〉

1	A、B、C及びDは、Eに対し、600万円の連帯債務を負っている（負担部分は平等）。AがEに600万円を弁済したが、Dは無資力であった。AはBに対して、200万円の求償債権を有する。〔15-18-オ改題〕	○
2	A及びBは、Cに対し、600万円の連帯債務を負っている。AがCに500万円を弁済した。AはBに対して、250万円の求償債権を有する。〔15-18-ア改題〕	○
3	A、B及びCは、Dに対し連帯して、金1,000万円の貸金債務を負っている。そして、それぞれの負担部分が、A及びBは500万円、Cはゼロである。DがCに対して裁判上の請求をしても、DのA及びBに対する債権の消滅時効は更新しない。〔4-4-イ改題（21-16-オ）〕	○

〈その②〉

債権者Aに対してB、C及びDの3名が30万円を支払うことを内容とする連帯債務を負い、その負担部分がそれぞれ等しいという事例とする。

4	AとBとの間で、Bの債務の内容をBが所有する自転車（10万円相当）をAに給付するという債務に変更する旨の更改があったときは、Aは、Cに対し、20万円の限度で連帯債務の履行を請求することができる。〔25-16-ウ〕	×
5	BがAに対して20万円の反対債権を有しているときは、Cは、Aに対し、10万円の限度で、BがAに対して有する当該反対債権を自働債権とする相殺を援用することができる。〔25-16-エ〕	×
6	当事者の意思表示によって数人が連帯して債務を負担する場合において、連帯債務者の一人が弁済をしたときは、その連帯債務者は、その弁済額が自己の負担部分を超えていなければ、他の連帯債務者に対して求償することはできない。〔令4-16-エ（15-18-ア）〕	×

×肢のヒトコト解説

4 更改契約によって、元の債務は完全に消滅します。その効果はCDの2人にも及びます。

5 他人の権利を使うことは許されず、支払を拒絶できるだけです。

6 一部でも支払っていれば、求償は可能です。

これで到達！合格ゾーン

□ A、B及びCが、Xに対して600万円の連帯債務を負っている。BがXに対して600万円を弁済した場合であっても、その支払の前にXがAに対して債務免除の意思表示をしていたときでも、Bは、Aに対し、求償することができる。

★連帯債務者の一人に対して債務の免除がされた場合においても、他の連帯債務者は、その一人の連帯債務者に対し、求償権を行使することができます(445)。Aに対して求償ができないと、Cの負担が重くなってしまうためです。

第3節 連帯債権

この節は、平成29年の改正で新しく作られた制度のため、過去問の出題実績はほとんどありません。

初学者の方は、この節は飛ばして次の節に行ってください。

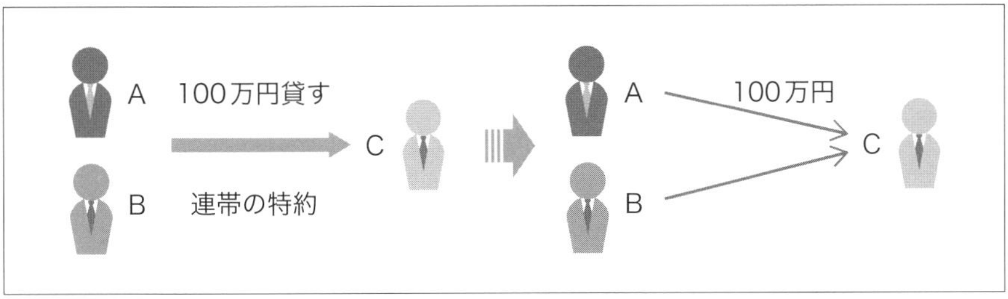

ＡＢが共同でお金を出し、Ｃに融資をしました。その時に、連帯特約（全額支払の特約）を付けています。

この場合、**ＡＣ債権・ＢＣ債権の２本が発生し、両方とも100万円取れる権利**として扱われます。

これが連帯債権です。

> **432条（連帯債権者による履行の請求等）**
> 債権の目的がその性質上可分である場合において、法令の規定又は当事者の意思表示によって数人が連帯して債権を有するときは、各債権者は、全ての債権者のために全部又は一部の履行を請求することができ、債務者は、全ての債権者のために各債権者に対して履行をすることができる。

上記の条文の中から「請求」の字を見つけてください。この**連帯債権では、「請求」が絶対効として扱われます**。

他にも絶対効の規定があります。次を見てください。

> **433条（連帯債権者の１人との間の更改又は免除）**
> 連帯債権者の１人と債務者との間に更改又は免除があったときは、その連帯債権者がその権利を失わなければ分与されるべき利益に係る部分については、他の連帯債権者は、履行を請求することができない。

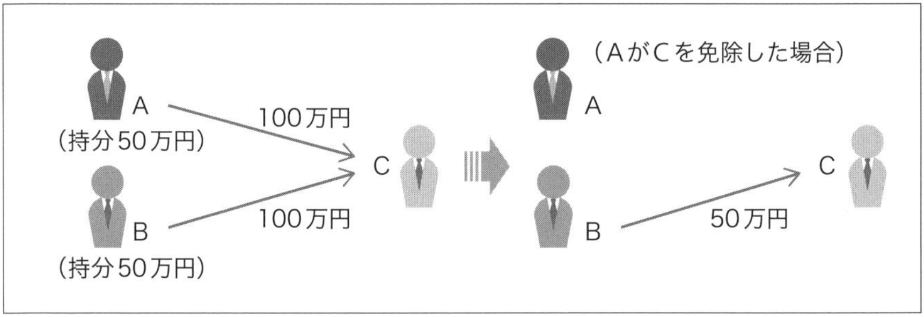

連帯債権を持っているＡがＣに対して免除をしました。これによって、ＡからＣの債権は消滅します。

一方、Ｂの債権は残ります。ただ、**100万円からＡの持分の分を減らした金額（50万円）になります**。

免除する　→　Ｂの債権は減額されて残る

このように覚えておきましょう（ここの理由を考えるとドツボるので、結論の暗記にとどめておきましょう）。

> **434条（連帯債権者の１人との間の相殺）**
> 債務者が連帯債権者の１人に対して債権を有する場合において、その債務者が相殺を援用したときは、その相殺は、他の連帯債権者に対しても、その効力を生ずる。

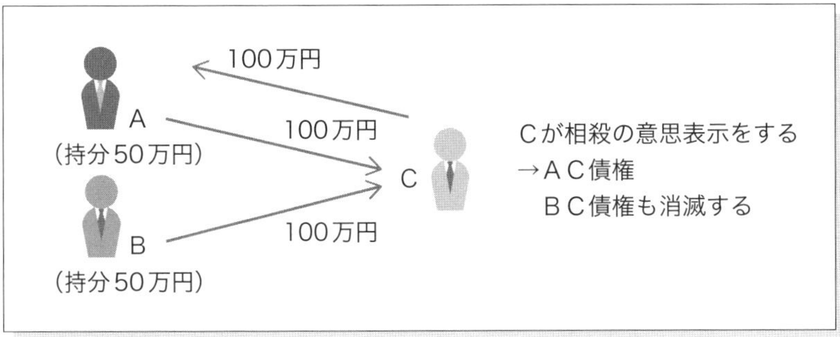

上記の権利関係の状態で、Ｃが自分のＡへの債権で相殺をしました。
これにより、Ｃは自分の債権で弁済したことになるため
ＡＣ債権だけでなく、
ＢＣ債権も消滅します。

相殺をする　→　債権を使って弁済した

このように覚えておきましょう。

ちなみに、上記のケースにおいて、連帯債権者であるＡの側から、Ｃに対して、自己の連帯債権を自働債権とし、ＣのＡに対する反対債権を相殺した場合、ＢのＣに対する連帯債権も消滅します。

> **435条（連帯債権者の１人との間の混同）**
> 連帯債権者の１人と債務者との間に混同があったときは、債務者は、弁済をしたものとみなす。

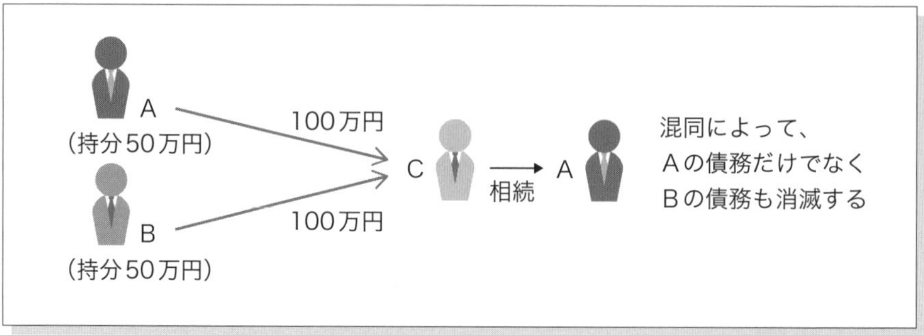

上記のような権利関係の状態で、Cが死亡してAが相続しました。債権者と債務者が同一になる混同が生じているため、Aの債権は消滅します。**混同が生じるとAの債権だけでなく、Bの債権も消滅します。**

混同状態になる　→　弁済したとみなす

混同の扱いは、連帯債務と同じになっています。

問題を解いて確認しよう

AとBは、Cに対して等しい持分で100万円の連帯債権を有している。

1	Aが死亡し、CがAを相続した場合、Cは弁済したものとみなされ、A・Bの連帯債権が消滅し、BはCに対して50万円の分与を求めることができる。〔オリジナル〕	○
2	CがAに対して100万円の債権を有している場合、Cが相殺したときは、BのCに対する債権は消滅する。〔オリジナル〕	○

第4節 保証

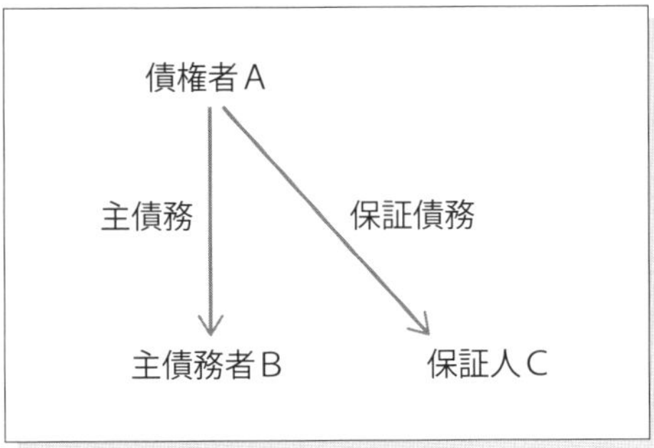

ＢがＡからお金を借りる時に、君だけでは貸せない、信用がある人を保証人にして欲しいと言われ、ＢはＣに頼み、Ｃを保証人にしました。

その結果、ＢはＡからお金が借りられました。

この場合、Ｂの債務は主債務、Ｃが負っている債務は保証債務と呼ばれ、別々の債務として扱われます。

つまり、Ａは100万円取れる理由を２つ持っている状態になるのです。

こういうのが保証というもので、人的担保と呼ばれます。

人を担保にすることによって、100万円**請求できる先が増える**のです。

ただ、**抵当権などと違って、債権者平等を破りません**。

そのためこのＣに他に債権者が何人もいれば、その人たちとＡは、債権者平等原則で配当を受けます。

請求先が増えるということで、回収の可能性が高まりますが、確実性は、物的担保と比べれば低いのです。

ここから、保証債務の特色を３つ紹介します。

覚えましょう

附従性：主債務なければ、保証債務なし

保証債務は、主債務を回収するための手段です。

目的がなくなれば、手段はもはや要りません。

覚えましょう

随伴性：債務が動けば、保証債務も動く

例えば主債務がAからXに売られたのであれば、保証債務もAからXに動きます。**目的が移動すれば手段も一緒に動いていく**ということです。

覚えましょう

補充性：まずは主債務者が払うべき。保証人は主債務者が払えないときに払うもの

借りたのは主債務者なんだから、その人が払うべき、保証人は主債務者が払えない時に払うものだという性質です。

この性質は、2つの条文で具体化されています。

452条（催告の抗弁）

債権者が保証人に債務の履行を請求したときは、保証人は、まず主たる債務者に催告をすべき旨を請求することができる。ただし、主たる債務者が破産手続開始の決定を受けたとき、又はその行方が知れないときは、この限りではない。

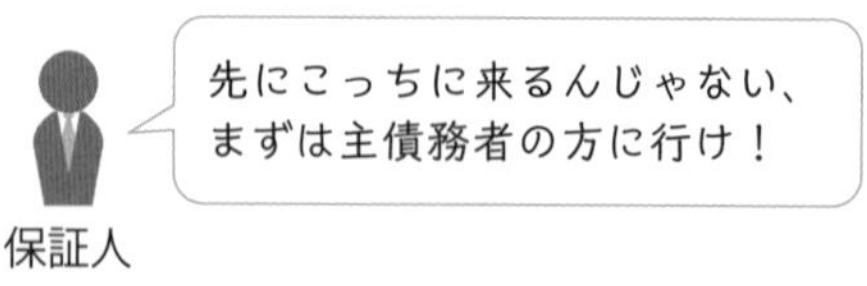

先にこっちに来るんじゃない、
まずは主債務者の方に行け！
保証人

と請求を拒めるのです。これを催告の抗弁権と呼びます。

> **453条（検索の抗弁）**
> 債権者が前条の規定に従い主たる債務者に催告をした後であっても、保証人が主たる債務者に弁済をする資力があり、かつ、執行が容易であることを証明したときは、債権者は、まず主たる債務者の財産について執行をしなければならない。

主債務者の方に行ったけど取れなかったので、保証人の方にやってきた場合、

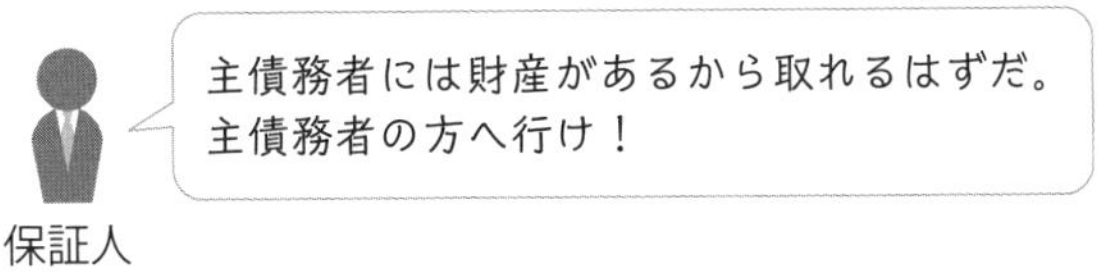

主債務者には財産があるから取れるはずだ。
主債務者の方へ行け！
保証人

といって請求を拒めます。

これを検索の抗弁と呼びます。

いずれにしても、この**検索の抗弁や催告の抗弁で債務の履行を拒絶できる場合は、保証人Cは債務不履行になりません**。

だから、これを理由に払わなくても、遅延損害金などを負うことになりません。

では、この保証契約が成立する場面を細かく見ましょう。

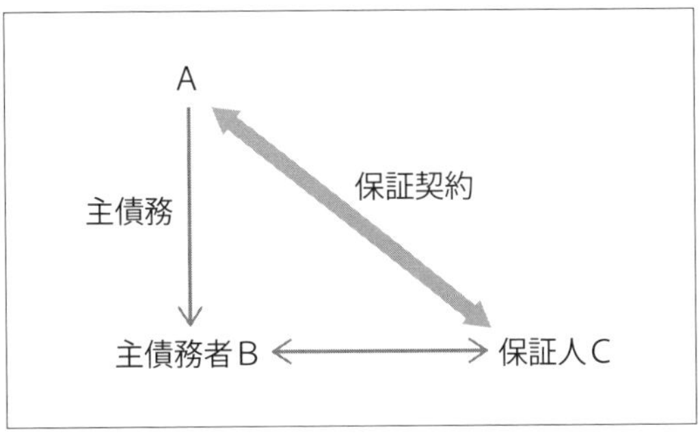

ＡとＢで借金契約等をしますが、これとは別に、ＡＣ間で保証契約というものを結びます。

次の条文を見てください。

446条（保証人の責任等）
1　保証人は、主たる債務者がその債務を履行しないときに、その履行をする責任を負う。
2　保証契約は、書面でしなければ、その効力を生じない。

この保証契約は、**書面化しなければ効力がない**としています。

民法の契約は原則として書面化する必要はないのですが、保証契約は書面化して、証拠を残さないと認めないのです。

Point

保証人の種類

①受託保証人（Bに頼まれた保証人）

②無受託保証人（Bに頼まれてはいない）

先ほどの図の、ＢＣ間を見てください。

ＢＣ間には、頼む頼まれるという関係があるのが一般的です。

つまり、ＢがＣに、「保証人になってくれ。迷惑かけないから」（大体迷惑かけますけどね…）。このように頼んでＣがＡと契約をする、これが一般的です。

ただ、この頼むということは必須条件ではありません。

頼まれてもいないのに、

子供のためだから（主債務者が子供、親が保証人）とか、

親のためだから（主債務者が親、子が保証人）、保証契約を結ぶということもできます。

頼まれたか頼まれてないかによって、求償するときの話が違ってきます。

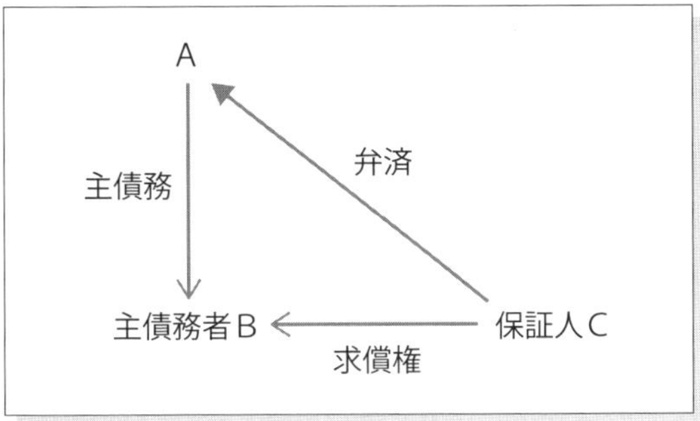

保証人ＣがＡに借金を返すと、ＣはＢに求償することができます。「君の借金の肩代わりをしたんだから払ってくれ」ということです。

いくら請求できるかは、頼まれてなった場合と、勝手に保証人になった場合で異なります。

Point

委託を受けた保証人	①出捐した額　②利息　③損害賠償
委託を受けない保証人	①現存利益（462Ⅰ、459の２Ⅰ）のみ

保証人になってくれるように頼まれた場合は、保証人が払った金額全部プラス払った日からの利息も取ります。場合によっては、損害が起きたとき、損害賠償をしろとも言えます（**頼んだ場合は、払った分プラスお礼までする**のです）。

一方、頼まれていない場合は、払った分すら取れない可能性があります。

現存利益と書いていますが、この意味は分からなくていいです。

下手すれば払った分すら取れない（利息、損害賠償ももちろん取れない）ぐらいの感覚でＯＫです。

以上が基本的な保証の仕組みです。

覚えましょう

連帯保証
保証人が主たる債務者と連帯して保証債務を負うことを、保証契約において約束する場合
→　補充性がなくなる・分別の利益なし・絶対効の範囲が異なる

保証契約の時に連帯保証にするという特約を結ぶことができます。
そして、一般的には連帯保証にするという特約をしています。

この場合、**補充性がなくなります**。まず主債務者のところに行く必要はなく、弁済期が来たら債権者はすぐに保証人に請求できるのです。
ある意味、保証人が借りた人間と同じような扱いになります。

補充性というのは貸した方からすれば面倒な性質です。
どうせ主債務者が払えないのに、とりあえずは主債務者のところに行くはめになるからです。
そのため、実際の世の中では連帯保証が多く使われています。

他にも特色がありますが、それは後々説明しましょう。

覚えましょう

共同保証
数人の保証人が同一の主たる債務について保証をなす場合

保証人が2人、3人…いる場合を共同保証といいます。
ポイントは、保証債務の金額と、求償ができる場面です。

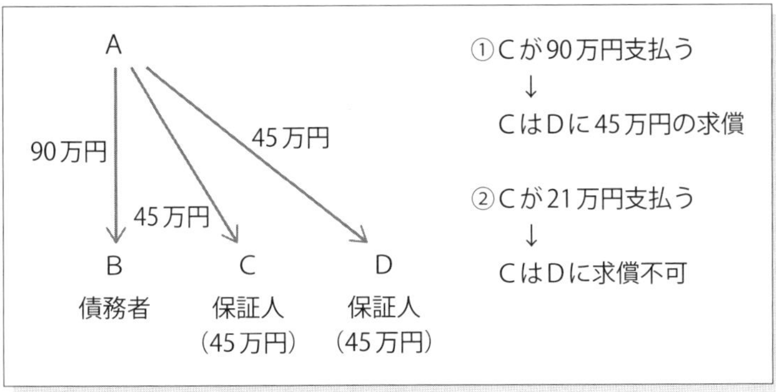

保証人が2人いる場合、**金額は分散されます。**

1人だったら90万円降ってくるのですが、2人いる場合には、2で割って45万円ずつ、分散されるのです（これを分別の利益といいます）。

ちなみにここで、Cが90万円を弁済をした場合、Bに求償できるのはもちろん、Dにも求償できます。

Bに求償できるのですが、まず回収できません（保証人が2人も付けられているのですから、このBには資力がないと思われます）。

そのため、CはDに求償することになります（45万円求償できます）。

ちなみに、**Cが21万円払った場合は、Dに求償ができません。**

保証人同士には負担部分というものがあります。

45万円は、「ここまでは自分の仕事だよ。」というイメージです。

そのためその**自分の仕事の分までは、求償できません。**

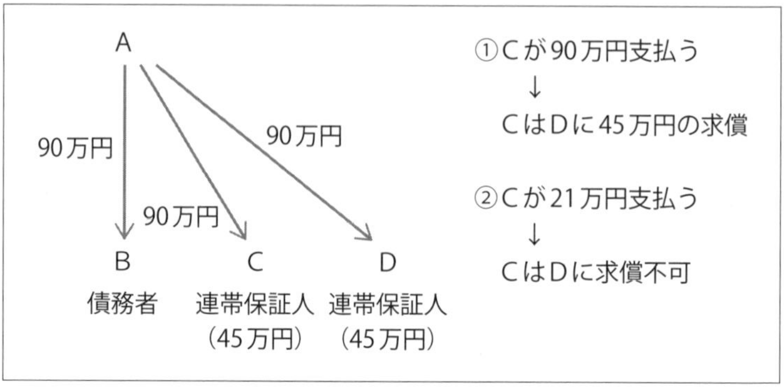

保証が連帯保証だった場合は、分別の利益がありません（**連帯というのは、全額という意味**なのです）。

だから、保証人が2人いたとしても、保証債務の金額は90万円のままです。

ただ、それ以外はほとんど変わりません。

保証人同士では45万円ずつお仕事を分担するため、45万円を超えて弁済すると求償ができるけど、45万円以下の金額を弁済しても、求償ができません。

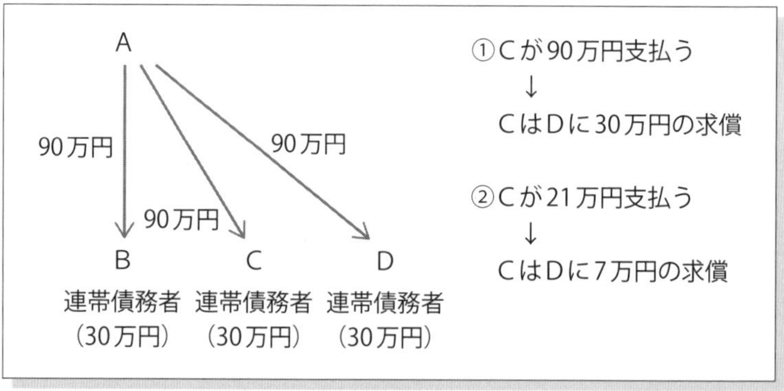

連帯債務の場合は、1円でも払えば求償ができます。

負担部分が1：1：1であれば、Bが払えば、3分の1、C（D）に求償できます。

では次に絶対効・相対効を見ていきます。

覚えましょう

◆ 多数当事者の債権債務関係 ◆　○絶対効、×相対効

		弁済	相殺	更改	混同	その他
保証	主債務者に生じた事由	すべて○				
保証	保証人に生じた事由	○	○	○	×	×
連帯保証	主債務者に生じた事由	すべて○				
連帯保証	保証人に生じた事由	○	○	○	○	×
連帯債務		○	○	○	○	×

保証のケース

主債務者に起きた事由が保証債務に行くかというと、これはすべて○になっています。

主債務者に起きた事由は、すべて保証人に影響を与えます。目的に起きたことは、全部手段に影響が出るのです。

例えば、主債務者が債務の承認をした場合、保証債務の時効も更新されます(これが図の中の「その他」に当たります)。

一方、保証人に起きた事由が主債務者に行くかというと、これは**払った関係の時のみ影響を与えます。**

「保証人が弁済すれば、保証債務が消える、主債務も消える」「保証人が相殺をして、保証債務と自分の債権を消せば、主債務も消える」こういった、払った関係だけが絶対効になっています。

連帯保証のケース

連帯保証では、主債務者に起きたことは全部保証に行きます。

一方、保証人に起きたことが、主債務者に行くかという点は、**連帯債務の条文を準用しています。**

全額支払をするという点、弁済期が来れば、抗弁を出せずに払わなくてはいけないという点で、連帯債務と連帯保証は同じなので、同じルールにしているのです。

問題を解いて確認しよう

1	保証契約は、書面でしなければ、その効力を生じない。〔オリジナル〕	○
2	債権者Aが主債務者Bに請求することなく、連帯保証人Cに対して保証債務の履行を請求した場合であっても、Cは、まずBに催告をすべき旨を請求することはできない。〔オリジナル〕	○
3	連帯債務者Aが権利の承認をしても、他の連帯債務者Bの債務の消滅時効は更新しないが、主たる債務者Cが債務を承認すると、消滅時効の更新は、保証人Dの債務についても効力が生ずる。〔10-7-ウ改題〕	○
4	債権者が連帯債務者の一人に対してした債務の履行の請求は、他の債務者にも効力を生ずるが、債権者が連帯保証人に対してした債務の履行の請求は、主たる債務者には効力を生じない。〔6-1-ア〕	×
5	主債務者が消滅時効の完成前に権利を承認した場合には、連帯保証人との関係でも消滅時効を更新する。〔19-19-イ改題〕	○
6	連帯債務者の一人が債務の全額を弁済した場合には、その債務者は、他の債務者に対し、その負担部分について求償することができるが、連帯保証人の一人が債務の全額を弁済した場合には、その連帯保証人は、他の連帯保証人に対し求償することはできない。〔6-1-イ〕	×
7	AがBに負う債務についてCが保証した場合、CがAの委託を受けて保証をしたか否かにかかわらず、Cは、Bに対して債務の弁済をしたときは、Aに対して弁済した額及び弁済日以後の法定利息を請求することができる。〔7-6-ウ〕	×
8	Dは、Eの意思に反していながら、Eを債務者とする金銭債務について保証をし、その後、その保証債務を履行した。この場合、Dは、主たる債務者であるEの意思に反して保証をしているため、Eに対して、求償権を行使することができない。〔27-17-オ〕	×

×肢のヒトコト解説

4 履行の請求は連帯債務でも、連帯保証でも絶対効ではありません。

6 連帯保証の場合、負担部分を超えて弁済していれば他の連帯保証人に求償できます。

7 委託があるかないかで、利息まで請求できるかが変わってきます。

8 求償することは可能です（利息はとれませんし、支出のすべては取れない可能性もありますが、求償権自体は存在します）。

2周目はここまで押さえよう

◆ 保証債務における付従性 ◆

成立に関する付従性	主たる債務が成立しなければ保証債務も成立しない
消滅に関する付従性	主たる債務が消滅すれば保証債務もまた消滅する
内容に関する付従性	保証債務は、その目的・態様において主債務より重くてはいけない。 → 重い場合には主たる債務のそれと同一の限度に縮減される（448Ⅰ）。 注意点①）保証債務が主たる債務より軽い場合は問題ない。 注意点②）保証人が特にその保証債務について違約金や損害賠償の額を予定することを妨げない（447Ⅱ）。
	主たる債務の内容の変更が保証債務に及ぼす影響
	主たる債務の内容に変更を生じたときは、保証債務の内容もそれに応じて変更する。 → 主たる債務の目的又は態様が保証契約の締結後に加重されたときであっても、保証人の負担は加重されない（448Ⅱ）。
	主たる債務者に生じた事由の効力
	保証債務は主たる債務に対して付従性を有するので、主たる債務者に生じた事由の効力は、保証人についても生じる。 → 主たる債務者に債権譲渡の通知をすれば、保証人・連帯保証人のどちらに対してもその効力が生じる（大判大6.7.2）。

付従性の内容を掘り下げます。

主債務が目的で、保証債務は手段という関係を付従性と考えていますが、これから

① 主債務なければ保証債務なし（成立に関する付従性・消滅に関する付従性）

② 主債務より、保証債務が重くなるわけがない（内容に関する付従性）
③ 主債務が変われば、保証債務も一緒に変わる（内容に関する付従性）
という性質が導かれます。

1つ注意してほしいのが次の条文です。

447条（保証債務の範囲）
2 保証人は、その保証債務についてのみ、違約金又は損害賠償の額を約定することができる。

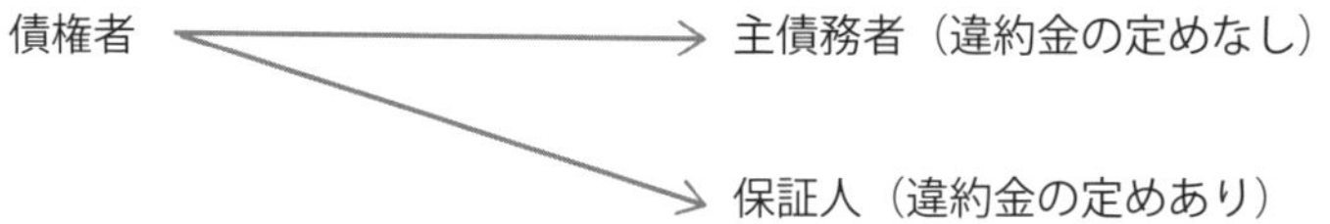

上記の状態は許されるのでしょうか。
先ほど見た「② 主債務より、保証債務が重くなるわけがない（内容に関する付従性）」からすれば、認められないと思われるところですが、条文は認めています。

主債務の金額より、保証債務の金額が重くなったわけではありません。「主債務者が不履行をした場合に、違約金がやってくるだけで、債務額を重くしていないから許される」という論法らしいです（納得しようとせず、諦めて覚えましょう）。

1	主たる債務者Cの債務が無効の場合には、保証人Dの債務は成立しない。〔10-7-ア改題〕	○
2	保証、連帯保証のいずれも、主たる債務者に債権譲渡の通知をすれば、保証人に対しても効力が及ぶ。〔8-7-ウ改題（13-15-オ）〕	○
3	保証債務成立後に主債務について弁済期日が延長された場合には、保証人は、延長後の期日が到来するまでは、債権者から保証債務の履行の請求を受けたとしても、その請求を拒むことができる。〔オリジナル〕	○
4	主たる債務について違約金の定めがない場合に、保証債務について違約金を定めても無効である。〔5-5-ウ〕	×

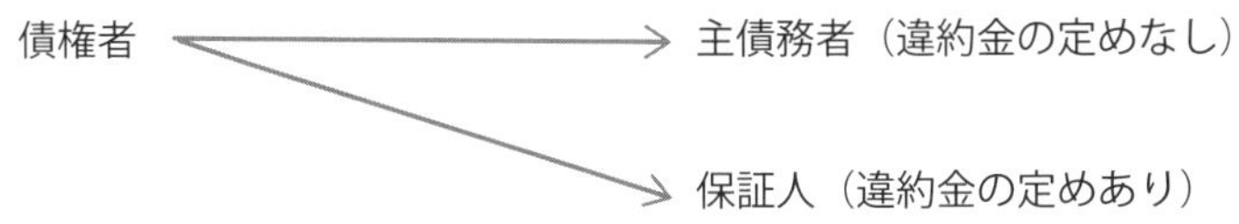

何らかの理由で、主債務者が、契約内容について取消しができる状態になっています。ここで、保証人が払う必要はないでしょう。

このように、主債務者が支払いをする必要がない状況では、保証人は払わなくていいという場面が多くあります。

次の図表を見てください（抗弁権というのは、支払拒絶ができる事情と思ってください）。

◆ 主債務者の有する抗弁の援用権 ◆

主債務者が有する抗弁権	保証人ができること
同時履行の抗弁権	保証人は保証債務の履行を拒むことができる（457 Ⅱ）
取消権・解除権	保証人は、**債務の履行を拒絶できる**（457 Ⅲ） ※　取消権・解除権・相殺権を行使できない
相殺	
時効	保証人は消滅時効を援用できる（145括弧書）（注）

（注）主たる債務者が時効利益を放棄した後でも保証人はなお時効を援用することができる（大判大5.12.25）

保証人は支払いを拒むことができる。ただし、

取消権・解除権・相殺を行使して、債務を消すことまではできないのが原則です（債務を消すのは、主債務の意思にゆだねるべきでしょう）。

例外が、時効です。主債務の時効が完成すると、主債務者だけでなく保証人にも援用権が発生しているので、保証人は自己の援用権を使うことが認められています（他の権利と違って、援用権は保証人の権利です）。

この権利は強く保護されていて、仮に主債務者が援用権を放棄しても、保証人の援用権には影響は出ないようになっています。

☑ 1	買主の代金債務の連帯保証人は、買主の有する同時履行の抗弁権を行使することはできない。〔5-5-イ〕	×
2	連帯債務者Aが債権者に対し相殺適状にある反対債権を有しているときは、他の連帯債務者Bは、Aの負担部分につき相殺をすることができるが、主たる債務者Cが債権者に対し相殺適状にある反対債権を有していても、保証人Dは相殺をすることはできない。〔10-7-オ（5-5-エ）〕	×
5	主債務者が時効完成後に時効の利益を放棄した場合には、連帯保証人も消滅時効を援用して債務を免れることができない。〔19-19-オ〕	×
6	主たる債務者がした承認による時効更新の効力は保証人にも及ぶが、主たる債務者がした時効利益の放棄の効力は保証人には及ばない。〔13-15-ア〕	○

これで到達！  合格ゾーン

□ 主債務者Aの主債務についてB及びCの二人の保証人がある場合において、Bが全額を弁済する旨の保証連帯の特約があるときは、Bは、債権者から保証債務の履行を求められた際に検索の抗弁及び催告の抗弁を主張することができる。〔31-16-ウ〕

★通常の保証人同士が「全額支払いをしよう」と約束することがあります。保証人同士でこういった約束をした場合、その保証を保証連帯と呼びます。この保証人は、債権者にとっては通常の保証人なので、催告の抗弁及び検索の抗弁が認められます。

□ 質権の目的である債権が保証債務によって担保されている場合、質権の効力は、その保証債権に及ぶ。〔27-13-ウ〕

★A債権について、保証債権が担保している状態で、A債権に対して質権が設定された場合には、質権の効力は保証債権に及びます。主債務に生じたことは、ことごとく保証債務に及ぶのです。

□ AがBに対して中古車を売ったことに基づくAの債務をCが保証した場合において、Bがその代金を支払った後にAの債務不履行によって当該中古車の売買契約が解除されたときは、Cは、Aの既払代金返還債務についても保証の責任を負う。〔31-16-オ〕

★「保証債務は、主たる債務に関する利息、違約金、損害賠償その他その債務に従たるすべてのものを包含する」（447）という条文があるため、上記のような債務（原状回復義務になります）についても保証人は責任をとることになります。

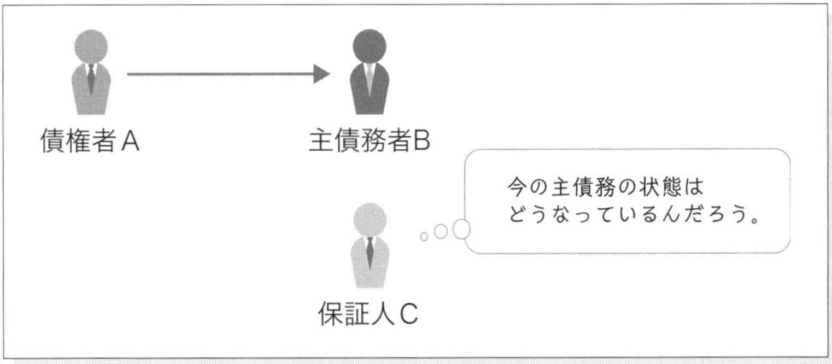

保証人は、主債務の残っている債務について責任を負います。そのため、保証人は今の債務額がいくらか興味があるのですが、その金額を尋ねることができないのでしょうか。

もし、債務不履行になっているのが分かれば、保証人は「遅延損害金がたまる前に、今のうちに払っておこう」という行動に出たいはずです。

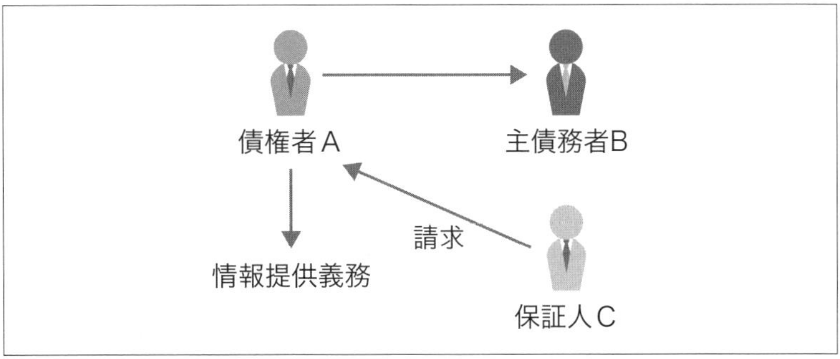

現行法では、保証人から**「今の債務の状態を教えてほしい」と請求できるようにしています**。

この請求を受けた債権者は、

・主たる債務の元本及び主たる債務に関する利息、違約金、損害賠償
・その債務に従たる全てのものについての不履行の有無等

を教える義務を負うことになったのです。

ただ、この権利はすべての保証人に認められるものではなく、**主たる債務者から委託を受けた保証人に限る**ことにしています。

これは、頼まれてもない人が勝手に保証人になって、その人の債務状態を知ろうとするのを防ぐためと考えるといいでしょう。

458条の2（主たる債務の履行状況に関する情報の提供義務）
保証人が主たる債務者の委託を受けて保証をした場合において、保証人の請求があったときは、債権者は、保証人に対し、遅滞なく、主たる債務の元本及び主たる債務に関する利息、違約金、損害賠償その他その債務に従たる全てのものについての不履行の有無並びにこれらの残額及びそのうち弁済期が到来しているものの額に関する情報を提供しなければならない。

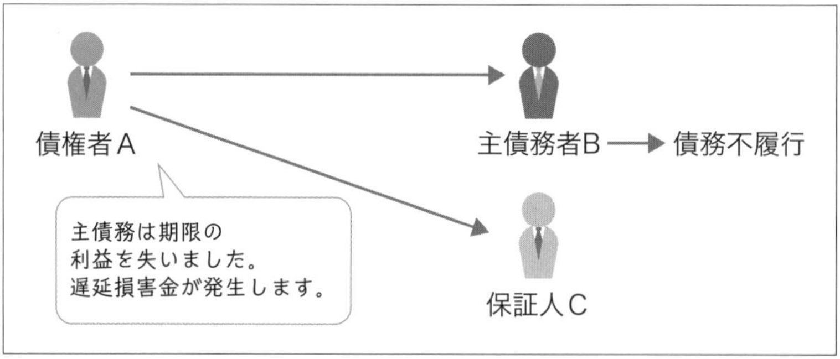

主債務者が債務不履行をしたため、期限の利益を喪失し、遅延損害金が発生しました。これは、保証人にとって責任が増大することになる重大な事態です。

そこで、

債務者が期限の利益を喪失 → 利益の喪失を知った時から２か月以内に知らせる義務を課すことにしました（**保証人から請求があったときに生じる義務ではなく**、期限の利益の喪失を知ったら教える義務が自動的に生じます）。

そして、この義務に違反した場合、遅延損害金を保証人に追及できないようにしたのです。

これは、保証人の責任額が増大して、保証人の生活苦を防ぐために設けた規定です。

そのため、これは**保証人が個人の場合のみに要求されます**（保証人が法人の場合、生活苦という事態は起きません）。

458条の3（主たる債務者が期限の利益を喪失した場合における情報の提供義務）
1　主たる債務者が期限の利益を有する場合において、その利益を喪失したときは、債権者は、保証人に対し、その利益の喪失を知った時から2箇月以内に、その旨を通知しなければならない。
2　前項の期間内に同項の通知をしなかったときは、債権者は、保証人に対し、主たる債務者が期限の利益を喪失した時から同項の通知を現にするまでに生じた遅延損害金（期限の利益を喪失しなかったとしても生ずべきものを除く。）に係る保証債務の履行を請求することができない。
3　前2項の規定は、保証人が法人である場合には、適用しない。

この2つの通知制度については、下の表で比較しながら覚えてください。

		458条の2 主たる債務の履行状況に関する情報の提供義務	458条の3 主たる債務者が期限の利益を喪失した場合における情報の提供義務
情報提供する内容		主たる債務の履行状況（注）	主たる債務者が期限の利益を喪失した旨
保証人からの請求		必要	不要
適用範囲	委託を受けた保証	適用あり	適用あり
	委託を受けない保証	適用なし	適用あり
	個人保証	適用あり	適用あり
	法人保証	適用あり	適用なし

（注）主たる債務の履行状況は、下記の情報のことをさす。
・主たる債務の元本及び主たる債務に関する利息、違約金、損害賠償
・その他その債務に従たるすべてのものについての不履行の有無並びにこれらの残額
・弁済期が到来しているものの額

問題を解いて確認しよう

1	保証人の請求があったときは、債権者は、保証人に対し、主たる債務の履行状況に関する情報を提供しなければならないが、これは、保証人が主たる債務者の委託を受けて保証をした場合に限られる。〔オリジナル〕	○
2	保証人が主たる債務者の委託を受けて保証をした場合において、債権者は、保証人に対し、保証契約締結後、遅滞なく、主たる債務の履行状況に関する情報を提供しなければならない。〔オリジナル〕	×
3	主たる債務者が期限の利益を有する場合において、その利益を喪失したときは、債権者は、保証人の請求があった場合に限り、その旨を通知しなければならない。〔オリジナル〕	×
4	主たる債務者が期限の利益を有する場合において、その利益を喪失したときは、債権者は、法人である保証人に対しても、その利益の喪失を知った時から２箇月以内に、その旨を通知しなければならない。〔オリジナル〕	×

×肢のヒトコト解説

2 請求があるまで、通知する必要はありません。
3 期限の利益の喪失を知ったら、自動的に義務が発生します。
4 法人が保証人の場合には、この義務は発生しません。

第５節 根保証

この節は、根抵当権という権利を学習したあとに読むようにしてください（本書籍シリーズでは、不動産登記法で取り扱っています）。

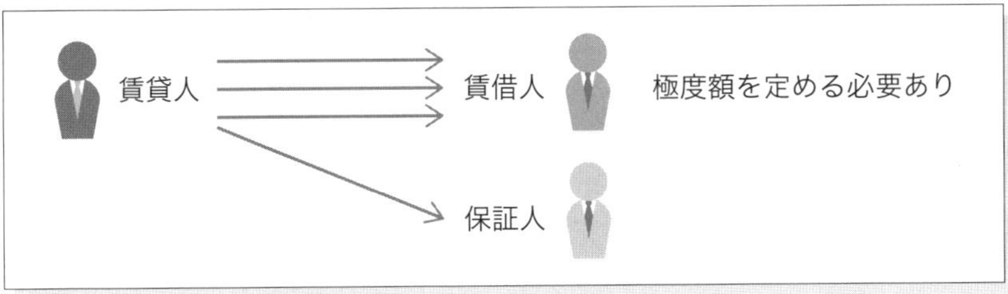

賃貸人は、賃借人に多数の債権を持ちます。毎月の賃料債権はもちろんのこと、もし、賃借人が物を壊した場合には損害賠償請求権などを持ちます。

これを一括して担保するために、保証人を立てることを要求することがあります。

こういった一括担保する場合の保証を根保証と呼び、その**保証人が自然人の場合には個人根保証契約と名付け、特に保護するのです。**

これは、多数の債権が発生し、保証人の生活が脅かされることがないようにするためです。

では、具体的にどういった規制をかけているのでしょうか。

465条の2（個人根保証契約の保証人の責任等）
1　一定の範囲に属する不特定の債務を主たる債務とする保証契約（以下「根保証契約」という。）であって保証人が法人でないもの（以下「個人根保証契約」という。）の保証人は、主たる債務の元本、主たる債務に関する利息、違約金、損害賠償その他その債務に従たる全てのもの及びその保証債務について約定された違約金又は損害賠償の額について、その全部に係る極度額を限度として、その履行をする責任を負う。
2　個人根保証契約は、前項に規定する極度額を定めなければ、その効力を生じない。
3　第446条第2項及び第3項の規定は、個人根保証契約における第1項に規定する極度額の定めについて準用する。

446条（保証人の責任等）
2　保証契約は、書面でしなければ、その効力を生じない。
3　保証契約がその内容を記録した電磁的記録によってされたときは、その保証契約は、書面によってされたものとみなして、前項の規定を適用する。

先ほどの例でいえば、賃借人の債務を無限に担保することは認められず、**極度**

額を定めて、その金額を上限とした責任しか負わせません。

また、その極度額も誤解がおきないように**書面（電磁的方法）で定めることを要求**しています。

> **465条の3（個人貸金等根保証契約の元本確定期日）**
> 1　個人根保証契約であってその主たる債務の範囲に金銭の貸渡し又は手形の割引を受けることによって負担する債務（以下「貸金等債務」という。）が含まれるもの（以下「個人貸金等根保証契約」という。）において主たる債務の元本の確定すべき期日（以下「元本確定期日」という。）の定めがある場合において、その元本確定期日がその個人貸金等根保証契約の締結の日から５年を経過する日より後の日と定められているときは、その元本確定期日の定めは、その効力を生じない。
> 2　個人貸金等根保証契約において元本確定期日の定めがない場合（前項の規定により元本確定期日の定めがその効力を生じない場合を含む。）には、その元本確定期日は、その個人貸金等根保証契約の締結の日から３年を経過する日とする。

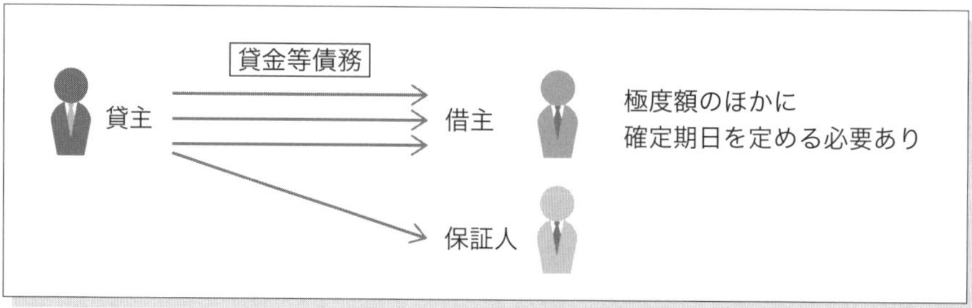

継続的に発生する債権であっても、これが貸金債権等の場合、保証人の保護の要請はさらに強くなります（金額が高額になったり、利率が高かったりするためです）。

貸金債務等を担保する根保証を、特に、個人貸金等根保証契約と呼び、もっと強い規制をかけることにしました。

具体的には、**極度額だけでなく、確定期日（保証する期間）を定めることも要求しました**（そして、その期間が長すぎることがないよう、５年間と期間を縛っています）。

もしこの確定期日を定めなければ、確定期日はないものと扱い、３年経ったところで自動的に元本は確定することにしています。

ここは根抵当権と異なり、**確定請求などをしなくても、自動的に元本が確定する**ことに注意をしてください（**確定請求という行為もいらないことにして、保証人をより保護しているのです**）。

◆ 極度額、確定期日のまとめ ◆

	極度額	確定期日
必要性	必要（465の2 Ⅱ）	個人貸金等根保証契約では、必要（465の3）
定めない場合の処理	根保証契約は無効	確定期日はないものと扱われる ↓ 個人貸金等根保証契約の締結の日から３年を経過する日が元本確定期日となる（465の３ Ⅱ）
定める場合の方式	書面又は電磁的記録（465の２ Ⅲ）	書面又は電磁的記録（465の３Ⅳ）（注）

（注）その個人貸金等根保証契約の締結の日から３年以内の日を元本確定期日とする旨の定めをする場合は、書面又は電磁的記録にする必要はない（465の３Ⅳ）。

問題を解いて確認しよう

1　教授：次に、根保証について考えてみましょう。一定の範囲に属する不特定の債務を主たる債務とする保証が根保証ですが、根保証は、極度額を定めることは必要ですか。
学生：法人ではなく個人が保証人となる場合には、極度額を定めない根保証契約は無効となりますので、極度額を定めることが必要です。
〔オリジナル〕 ○

～債権も譲渡できるけど、複雑なケースが問題です～

第4章 債権譲渡・債務引受

譲渡制限特約付債権を譲渡した場合の処理、二重譲渡があった場合の処理ばかり出題されます。
ここの問題が解けるようになったら、周辺の問題の理解に時間をかけましょう。

第1節 債権譲渡

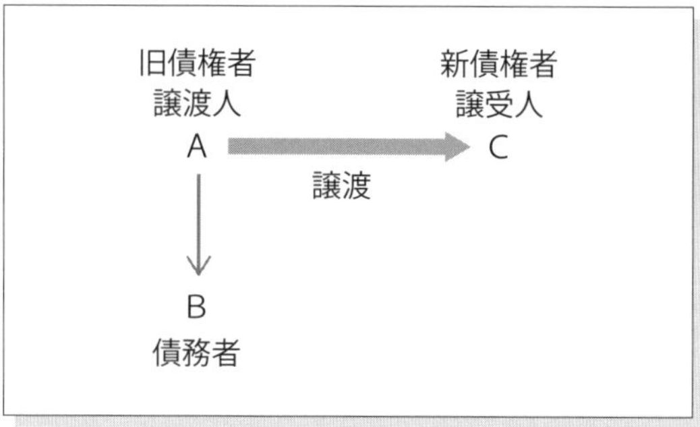

AがBに対して債権を持っています。この債権も財産の1つなので、売ることが可能です。

今回、AはCに、この債権を売ったようです。

すると、この債権はそのままの状態でCに引き継がれます。

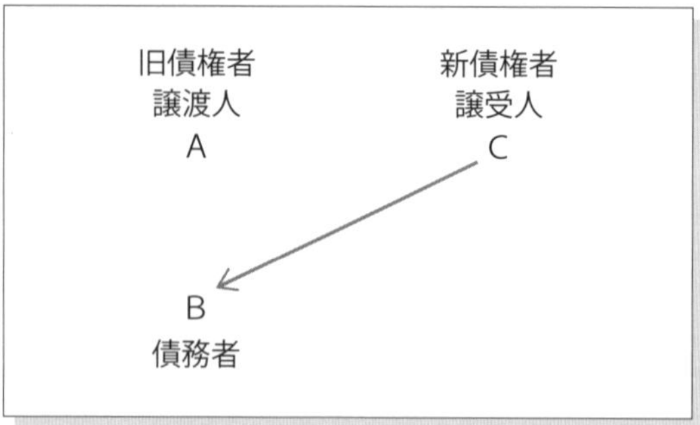

よく、同一性を保ったまま移転すると言ったりします。
例えば、担保権か何か付いていれば引き継ぐし、時効期間が進行していれば進行している状態で引き継ぐことになります。
債権をそのままの状態で買う、こういうのを債権譲渡といいます。
では、なぜこのようなことをするのでしょう。

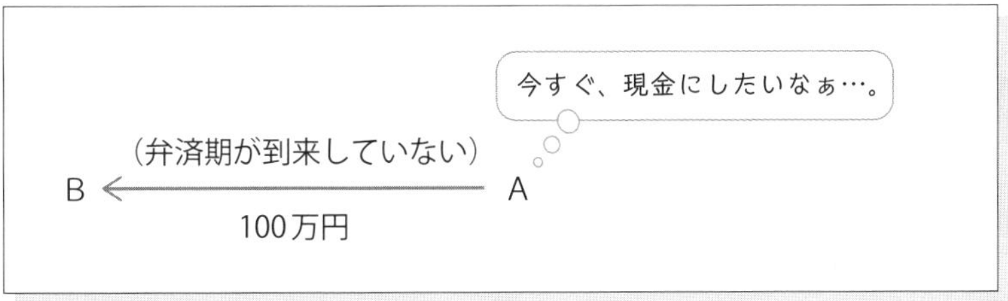

例えば、ＡＢ債権の弁済期が来ていないような場合に譲渡することがあります。
弁済期が来ていないので、ＡはＢに請求できません。ただ、**Ａは今すぐに現金が必要だった**のです。
こういった場合に、Ａはこの債権を売ってしまいます。

例えば、ＡＢ債権の金額が100万円だとしたら、これを90万円で買わないかとＣに申込むのです。
ちなみに買ったＣは90万円払うことによって、100万円の債権を手に入れることができ、その後弁済期にＢに請求して100万円を取れますので、結果として10万円儲けることができます。

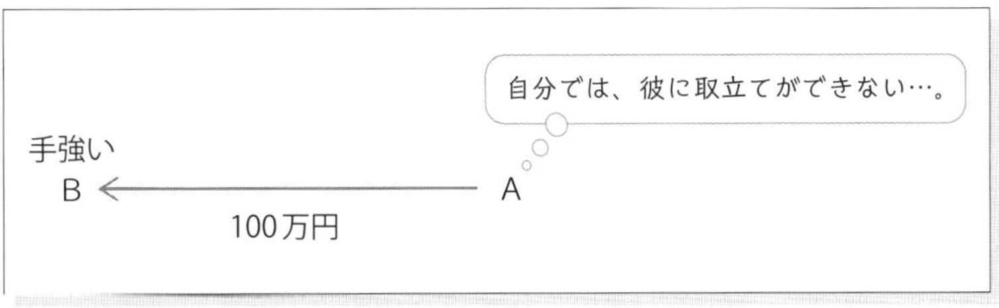

また、**Ｂから取れないから売ってしまう**という場合もあります。
ＡはＢに請求するけどうまく取れない。そこで、取立てが上手い人に「100万円の債権を20万円でもいいから買ってくれないか」と売ってしまうのです（全

く取れないよりはましだ、という感じですね)。

466条(債権の譲渡性)
1　債権は、譲り渡すことができる。ただし、その性質がこれを許さないときは、この限りでない。

1項では、譲渡ができますよということを大原則にしています。

ただ、1項の但書では、「モノによってはできない債権があるよ」ということを規定しています。

譲渡できない債権の有名なものは、下記の扶養請求権というものです。

扶養義務を負う者	扶養義務を負う場合
直系血族・兄弟姉妹(877 Ⅰ)	法律上当然に扶養義務あり
上記以外の3親等内の親族(877 Ⅱ)	①特別の事情がある場合に ②家庭裁判所の審判により義務を負う

扶養、ざっくり言えば、**身内の人が生活に困っていたら金銭的援助をしなさいというルール**です。あくまでも身内の人に援助するルールであって、赤の他人に援助する必要はありません。

881条(扶養請求権の処分の禁止)
扶養を受ける権利は、処分することができない。

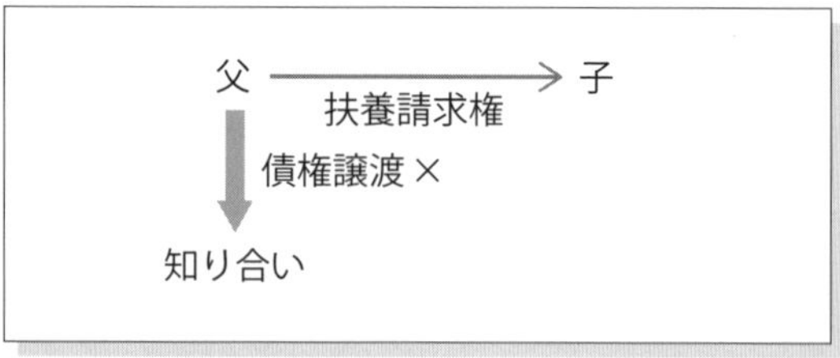

父が子に援助を頼める状態でした。これは、父が成人した子供に扶養請求権を持っている状態です。

この父が知り合いに、持っている扶養請求権を売っていいでしょうか。

もしこれが売れたら、子供は**今までお父さんだからお金を払っていたのに、知らないおじさんにお金を払うことになります**。これはおかしいので、前記のように881条が禁じているのです。

> **466条（債権の譲渡性）**
> 2　当事者が債権の譲渡を禁止し、又は制限する旨の意思表示（以下「譲渡制限の意思表示」という。）をしたときであっても、債権の譲渡は、その効力を妨げられない。

この2項が一大論点、譲渡制限特約というものです。

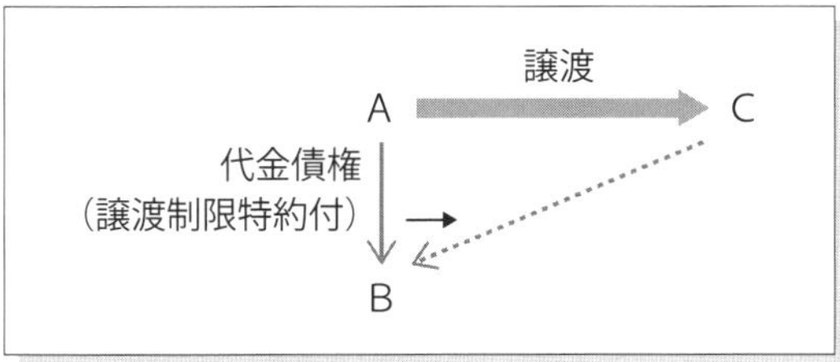

ＡＢ間で売買した時に、「この債権は譲渡できないようにしよう」という特約を結ぶことがあります。

債権がＡから転々と売られることによって、Ｂが「今、誰が債権者なの？」と分からない状態を防ぎたい、弁済する相手を間違いたくないという場合に、こういう特約を結びます。

では、上の図のとおり特約がついているのにＣに売ったらどうなるのでしょうか。

この場合、**Ｃは債権を取得できます**。そのため、ＣはＢに請求できるのです。

ただし、Ｃが特約を知っていた場合は話が変わります。

466条（債権の譲渡性）
3　前項に規定する場合には、譲渡制限の意思表示がされたことを知り、又は重大な過失によって知らなかった譲受人その他の第三者に対しては、債務者は、その債務の履行を拒むことができ、かつ、譲渡人に対する弁済その他の債務を消滅させる事由をもってその第三者に対抗することができる。

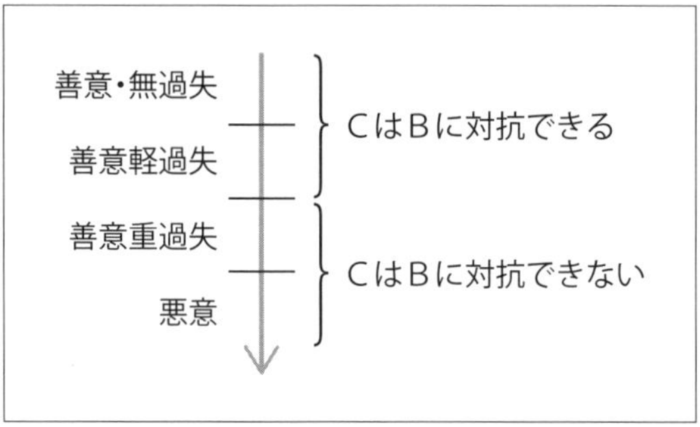

買ったCが「譲渡制限特約を知っていた」場合、Cからの請求をBは拒めます。また、Cが善意でも「普通気付くだろ」という重大な不注意があった場合も同様です。

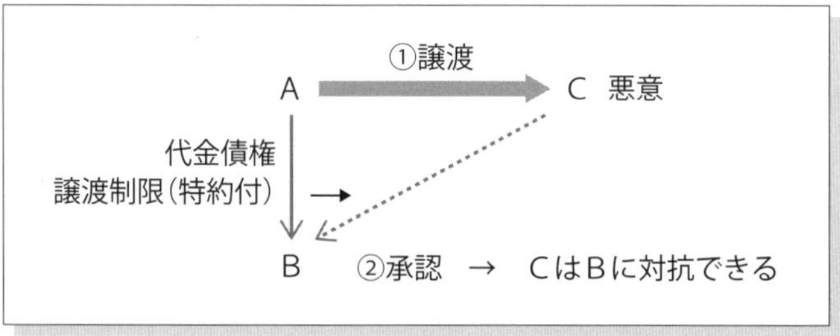

AがCに債権を売ったのですが、このCが譲渡制限特約について悪意でした。そのため、CはBに対して債権を取得したことが主張できない状態です。

ただ、債務者Bが「債権者は君でいいよ」とOKをしました。
もともとは、**譲渡制限特約は債務者のためのルール**です。だったら**債務者側がOKを出しているのであれば、認めていい**ですね。

466条（債権の譲渡性）
4　前項の規定は、債務者が債務を履行しない場合において、同項に規定する第三者が相当の期間を定めて譲渡人への履行の催告をし、その期間内に履行がないときは、その債務者については、適用しない。

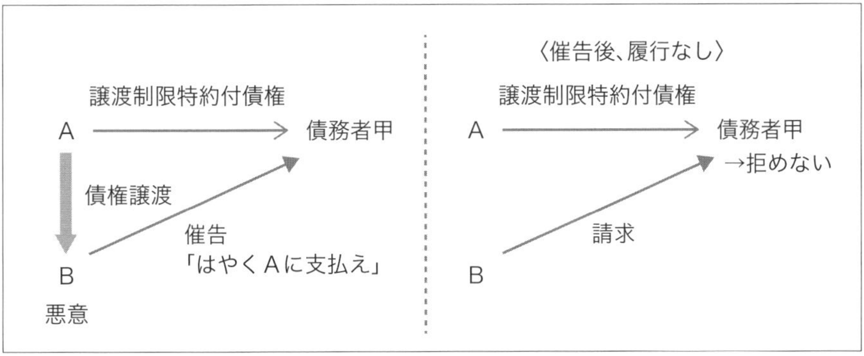

債権を買ったBは、その債権に譲渡制限がついていることを知っていました。そのため、債務者甲に請求しても断られてしまいます。

Bは、甲がAに払ってくれるのを待つことになります。

甲がAに払わないと、事態はどうなるでしょう。

・甲がAに払わない
・Bは甲に請求しても、拒絶を受ける
・Aは甲に請求できない（Aは債権者ではないからです）

もう、どうにもならない状態になってしまうのです。

そこで、民法はBから甲に「早くAに払うように」と催告することを認め、**催告してもAに払わなければ、Bからの請求を拒めないようにしました。**

466条の4（譲渡制限の意思表示がされた債権の差押え）
1　第466条第3項の規定は、譲渡制限の意思表示がされた債権に対する強制執行をした差押債権者に対しては、適用しない。

まず、前提知識を説明します。

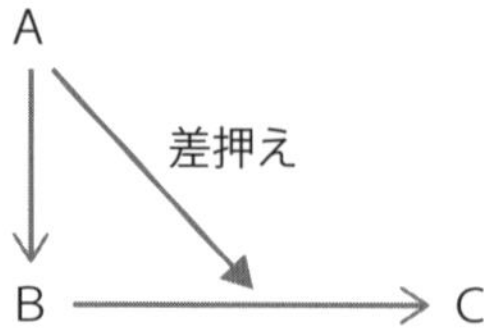

Aのこの後の行動
その1）AがCに請求する（取り立てる）
その2）転付命令を裁判所からもらい、
　　　ＢＣ債権を取得する

Ｂから Ｃに対する債権があり、Ｂの債権者でＡという人がいました。

このＡが、強制執行手続をとって、このＢＣ債権を差し押えたのです。

この場合、Ａは２つのことができます。

１つは、ＡはＣに直接払えと請求することです。

「Ｃさん、私Ａに払いなさい」と、Ｃから直接取立てることができます。

もう１つは、このＢＣ債権をＡがもらうことです。

転付命令というものが必要になりますが、債権自体をもらうこともできます（この２つの違いは、また民事執行法で説明しますので、今はそこにハマらないようにしてください）。

では、本題に入りましょう。次の図を見てください。

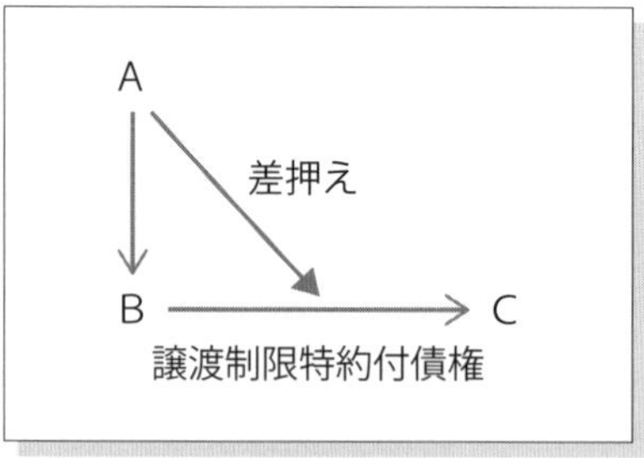

ＢＣ債権が譲渡制限特約付債権で、Ａがこれを差し押えました。ここで、転付命令を使って債権をとっていいのでしょうか。

譲渡制限特約がされているからといって転付命令を認めないということは、私人間で強制執行ができない債権を生み出せることを意味します。

私人間で強制執行できない財産を生み出すという不都合な事態が乱発されかねないので、**譲渡制限特約付債権であっても転付命令は阻止できないようにしています。**

> **466条の5（預金債権又は貯金債権に係る譲渡制限の意思表示の効力）**
> 1　預金口座又は貯金口座に係る預金又は貯金に係る債権（以下「預貯金債権」という。）について当事者がした譲渡制限の意思表示は、第466条第２項の規定にかかわらず、その譲渡制限の意思表示がされたことを知り、又は重大な過失によって知らなかった譲受人その他の第三者に対抗することができる。

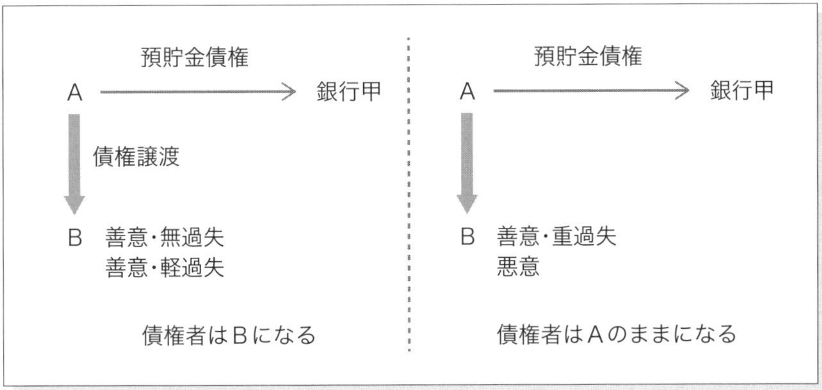

譲渡制限特約が付された債権が「預貯金債権」である場合、それが譲渡されたとしても、**悪意・重過失の譲受人等との関係では譲渡自体が無効になります**。ちなみに、預金債権に特約がついていることは多くの方が知っている常識です。そのため、預金債権の譲渡を受けた譲受人は、大抵「悪意」か「重過失」と扱われます。

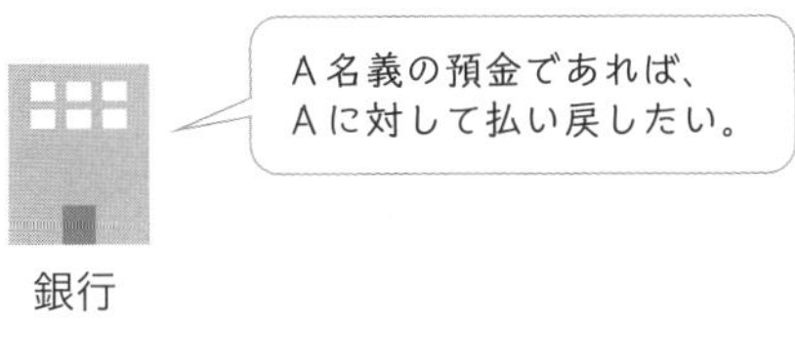

預貯金債権を特別の取扱いとしたのには、いろいろな理由がありますが、一番の理由は銀行実務が煩雑になる点です。

そこで、**預貯金債権については債権譲渡を無効にして、Aに対して支払うことを認めました。**

問題を解いて確認しよう

1	AのBに対する代金債権をCが譲り受けようとする場合に、AとBとの間に債権の譲渡を制限する旨の合意がある場合、その合意の存在を知り、又は知らないことについて過失があるCは、債権を取得することができない。〔11-5-2改題（9-5-オ、19-18-オ、22-17-ア）〕	×
2	譲渡制限特約が付されている債権の譲受人が、当該債権に譲渡制限特約が付されていることを知って譲り受けた場合であっても、当該債権譲渡は有効である。〔19-18-ウ改題（22-17-イ）〕	○
3	債権を差し押さえた者は、当該債権に譲渡制限特約が付されていることを知っていたとしても、転付命令によって当該債権を取得することができる。〔19-18-イ改題〕	○
4	債権者Aが、債務者Bに無断で譲渡制限の意思表示のある債権（預貯金債権を除く。）を特約の存在につき悪意のCに譲り渡した場合において、Cは相当の期間を定めて、Bに対し、Aに履行するよう催告をしたにもかかわらず、Bがその期間内に履行しないときは、Bは譲渡制限特約をもってCからの履行請求を拒絶することができない。〔オリジナル〕	○
5	譲渡制限特約付きの貸金債権が強制執行により差し押さえられた場合において、差押債権者が当該特約の存在について悪意であるときは、債務者は、差押債権者に対して債務の履行を拒むことができる。〔オリジナル〕	×
6	譲渡制限の意思表示が付された債権について差押えをした者は、その特約を知っていた場合であっても、転付命令を得て当該債権を取得することができる。〔31-17-オ〕	○

×肢のヒトコト解説

1 たとえ悪意であっても債権を取得することはできます（あとは、それを債務者に対抗できるかどうかの問題になります）。

5 差押えをした者に対しては譲渡制限を主張できません。

債権譲渡対抗要件
→ 債務者に対抗する要件と
第三者に対抗する要件で分けて考えること

債務者に対抗する要件というのは、**「自分が債権者だから払ってくれ」と債務者に主張するための要件**です。

第三者への対抗要件というのは、二重譲渡があった場合を考えてください。

二重譲渡で「自分の勝ちだ、自分が債権を持っているんだ」と、他に債権を買った人に主張する要件です。

不動産や動産の対抗要件と違って、債権にはこの二重の対抗要件があります。
まずは債務者に対する対抗要件からいきましょう。

> **467条（債権の譲渡の対抗要件）**
> 債権の譲渡（現に発生していない債権の譲渡を含む。）は、譲渡人が債務者に通知をし、又は債務者が承諾をしなければ、債務者その他の第三者に対抗することができない。

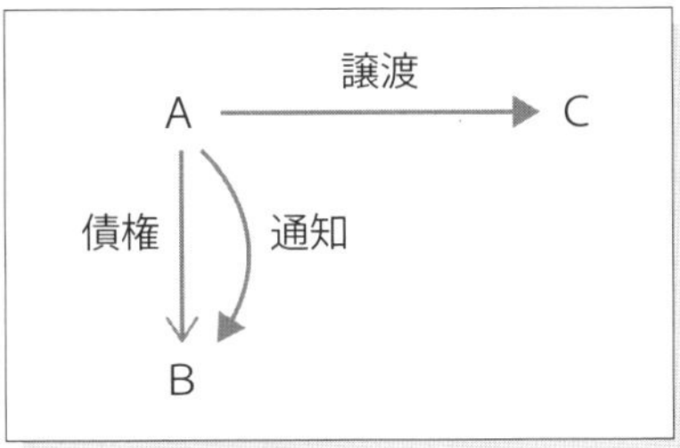

債権譲渡は、ＡとＣの契約で行います。

そのため債務者Ｂは、債権譲渡されたことに気付いていません。

ＡからＢに対して通知をします。「今回Ｃに債権を売ったから、新しい債権者はＣだよ」このようにＡがＢに伝えれば、Ｃは、私が債権者だ、私に払えと言えるのです。

この対抗要件の話ですが、ポイントがいくつかあります。

Point

通知は譲渡人Aからしなければならない

必ずAから連絡をする必要があり、Cからでは許されません（条文を見てください。「譲渡人が通知をする」旨が書いてあります）。
では、なぜAから通知するべきで、Cからではダメなのでしょう。

利益を受ける人間の言葉は信用できないからです。
債権を取得する人が「自分が債権を取得します」という言葉は信用できません。
そのため、債権を失う譲渡人Aからの通知を必須にしています。

Point

Cが、Aを代位して（Aに代わって）通知することはできない

仮にAが連絡をしてくれないという場合でも、CがAに代位して行う（Aの地位を乗っ取って代わりにする）ことも認められません。
通知する権利は一身専属権なので、債権者代位ができない権利だからです。

では、もしAが連絡してくれなければ、CはAを「通知するように」と訴えることになります。

対抗要件を備える方法にはもう1つ手段があります。
条文をもう1回見てください。「又は」の後です。

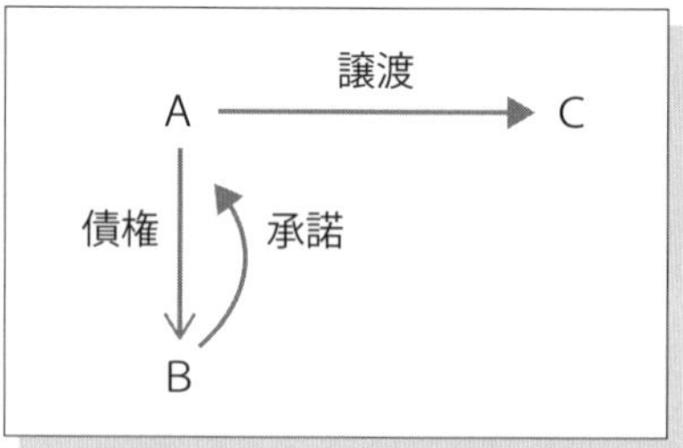

Bの方から「債権者はCに変わったんだね。それでいいですよ」そういう承諾があれば、Cは自分が債権者だと言えるのです。

これ、B側が「噂で聞きましたよ。Cさんが買ったんですってね。じゃあ承諾しますよ」という場合かなと思うかもしれませんが、そんなケースは稀です。

これは、Cが契約書等をBに持って行って、「私が買ったんだ。だから承諾をしてくれないか」「Aが通知してくれないので、承諾してくれないか」と頼んで承諾してもらう、というのが一般的です。

以上のように、**債務者に対して通知をする、もしくは債務者からＯＫが貰えれば、買った人は自分が債権者だ、私に払えと言えます**。

この債権に対し誰かライバルが出てこない、債務者がすぐに払う状態になるのであれば、これで十分です。

ただ、ライバルが出そうな場合は、話が変わります。

> **Point**
>
> **第三者に対する対抗要件**
>
> → 債務者以外の者に対する対抗要件である
>
> ①確定日付ある証書による通知を、ＡがＢに対して行う
>
> ②確定日付ある証書による承諾を、ＢがＡ又はＣに対して行う

> **債権譲渡通知書**
>
> 私Ａは、貴殿（Ｂ）に対する令和３年１月12日付売買代金債権金 100 万円を、令和 ６ 年６月５日にＣへ譲渡しましたのでここに通知します。
>
> 令和６年６月５日
>
> Ｂ殿
>
> Ａ　㊞
>
> 確定日付 ------------ 令和６年６月５日

今の通知承諾、それを確定日付が付いた紙で行うのです（公証役場で日付を入れてもらいます）。

これにより、この紙は、少なくとも6月5日までには作ったことになります。

この紙を持って連絡をすれば、**Cは、第三者や債務者にも対抗できるし、二重**

譲渡のライバルにも対抗できるようになります。

> **467条（債権の譲渡の対抗要件）**
> 1　債権の譲渡（現に発生していない債権の譲渡を含む。）は、譲渡人が債務者に通知をし、又は債務者が承諾をしなければ、債務者その他の第三者に対抗することができない。
> 2　前項の通知又は承諾は、確定日付のある証書によってしなければ、債務者以外の第三者に対抗することができない。

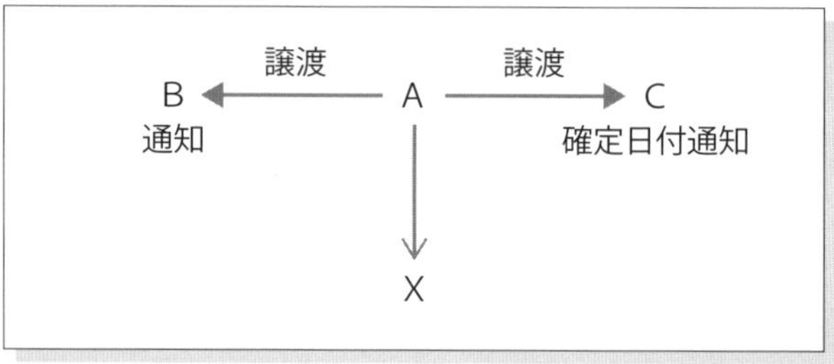

二重譲渡が起きているようです。

Cへの譲渡については確定日付のある通知をしています。一方、二重譲渡でもう1人買ったB側は、単に通知しかしていません。

この場合、**確定日付のある通知をしているCの勝ち**となります。

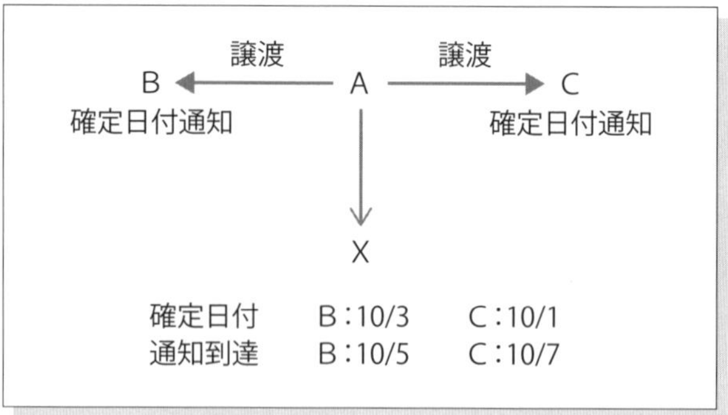

では、2人とも確定日付のある通知をしていた場合はどうなるのでしょう。

前ページの事例ですが、**確定日付の先後で決めるんだったらCの勝ち、到達の日付の先後で決めるんだったらBの勝ち**となります。

到達の日時で決めるとしているのが判例の立場です。

Xの認識を登記のようにしたいのです。

「先に登記をした方が勝ち」と同じように、先にXに認識させた方が勝ちというルールにしたいので、先に債務者に届けたBの勝ちになります。

では、なぜわざわざ確定日付なんて要求したのでしょうか。

これは、**偽装防止のため**です。もし、ここで負けたCがXとつるんで、

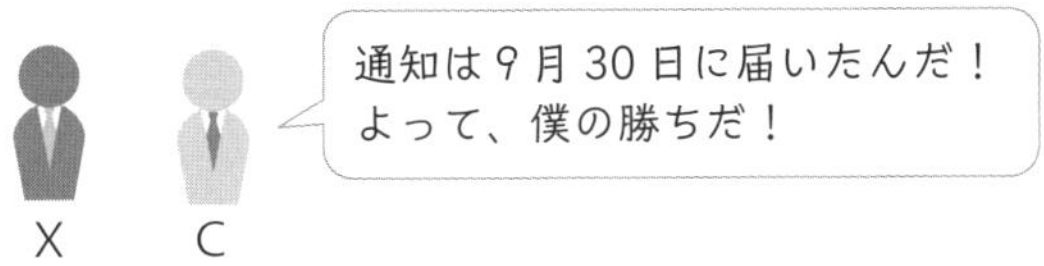

通知は9月30日に届いたんだ！
よって、僕の勝ちだ！
X
C

と偽装してきた場合、確定日付で止められます。

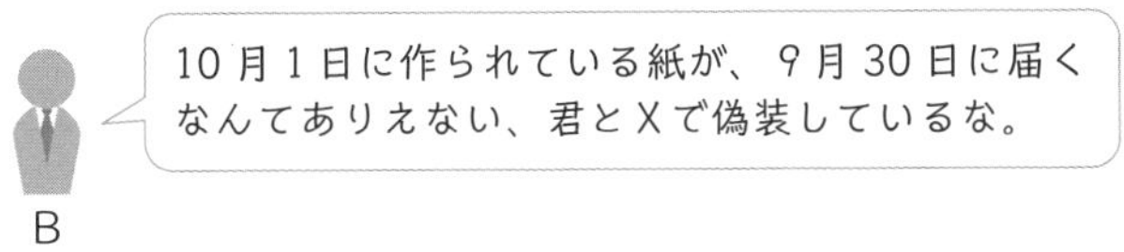

10月1日に作られている紙が、9月30日に届くなんてありえない、君とXで偽装しているな。
B

このように偽装防止するためにあるのが、確定日付というものです。

二重譲渡では、先に到達した方が勝ちで、確定日付は偽装を防止するために要求したというのが判例の言い分です。

ただ、この偽装防止は完璧ではありません。もしXとCで、10月3日に届いたんだといって偽造してきたら、否定できません（10月1日に作ったものが10月3日に届くということはあり得ますから）。

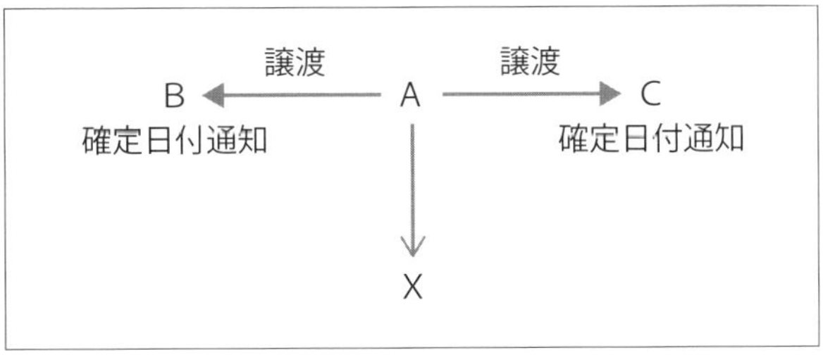

Point

通知到達　　B：10/5　　C：10/5
→　先に請求した者が全額請求　○

BもCも両方とも確定日付をとっていて、両方とも届いたのが全く同じ場合はどうなるでしょう。

この場合はもはや優劣が付けられません。

BもCもやるべきことをやっているので、もうこれ以上何も要求できません。

結果としては、**先に請求した方が全額取れます**。

債務者の方は「Bがいるから君には全部払えないよ」なんてことは言えず、先に来た方に全部払うことになります。

問題を解いて確認しよう

1	債権が譲渡され、債務者がこれを承諾した場合には、その承諾は、確定日付による証書によらなくても、第三者に対抗することができる。〔3-18-オ〕	×
2	AのBに対する債権がAからC、AからDへと二重に譲渡され、ともに確定日付ある通知がなされた場合、その優劣は、確定日付の先後によって決する。〔4-5-4〕	×
3	確定日付のない通知を受けた債務者が当該譲受人に弁済をした後に、債権者が当該債権を第二の譲受人に譲渡し、債務者が確定日付のある通知を受けた場合、第二の譲受人は、債務者に対し、当該債権の支払を請求することができる。〔14-17-オ（9-5-イ）〕	×
4	同一の債権につき、確定日付に先後のある複数の債権譲渡通知が同時に債務者に到達した場合、後れた日付の通知に係る譲受人も、債務者に対し、当該債権全額の支払を請求することができる。〔14-17-エ〕	○

×肢のヒトコト解説

1 確定日付がなければ、第三者に対抗できません。

2 到達の先後で決まります。

3 これは二重譲渡の事例ではありません。第一譲渡がされ、債務者への対抗要件を備えた後に弁済しているので、ここで債権が消滅します。その後、消滅した債権が譲渡されたという事案になっています。

2周目はここまで押さえよう

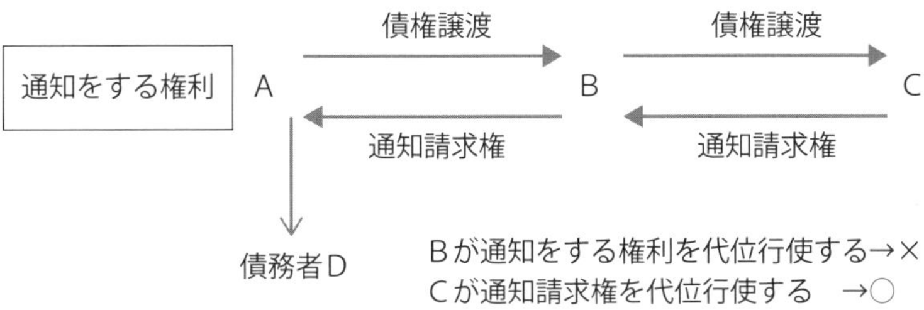

BはAに対して、通知請求権（早く通知するよう、通知を急いでやらせる権利）という債権を持っていますが、Bがこの債権を被保全債権として、Aが持っている通知する権利を使うことはできません。

B→D「債権はBに譲渡されました」と通知することはできません。

通知は、現実にAからすべきだからです。

一方、CはBに対して通知請求権を持っていますが、Cがこの債権を被保全債権として、Bが持っている通知請求権を使うことは可能です。つまり、

C→A「早く通知するように」と通知をせかすことは可能なのです。

Aはこれに応じて、Dに通知することになります。

通知を急いでやらせる権利（通知請求権）を代位行使しようとしているのか「債権は譲渡されました」と通知をする権利を代位行使しようとしているのかを見極めて、正誤を判断してください。

☑1　AのDに対する債権がAからBへ、BからCへと順次譲渡された場合において、AがDに対して債権譲渡の通知をしないときは、Cは、Bの資力の有無にかかわらず、Bに代位して、債権譲渡の通知をするようにAに請求する権利を行使することができる。〔22-16-ア〕　○

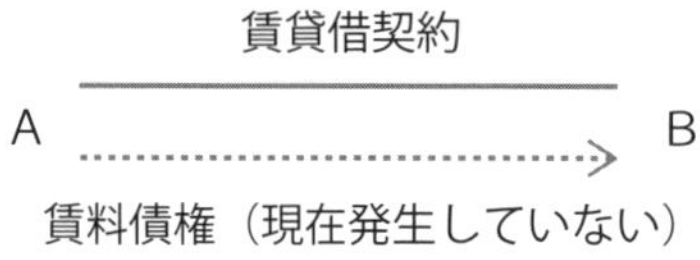

債権が発生していない状態であってもAはこの債権を譲渡することができる

Aは、賃貸借契約をBと結んでいて、来月から賃料債権が発生することが予定されています。

ただ、Aは資金繰りに相当苦しんでいたため、債権がまだ生まれていない時点で譲渡することができるのでしょうか。

これは可能です。

資金調達をしたい、という要望が高いため、現時点で債権がなくても、債権譲渡はできることとしているのです（これを将来債権の譲渡と呼びます）。

466条の6　（将来債権の譲渡性）

1　債権の譲渡は、その意思表示の時に債権が現に発生していることを要しない。

2　債権が譲渡された場合において、その意思表示の時に債権が現に発生していないときは、譲受人は、発生した債権を当然に取得する。

判例は、将来債権の譲渡について

・Aが譲渡する際に、Aが持つ他の債権と区別できていれば、

・債権の発生可能性が低かろうが、高かろうが

譲渡できるとしています。

「当然に取得する」と規定しています。これは、発生した後に「譲渡する」等の行為をせずとも、自動的に譲受人は債権を取得することを意味しています。

1	AのBに対する債権をCが譲り受けようとする場合に、Cが譲り受けようとする債権が、AとBとの間の既存の賃貸借契約に基づき、将来の一定の期間内に発生すべき賃料債権である場合であっても、Cは、債権を取得することができる。〔11-5-4〕	○
2	債務者が将来取得する債権については、その発生原因や債権額、債権発生の期間の始期と終期などにより、譲渡担保の目的となるべき債権が当該債務者の有する他の債権と識別することができる程度に特定されていれば、債権の発生が確実であるかどうかを問わず、譲渡担保権を設定することができる。〔24-15-オ〕	○
3	Aが種類物である商品甲をBに売却することによって将来有することになる一切の代金債権をCに譲渡したとしても、その債権譲渡契約は、譲渡の目的が特定されていないから、無効である。〔31-17-ア〕	×
4	将来発生すべき債権を目的とする債権譲渡契約は、その目的とされる債権が発生する相当程度の可能性が契約締結時に認められないときは、無効である。〔31-17-イ〕	×
5	将来発生すべき債権を目的として譲渡担保権が設定された場合において、譲渡担保権の目的とされた債権が将来発生したときは、譲渡担保権者は、譲渡担保権設定者の特段の行為を要することなく当然に、当該債権を担保の目的で取得することができる。〔令3-15-ウ〕	○

これで到達！  合格ゾーン

□ 債権の譲受人が譲渡人の委託を受け、債務者に対し、譲渡人の代理人として債権の譲渡の通知をしたときは、譲受人は、その債権の譲渡を債務者に対抗することができる。〔31-17-ウ〕

★譲渡人が「譲受人さん、私の代わりに通知してもらえませんか」と委託して、譲受人がこれに応じて通知した場合には、債権譲渡の通知になります（最判昭46.3.25参照）。譲渡人の意思なくして代位で通知する場合と比べてください。

□ ＢのＡに対する債権を目的として、ＢがＣのために質権を設定した場合において、ＢがＡに対して質権設定の通知をしないときは、Ｃは、Ｂの資力の有無にかかわらず、Ｂに代位して、Ａに対して質権設定の通知をすることはできない。〔22-16-イ〕

★債権の譲受人は、譲渡人に代位して債権譲渡の通知をすることはできません。そして、債権質も債権譲渡と同じ対抗要件が使われるので、債権質権者は、質権設定者に代位して質権設定の通知をすることができないことになります。

□ 法人が金銭の支払を目的とする債権を譲渡した場合において、第三者対抗要件は、債権譲渡の登記がされることであり、債務者対抗要件は、債権譲渡及び債権譲渡登記がされたことを、譲渡人若しくは譲受人が登記事項証明書を交付して債務者に通知をすること、又は債務者が承諾することである（動産債権譲渡特例４Ⅰ・Ⅱ）。〔22-17-ウ〕

★債務者対抗要件を備えるタイミングと、第三者対抗要件を得るタイミングが異なります。まずは、登記をすることによって第三者対抗要件を備えますが、この時点では債務者に請求することはできません。その後、債務者への通知（または債務者への承諾）があると債務者対抗要件を備えるので、債務者に対して請求することができるようになります。

第2節 債務引受

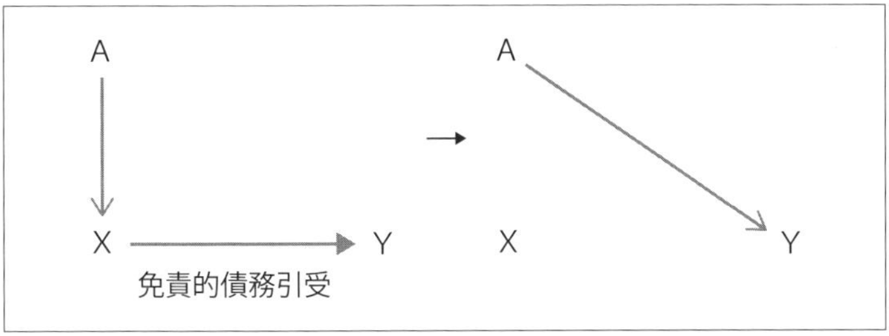

XがAに対して負っている債務をYが引き受けるということを約束しました。

これにより、**Xが債務者から外れて、Yだけが債務を負うことになります**。

こういうのを免責的債務引受と呼びます。債権譲渡のまさに逆の状態です。

この債務引受、誰が利害を持っているでしょうか。

AXY全員が利害を持っています。

A：Yが無資力の人だったら嫌だと思うはずです。

Y：勝手に債務なんて負いたくないはずです。

X：払う準備をしている可能性があります。

このように、三者が利害を持っているため、この債務引受の契約はAXYの3人でするべきです。

◆免責的債務引受契約の契約当事者◆

契約当事者	注意点
AとYで契約すること	AがXに通知したときに効力が生じる
XとYで契約すること	AがYに承諾することによってできる

三者で契約することが難しければ、二者で契約することもできます。

ただ、AYで契約をする場合にはXに通知したときに効力が生じるとしています。これは**Xが債務から解放されるため、それを教えるため**です。

また、XYで契約する場合でも、Aの承諾が必要です。**Xが資力のないYに押し付けることによって、不当に債務から免れるのを防ぐため**です。

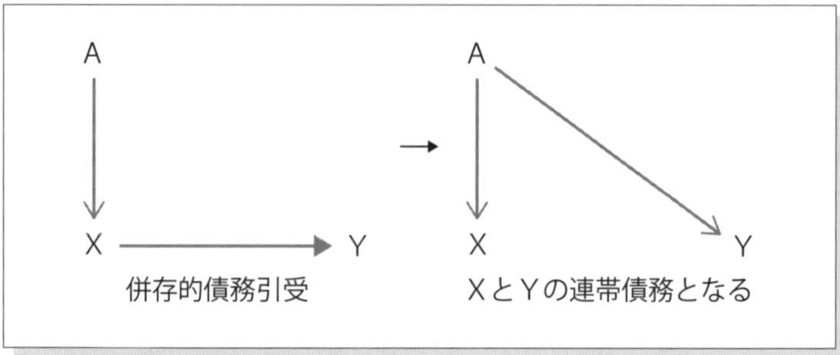

債務引受には、併存的債務引受というパターンもあります。これをすると、**Xは債務者から外れず、Yが入ってくるだけになります**。

そして、**XYは連帯債務関係になります**。

◆併存的債務引受契約の契約当事者◆

契約当事者	注意点
AとYで契約すること	
XとYで契約すること	AがYに承諾したときに効力を生ずる

AとYで契約することになったとしても、**Xはまだ支払える状態にいます**。そのため、Xに通知することで効力が生じるというルールにしていません。

また、XYで契約する場合、Aが承諾することによって効力が生じることにしています。Aにとって債務者が増えることは有利になるかも知れませんが、**利益になることであってもAの意思なしで認めるわけにはいかない**からです。

以上が債務引受という話です。

民法での正面からの出題はなく、不動産登記法の手続で出てきます。

		免責的債務引受	併存的債務引受
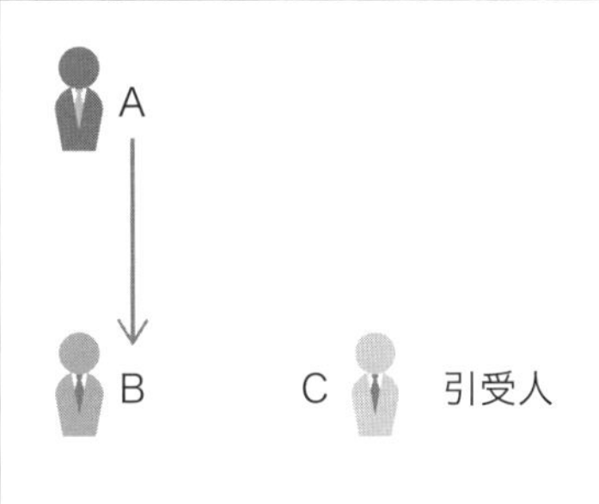		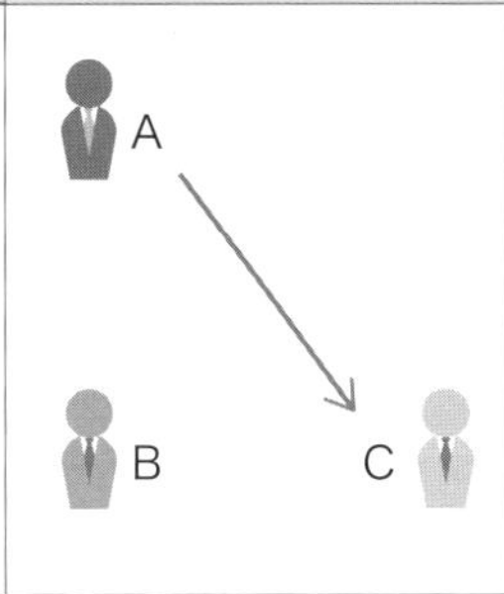	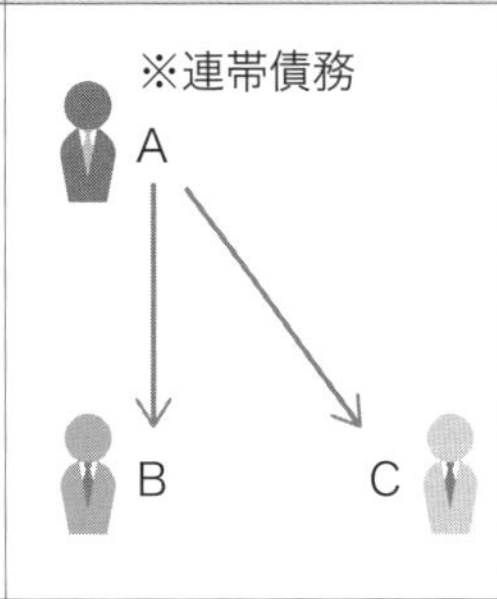
引受契約の当事者	ABCでの契約	○	○
	ACでの契約	○ 債権者が債務者に対して通知した時に、その効力を生ずる(472 Ⅱ)	○
	BCでの契約	○ 債権者の承諾あれば有効(472 Ⅲ)	○ 債権者が承諾をした時に、その効力を生ずる（470 Ⅲ）

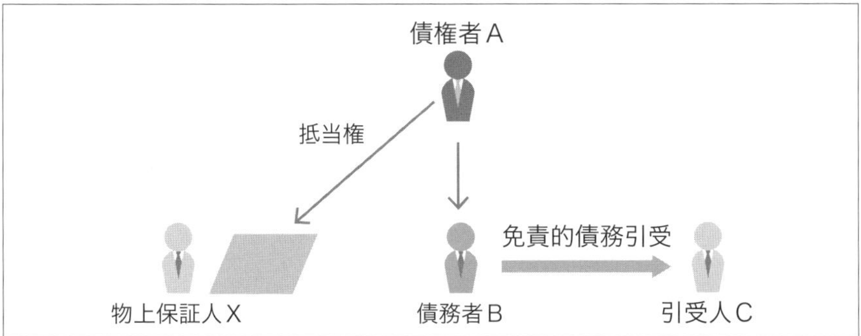

免責的債務引受の対象となる債務について、担保権がついている場合、この担保権はどうなるのでしょうか。

債務者の財産に対してつけている担保権であれば、問題なく新しい債務者の担保に移すことができます。

一方、債務者以外の物上保証人がつけている場合には、問題があります。

これは、

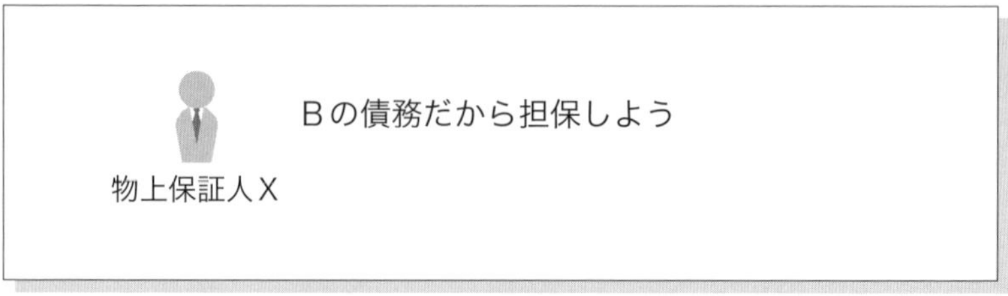

という意図があって、担保権を設定しているからです。

そのため、**担保を移していいという承諾が必要で、しかも、債務引受の契約前にとることまで要求されています。**

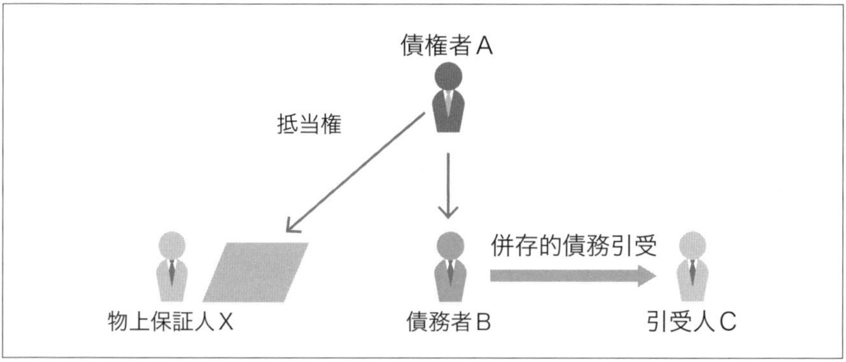

併存的債務引受の対象となる債務について、担保権がついている場合、この担保権はどうなるのでしょうか。

債務者の財産に対してつけている担保権でも、**債務者以外の物上保証人がつけている場合でも問題なく新しい債務に移すことができます。**

旧債務者の債務を担保し続けるので、物上保証人の意図には反しないからです。

問題を解いて確認しよう

1	免責的債務引受は、債権者、債務者及び引受人の三者の合意によらなければ、効力を生じない。〔オリジナル〕	×
2	免責的債務引受は、債務者の意思に反して債権者と引受人との間の契約によってすることができ、債権者が債務者に対して免責的債務引受をした旨を通知した時に、その効力を生ずる。〔オリジナル〕	○
3	BがAに対して金銭債務（「甲債務」という。）を負担し、甲債務の担保として物上保証人D所有の土地に抵当権が設定されていた。Cが甲債務について免責的債務引受の引受人となった場合において、Aは、Dの承諾なくして、当該抵当権をCの負担する債務に移すことができる。〔オリジナル〕	×
4	債務者と引受人との間の契約でする併存的債務引受は、債権者が引受人となる者に対して承諾をした時に、その効力を生ずる。〔オリジナル〕	○

×肢のヒトコト解説

1 二者の合意でも、債務引受契約は可能です。

3 当然には存続せず、債務引受契約の前に承諾が必要です。

第3節 契約上の地位の移転

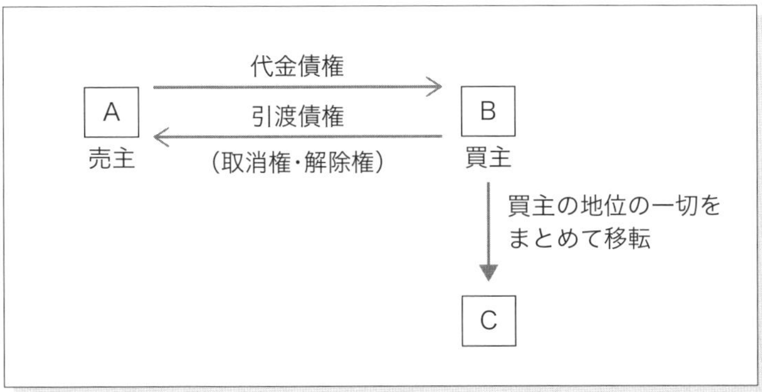

契約上の地位の移転とは、債権者としての地位・債務者としての地位を移転することを指します。

例えば、売買契約の買主が、自分の買主としての立場を売る場合を想像してください。

これによって、契約によって発生した個々の債権や債務（売買代金債権、目的物引渡債務等）だけでなく、**契約上の地位に基づく権利のすべてが移転します**。

そのため、債権・債務のみならず、取消権や解除権・抗弁権等もすべて移転することになります（これとは異なり、**債権を譲渡したり、債務を引き受けたりするだけでは取消権・解除権までは移転しません**）。

> **539条の2**
> 契約の当事者の一方が第三者との間で契約上の地位を譲渡する旨の合意をした場合において、その契約の相手方がその譲渡を承諾したときは、契約上の地位は、その第三者に移転する。

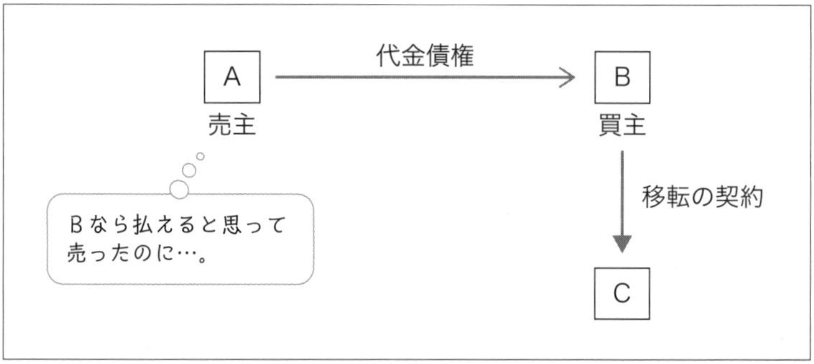

ＡＢ間の契約におけるＢの地位をＣに移転することは、ＡＢＣ三者の合意があれば認められます。

また、契約当事者の一方（譲渡人）であるＢと第三者（譲受人）であるＣとの合意によっても、契約上の地位を移転させることができますが、**契約の相手方（Ａ）の承諾が必要となります**。契約上の地位の移転には、**債務引受としての要素も含まれているため、債権者の意思を無視できないからです**。

このように契約上の地位を移転するには、他方当事者の承諾が必要になるのが基本ですが、例外があります。

605条の2（不動産の賃貸人たる地位の移転）
1　前条、借地借家法（平成3年法律第90号）第10条又は第31条その他の法令の規定による賃貸借の対抗要件を備えた場合において、その不動産が譲渡されたときは、その不動産の賃貸人たる地位は、その譲受人に移転する。

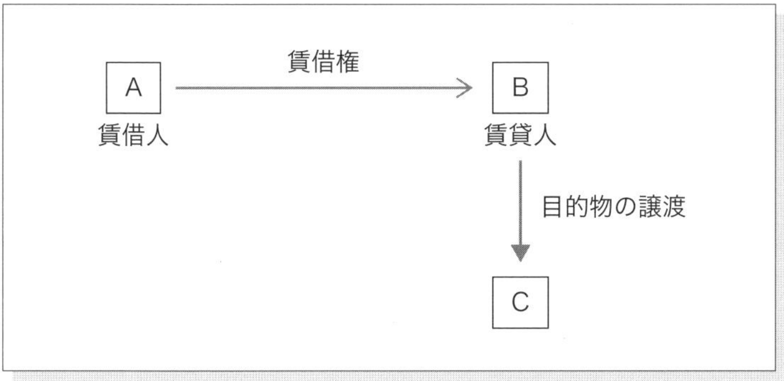

Bがアパートのオーナーで、Aが部屋を借りている賃借人でした。ここで、アパートをBがCに売却すると、それだけで賃貸人の地位がCに移ります。

- **アパートの売買契約だけで、賃貸人の地位が移る**
- **賃借人Aの承諾がいらない**

この2点がポイントです。

Aにとってみれば、所有者がCになった以上、Cに対して賃借権を行使したいところです（**所有者でないBに行使しても意味がありません**）。

また、賃借権の債務者が変わっていますが、**金銭債務と異なり、賃借権であれば誰でも履行は容易にできます**。

こういった事情から、賃借人Aの承諾なくして賃貸人の地位が移ることにしているのです。

～債権をきれいにするにも、いろいろな方法があります～

第5章 債権の消滅

債権が消滅する場面は数多くありますが、司法書士試験の出題は「弁済」と「相殺」がメインです。
特に初めて学習する方は、相殺が理解しづらいところです。
単独行為で債務を消滅させる行為であること、相手に迷惑をかけてはいけないという点を意識して読むようにしてください。

第1節 弁済

まずは、誰が払うかという点を見ていきます。
もちろん払うのは基本は債務者ですが、債務者以外が払うこともできます。

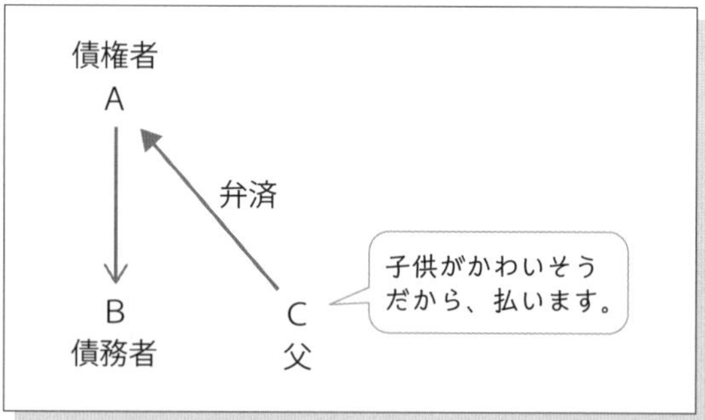

Bが払えないので、Bの父Cが代わりに払ってあげたという事例です。
このように債務者以外の者が払う、こういうのを第三者弁済といいます。

この第三者弁済がされることによって何が起きるのでしょうか。

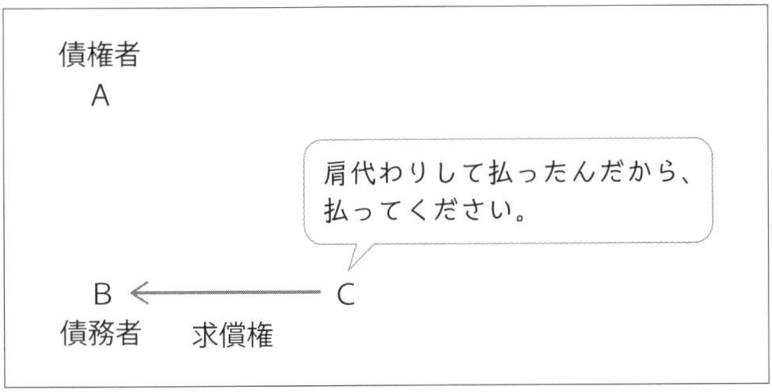

ＡＢ債権は消滅します。そして借金を肩代わりしたＣは、Ｂに求償ができるのです。

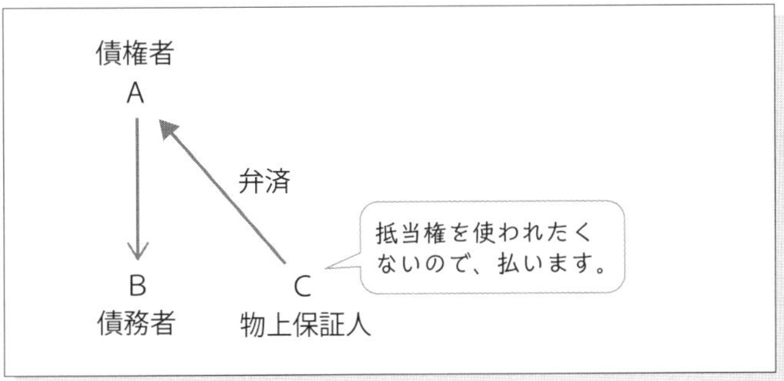

Ｃの不動産にはＡの抵当権が付いていて、このＣがＡに払っています。
なぜＣは払ったのでしょうか。

抵当権を使われたくないからです。
今回のようなＣは、**利害関係のある第三者と言われます**。

実は、利害関係があるかないかによって、第三者弁済をするための要件が違うのです。

474条（第三者の弁済）
1　債務の弁済は、第三者もすることができる。
2　弁済をするについて正当な利益を有する者でない第三者は、債務者の意思に反して弁済をすることができない。ただし、債務者の意思に反することを債権者が知らなかったときは、この限りでない。

利害関係があるかどうかで影響が出てくるのは、2項です。

利害関係がない人は、原則として、債務者Bの意思に反しては払えません。**払いたいと思っているBの意思に反していることが後で発覚すると、その弁済は無効になります**。

ただ、後で無効にされると困る人がいます。

受け取った債権者です（受け取ったものを返還するはめになります）。

そのため、**債務者の意思に反することを債権者が知らなければ、その第三者弁済は有効として処理**します。

一方、利害関係がある人の場合は、どうでしょう。

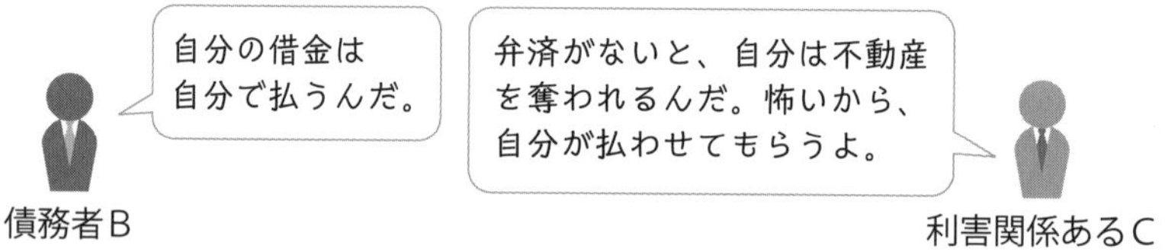

自分の借金は
自分で払うんだ。
弁済がないと、自分は不動産
を奪われるんだ。怖いから、
自分が払わせてもらうよ。
債務者B
利害関係あるC

利害関係がある人は利害が強いので、債務者の意思に反しても払えるのです。

474条（第三者の弁済）
3　前項に規定する第三者は、債権者の意思に反して弁済をすることができない。ただし、その第三者が債務者の委託を受けて弁済をする場合において、そのことを債権者が知っていたときは、この限りでない。

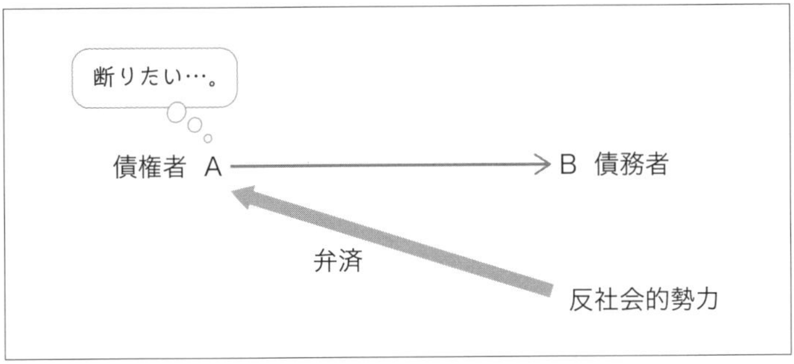

正当な利益を有していない人が弁済する場合には、もう１つ縛りがあります。それは、**債権者が「嫌だ」といったら、断れてしまう**ということです。

昔の民法にはこの規定がなかったため、上の図のように反社会的勢力の者が弁済してきた場合、債権者は嫌でも受け取ることになり、この後、債権者は受領書を渡したり、抵当権移転登記をしたりと反社会的勢力の者とつながりを持つ羽目になったのです。

新法ではこういった事態を防ぐために、正当な利益を有しない人からの弁済では、「あなたの弁済は受け付けない」と拒否することを認めました（ただ、この場合でも債務者が「代わりに払ってきてくれ」と頼んでいて、その事情を債権者が知っている場合には、債権者は拒否できません）。

474条（第三者の弁済）
４　前３項の規定は、その債務の性質が第三者の弁済を許さないとき、又は当事者が第三者の弁済を禁止し、若しくは制限する旨の意思表示をしたときは、適用しない。

第三者弁済できない場合が２つ規定されています。

①債務の性質がこれを許さないとき

例えばこのＢさんが、歌手か何かで、「コンサートで歌を歌う」という債務を負っているのに、私が歌を歌い（私は音痴です）「これで第三者弁済だ」なんてこと言ったら、観客は怒りますよね。

必ずその人でなくては弁済できないという債務があります。

そういったものは、第三者が弁済するということはできません。

②当事者が反対の意思を表明しているとき

これは、第三者弁済禁止特約をしていた場合です。

この特約をしていた場合は、Cに利害関係があろうがなかろうが、払うことができません。

第三者弁済ができない場合については、下記に図を入れておきます。これで暗記作業をするようにしてください。

◆ 第三者弁済ができない場合 ◆

正当な利益を有する第三者が弁済する場合	正当な利益を有する者でない第三者が弁済する場合
①　債務の性質が第三者の弁済を許さないとき(474Ⅳ)	
②　当事者が第三者の弁済を禁止し、若しくは制限する旨の意思表示をしたとき(474Ⅳ)	
	債務者の意思に反して弁済するとき(474Ⅱ本文) ※　債務者の意思に反することを債権者が知らなかったときは、弁済は有効(474Ⅱ但書)
	債権者の意思に反して弁済するとき(474Ⅲ本文) ※　その第三者が債務者の委託を受けて弁済をする場合において、そのことを債権者が知っていたときは、その弁済は有効となる(474Ⅲ但書)

問題を解いて確認しよう

1　債権者と債務者との契約において第三者の弁済を許さない旨の特約をしていた場合には、弁済をするについて正当な利益を有する者であっても、弁済をすることはできない。〔25-17-ア改題（10-5-2)〕　○

2　第三者Cが債務者Bの意思に反して債権者Aに弁済した場合であっても、Cが物上保証人であるときは、その弁済は効力を有する。〔10-5-1〕　○

3　弁済をするについて正当な利益を有する者でない第三者が債務者の意思に反してした弁済は、債権者がそのことを知らずに受領した場合であっても、その効力を有しない。〔25-17-イ改題〕　×

4 抵当権が設定された不動産の第三取得者は、債務者の意思に反して被担保債権を弁済することはできないが、自己所有の不動産に抵当権を設定した物上保証人は、債務者の意思に反して被担保債権を弁済することができる。〔13-11-ウ改題〕 ×

×肢のヒトコト解説

3 意思に反していることを債権者が知らずに受領しているので、弁済の効力が認められます。

4 第三取得者も、物上保証人も抵当権が実行されたくない人なので、共に利害関係が認められます。そのため、債務者の意思に反して弁済することが可能です。

これで到達！  **合格ゾーン**

□ 借地上の建物の賃借人は、その敷地の賃料の弁済につき、法律上の利害関係を有する（最判昭63.7.1）。〔25-17-エ〕

★借地上に建っている建物を借りている人は、借地契約がなくなると困ります。そのため、その者は、地代債務の債務者ではないですが、法律上の利害関係があると扱われます。

次は、誰に払うかという論点です。原則はもちろん債権者に対して払う必要があります。

ただ、債権者以外に払っているのに、債務が消えるという場合があります。それが、次の条文です。

478条（受領権者としての外観を有する者に対する弁済）

受領権者（債権者及び法令の規定又は当事者の意思表示によって弁済を受領する権限を付与された第三者をいう。以下同じ。）以外の者であって取引上の社会通念に照らして受領権者としての外観を有するものに対してした弁済は、その弁済をした者が善意であり、かつ、過失がなかったときに限り、その効力を有する。

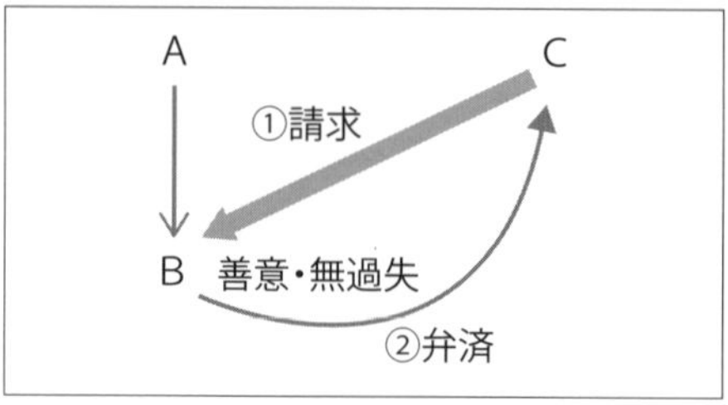

本当の債権者はＡなのに、Ｃが債権者のように見える状態でした。
例えば、下記のような事情があった場合です。

具体例①
　ＡＣ間で債権譲渡があり、ＡがＢに連絡する。しかし、後日ＡＣ間の債権譲渡が無効だったことが判明した。
具体例②
　Ａが死亡している。戸籍を見る限りは、ＣはＡの相続人だけど、実は相続人資格を失っていた（こういうＣをＡの表見相続人と呼びます）。

そういう方が請求に来たため、Ｂは「この人が新しい債権者なんだな」と信じてしまい、Ｃに払ってしまったのです。

この場合、**Ｂが善意無過失**であれば弁済は有効と扱われ、債務が消滅します。

問題を解いて確認しよう

1	債務者Ｂは、債権者Ａの代理人と称するＣに対し、債務を弁済した。Ｃが受領権限を有しないことについてＢが善意かつ無過失であった場合、その弁済は、有効である。〔15-19-イ〕	○
2	債務者Ｂは、債権者Ａから債権を相続したと称するＣに対し、債務を弁済した。Ｃが受領権限を有しないことについてＢが善意かつ無過失であったとしても、Ｂは、Ｃに対し、非債弁済として弁済したものの返還を請求することができる。〔15-19-ア〕	×

×肢のヒトコト解説

2　善意無過失で弁済しているため、この弁済は有効です。そのため、払ったものを返還請求することを認める必要はありません。

481条（差押えを受けた第三債務者の弁済）
1　差押えを受けた債権の第三債務者が自己の債権者に弁済をしたときは、差押債権者は、その受けた損害の限度において更に弁済をすべき旨を第三債務者に請求することができる。

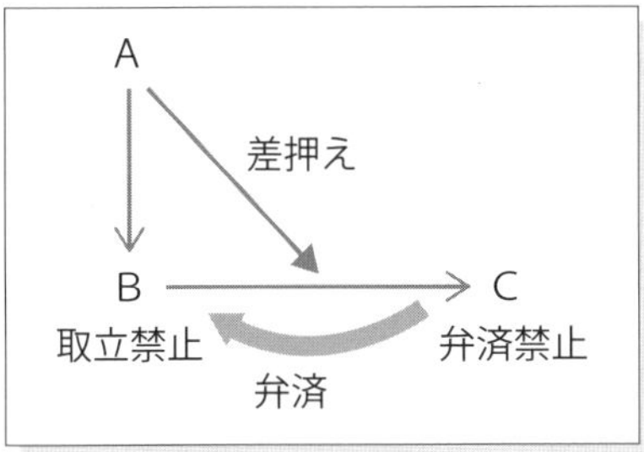

AがＢＣ債権を見つけて差し押さえています。

差し押さえた後、Aは、直接取立てる、あるいは転付命令をとって取立てるということをします。

いずれにしても、Aは、ＢＣ債権に利害を持っているのです。

そのため、この差押えがされると、下記のような命令が出ます。

差押命令

AはＢＣ債権を差し押さえる。
よって、
Bは、ＢＣ債権を取立てたり処分しないように
Cは、Bに払わないように。

こういった取立禁止命令・弁済禁止命令が、裁判所からＢＣの元に行くのです。

今回Cが、この禁止命令に反して払ってしまいました。

もちろんこの弁済はアウトです。**これが許されるのであれば、禁止命令を出し**

た意味がなくなりますね。

この場合、**CはBに払っていたとしても、もう1回支払うはめになります**（これを二度払とか二重払と呼びます）。

以上が、誰に払うかという論点です。
次は、どこで払うかという論点にいきます。

484条（弁済の場所及び時間）
1　弁済をすべき場所について別段の意思表示がないときは、特定物の引渡しは債権発生の時にその物が存在した場所において、その他の弁済は債権者の現在の住所において、それぞれしなければならない。

覚えましょう

特定物の引渡債務	債権発生の当時その物が存在していた場所（取立債務）
不特定物の引渡債務	債権者の現時の住所（持参債務）

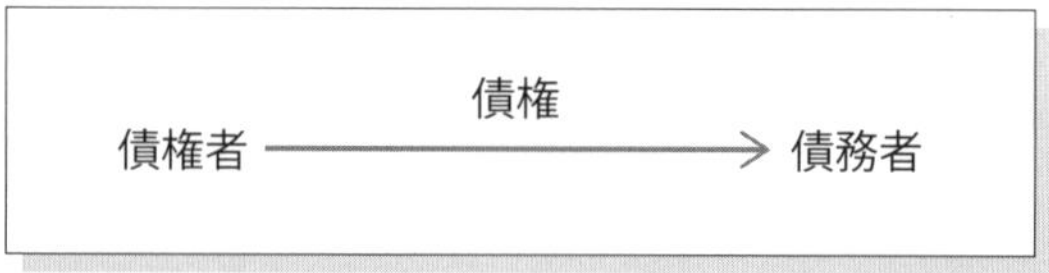

ここの論点は、弁済というのは
債務者が、債権者のところに持って行く、なのか
債権者が、物があったところへ取りに行く、なのかという点です。

通常は、契約するときに決めています。
ただ契約で決めなければ、原則は、**債権者の方が取りに行くことになっています**。

ただ、**不特定物に関しては、債務者が持って行くことになります**。
この不特定物の典型例は金銭債務で、金銭債務は、債務者が持って行くものだと思ってください（供託法という科目で重要になります）。

次は、弁済した後に、どんな効果が出るかという話にいきます。

486条（受取証書の交付請求）
弁済をする者は、弁済と引換えに、弁済を受領する者に対して受取証書の交付を請求することができる。

487条（債権証書の返還請求）
債権に関する証書がある場合において、弁済をした者が全部の弁済をしたときは、その証書の返還を請求することができる。

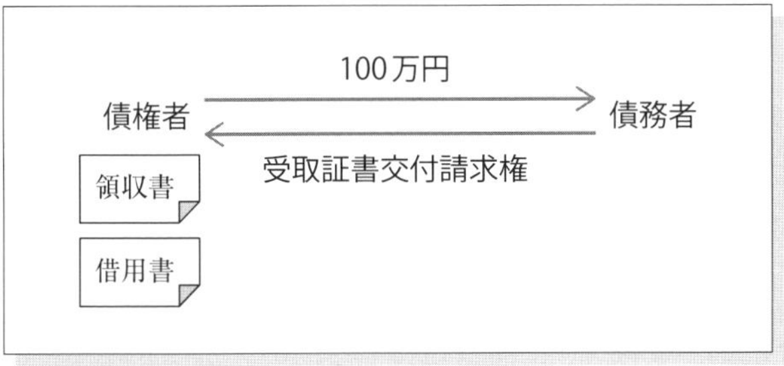

債権者側が2つの紙を持っています。

領収書とありますが、これが、条文でいうところの受取証書というものです。

もう1つ、借用書というものがあります。これが条文の表現だと、債権証書と呼ばれるものです。

払った人は最終的にこの2つの紙をもらえるようにしています。

これは、後々払われてないなどと言われないために、弁済をしたという証拠になります。

最終的にはこの2つの紙はもらえるのですが、もらえるタイミングが違うので気を付けてください。

領収書は、払うタイミングで請求できます。

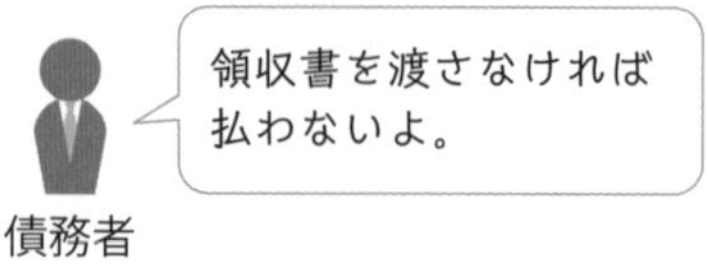

領収書を渡さなければ
払わないよ。
債務者

ここまで言えるのです。

これは後に勉強する**同時履行という関係になり**、仮に、**債権者が領収書を渡そうとしなければ、債務者は払わなくても債務不履行になりません。**

一方、**借用証書は払った後にもらえます**。そのため、「**借用証書を渡さないと払わないぞ」とは主張できません。**

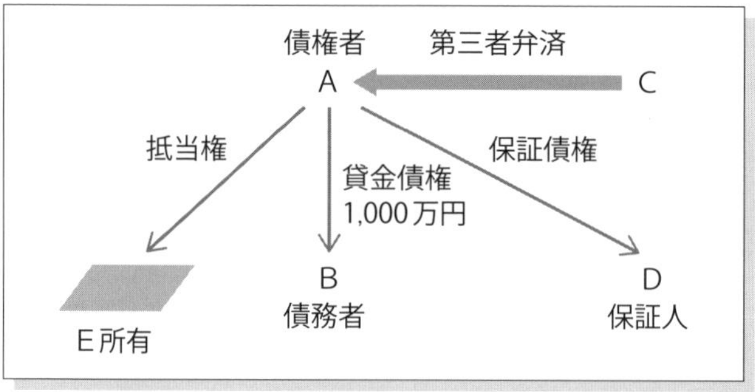

いろんな人が担保権を付けていますね。それだけBは払えないだろうと思われているのです。

ここで友人のCがAに第三者弁済をしたとします。

どんな効果が生じるのでしょうか。

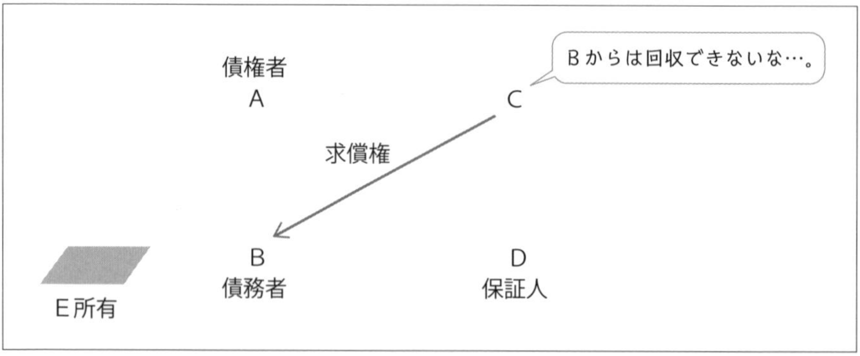

債務は消滅し、これによって、担保権が全部消えます。

そしてCはBに対して求償権を持ちます。

では、このCはBに対する求償権を行使できるでしょうか。

行使はできますが、まず取りっぱぐれるでしょう（もともと1,000万円が払えない、だからいろんな担保を付けられているBに請求しても無駄でしょうね）。

第三者弁済をしても、求償に応じてもらうことがまず無理、これでは**誰も怖くて払えません**。

ここで、**第三者弁済をしやすくするために、権利関係を次のようにしました**。

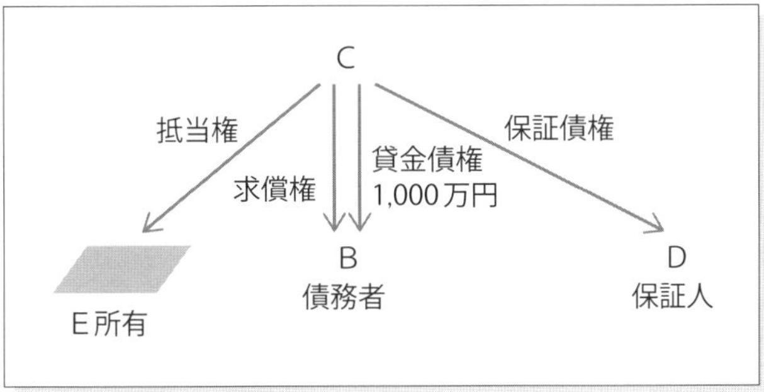

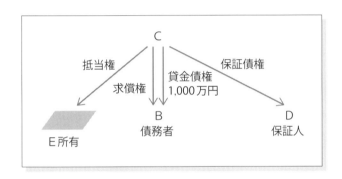

簡単に言えば、**担保権を全部あげるのです**。

担保権が全部もらえれば、Cは安心して払えますね。

これが弁済による代位制度で、第三者弁済をしやすくするために、担保権をあげるのです。

弁済による代位のイメージ

第三者弁済をする

→　債権者の地位を乗っ取る

→　その結果、担保権などをもらう

こういう感じで押さえておきましょう。

499条（弁済による代位の要件）
債務者のために弁済をした者は、債権者に代位する。

500条
第467条の規定は、前条の場合（弁済をするについて正当な利益を有する者が債権者に代位する場合を除く。）について準用する。

債権者の地位を乗っ取ることによって、貸金債権を持つ者がAから「弁済したC」に代わります。

つまり、**債務者にとって弁済する相手がAから「弁済したC」に代わることになるので、それを知らせる必要があります。**

ここはあたかも、**Aから弁済者に貸金債権の譲渡があったと考えて、通知・承諾の対抗要件を要求することにしました。**

ただし、弁済者が保証人Dまたは物上保証人Eのような、債務者が払わなかった場合に法的不利益を受ける人の場合は別です。

彼らは弁済をしないと不利益を受けるため、**弁済しやすくするため、債権譲渡の対抗要件を備えることも不要にしています。**

◆ 弁済による代位の要件 ◆

	法定代位 弁済者が弁済をする正当な利益を有する場合	任意代位 弁済者が弁済をする正当な利益を有しない場合
要件	弁済その他自己の出捐をもって債権者を満足させたこと	
	弁済者が債務者に対して求償権を有すること	
対抗要件		債務者に対抗するためには対抗要件（通知・承諾）を備える必要がある（500）

問題を解いて確認しよう

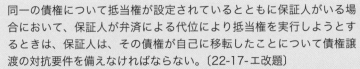

1	同一の債権について抵当権が設定されているとともに保証人がいる場合において、保証人が弁済による代位により抵当権を実行しようとするときは、保証人は、その債権が自己に移転したことについて債権譲渡の対抗要件を備えなければならない。〔22-17-エ改題〕	×
2	弁済をするにつき正当の利益を有しない第三者が弁済による代位をするには、債権者の承諾が必要である。〔10-6-ウ改題〕	×
3	保証人により債務が弁済された場合、債権者が主たる債務者に通知をするか、主たる債務者が承諾しないときは、保証人は、主たる債務者に対しては求償することができるが、債権者に代わって担保権を実行することはできない。〔4-5-3（7-6-オ）〕	×

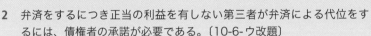

ヒトコト解説

1 利害関係がある人になるので、債権譲渡の対抗要件は不要です。

2 第三者弁済をすることで、債権者の地位を乗っ取れます。債権者のＯＫをもらう必要はありません。

3 利害関係がある人になるので、債権譲渡の対抗要件は不要です。

これで到達！ 合格ゾーン

□ 同一の根抵当権によって甲債権と乙債権とが担保されており、当該根抵当権の元本が確定した後、乙債権のみを保証していた保証人が乙債権の全額を弁済した場合において、当該根抵当権が行使されたときは、債権者と保証人は、特段の合意のない限り売却代金につき、債権者が有する残債権額と保証人が代位によって取得した債権額に応じて按分して弁済を受けるものとする（最判平17.1.27）。〔25-15-オ〕

★判例は、債権者である根抵当権者が保証人に優先して根抵当権の実行による売却代金の配当を受領した上で、保証人が残額を受領することになるのではなく、上記のとおり案分比例すると判示しました。一部を払った場合の処理の例外的判例と位置付けられています。

□債務者が所有する不動産と物上保証人が所有する不動産に共同抵当権が設定された場合において、後者の不動産が競売されて債権者が被担保債権の一部の満足を受けたときは、物上保証人は、一部代位者として債権者と共に前者の不動産に設定された抵当権を実行することができるが、競落代金の配当においては債権者に劣後する（502Ⅲ）。

★一部代位弁済の基本となる条文です。一部分を払ったに過ぎない物上保証人は、すべての義務を尽くしていないので、もともとの債権者に劣後することになります。（最判平17.1.27）の保証人は自分の保証債務の部分はすべて払っていることと比較してください。

		代位弁済者		
		保証人	物上保証人	第三取得者
代位の相手方	保証人	共同保証人間の分別の利益により、原則として、数に応じて求償	数に応じて代位（501Ⅲ④）	代位不可（501Ⅲ①）
	物上保証人	数に応じて代位（501Ⅲ④）	財産の価格に応じて代位（501Ⅲ③）	代位不可（501Ⅲ①）
	第三取得者	全額代位（501Ⅰ）	全額代位（501Ⅰ）	財産の価格に応じて代位（501Ⅲ②）

弁済による代位（特に法定代位）では、誰が払ったら、どれだけ代位できるかをルール化しています。上の図表は、まとめで使うようにし、ここは具体例を理解できることを第一目標にしてください。

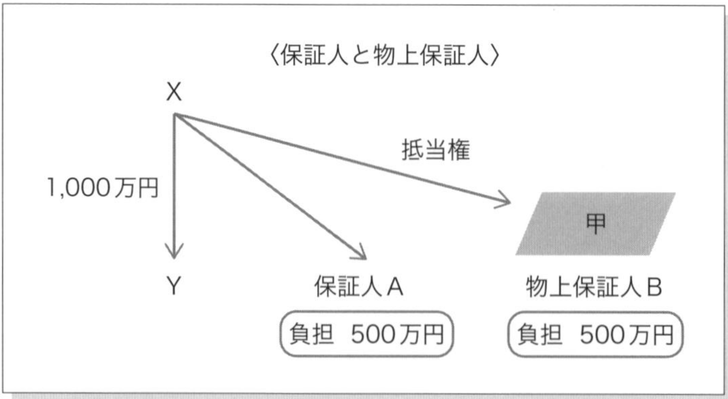

前記のように、1,000万円の債務を２人で担保している場合、ＡＢの負担は1,000万円全額ではなく、２人に分散した金額になります。

ここで、Ａが1,000万円を弁済した場合は、次のような権利関係になります。

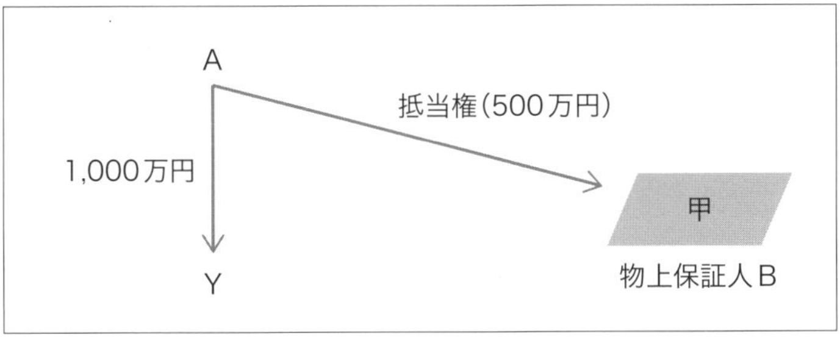

Ａは抵当権を取得しますが、払った金額全額分ではなく、Ｂの負担部分である500万円しか抵当権を取得できません。そのため、Ａの収支は－500万円になります（Ｂの収支も同じです）。

ちなみに、Ｂが払った場合の権利関係は下記のようになります。

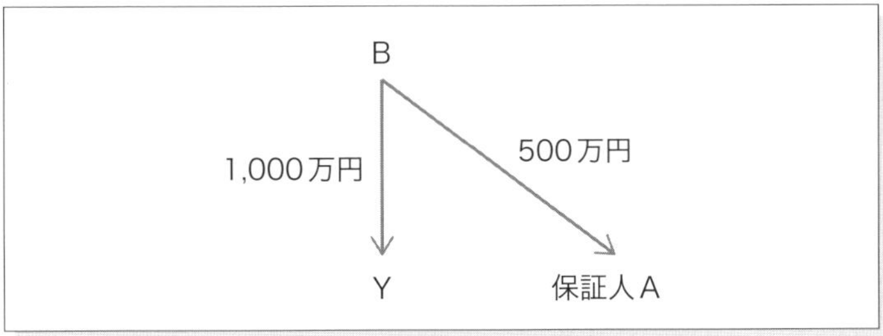

Ｂは、保証債権を取得するのですが、払った金額全額分ではなく、Ａの負担部分である500万円しか取得できません。そのため、Ｂの収支は－500万円になります（Ａの収支も同じです）。

このように法定代位では、弁済した場合にどれぐらい代位できるかを決めています。ここで押さえる点は、弁済するといくら他人の財産に担保権を持つのかです。

次の図を見てください。

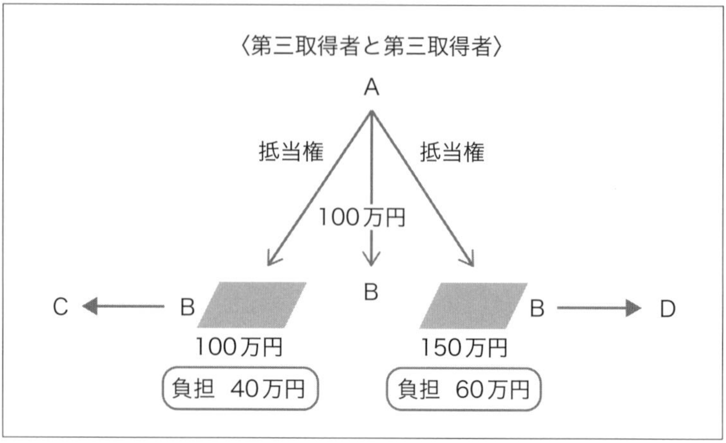

上の図のＣＤは第三取得者と呼ばれる人です。この場合の負担は、100万円を２で割った数字にはなりません。

２つの不動産には価値の違いがあるので、その価値に応じた負担になり、Ｃの土地は40万円の負担、Ｄの土地は60万円の負担となります。

その結果、ＣがＡに弁済した場合には、ＣはＤの土地に対する抵当権を60万円を限度で取得します。

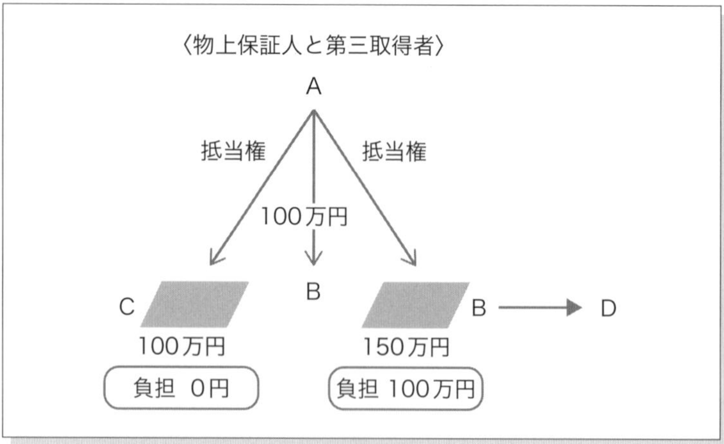

前の図の、Cは物上保証人と呼ばれる人です。

このときの、BとCの負担はどうなっているでしょう（**お金を借りたBと、借りていないCの割合です**）。

これは、借りたBの方が全額負担すべきなので、Bの負担は100万円、Cの負担は0になります。そして、Bから不動産を取得した**Dは、Bの立場を承継するので負担は100万円になります**。

その結果、DがAに弁済しても、Cの不動産に対する抵当権は取得できないことになるのです。

また、Cが弁済した場合は、Dの不動産に対する抵当権は100万円取得できることになります。

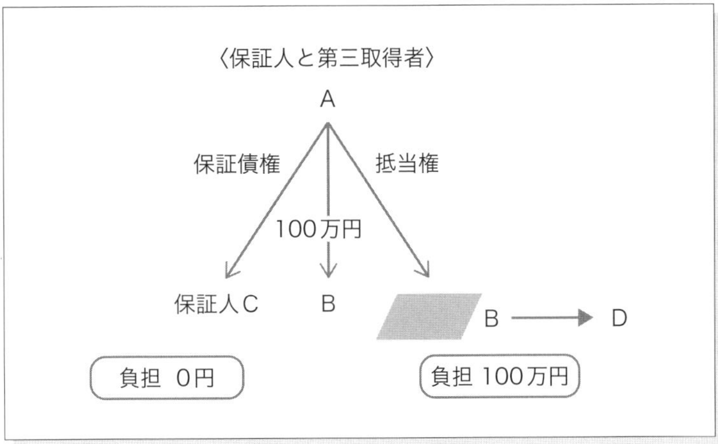

上の図のCは保証人ですが、このCとBの負担はどうなっているでしょう。つまり、お金を借りたBと、借りていないCの割合です。

これは、Cが負担0になりますね。**借りたBの方が全額負担すべきでしょう。**

そして、このBから不動産を取得したDは、**Bの立場を承継するので負担は100万円になります**（先ほど説明した物上保証人と第三取得者の結論と同じです）。

その結果、DがAに弁済しても、Cに対しての保証債権は取得できません。

また、Cが弁済した場合は、Dの不動産に対する抵当権は100万円取得できることになります。

この場合、昔の民法ではDより先にCが抵当権移転登記をしないと代位できなったのですが、ここだけ登記を要求するのはバランスが取れないため、今は、**抵当権移転登記をしていなくても代位できる**ようになっています。

問題を解いて確認しよう

AのBに対する債権（債権額1億円）を担保するために、C、Dが連帯保証をし、更にE所有の6,000万円の甲土地及びF所有の4,000万円の乙建物に抵当権が設定された。

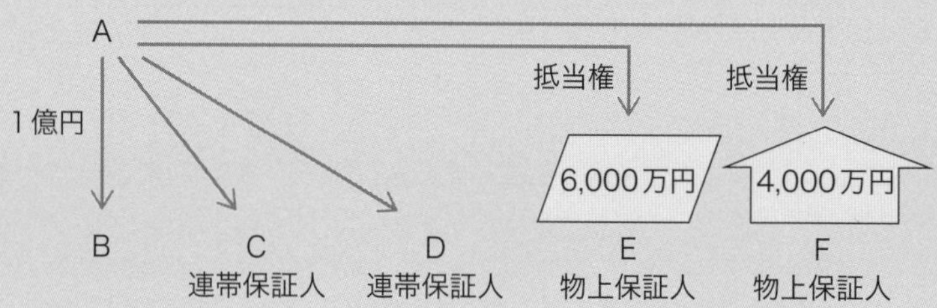

1	CがBに代わってAに対し債務の全額を弁済した場合、連帯保証人Cは他の連帯保証人Dに対して2,500万円の限度でAに代位することができる。〔オリジナル〕	○
2	CがBに代わってAに対し債務の全額を弁済した後に、GがFから乙建物を取得し、その旨の登記を備えた場合において、後にCが代位の付記登記を備えたときは、連帯保証人Cは第三取得者Gに対して代位することができる。〔オリジナル〕	○

Point

弁済の提供

弁済の場面において、債務者が為すべきことを為すこと

これは債務者としてやるべきことと思ってください。では、どこまでやれば、やるべきことをやったと評価されるのでしょうか。

覚えましょう

原則：現実の提供
例外：口頭の提供（準備・通知）
①債権者があらかじめ受領を拒絶している場合（受領拒否）
②弁済するに当たり、債権者の行為が必要な場合（ex.取立債務）

基本的には目の前に差し出す、そこまでやってなすべきことをやったと扱われます（これが現実の提供です）。

ただ場合によっては、**「準備できましたよ」という連絡でいい場面があります**。

債権者が、受け取りを拒んでいる場合です。

事前に

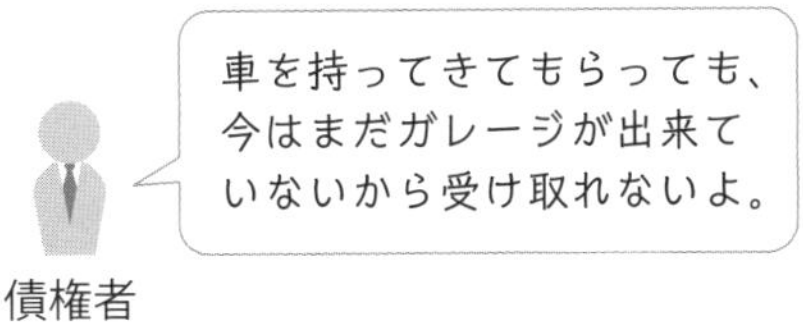

車を持ってきてもらっても、今はまだガレージが出来ていないから受け取れないよ。
債権者

とそんなことを伝えてきています。

そんなことを事前に言われていたら、持って行きませんね。

このように、向こうがあらかじめ受け取らないからね、と言っている場合は、

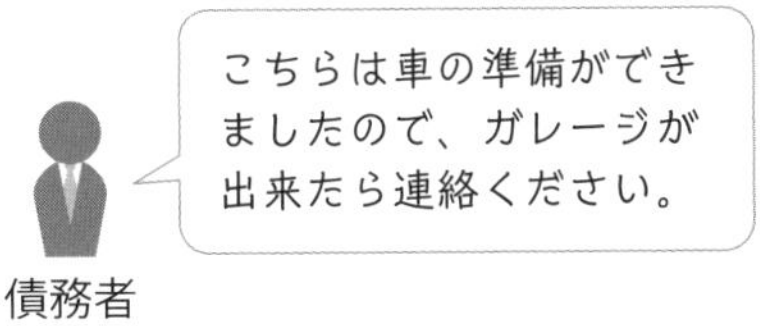

こちらは車の準備ができましたので、ガレージが出来たら連絡ください。
債務者

このような通知をすれば、やるべきことはやったことになります。

債権（取立債務）
債権者 ――――――――→ 債務者

取立債務というのは、「債権者から債務者のところに、取りに行く」という内容の債務です。
この状況で債権者が債務者のところに取りに来ているのに、債務者が債権者のところに持っていくと……

下手すれば、すれ違いになります。

これを避けるために、**債務者側は債権者に、「こちらは準備できましたので、いつでも取りに来てください」。こういう連絡をすればいいとしました。**

以上が、弁済の提供という概念です。

〈弁済提供の効果〉
① 履行遅滞責任を免れる（492）
② 相手方の同時履行の抗弁権を奪う（533）
③ 相手方を受領遅滞にする（413）
④ 供託できる（494）

弁済提供をして、債権者が受け取ってくれれば、債務は消えます。
問題は、受け取ってくれない場合です。受け取ってくれない場合は、債務は消滅しません。

ただ、**やるべきことはやったんだから、少しはメリットをあげよう**、これが弁済提供の効果というものです（債務は消えないけど、少しはメリットをあげようという感じです）。

①履行遅滞責任を免れる（492）

債務不履行にならないということです。

債務者はやるべきことをやったのですから、これで債務不履行（損害賠償・解除）にはなりません。

前ページの図の②は後で説明します。③は既に説明している内容です。

④供託できる

条文を下に載せました。

494条（供託）
1　弁済者は、次に掲げる場合には、債権者のために弁済の目的物を供託することができる。この場合においては、弁済者が供託をした時に、その債権は、消滅する。
①　弁済の提供をした場合において、債権者がその受領を拒んだとき。
②　債権者が弁済を受領することができないとき。

債権者が受け取ってくれなければ、役所に預けちゃえばいいということです。

この**預ける行為を供託といい、供託をすると債務は消えます**（この供託の手続に関しては、供託法という科目で学習します）。

問題を解いて確認しよう

1	有名画伯の作品である絵画をAがBに売却し、約束の期日にAの住所においてBに引き渡すという契約が締結された。 Aは、Bが受領を拒絶している場合に、絵画を保管し続けるのを避けるため供託をするには、口頭の提供をしても債権者が受領しないことが明らかなときを除き、口頭の提供をしなければならない。〔23-16-4改題〕	○
2	金銭債務の債務者が債務の弁済期に現実の提供をしたが、債権者がその受領を拒絶した場合には、債務者は、提供後の遅延損害金の支払義務を負わない。〔オリジナル〕	○

2周目はここまで押さえよう

◆ 弁済に関する論点と条文 ◆

	原則	例外
誰が(弁済をする者)	債務者	第三者(474)
誰に(弁済受領者)	債権者	受領権者としての外観を有する者(478)
いつ(弁済の時期)	弁済期(412)	弁済期前(136 Ⅱ)
どこで(弁済の場所)	弁済の場所(484 Ⅰ)	
何を(弁済の目的)	債権の目的(483)	

弁済に関しては、以上のように５つの論点があります。ここでは、弁済の場所について説明します。

次の図表を見てください。

◆ 弁済の場所 ◆

484条	原則	「債権者の現在の住所」(持参債務の原則)
	特定物の引渡しにおける例外	債権の発生当時に、その物の存在した場所
484条が適用されない場合		1　当事者の意思表示により決定する。
		2　特別規定による決定(574等)
		・　売買の目的物の引渡しと同時に代金を支払う場合は引渡場所が弁済地となる

484条が適用される場面は限定的です。

例えば、「弁済場所は〇〇にしよう」と当事者が決めていた場合は、それが優先され条文は使いません。

また、弁済場所について特別のルールがあるもの（売買契約、寄託契約など）にも適用がありません。例えば、売買契約で引渡しと同時に金銭を支払う場合は、引渡場所が代金支払場所になります。

これらがない場合に初めて、484条が使われます。これは、債務者の弁済場所は債権者の場所になる、つまり「債務者が債権者のところに持っていく」という持参することを原則にするものです。

ただ、特定物を引き渡す（例えば、甲動産を渡す）場合には、債権発生時（大抵は契約時）に、その物があった場所で履行することになります。弁済期の時点で物がある場所で弁済するのではなく、債権発生時（大抵は契約時）にあった場所になることに注意してください。

1	特定物売買の目的物の引渡し後に代金を支払うべき場合において、代金の支払場所につき別段の意思表示がないときは、買主は、売主の現在の住所において代金の支払をしなければならない。〔24-17-エ〕	○
2	金銭消費貸借において、返還場所に関する合意をしなかった場合には、借主は貸主の現在の住所に弁済金を持参して返還をしなければならない。〔オリジナル〕	○
3	弁済をすべき場所について別段の意思表示がないときは、特定物の引渡しは、引渡しをすべき時にその物が存在する場所において、しなければならない。〔30-17-エ〕	×

第2節 代物弁済

これは、名前のとおり、代わりに物で弁済する行為のことです。次の図を見てください。

AからBに1,000万円の債権があります。Bは、結構な資産家ですが、現金を持ち合わせていませんでした。

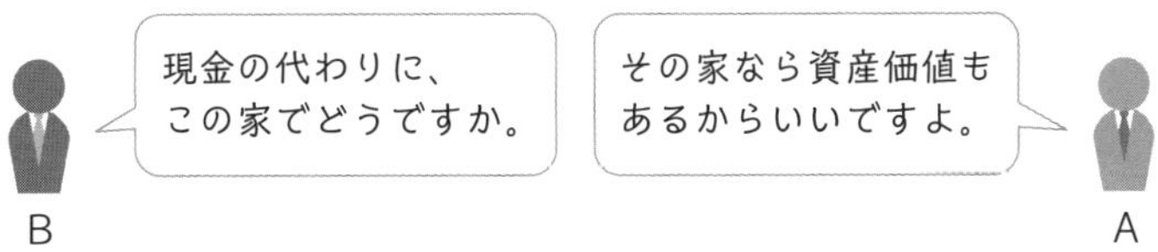

現金ではなく物で弁済する合意をしています。これが代物弁済の合意です。

代物弁済のプロセスを次ページに記載しました。

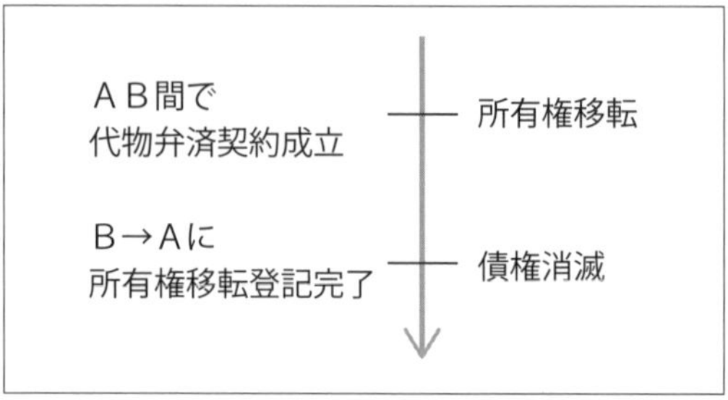

まず、ＡＢ間で代物弁済の契約をします。

代物弁済というのは契約なので、Ａが「その家には資産価値はあるけど、現金の方がいい」と**拒否されたら、代物弁済にはなりません。**

意思の合致があった後、Ｂが、登記名義をＡに渡します。

代物弁済によって生じる効果は、債務が消えることと、所有権が移転することの２つです。

ただ、その**効果が生じる時期が、効果ごとに違う**のです。

時系列の横を見てください。

代物弁済契約をすると、この時点で所有権移転が起きます。「物権変動は意思表示のみで生じる」という176条の規定があるので、契約の時点で所有権移転が起きます。

ただ、不完全物権変動説の立場に立てば、この時点で、Ａに所有権は移るけど、その所有権は、不完全なものと扱われます。

その後、登記が入った時点で、完全な所有権になります。

この**完全な所有権になった時点で、債務は消える**のです。

Point

代物弁済として給付された目的物が、債権額より価値の少ない場合でも代物弁済の効力に影響せず、特に一部についての代物弁済である趣旨が示されていない限り、債務全額が消滅する

1,000万円ぴったりの建物って存在するでしょうか。

その**債務額とぴったりと同じような物なんてあるわけありません**。

でも、お互いがそれでいいよと言っているのだから、額がぴったり同じじゃなくても債務を消して構いません。

問題を解いて確認しよう

1	債務者が代物弁済をするには、債権者の承諾が必要である。〔10-6-オ〕	○
2	債務者が、本来の給付に代えて自己の所有する不動産の所有権を移転する合意を債権者とした場合には、当該不動産が本来の給付と同価値かそれ以上の価値があるものでなければ債務は消滅しない。〔18-17-イ〕	×
3	債務者が、本来の給付に代えて自己の所有する不動産の所有権を移転する合意を債権者とした場合には、当該不動産について所有権の移転の登記が完了しなければ、債務は消滅しない。〔18-17-オ〕	○
4	債務者が、本来の給付に代えて自己の所有する動産の所有権を移転する合意を債権者とした場合には、当該動産が引き渡されない限り所有権移転の効果は生じない。〔18-17-ウ（令3-16-ウ）〕	×

×肢のヒトコト解説

2　債務と代物の値段は同価値、または債務の値段より代物の方が高いということは要件ではありません。

4　本肢は所有権移転の時期を聞いています。これは意思の合致のときに生じます。

第3節 相殺

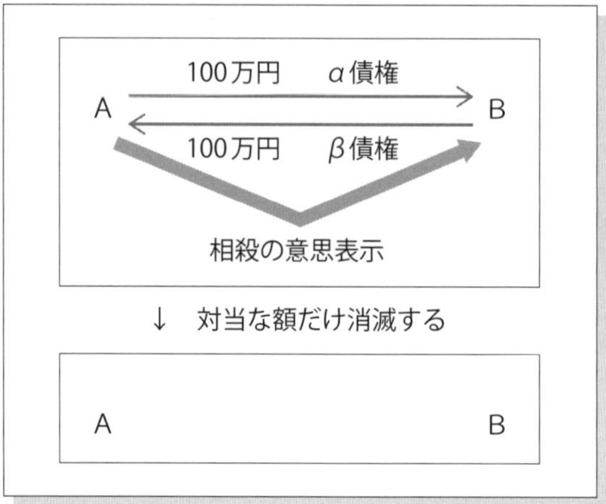

AからBに100万円とBからAにも100万円の債権がある状態です。

ここで、お互いが100万円ずつ履行し合う、つまり100万円返して貰って、その100万円を払う、別に問題はないのですが、バカらしいですね。

この場合、**相殺の意思表示という単独行為をすれば、債務は消えます**。

単独行為で債務を消せる、これが相殺です。

用語の説明をします。

Aから相殺する場合、**AからBに対する債権のことを自働債権**

そして、**AがBに負っている債務のことを、受働債権**といいます。

上の図でいうと、Aから相殺する場合は、α債権が自働債権、β債権が受働債権と呼ばれます。

ちなみに、Bから相殺する場合、Bが持っているβ債権が自働債権、BがAに債務を負っているα債権が受働債権となります。

Point

①簡易な決済
②支払いを拒絶したい

ここでは、なぜ相殺ということをするのかを説明します。

①簡易な決済

お互いで現金を出し合うなんてバカらしい、楽に決済しようということです。

②支払を拒絶したい

相殺は、払いたくない時に使う技としても使われます。
Bから請求された時に、相殺の意思表示を相手に伝えて支払を拒むのです（相殺をした場合は、現金は1円も出ていきません）。

では、相殺の条文を見て、要件を1つ1つ見ていきましょう。

505条（相殺の要件等）
1　2人が互いに同種の目的を有する債務を負担する場合において、双方の債務が弁済期にあるときは、各債務者は、その対当額について相殺によってその債務を免れることができる。ただし、債務の性質がこれを許さないときは、この限りでない。

覚えましょう

相殺の要件①
双方の債権が弁済期にあること

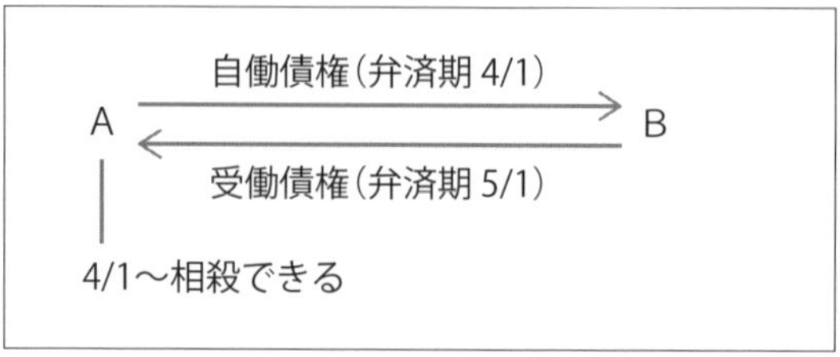

今は4月1日だと思ってください。

この4月1日の時点で、相殺ができるかというと、**両方の債権が弁済期に来ていないので、相殺ができません**。

なぜ相殺ができないのでしょうか。

これは、Aが「4月1日になったら、現金が取れる」と期待しているからです。Aはとりあえず4月1日に現金をもらって、後日、5月1日に払おうとしています。

この状況で、Bから相殺を認めると、4月1日の時点でAが現金を受け取れなくなります。**Aが現金をもらえるという利益がなくなるため、Bからの相殺を認めないのです**。

だったら、**Aからは、相殺をすることが認められます**ね。

A側の方が「現金をもらえるよりも債務を帳消しにしたい」から相殺するというのはアリです。

ただ1つだけ条件があります。

条文が両方の債権が弁済期にあることとしていますので、**Aから、期限の利益を放棄して、「弁済期が、現実に到来している」状態にすることが必要**です。

ここのポイントは2つです。どちらから相殺できるかということと、相殺する前提として、期限の利益の放棄をし、弁済期を到来させるという意思表示がいるということです。

覚えましょう

相殺の要件②
相殺を許す債権であること

モノによっては、相殺ができない債権があります。例えば次の条文です。

509条（不法行為等により生じた債権を受働債権とする相殺の禁止）
次に掲げる債務の債務者は、相殺をもって債権者に対抗することができない。ただし、その債権者がその債務に係る債権を他人から譲り受けたときは、この限りでない。
① 悪意による不法行為に基づく損害賠償の債務
② 人の生命又は身体の侵害による損害賠償の債務（前号に掲げるものを除く。）

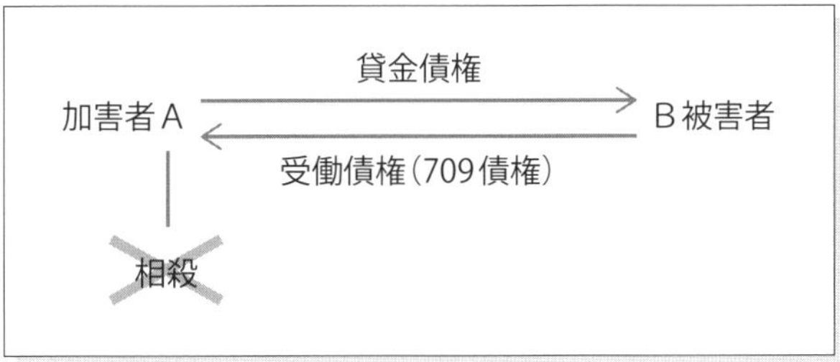

ＡがＢにお金を貸していましたが、ＡがＢに不法行為をしてしまいました。

不法行為をしているので、Ａは損害賠償債務を負います。
ここでＡから相殺すること、**加害者側から相殺することはダメ**というルールになっています。

いろんな理由があるのですが、その1つが、**腹いせで不法行為をしないようにするため**です。

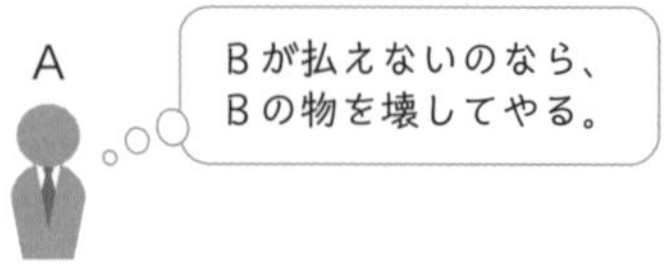

A
Bが払えないのなら、
Bの物を壊してやる。

こういった意図にあたる不法行為は、故意・過失どちらの不法行為でしょうか。

- 故意の不法行為
  - 故意の不法行為
  - 悪意まである不法行為　←　ここのみ
- 過失の不法行為

腹いせで不法行為をするということは、その不法行為はわざとやっているものが対象です。つまり、故意の場合です。

また、単なる故意ではなく、相当あくどい意思がある場合でしょう。

そこで、

「悪意による不法行為に基づく損害賠償の債務」は相殺できないとして、

「単なる故意や、過失に基づく損害賠償の債務」については、基本、相殺ができることにしました。

ただ「単なる故意や、過失に基づく損害賠償の債務」でも相殺できない場合があります。

それがもう一つの趣旨**「病院代を現実に払ってもらいたい」**に当たる場合です。下の図を見てください。

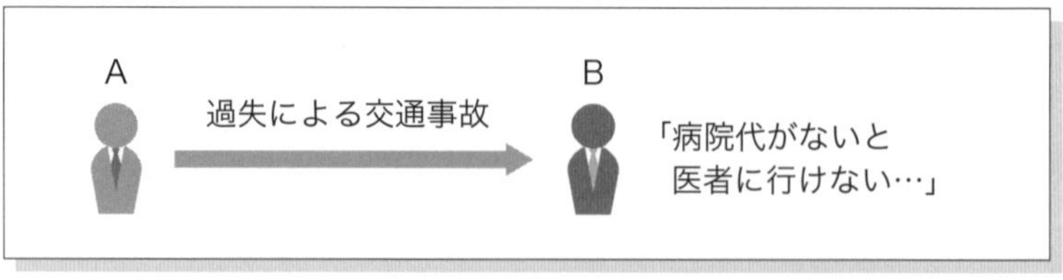

過失による交通事故

「病院代がないと
医者に行けない…」

Aが運転していた車で、Bを撥ねてしまいました。Bは病院にいって、治療を受ける必要があるため、**Bが現実にお金を受け取れるよう相殺を禁じる必要があります。**

そのため、病院での治療が必要になる**「人の生命又は身体の侵害による損害賠償の債務」も相殺できない**ようにしています。

ちなみに、**この規制は「不法行為」に限定していません**。例えば、医療過誤などで医者によって「人の生命又は身体の侵害による損害」が生じた場合、この損害賠償の債務（債務不履行です）についても、相殺は禁じられます。

510条（差押禁止債権を受働債権とする相殺の禁止）
債権が差押えを禁じたものであるときは、その債務者は、相殺をもって債権者に対抗することができない。

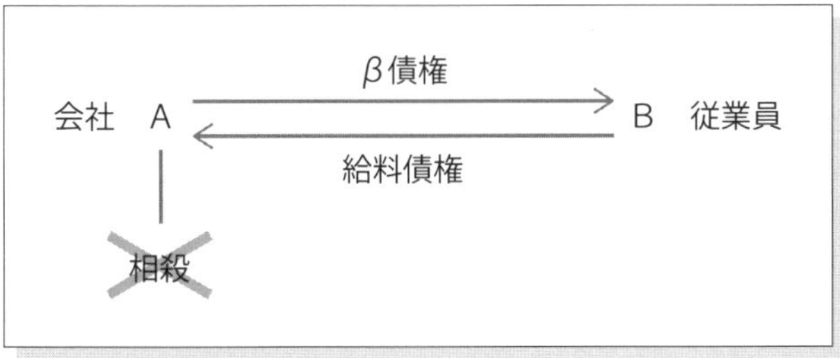

BがAに対して給料債権を持っています。

この**給料債権というのは、4分の1以上は差押えができない債権となっています**。

差押えが入ると、支払禁止、取立禁止という効果が生じます。もし、**給料債権を全額差押えられたら、Bは生活できなくなってしまう**ため、給料債権は4分の1までしか差押えができないのです。

今回、このBが社内融資を受けました。生活が苦しいのでお金を貸してくれと会社からお金を借りたのです。

この状況下で、**Aから相殺することはできません**。

Aが相殺をすると、**Bの現金収入がなくなり、生活ができなくなる**ため、相殺を認めていません。

だったら、Bから相殺するのは問題ありませんね。

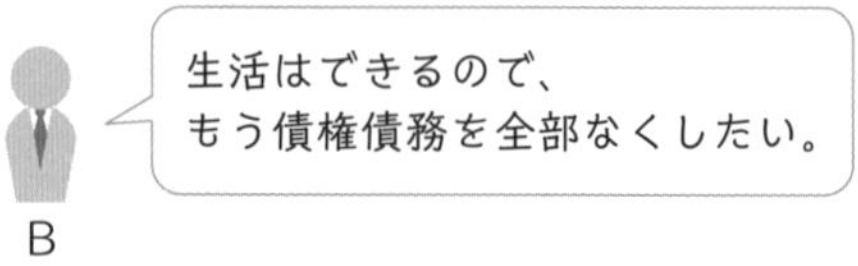

生活はできるので、
もう債権債務を全部なくしたい。
B

というのはＯＫです。

今見た3つというのは、いずれも、

「**片方の利益があるから、他方からは相殺はできない**」といったものです。

次の条文は少し感覚が違ってきます。

> **511条（差押えを受けた債権を受働債権とする相殺の禁止）**
> 1　差押えを受けた債権の第三債務者は、差押え後に取得した債権による相殺をもって差押債権者に対抗することはできないが、差押え前に取得した債権による相殺をもって対抗することができる。

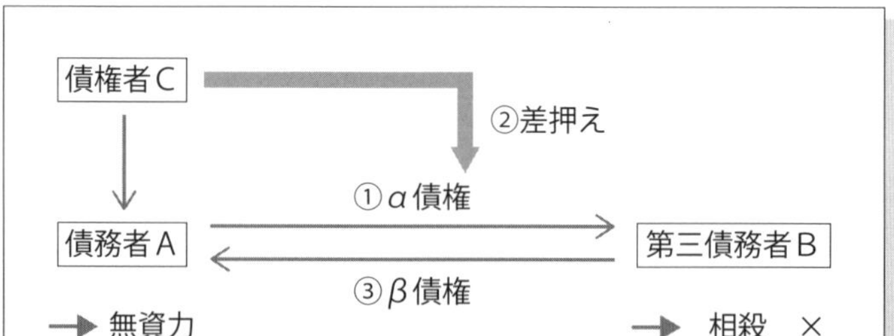

AがBに債権を持っています。このAがCからお金を借りたのですが、Aが返済しないので、Cは、α債権に差押えをしました（これにより、α債権は支払禁止、取立禁止になります）。

この状況で、BがAにお金を貸して、β債権を取得しました。

そして、最終的には、Aは無資力となります。

ここで**Bがα債権とβ債権を相殺することは原則として認められません（民511）**。

もし、ここで相殺されれば、β債権・α債権の両方がなくなり、Cが困るため、相殺を認めないのです。

その結果、CがBに「α債権を、私に払え」と請求した時、Bは相殺ができないので、αの金額をCに払うことになります。

そして、BはAに対しβ債権を持つことになりますが、Aは無資力なので、Bは取りっぱぐれます。

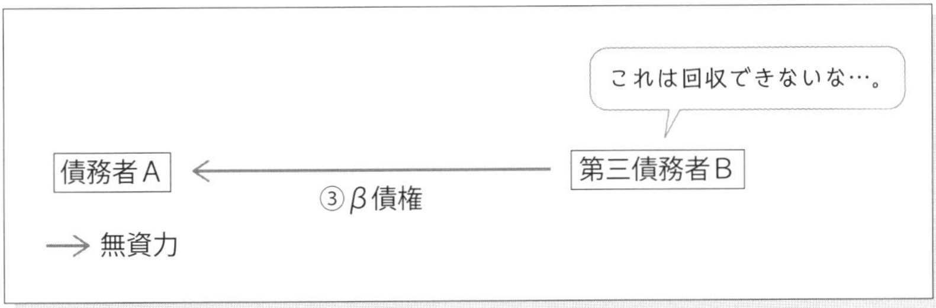

一見、Bはかわいそうに見えますが、実はかわいそうではありません。

差押えの連絡はAとB両方に来て、BはAが差押えをくらったのを知っているのです。

差押えを受けている人だということを分かった上で、お金を貸す方がおかしいですね。よって、このBは保護に値しません。

だったら、下のような順番だったらどうでしょう。

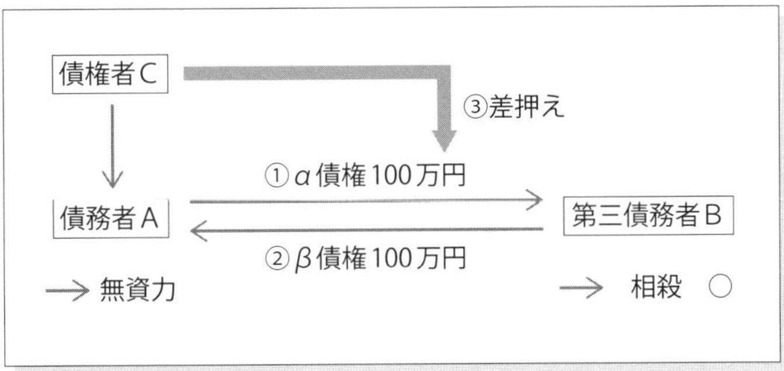

Bから相殺するということは、問題なくできます。

「差押えがされていることを知った上で、お金を貸した」という状態ではないからです。

この**511条の論点が出た場合は、どんな順番で債権が発生していたかに注目するようにしてください。**

覚えましょう

相殺の要件③
当事者間の債権の対立

お互いに債権債務がぶつかり合っていることが要件となります。

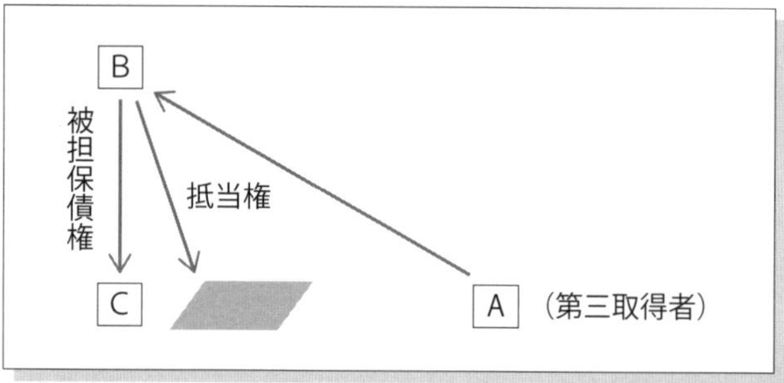

Aが、CのBに対する債務と、自分のAからBの債権を相殺することはできません。**債権債務がぶつかり合っていないから**です。

AからBへの債権が時効で消えていて、BからAへの債権だけ残っています。

債権が対立している状態ではないので、相殺はできないはずですが、相殺が認められる場合があります。次の条文を見てください。

> **508条（時効により消滅した債権を自動債権とする相殺）**
> 時効によって消滅した債権がその消滅以前に相殺に適するようになっていた場合には、その債権者は、相殺をすることができる。

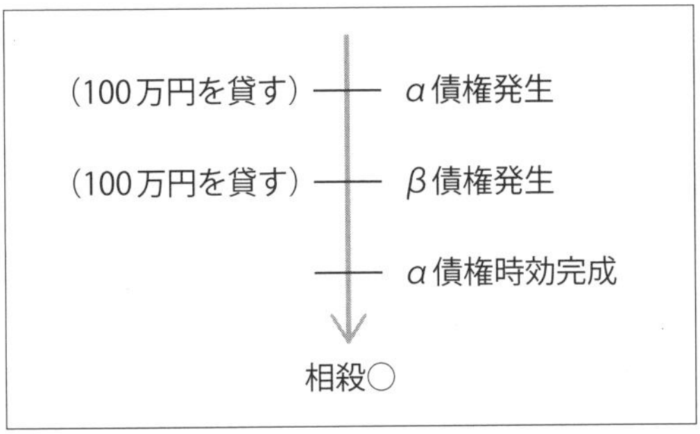

α債権が発生後、次にβ債権が発生して、相殺できる状態になっています。

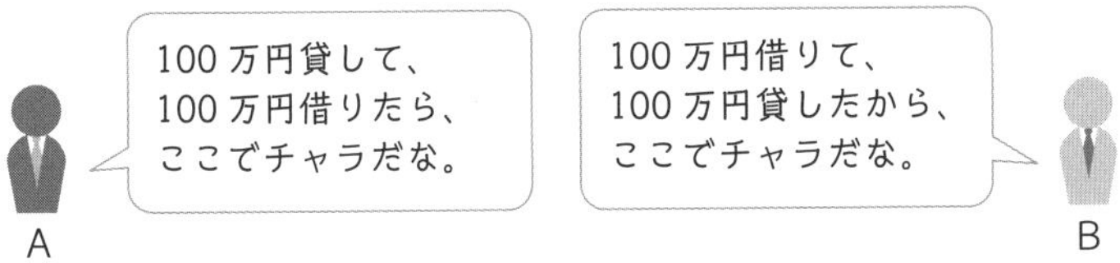

お互いの間では、もうチャラになったよねと思っている状態です。
そのため、α債権が時効完成したとしても、相殺することを認めたのです。

次の時系列の場合はどうでしょうか。

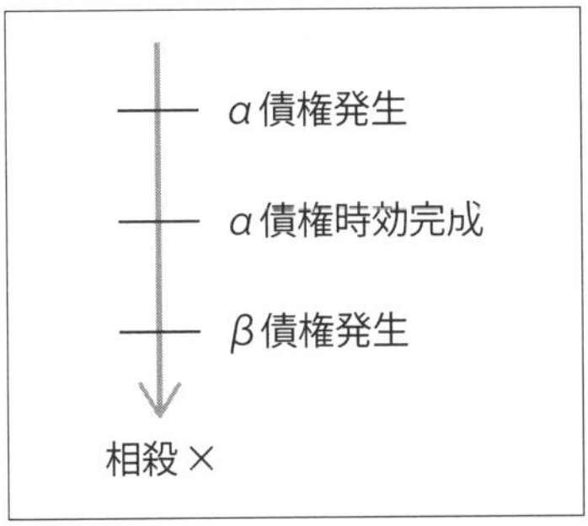

α債権が発生し、そのα債権が時効完成した後、β債権が発生しました。
この場合は、**チャラになったという感覚はないため、相殺はできません。**
条文をもう1回見てください。
ポイントは、「**消滅以前に相殺できるようになっていた**」というところです。

時効と相殺の関係
「相殺できる状態　→　時効」
の順番だったら相殺できる

このように順番を意識して事案を見てください。

では次の図はどうでしょうか。

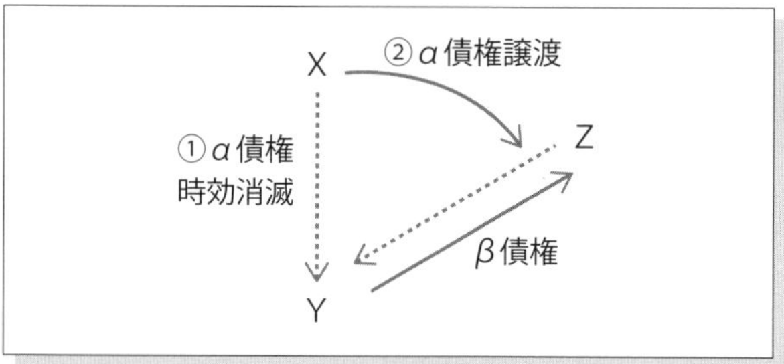

XからYにα債権があり、この債権がZに売られました。その後、今ＹＺ間で債権がぶつかり合っているのですが、α債権はその前に時効消滅しています。

順番を検討すると、**「時効が先」「相殺できる状態が後」となっていますから、相殺ができません**ね。

505条（相殺の要件等）
2　前項の規定にかかわらず、当事者が相殺を禁止し、又は制限する旨の意思表示をした場合には、その意思表示は、第三者がこれを知り、又は重大な過失によって知らなかったときに限り、その第三者に対抗することができる。

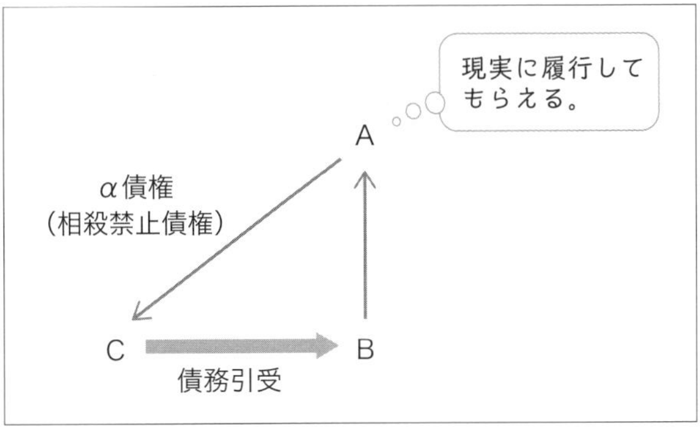

ＡＣ間でα債権を発生させる際に、「相殺はしないようにしよう」という特約をしていました。Ａは現実に現金を受け取りたいので、なにがあっても相殺できないという特約を付けたのです。

一方、このＡはＢに債務を負っています。その後、このＢがＣからα債権を債務引受したようです。

次の図を見てください。

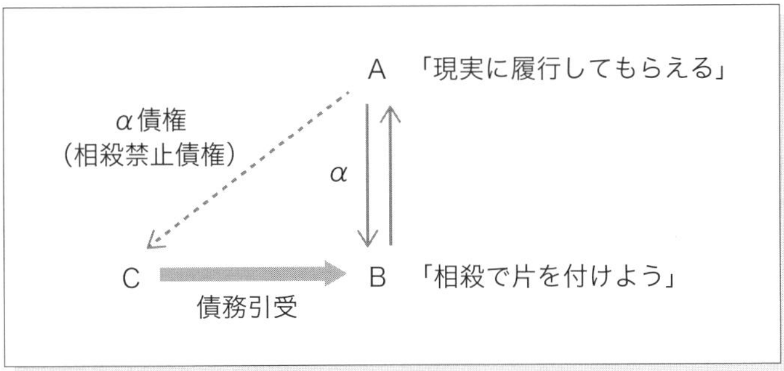

ＢはＡに債権を持っているので、Ｂは債務を引き受けたうえで相殺するつもりでした。

ここでＡとＢの利害がぶつかります。

現実に履行してもらいたいＡと相殺で片を付けようとするＢです。

そこで、次のような基準で、「相殺できない」という特約があることを対抗できるかどうかを処理することにしました。

善意無過失	軽過失	重過失	悪意
対抗×	×	○	○

この基準は、先ほど説明した**債権譲渡制限特約から持ってきています**。

そのため、善意で重過失がない相手には特約があることを対抗できないことになります。

問題を解いて確認しよう

1	受働債権の弁済期が到来していない場合であっても、自働債権の弁済期が到来していれば、相殺をすることができる。〔24-16-ア〕	×
2	甲が乙の丙に対する債権を差し押さえた場合には、丙は乙に対する債権を差押前に取得したときであっても、これを自働債権としてする相殺を甲に対抗することはできない。〔5-6-ウ〕	×
3	消滅時効にかかった債権であっても、消滅前に相殺適状にあった場合には、債権者は、その債権を自働債権として相殺することができる。〔5-6-ア〕	○
4	悪意による不法行為の加害者であっても、不法行為に基づく損害賠償請求権を受働債権として、自己の有する債権と相殺することができる。〔5-6-イ改題〕	×
5	AがBに対して1,000万円の甲債権を有し、CがAに対して1,500万円の乙債権を有し、甲債権と乙債権のいずれも弁済期が到来している。AがCに対して弁済期の到来している1,000万円の丙債権を有しており、かつ、乙債権はもともとBのAに対する債権として発生したもので、AB間で相殺を禁止する合意がされていた場合、その合意の存在については善意無重過失であったCがBから乙債権を譲り受け、BからAに対して乙債権の譲渡の通知がされた場合には、Cは、乙債権と丙債権とを相殺することができる。〔27-18-オ改題〕	○
6	AがBに対して金銭債権を有し、これを担保するためB所有の甲不動産に抵当権が設定され、その後、Cが甲不動産を譲り受けた場合、CがAに対して金銭債権を有するときであっても、Cは、当該債権を自働債権として、AのBに対する債権と相殺することはできない。〔オリジナル〕	○

7	Aは、Bに対して甲債権を有し、Bは、Aに対して乙債権を有している場合において、甲債権が法律上差押えの禁止されている債権であるときは、Aは、甲債権を自働債権として乙債権と相殺することはできない。〔オリジナル〕	×
8	不法行為に基づく損害賠償債権を自働債権とし、不法行為に基づく損害賠償債権以外の債権を受働債権とする相殺は、必ず許される。〔オリジナル〕	×
9	過失により他人の物を破壊したことを理由として、不法行為に基づく損害賠償請求を受けた者は、この損害賠償債権を受働債権として相殺をすることはできない。〔オリジナル〕	×
10	債権の消滅時効が完成してその援用がされた後にそのことを知らずに当該債権を譲り受けた者は、時効完成前に譲り受けたとすれば相殺適状にあった場合に限り、当該債権を自働債権として、相殺をすることができる。〔24-16-エ〕	×

×肢のヒトコト解説

1 期限の利益の放棄等により、受働債権の弁済期が現実に到来している必要があります。

2 差押前に取得した債権であれば、相殺することができます。

4 悪意による不法行為の加害者から、相殺することは認められません。

7 差押えが禁止されている債権を、自働債権として相殺することは可能です。

8 受働債権が、人の生命又は身体の侵害による債務不履行に基づく損害賠償請求権の場合は相殺できません。

9 害意まであれば相殺はできませんが、過失に基づくものであれば、相殺は可能です。

10 「時効完成前に譲り受けたとすれば相殺適状にあった場合に限り、」という条件があろうがなかろうが、相殺できません。

2周目はここまで押さえよう

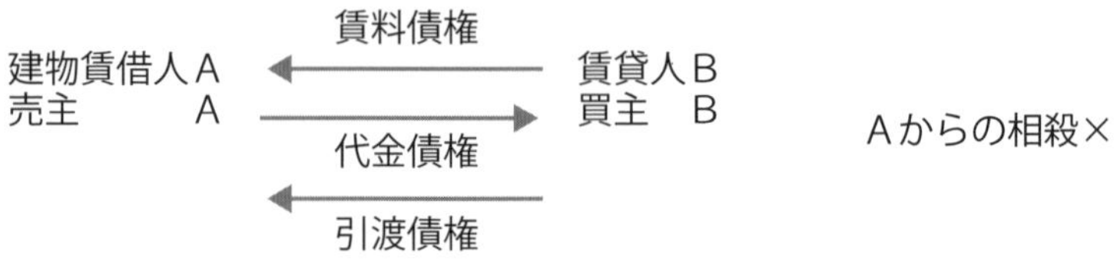

建物の賃貸契約を長く行っていたＡＢ間において、まったく別の不動産の売買契約が行われました。

上の図、便宜、賃料債権1,000万円、代金債権1,000万円としましょう。

ここで、Ａから「自分の負っている賃料債務と、今回の売買で取得した代金債権で相殺する」という主張は認められません。

これは、本来、代金債権と引渡債権は同時履行の関係にあるためです。つまり、代金の満足がある場合は、引渡しを受けているはずというＢの期待があるためです。

上記のＡの言い分を認めると
・代金債権は消滅しているのに
・引渡債権は残っている（引渡しを受けていない）
状況が生まれてしまいます。

これではＢの当初の期待が裏切られてしまうので、Ａからの相殺を認めていないのです。

法律的な表現でいうと、Ａの代金債権にはＢの同時履行の抗弁権が付いているため、Ａの権利といえども、Ｂの権利（期待）が付いている以上、相殺できないと考えておきましょう。

☑ 1	同時履行の抗弁権が付着している債権を自働債権として相殺することはできない。〔57-7-4（24-16-イ）〕	○

これで到達！ 合格ゾーン

□ 賃貸借契約が、賃料不払を理由として適法に解除された後に、賃借人が解除前から賃貸人に対して有していた金銭債権をもって賃料債務と相殺をしても、解除の効力には影響がない（最判昭32.3.8）。〔25-18-エ〕

★もともと賃借人が賃貸人に対して債権をもっていて、その後に賃料債権が発生、その賃料債権に債務不履行があったために解除したところ、賃借人が相殺すると主張した事案です。相殺には遡及効がありますが、これを突き詰めると「賃料債務は初めからなかった、よって債務不履行はなかった」ことになりますが、実際の債務不履行された事実（信頼関係がなくなった事実）は変わらないため、解除には影響がないと判示されました。

第4節 混同

他に債権が消える場面をいくつか紹介します。

まずは、債権者と債務者が同じになる状態になる、混同という仕組みを紹介します。

520条
債権及び債務が同一人に帰属したときは、その債権は、消滅する。ただし、その債権が第三者の権利の目的であるときは、この限りでない。

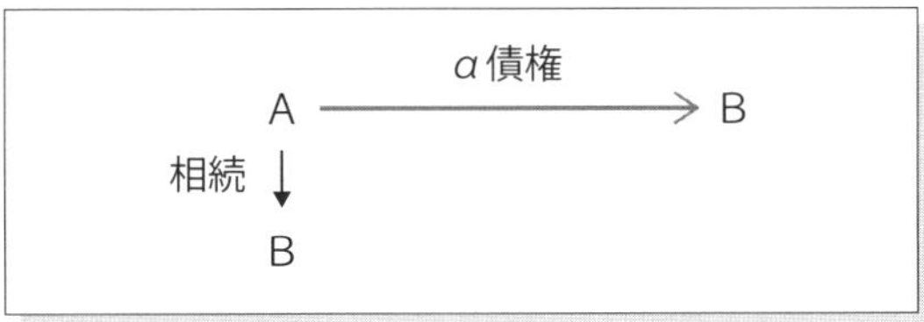

父Aが息子Bにお金を貸していたところ、父が死んで息子が債権者の立場を相続しました。

息子は、債権者の自分に対して借金を返すことになります。

これはバカらしいですね。

そこで、**債権者と債務者が同一人になった時点で、債務は消える**、という条文を作りました。

ただ、消えない場面もあります。次の図を見てください。

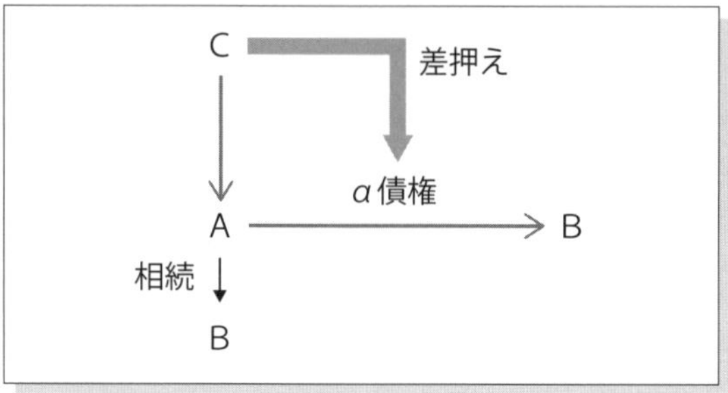

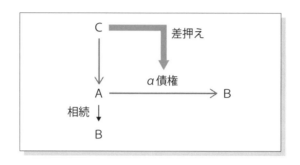

Cがα債権を差し押えていた場合です。
この状況で、混同が起きたからといってα債権が消えたら、Cが迷惑します。

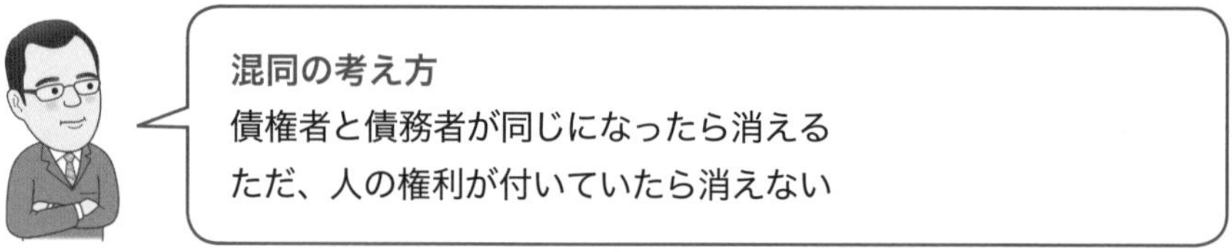

混同の考え方
債権者と債務者が同じになったら消える
ただ、人の権利が付いていたら消えない

このように考えるといいでしょう。
1つ過去問の事例を紹介します。

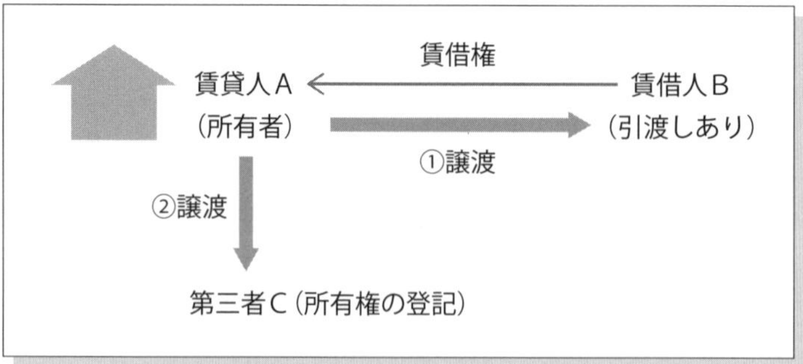

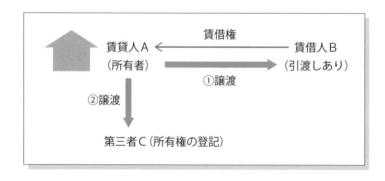

BがAから家を借りていました。

その後、Aが、「そんなにその家が気に入っているのなら売るよ」と売ってくれました。ただ、Bは登記をしていません。

その後、AはCにこの家を二重譲渡して、Cが登記をしてしまったのです。

この状況の分析をしていくと、まず①の譲渡の時点で、賃借権の賃貸人は、Bになります。所有者はBになりますから、賃貸人もBになります。

すると賃借権という債権は、債権者と債務者が同じBになるため、この時点で消えます（消えて問題ありません。B側には所有権がありますから、この時点で賃借権がなくなっても所有権に基づいて使用収益をすればいいわけです）。

そして、この後、AがCにも売ってCが登記をしたため、所有者Cで決まります。

ここで、所有者はC、Bは賃借権を失っているので出て行けではBに酷です。もし、①**の譲渡がなければ、Bは賃借権を持ち続けていたのに、たまたま譲渡があったから賃借権がなくなり出て行けというのはおかしい**でしょう。

結局のところ、判例は**Cが登記した時点で、混同で消えた賃借権は復活するという結論を出し、Bが住み続けることを認めました。**

問題を解いて確認しよう

1	BがAからその所有する建物を賃借し、引渡しを受けた後、これを買い受けた場合において、Bが所有権移転の登記する前に、CがAからその建物を二重に買い受けて所有権移転の登記をしたときは、その賃借権は、Cとの関係においても確定的に消滅する。〔16-8-エ〕	×

ヒトコト解説

1 このページで説明したとおり、賃借権が復活します。

第5節 その他の消滅原因

513条（更改）
　当事者が従前の債務に代えて、新たな債務であって次に掲げるものを発生させる契約をしたときは、従前の債務は、更改によって消滅する。
　① 従前の給付の内容について重要な変更をするもの
　② 従前の債務者が第三者と交替するもの
　③ 従前の債権者が第三者と交替するもの

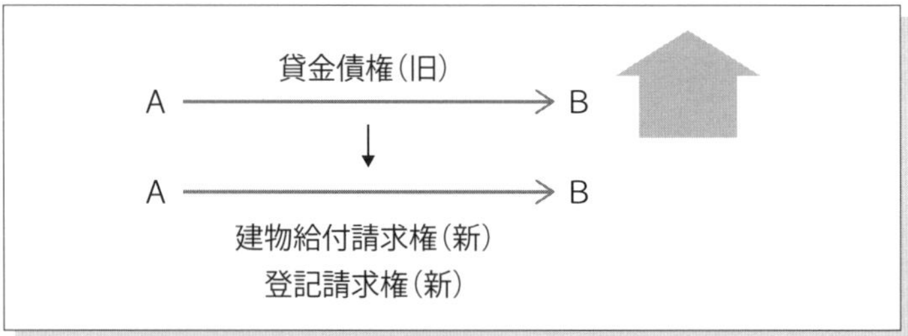

　ＡＢ間で、貸金債権がある状態で、Ｂが「貸金債務」の部分を「引渡債権・登記請求権」に変えませんか、と申し込んだところＡがそれに応じました。
　この合意は更改契約と評価されます。

　この合意によって**債務が消滅し、新しい引渡債権、登記請求権が発生します**。

　代物弁済と違うところに気が付いたでしょうか。
　更改では、契約した時点で債務が消えます。
　一方、**代物弁済の場合、契約時点では債務は消えず、登記まで入って債務が消えます**。債務消滅の時点が、代物弁済と更改の違いです。

　更改には、他のパターンもあります。
　今は債権の内容を変えるという更改でしたが、債権者の部分を変えるというパターンと、債務者の部分を変えるというパターンがあります。

　次の図を見てください。

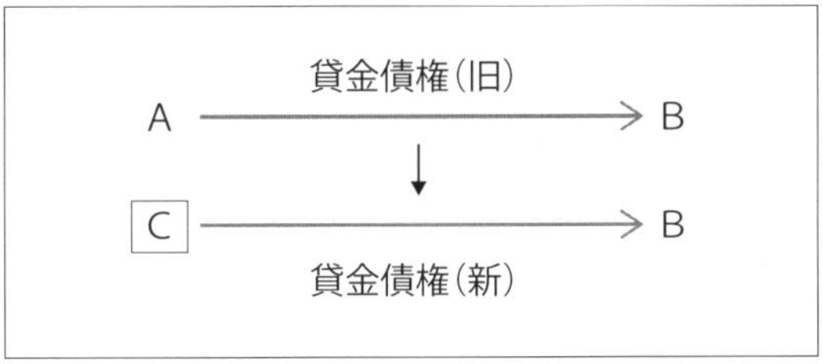

これは、債権者の部分を変えるというパターンです。

債権者をＣとする更改契約をすると、今のＡＢ債権は消えてＣＢ債権が発生します。

債権譲渡に似ていますが、債権譲渡は今の債権がそのままＣに引き継がれます。

一方、**更改契約の場合は、今の債権が消えて、綺麗な債権をＣが取得**します。

次の図、これは、債務者の部分を変えた場合の図です。

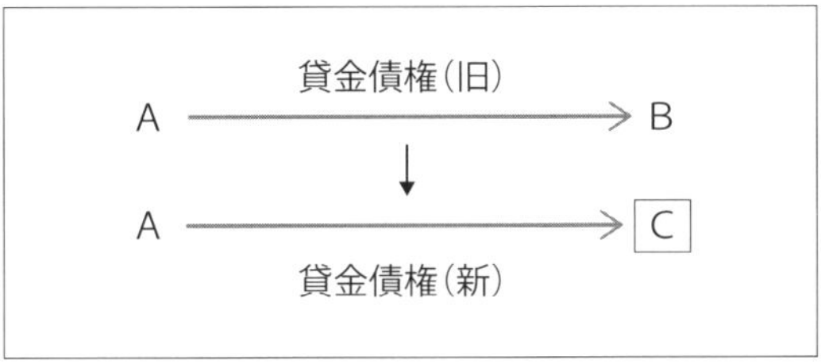

これも債務引受に近いのですが、債務引受では同じ債務をＣが引き継ぐのに対し、更改の場合は、**今の債務は消えて綺麗な債務をＣが負うことになります**。

	従前の給付の内容について重要な変更をするもの(513①)	従前の債務者が第三者と交替するもの(513②)	従前の債権者が第三者と交替するもの(513③)
イメージ	α債権 A ――→ B ↓ β債権 A ――→ B	α債権 A ――→ B ↓ β債権 A ――→ C	α債権 A ――→ B ↓ β債権 D ――→ B
契約当事者	債権者と 債務者	債権者と 更改後に債務者となる者	更改前債権者と 更改後債権者と 債務者(515 I)
補足		債権者が更改前の債務者に対してその契約をした旨を通知しないと効力は発生しない(514 I)	債権譲渡と同じ機能を持つので、確定日付のある証書が第三者対抗要件となる(515 II)

「従前の債務者が第三者と交替するもの」のイメージを見てください。先ほども説明しましたが、債務引受に近い性質があります。

そのため、必要な要件が似てきます。

具体的には、**債権者Aの「Bさん、あなたは債務をもう負っていませんよ」というBへの連絡です**。Bは払う準備をしているので、Bへの通知を要求するのです。

次に、「従前の債権者が第三者と交替するもの」の契約当事者を見てください。

ここだけ、**三者で契約することを要求**しています(もし、債権譲渡で同じことをやろうとした場合は、ADの合意でできます)。

そのため、第三者へ対抗するために、わざわざ債務者へ通知する必要はありません(契約の場に来ているのに、わざわざその人に通知を飛ばす必要はありません)。**三者の行う契約を、確定日付のある証書で行えばいい**だけなのです。

問題を解いて確認しよう

1	BのAに対する債務について、債権者をCに交替する更改は、確定日付のある証書によってしなければ、第三者に対抗することができない。〔オリジナル〕	○
2	BのAに対する債務について、債権者をCに交替する更改は、A、B及びCの契約によってすることができる。〔オリジナル〕	○
3	債務者Aの交替による更改は、債権者Bと更改後に債務者となるCとの契約によってすることができ、更改契約を締結した時に、その効力を生ずる。〔オリジナル〕	×

×肢のヒトコト解説

3　通知したときに効力が生じます。

519条
債権者が債務者に対して債務を免除する意思を表示したときは、その債権は、消滅する。

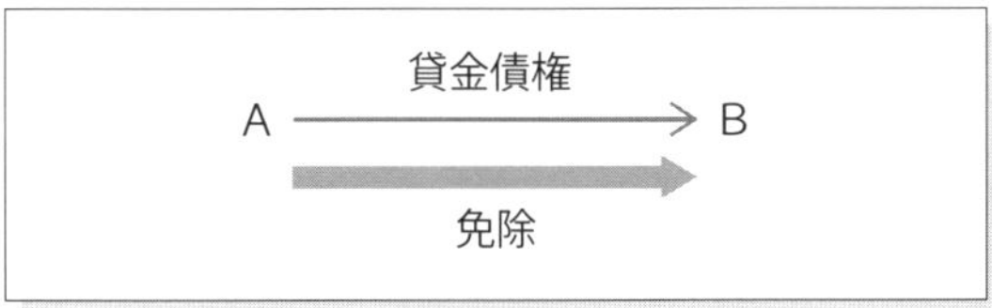

免除は、債務をチャラにするという意思表示のことをいい、これは単独行為です。AがBに対し、借金をチャラにするよ、**その意思表示だけで、AB債権は消滅します**。

これは概念だけ分かっていれば十分でしょう。

第7編 契約総論

ここから、債権の各論に入ります。まずは、契約総論（契約の共通項の話）からスタートしましょう。

～契約の基本は、お互いのしっかりした合意です～

第1章 契約の成立

契約が成立するには、申込みと承諾の合致が必要で、場合によっては物まで渡す必要のある契約もあります。ここでは、その申込みと承諾について、少し特殊な条文をご紹介します。

523条（承諾の期間の定めのある申込み）
1　承諾の期間を定めてした申込みは、撤回することができない。ただし、申込者が撤回をする権利を留保したときは、この限りでない。
2　申込者が前項の申込みに対して同項の期間内に承諾の通知を受けなかったときは、その申込みは、その効力を失う。

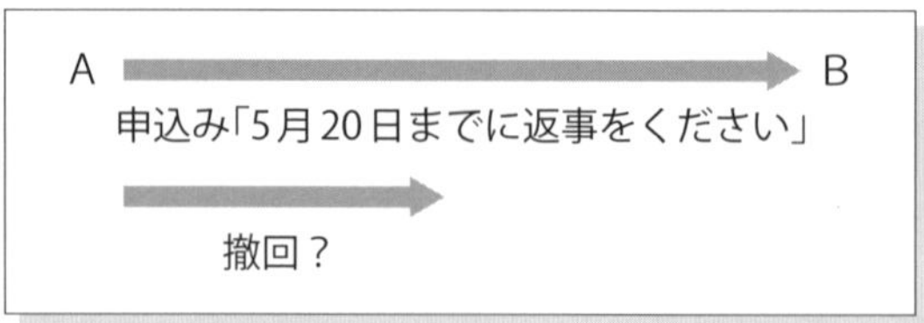

締め切りを作って、申し込む、これが承諾期間のある申込みというものです。これをした場合、Aが撤回できるのでしょうか。
（撤回というのは、「やっぱりやめた」という意思表示です。申し込んだけど

キャンセルすることだと思ってください)。

原則として撤回はできません。

まずAは、「5月20日までに返事をください」と言っていますよね。これは、ある意味、「5月20日まで待ちますよ」と言っているのです。

そのため、**5月20日までは、Bが期待しているから、Aからの撤回は認められないのです**。

では、5月20日の後なら撤回できるのでしょうか。

5月20日を過ぎると、この申込みの力がなくなるため、わざわざ撤回する必要はないですね。

では、この承諾期間を定めた申込みに対して、「期間を過ぎて承諾が到達した場合」の処理を見ていきましょう。

> **524条(遅延した承諾の効力)**
> 申込者は、遅延した承諾を新たな申込みとみなすことができる。

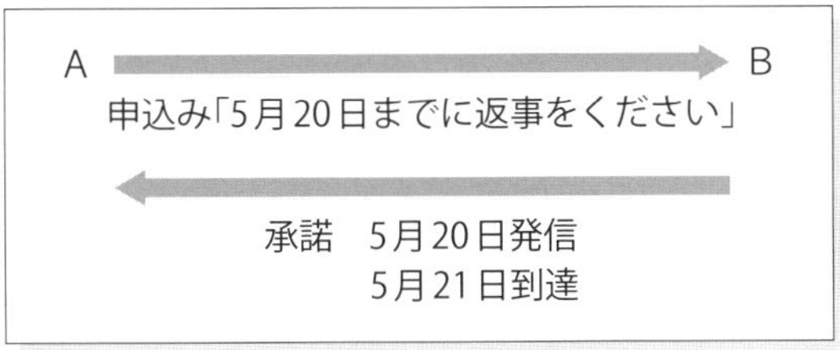
A
B
申込み「5月20日までに返事をください」
承諾　5月20日発信
5月21日到達

承諾の手紙が、**期間までに届いていないので、この承諾はアウト**です。

ただ、これを、Bからの申込みと扱うこともできます。

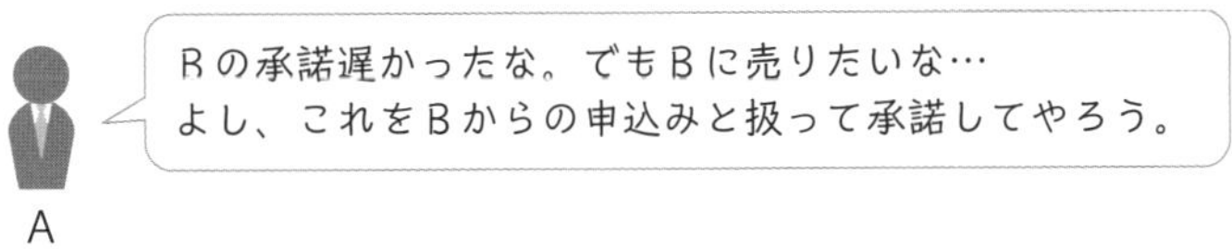
Bの承諾遅かったな。でもBに売りたいな…
よし、これをBからの申込みと扱って承諾してやろう。
A

このように考えて、承諾をすることが可能です(ただ、承諾の手紙を改めて送

る必要があるのに注意をしてください)。

もちろん、「あんなに遅れるBとは、もう縁を切ろう」といって放置しても構いません。**「承諾することが『できる』」というのであって、「申込みと扱わなければならない」訳ではありません。**

問題を解いて確認しよう

1	ＡＢ間の契約締結交渉において、ＡがＢに対して書面を郵送して申込みの意思表示をした。その際、Ａは申込者が撤回をする権利を留保せずに、承諾の通知を受ける期間の末日を２月５日と定めた。Ａは、Ｂが承諾の通知を発する前であれば、申込みを撤回することができる。〔8-5-ア改題〕	×
2	ＡＢ間の契約締結交渉において、ＡがＢに対して書面を郵送して申込みの意思表示をした。その際、Ａは承諾の通知を受ける期間の末日を２月５日と定めた。Ｂが承諾の通知を２月４日に発し、これが２月６日に到達した場合、Ａがこの承諾を新たな申込みとみなして、これに対する承諾をすれば、契約は成立する。〔8-5-イ〕	○

×肢のヒトコト解説

1　承諾期間を定めて申込みをした以上、原則として撤回ができません。

２周目はここまで押さえよう

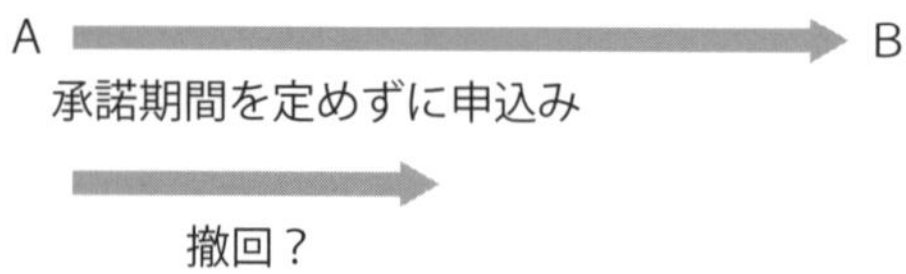

いつまでに返事を下さい、という承諾期間を定めずに申し込んだ場合は、いつでも撤回していいでしょうか。

Ａから申込みがくれば、申込みを受けたＢ側は「売れるかもしれない」と喜んでいます。それを、Ａの一方的な意思で覆すのは、Ｂに酷です。

そのため、「相当な期間が経つまでは撤回できない」としています。

ここで、Bを保護しているのは、Aからの手紙が届いて「売れるかもしれない」という期待をBが持ったからです。

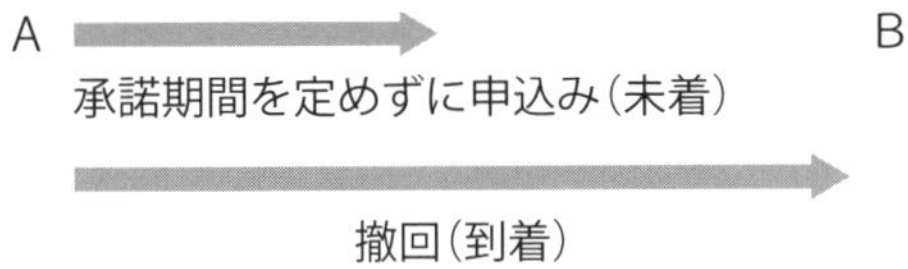

では、申込みの手紙が届く前に、撤回するのはどうでしょう。この場合は、申込みを受けていないので、売れるかもという期待を持っていません。そのため、撤回することは許されます。

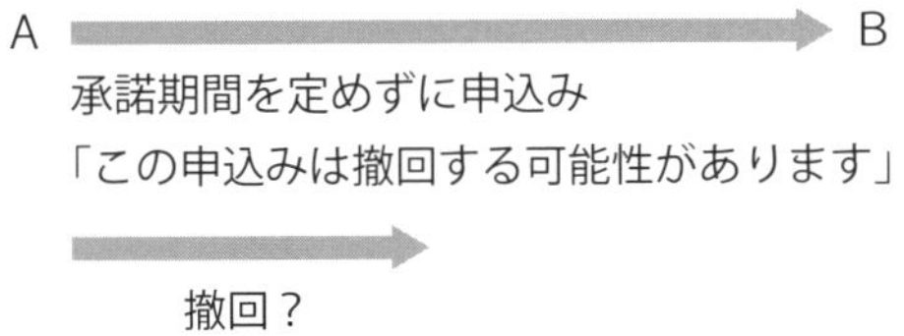

上記のように撤回する旨を留保して、申し込むことができます。この場合、Bは「もしかして撤回かな」と覚悟できますので、後日、Aから撤回することが認められます。

以上をまとめたものが、下の図表になります。

◆ 申込みの拘束力（注）◆

	申込みに、承諾期間の定めがある場合	申込みに、承諾期間の定めがない場合
原則	期間中は拘束力があり、申込みを撤回できない（523 Ⅰ本文）	承諾を受けるのに相当な期間は拘束力があり、撤回できない（525 Ⅰ本文） →申込者が承諾の通知を受けるのに相当な期間を経過すれば、撤回することができる
例外	①申込者が撤回をする権利を留保したとき →撤回することができる（523 Ⅰ但書）	①申込者が撤回をする権利を留保したとき →撤回することができる（525 Ⅰ但書）
		②対話者に対しての申込み →対話が継続している間は、いつでも撤回することができる（525 Ⅱ）

（注）意思表示は、その通知が相手方に到達した時からその効力を生ずる（97 Ⅰ）。そのため、申込みの意思表示が相手方に到達する前であれば、申込みを撤回することができる。

☑ 1	Aは、Bに対して承諾の期間を定めて契約の申込みをしたが、その通知が到達する前に、その申込みを撤回する旨をBに伝えた。その後、Bは当初の申込みにおいて定められた承諾の期間内に承諾の意思表示をした。この場合、AB間に契約は成立する。〔31-18-1〕	×
2	Aは、Bに対して承諾の期間を定めないで契約の申込みをしたが、その通知が到達した後、Bが諾否を判断するのに必要と考えられる時間が経過する前に、その申込みを撤回する旨をBに伝えた。その直後、Bは承諾の意思表示をした。この場合、AB間に契約は成立する。〔31-18-2〕	○
3	Aは、Bに対して承諾の期間を定めて契約の申込みの通知を発したが、その通知は、交通事情により到達が遅れたため、承諾期間経過後にBに到達した。Bは、Aに対して延着の通知をするとともに、承諾の意思表示をした。この場合、AB間に契約は成立する。〔31-18-4〕	×

526条（申込者の死亡等）

申込者が申込みの通知を発した後に死亡し、意思能力を有しない常況にある者となり、又は行為能力の制限を受けた場合において、申込者がその事実が生じたとすればその申込みは効力を有しない旨の意思を表示していたとき、又はその相手方が承諾の通知を発するまでにその事実が生じたことを知ったときは、その申込みは、その効力を有しない。

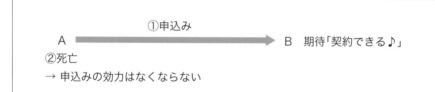

①申込み

A ──────→ B　期待「契約できる♪」

②死亡

→ 申込みの効力はなくならない

申込みをした人が死亡しました。この人は、もはや契約の成立を望んでいません。ただ、死亡しただけでは、この申込みの効力はなくなりません。

申込みを受けた相手方Bが「契約できるかも知れない」と期待しているためです。

①申込み

A ━━━━━━▶ B 「Aは死んだらしい」

②死亡

→ 申込みの効力は消滅する

上記のように、Bが「Aが死亡していること」を知っているのであれば、Bには契約への期待がないため、もう申込みの力を維持する必要はありません。

①申込み「申込みをします
ただ、自分が死んだら、この申込み
はなしにしてください」

A ━━━━━━▶ B「この人、死にそうなの？」

②死亡

→ 申込みの効力は消滅する

上記のような申込みがあったら、Bは契約できるかもという期待よりも、「この人、死にそうなの？」と不安を覚えるでしょう。

そのため、この後Aが死亡した場合に、申込みが失効しても問題ないのです。

問題を解いて確認しよう

1 AがBに対して書面を郵送して申込みの意思表示をし、Aは承諾の通知を受ける期間の末日を2月5日と定めていた。この場合、Aが申込みの意思表示の到達前に死亡し、Bがその事実を知った場合、BがAの単独の相続人Cに承諾の通知を発し、これが2月5日に到達すれば、BC間に契約が成立する。〔8-5-オ〕 ×

ヒトコト解説

1 死亡を知っているので、申込みの効力は失われています。

～契約したらちゃんと約束を果たしましょう。法律は平等です～

第2章 契約の効力

ここでは、契約についての共通的な効力を説明します。抗弁権の内容、そして、どういうときにこれが認められるのかを押さえましょう。

第1節 同時履行の抗弁権

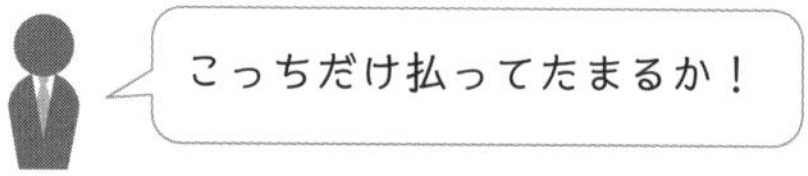

こういう権利を勉強します。具体的に売買契約で見ていきましょう。

> **533条（同時履行の抗弁）**
> 　双務契約の当事者の一方は、相手方がその債務の履行（債務の履行に代わる損害賠償の債務の履行を含む。）を提供するまでは、自己の債務の履行を拒むことができる。ただし、相手方の債務が弁済期にないときは、この限りでない。

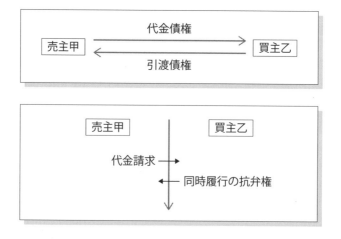

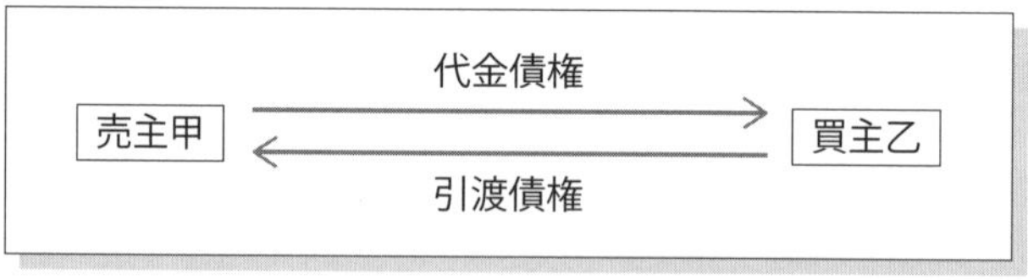

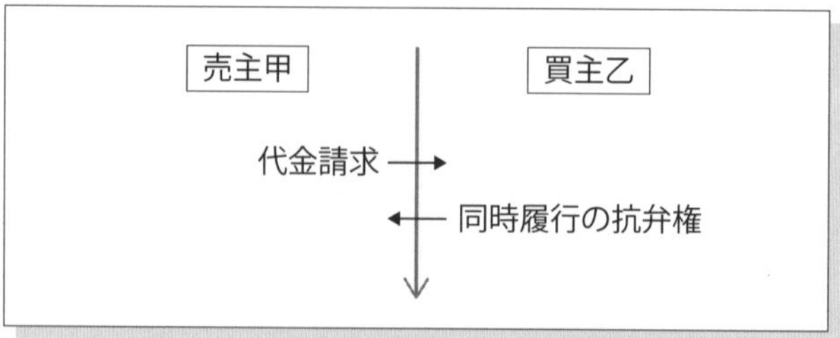

左側が甲の行動、右が乙の行動と思ってください。
甲が代金を払えと言ってきました。

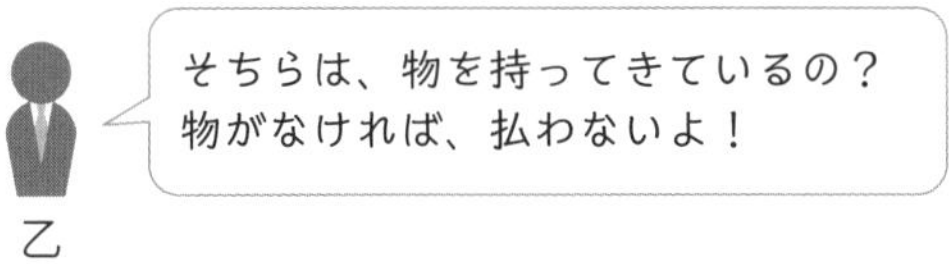

そちらは、物を持ってきているの？
物がなければ、払わないよ！
乙

と主張して、甲の代金支払の請求を拒めます。

これが同時履行の抗弁権という権利です。
ここで、拒めるというのは、債務不履行にはならないということを意味します。

債務を負っていて、弁済期が来ているのに払っていません。それでも同時履行の抗弁権を主張していれば、債務不履行にはならないのです。
これが同時履行の抗弁権の最も重要な効果です。

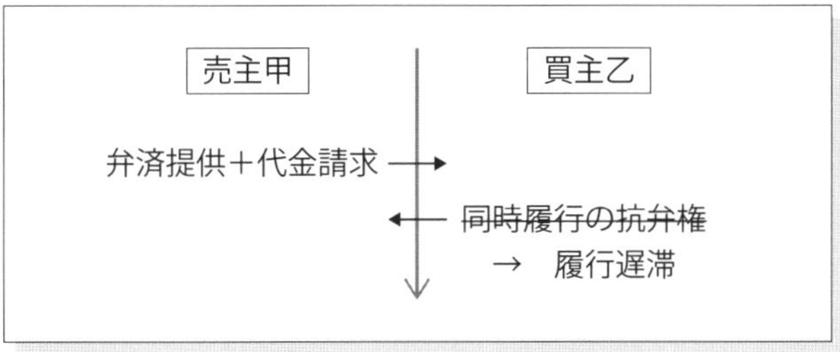

甲が物を持ってきて、代金を払えと言ってきました。
この場合、乙は「物はどうした？」とは言えません（甲は物を持ってきていますね）。
そのため、この事例では乙は同時履行の抗弁権ということが言えないため、ここでもし乙が代金を払わなければ、債務不履行になります。

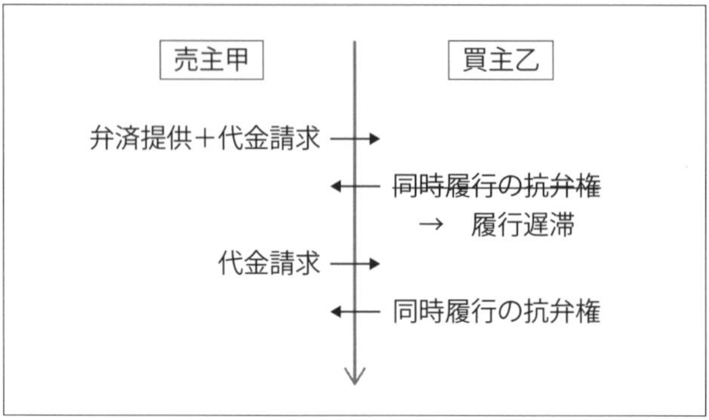

初めは先ほどまでと同じです（物を持ってきて、代金を払えと言ったところ乙が払わなかった、これによって債務不履行になったのです）。

この後、甲が物を渡さずに帰りました。

渡さずに帰った後に、今度は、物を持ってこないで、お金を払えと言ってきたのです。

この場合、**乙は同時履行の抗弁権を主張して、お金を払うことを拒絶できます**。

同時履行の抗弁権、これは公平のために作った条文です。「片方だけ履行していて、片方が履行しない」それは不公平だから、拒める権利として設計しました。

今回の事例も、**ここで請求を拒めないと、乙だけが履行している状態になり、不公平になってしまいます**。

そのため、債務不履行状態の乙に同時履行の抗弁権を認めたのです。

次は同時履行の抗弁権、訴訟上の効果を見ましょう。

実体法上の効力	同時履行の抗弁権を有する債務者は履行遅滞とならない
訴訟法上の効力	訴訟において被告が同時履行の抗弁権を行使した場合、裁判所は引換給付判決をする

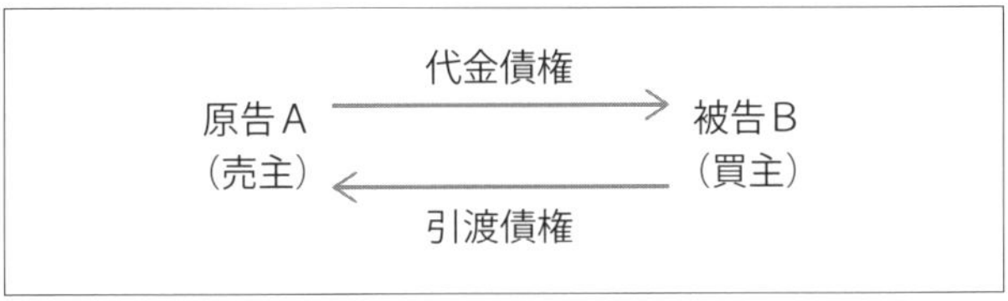

ＡがＢに代金を払えと、代金の支払の訴訟を起こしました。

その訴訟内でＢが「裁判長！彼、物はどうしたんですかね。私は払いませんよ」と、同時履行の抗弁権を主張しました。

この状態では、Ｂは払う必要はないので、判決も「Ｂさん払わないでいいよ」という判決になりそうなのですが、実は違います。

判決

「Ａは物を渡せ。Ｂは代金を払え」

こういった判決、**引換給付判決というものが出ます**。つまり、お互い、同時に履行しなさいということです。

もし「代金払わなくていいよ」という判決で終わりにしても、どうせ後でまた揉めます。

民事訴訟の目的には、「今の２人のトラブルの解決をしたい」があります。今回の判決でトラブルを解決させるため、両方とも履行しなさいということを命ずるのです。

では、次に同時履行の抗弁権が認められる要件を見ましょう。

覚えましょう

同時履行の抗弁権の要件
①双務契約から生じた、相対立する複数の債権が存在すること
②相手方の債務が弁済期にあること（533但書）
③相手方が、履行（弁済）の提供をしないこと

① 双務契約から生じた、相対立する複数の債権が存在すること

双務と書いてあります。双方が債務を負っているという意味です。

お互いが債務を負っていなければ、同時履行とはなりません。

例えば贈与契約です。

贈与契約において、物をよこせと言ってきたのに対して、「代金はどうした」と言い返せるわけありません。贈与契約は、片方だけが債務を負う契約です。

②については下の図を見てください。

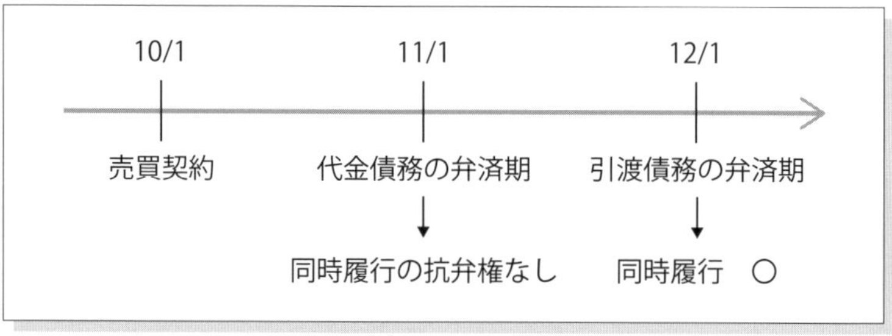

売買契約をして、代金の弁済期と引渡しの弁済期を別々にしていました。

代金支払が先、引渡しが後、この時点で、11月1日に請求に来たら、同時履行の抗弁が使えるでしょうか。

つまり、11月1日の時点で「物はどうした？」と言い返せるでしょうか。

これはできませんね。

物を渡すのは後なのですから、**この時点で、「物はどうした、持ってこい」という同時履行は主張できません**。

ちなみに、11月1日に代金を払わずに、そのまま12月1日になったとします。ここで、代金を払えと請求してきた場合、**要件を満たすので同時履行の抗弁権を主張できます**。

もちろん、1か月間弁済をしていませんから、債務不履行の責任は生じます。ただ、それと同時履行になるかどうかは、別々に考えてください。

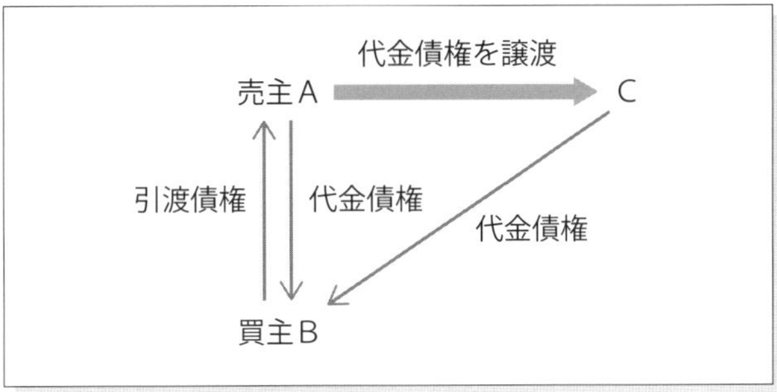

ＡＢ間で売買契約をしています。

もし、ＡがＢに対し、代金を払えと言ってきたら、Ｂは「物はどうした」と言って拒絶ができます。

ここでＡがＣに、代金債権を譲渡していて、ＣがＢに代金を払えと言ってきたら、ここで、「物はどうした」と言えるのです（正確にはＢの方がＡから物をもらってない以上、あなたには金は払えない、と言えるのです）。

同時履行の抗弁権という拒絶権は、代金債権に付着しています。そして、債権譲渡は債権をそのまま売ることを意味します。

だから、**代金債権にくっついていた同時履行の抗弁権というコブも、Ｃは引き継ぐことになる**のです。

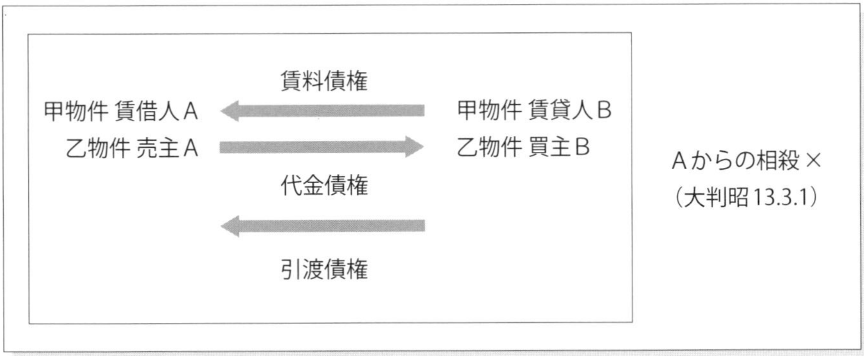

乙物件を、Ｂは買うことになりました。

ここで、賃料債権が残っていた場合（仮に未払いが3,000万あったとしましょう）、売買代金債権（3,000万）と相殺ができるでしょうか。

この売買代金債権には、Bの同時履行の抗弁権がついています。**相殺が認められると、このBの同時履行抗弁権が消滅します。**

そのため、
Aから相殺して、Bの同時履行の抗弁権を消滅させることはできません。
（Bから相殺して、自分の同時履行抗弁権を消滅させるのは問題ありません。）

これを認めると、引渡債権だけが残ります。

問題を解いて確認しよう

1	売主が買主に対して目的物引渡債務についての弁済の提供をした後に代金の支払請求をした場合には、その提供が継続されていないときであっても、買主は、同時履行の抗弁を主張することができない。〔21-18-ウ（23-11-5）〕	×
2	同時履行の抗弁権の付いている債権が、反対債務と離れて第三者に譲渡された場合でも、同時履行の抗弁権は消滅しない。〔4-6-4（21-18-エ）〕	○
3	債権につき、弁済期が到来していれば、その債権の債務者が同時履行の抗弁権を有していても、その債権の債権者は、その債権を自働債権として、相殺をすることができる。〔令3-17-オ（24-16-イ）〕	×

×肢のヒトコト解説

1　一度物を持ってきて請求しても、次の請求のときに物を持っていかなければ、買主から同時履行を主張されます（片方だけ履行している状態を防ぐためです）。
3　同時履行抗弁権がついている権利なので、自動債権にした相殺はできません。

2周目はここまで押さえよう

同時履行　○	同時履行　×
① 建物買取請求権が行使された場合における、建物・敷地の引渡しと代金支払（最判昭35.9.20） ② 造作買取請求権が行使された場合における造作の引渡しと代金支払 ③ 債務の弁済と受取証書の交付（486、大判大16.3.1） ④ 不動産売買における所有権移転登記と代金支払 ⑤ 設定者の清算金請求権と譲渡担保権者の目的不動産引渡請求権 ⑥ 売買契約が行為能力の制限を理由として取り消された場合における当事者双方の原状回復義務（最判昭28.6.16） ⑦ 契約が解除された場合における当事者双方の原状回復義務（546）	① 家屋の賃貸借終了に伴う賃借人の家屋明渡債務と賃貸人の敷金返還債務（最判昭49.9.2） ② 建物賃借人の造作買取請求権が行使された場合における造作代金支払と建物の明渡し（最判昭29.7.22） ③ 債務の弁済と債権証書の交付（487） ④ 債務の弁済と当該債務の担保のためになされた抵当権設定登記の抹消手続（最判昭57.1.19） ⑤ 質権が設定された場合における弁済と質物の返還（347）

同時履行が成立するか、しないかをまとめた図表になっています。本書の中で取り上げているものが多いので、民法をある程度回したらまとめで利用してください。

ここではいくつかピックアップして説明します。

同時履行　○　⑥⑦

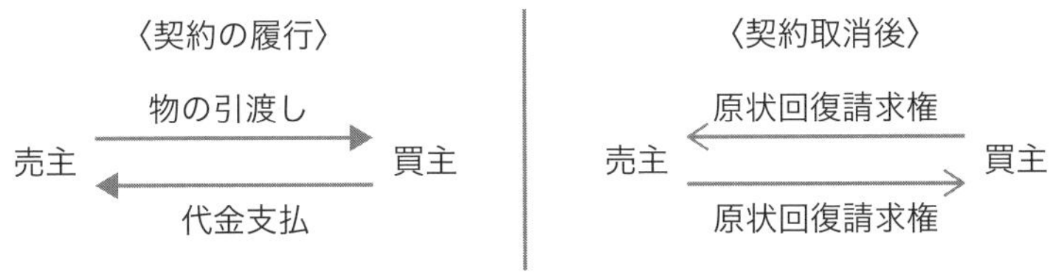

売買契約が行われて、物の引渡し、代金の支払をしました。

その後、この契約が何らかの理由で取消しになり、お互いが原状回復請求権を持つ状態になりました（渡した物を返せ、払ったお金を返せという内容です）。

ここで、この２つの請求権は同時履行になります。

もともとの代金債権、引渡債権が同時履行の関係であったため、清算時も同時履行になると考えましょう。

同時履行　×　④⑤

被担保債権 →

抵当権者　　　　債務者兼設定者　A

← 抹消登記請求権

登記

Aが弁済期になって、被担保債権を弁済して、抵当権を消滅させようとしています。Aとしてみれば、抵当権の登記を抹消してもらいたいところです。

そこで、Aが「抵当権の登記抹消しないと、弁済しないぞ」と同時履行が主張できるでしょうか。

結論はNOです。弁済して、抵当権が消滅しないと抹消登記請求権は生まれないので、上記のような主張はできないのです。

ここは、担保権一般に共通します。担保が絡んだ場合は、「払うのが先」「登記を消したり、物を返してもらうのは後」と覚えてしまいましょう。

1	建物の賃貸借終了に伴う賃貸人の敷金返還債務と賃借人の建物明渡債務とは、同時履行の関係に立つ。〔21-18-ア〕	×
2	債権者が、自己の債権を担保するために債務者所有の土地に抵当権の設定を受けてその旨を登記した場合において、その後、当該債権の弁済期が到来したときは、債務者による弁済と当該抵当権の設定登記の抹消登記手続は、同時履行の関係には立たない。〔オリジナル〕	○
3	債権者が債権証書を有する場合、債務者の弁済義務と債権者の債権証書の返還義務は、同時履行の関係にある。〔オリジナル〕	×
4	売買契約の解除によって契約の両当事者が互いに相手方に対して負う原状回復義務は、同時履行の関係とはならない。〔オリジナル〕	×

5	被担保債権の弁済期の到来後、譲渡担保権者が、債務者に対し被担保債権の弁済を請求した場合、譲渡担保権を設定した債務者は、被担保債権の弁済と引換えに譲渡担保の目的物の返還をすべき旨を主張することができる。〔27-15-イ〕	×
6	AがBに対する債務を担保するため、自己所有の時計に質権を設定して、これをBに引き渡した。弁済期が到来してもAが弁済しない場合、Bが、Aから提起された当該時計の返還請求訴訟において、質権を主張したときは、引換給付判決がされる。〔オリジナル〕	×
7	弁済を受領した者は、弁済した者に対し受取証書を交付する義務があるが、その交付は、弁済と同時履行の関係に立つ。〔オリジナル〕	○

第2節 第三者のためにする契約

◆第三者のためにする契約 例1◆

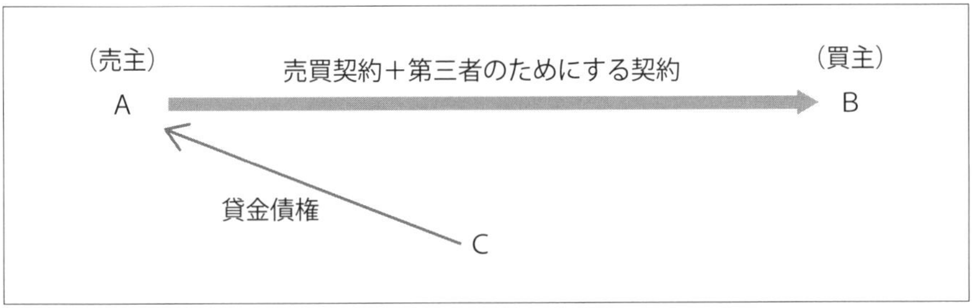

Aが物をBに売る際に、Bに対して「代金は、自分ではなくCに払ってくれないか」と頼んだところ、Bから承諾を受けました。

ここで、AB間において、売買契約＋第三者のためにする契約をしたと扱われます（第三者のためにする契約＝第三者に払ってくれ、渡して欲しい特約、と思ってください）。

ちなみに、Aがこういった約束をした背景が大抵あります。今回、AはCからお金を借りていたので、こういった約束をしたものと思われます。

Point

第三者のためにする契約は、要約者と諾約者との間の意思表示の合致のみで成立する（537条1項）。なお、受益者が何らかの意思表示をなすことは契約の成立要件ではない。もっとも、受益者の諾約者に対する権利は受益者が諾約者に契約の利益を享受する意思表示（受益の意思表示）をしたときに発生するとされている（537条3項）。〔18-18-ウ、令4-17-ウ〕

ＡＢの約束だけではＣは権利取得できません。Ｃの意思がないのに、Ｃが権利取得するのは私的自治の原則に反するためです。

Ｃが権利取得したければ、ＣからＢへの受益の意思表示をすることが必要です。

受益の意思表示とは、Ｃ「自分、権利取得したいです」という意思表示と思ってください。下図は、その意思表示をしたあとの権利関係です。

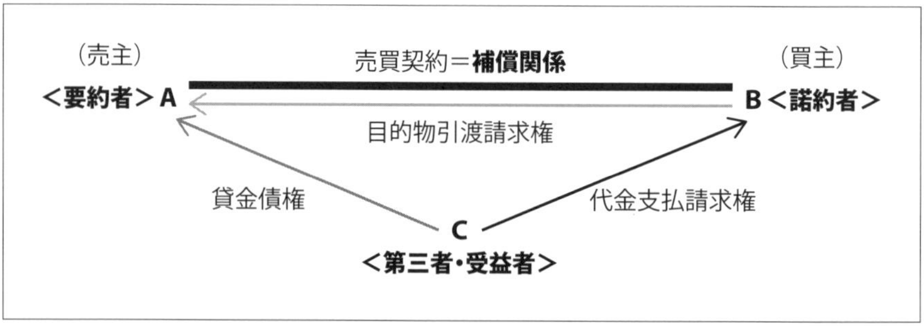

ＣがＢに対して権利を持つようになります。

（ＡＢの契約だけではＣは権利取得しない、Ｃが受益の意思表示をして権利取得するという点を押さえてください。）

ちなみに、ＡＢＣの肩書を覚えてください。この特約を要求したＡを要約者、承諾をしたＢを諾約者、もらうＣを受益者（第三者）と呼びます。

Point

第三者のためにする契約の受益者は、契約が有効であることを信頼して新たに利害関係に入った者ではないため、95条４項の「第三者」には当たらない。〔令4-17-イ〕

前ページの事例で、ＡＢ間が勘違いで取り消しをした場合、Ｃは錯誤取消で保護される第三者にはなりません。ＡＢ間の契約時点でＣは受益者として登場しているため、錯誤のあとに利害に入ったとは評価されないためです。

◆第三者のためにする契約　例２◆

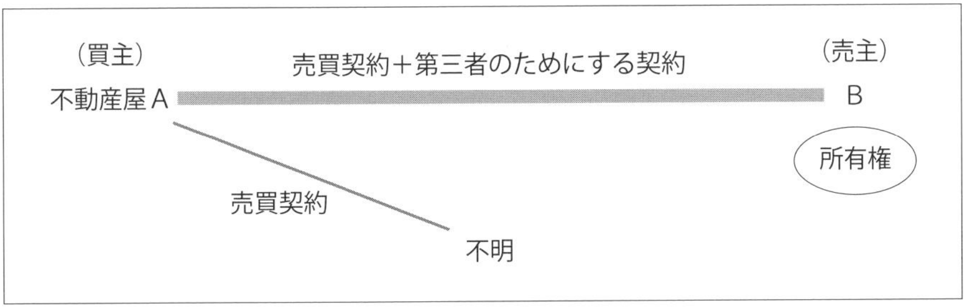

不動産業者ＡがＢから不動産を買って、転売することを考えています。通常通り、Ａが買って、転売相手が決まったら、その転売相手に売るということもできますが、この場合は「Ｂ→Ａ→転売相手」と所有権移転します。

この場合、登記としては「Ｂ→Ａ→転売相手」とすることとなり、Ａはすぐになくなる自己名義の登記をすることになります（登記をするには、結構大きな手数料を取られます）。

そこで、ＡＢ間で売買契約をする際に「所有権は将来の転売相手に渡して欲しい」という特約をしました。このあと、転売相手が決まったら（Ｃとします）、その転売相手が受益の意思表示をします。その結果、所有権は「Ｂ→Ｃ」と移るので、登記も「Ｂ→Ｃ」とすればいいことになります。

Point

第三者は必ずしも契約の締結の当時に現存することは要せず、契約締結の時には特定していなくても、そのために契約の効力を妨げられません（537条2項）。〔令4-17-ア〕

今の事例では、第三者のためにする契約をする時点では第三者が分かっていません。それでも、この契約をすることは可能です。

Point

諾約者が要約者との契約から生ずる抗弁を有するときは、諾約者はこれを受益者に対しても主張できる。

先ほどの転売の事例でいうと、ＣがＢに対して「所有権を渡せ」と主張しても、ＢはＣに対して「Ａが自分にお金を払わない限りは渡さない」と主張できます。

ＢがＡに対して主張できたこと（同時履行の抗弁権など）は、ＢはＣに対しても主張することができます（請求する人が変わっても拒めるということです）。

Point

537条3項により第三者の権利が発生した後に、諾約者が第三者に対する債務を履行しない場合であっても、要約者は第三者の承諾を得なければ契約を解除することができない（538条2項）。〔令4-17-エ〕

Ｂが所有権を渡さないなど、債務不履行の状態でした。ここでＡが解除することができると、Ｃは権利取得できなくなります。

Ａの意思で、Ｃの権利取得ができなくなるのは不当でしょう。

そのため、**Ａが解除する場合にはＣの承諾がいる**としています。

問題を解いて確認しよう

1	AとBが、Cを受益者とする第三者のためにする契約を締結した場合には、その契約の成立時にCが現に存在しないとしても、そのことを理由にその効力は妨げられない。〔令4-17-ア〕	○
2	AとBが、Bの所有する建物の所有権をCに移転する旨のCを受益者とする第三者のためにする契約を締結したときは、当該建物の所有権は、Cの受益の意思表示をした時期にかかわらず、その契約の成立時に、Cに移転する。〔令4-17-ウ（18-18-ウ）〕	×
3	AとBが、Aを諾約者とし、Bを要約者として、Cを受益者とする第三者のためにする契約を締結した場合において、Cが受益の意思表示をした後に、AがCに対する履行をしないときは、BはCの承諾を得ることなく、契約を解除することができる。〔令4-17-エ〕	×
4	AとBが、Aを諾約者とし、Bを要約者として、Cを受益者とする第三者のためにする契約を締結した場合には、Aが錯誤を理由にその意思表示の取消しをしたとしても、Cは自らが当該錯誤について善意かつ無過失であることを主張して、その契約に基づく履行を求めることができる。〔令4-17-イ〕	×
5	AとBが、Bの所有する動産をAに譲渡し、Aがその代金をCに支払う旨の第三者のためにする契約を締結した場合には、AはBが当該動産を引き渡すまで、Cに対する代金の支払を拒絶することができる。〔令4-17-オ（18-18-オ）〕	○

×肢のヒトコト解説

2　受益の意思表示のときに所有権移転が生じます。

3　Cの承諾が必要です。

4　第三者の扱いを受けません。

これで到達！  合格ゾーン

□ 第三者に権利を取得させるだけでなく、付随的な負担を課することも可能である。しかし、このような場合、第三者は負担を拒絶して利益だけを享受することはできない。〔18-18-エ〕

★転売の事例で、「固定資産税は、将来の転売相手が負担する」という契約内容になっていた場合、その転売相手が契約内容をわかった上で「所有権はもらうが、固定資産税は負担しない」という主張はできません（だったら、買わなければいいだけです）。

第3章 危険負担

建物の売買契約がされた後、引き渡す前に家がなくなってしまいました。この場合、引渡債権は履行できない状態になりますが、代金債権はどうなるのでしょう。

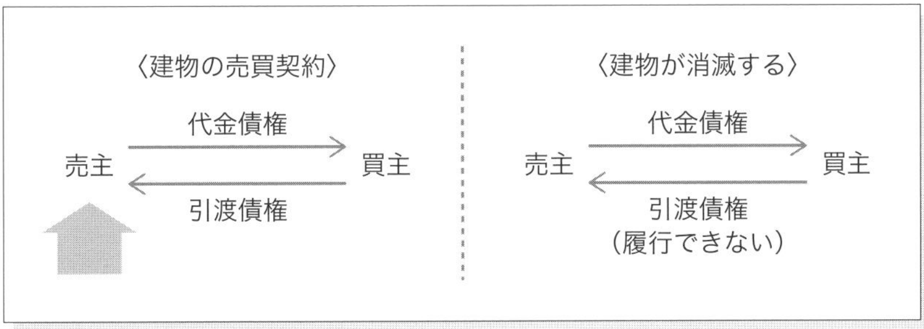

上の図のとおり、建物が渡せなくなりました。ただ、この場合でも**代金債権は残ります**。

民法は、**買主がその代金債務を履行する義務があるか、履行を拒絶できるかを場合分けしています**。

次の表を見てください。

	債権者は、反対給付の履行を拒めるか
当事者双方の責めに帰することができない事由によって債務を履行することができなくなったとき	○（536Ⅰ）
債権者の責めに帰すべき事由によって債務を履行することができなくなったとき	×（536Ⅱ）
受領遅滞（413）が生じた後に、当事者双方の責めに帰することができない事由によって履行不能となった場合	×（536Ⅱ）

この表を一つひとつ説明していきます。

当事者双方の責めに帰することができない事由によって債務を履行することができなくなったとき
→　支払を拒絶できる

例えば、近隣で起きた火災から延焼により家が燃えた場合を想定してください。この場合でも、**代金債権は消滅しませんが、買主は代金支払を拒絶できます。**

物が受け取れない以上、お金を払う必要はないからです（ある意味、常識ですね）。

ただ、支払を拒絶できるだけであって、代金債務は残る点に注意をしてください。もし、代金債務を消滅させたければ、買主は契約の解除をすることになります。

債権者の責めに帰すべき事由によって債務を履行することができなくなったとき
→　支払を拒絶できない

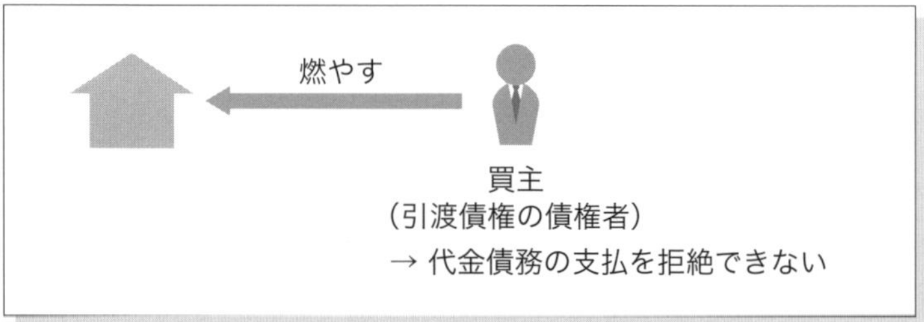

売買契約後に買主が、物件を見に行った際に誤って家を燃やしてしまいました。この場合でも、買主は代金支払を拒絶できるのでしょうか。

これは、拒絶できませんね。**自分の不始末で燃やした以上、自分が責任を取るべきです。**

受領遅滞（413）が生じた後に、当事者双方の責めに帰することができない事由によって履行不能となった場合
→　支払を拒絶できない

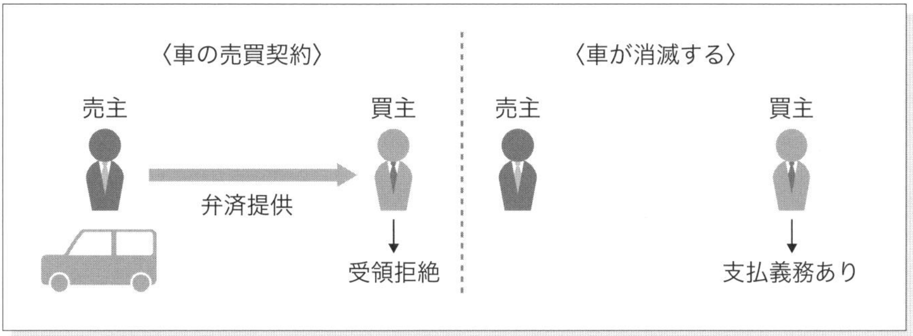

売主が物を持っていったところ、買主が「ガレージがまだできていない」と、受け取りを拒絶しました。

その後、この車が当事者のせいではない理由で焼失しました。

買主が受け取っていればこの焼失は起きていないでしょう。そこで、413条の2ではこの焼失は「債権者の責め」にあるものとして、買主は代金支払を拒絶できないとしました。

受け取りを拒否する　→　買主（債権者）のせいになる

と覚えましょう。

問題を解いて確認しよう

1	ＡはＢに対してＡ所有の建物を売り渡す契約をしたが、引渡しも登記もしない間に建物が地震によって滅失した。ＡＢ間で特約がされていない場合には、Ｂは売買代金の支払を拒むことができない。〔8-8-ア改題（元-15-ア、23-16-3）〕	×

ヒトコト解説

1　当事者双方の責めに帰することができない事由によって債務を履行することができなくなったときにあたるので、Bは支払を拒絶できます。

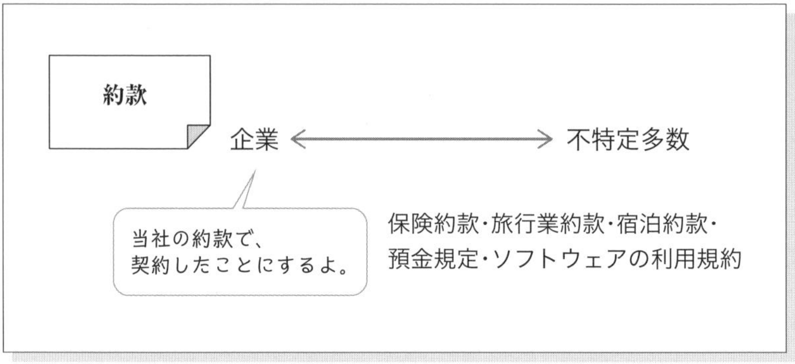

企業は、数多くの消費者と契約をします。それには、その人、その人で契約内容が異なるものもあれば、ほとんど契約内容が変わらない契約もあります。

ほとんど契約内容が変わらない契約については、企業が約款というものを用意して、それに従った契約をしています。

（約款：定型的な内容があらかじめ定められている契約の条項）

この約款における契約は、企業が決めた内容を押し付けることが多かったため、契約上のトラブルになることが多々ありました。

それは、今までの民法においては約款に関する規定が存在しなかったためです。

近時の改正で「定型約款」という概念を新たに定め、その限度で「約款」の効力を認めることにしました。

① 定型取引に用いられるものであること －１ ある特定の者が不特定多数の者を相手方として行う取引であること －２ 取引の内容の全部又は一部が画一的であることがその双方にとって合理的なものであること
② 契約の内容とすることを目的として準備されたものであること
③ 当該定型取引の当事者の一方により準備されたものであること

特に意識して理解すべき要件は、①－１と①－２です。

①－１は、**相手方の個性に着目せずに行う取引であるか**どうかに注目した要件です。

そのため、労働契約のように労働者の能力・人格・技能など相手方の個性に着目して行われる取引は、「不特定多数の者」の要件を満たさず、定型取引にはなりません。

①－２にいう「取引の内容の全部又は一部が画一的であることがその双方にとって合理的なもの」とは、**多数の相手方に対して同一の内容で契約を締結することが通常**であり、かつ、**相手方の交渉による修正の余地のない取引**を意味します。

例えば、事業者間の取引（例えば、フランチャイズ契約）はひな型を前提にしていても、当事者の個別的な交渉によって内容が変更されるので、この要件には該当しません。また、当事者の一方にのみ利便性が認められるものでは、①－２の要件は満たされません。

◆ 定型約款の拘束力 ◆

要件	効果
① 定型約款を契約の内容とする旨の合意をしたとき(548の２Ⅰ①) 又は ② 定型約款を準備した者（定型約款準備者）があらかじめその定型約款を契約の内容とする旨を相手方に表示していたとき(548の２Ⅰ②)	定型約款の個別の条項についても合意をしたものとみなす。

契約をする際に、**「この約款を契約内容にする契約でいいですか」「いいですよ」**という合意があれば、「定型約款」の一つひとつの条項について合意したと扱います。これが前記の①です。

「約款通りの契約にしますよ」ということをあらかじめ伝えていて、相手が契約に応じた場合にも、「定型約款」の一つひとつの条項について合意したと扱います（相手が約款について黙示の同意をしたと扱います）。これが前記の②です。

その定型約款の全ての条項を具体的に認識していることを要件にしていない点に注意が必要です。

Point

548条の2第2項

一方的に不利益な内容を作っても、その内容には拘束されない

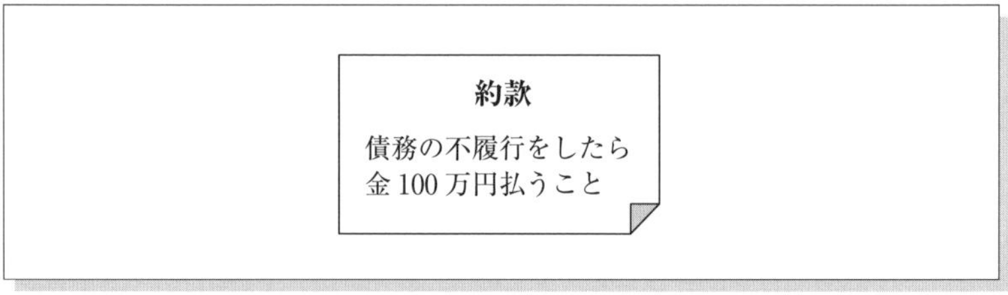

約款
債務の不履行をしたら
金100万円払うこと

約款は企業が作成して、それに消費者が従います。ただ、これにあまりに一方的に不利な内容が書かれていた場合、契約相手はその内容に拘束されません。

Point

548条の3

消費者側は、約款内容を示すことを請求することができ、企業側がこれに従わなかった場合にも、その消費者はその約款に拘束されない

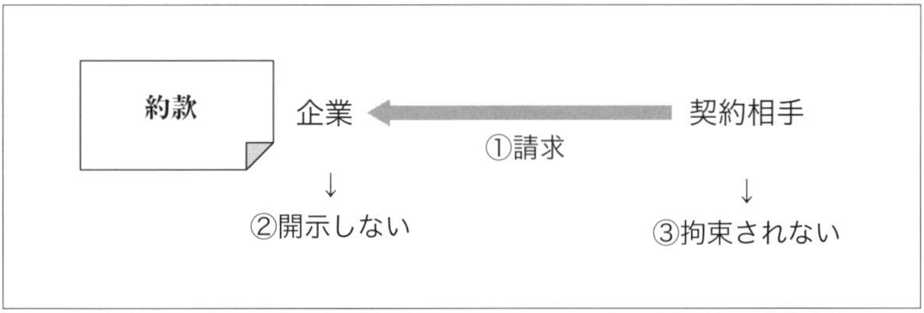

契約締結後に、約款内容を教えてほしいと請求することができます。企業にはそれに対して開示する義務が生じ、この開示に応じなければ、そんな約款には拘束を受けないという規定を設けています。

これにより、企業側による約款の隠ぺいを防ごうとしています。

上記の要件を満たしても、開示義務を負わない場合があります。

それは、定型約款準備者が**事前に、相手方に対して定型約款を記載した書面・電磁的記録を交付・提供していたとき**です。

定型約款を記載した書面等の事前交付により、相手方に対して、定型約款の内容を確認する機会を与えているので、別途開示する義務を負わないのです。

下の図表でまとめました。

	定型取引合意の前	定型取引合意の後 相当の期間内
要件	相手方から請求があった場合	
効果	遅滞なく、相当な方法でその定型約款の内容を示さなければならない(注1)	
定型約款準備者が開示請求を拒絶した場合	548条の2の規定が適用されず、定型約款の効力が生じない(注2)	規定なし

(注1) 定型約款準備者が既に相手方に対して定型約款を記載した書面・電磁的記録を交付・提供していたときは、定型約款準備者は、定型約款の内容の開示義務を負わない(548の3 I 但書)。
∵ 定型約款を記載した書面等の事前交付により、相手方に対して、定型約款の内容を確認する機会を与えたといえる。
(注2) 一時的な通信障害が発生した場合その他正当な理由がある場合を除く。

Point

548条の4

約款を変更する場合には、インターネットでの告知をすることができる（個別の合意をすることなくできる）

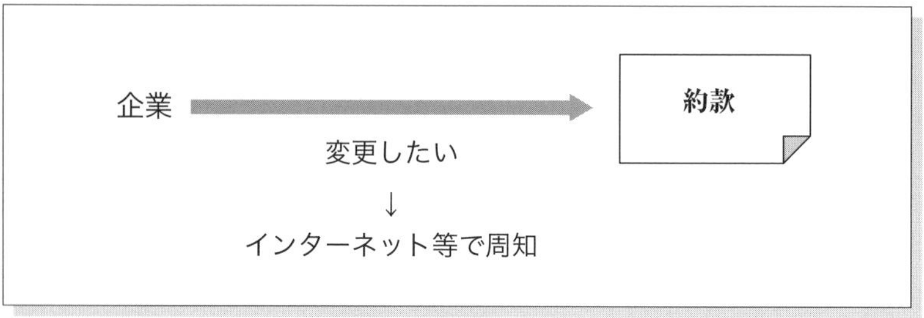

企業が約款内容を変えたい場合、本来は約款で契約した消費者一人ひとりと合意すべきですが、それは**現実的には無理でしょう**。

そこで、新法では**インターネットで内容・効力発生時期を告知することによって、個別の合意なしで変更することを認めました**。

ただ、告知をすればいいのではなく、告知で示した効力発生日までに周知させることが必要です。

周知させなければ変更されないのが基本ですが、「定型約款の変更が、相手方の一般の利益に適合するとき」の場合は異なります。これは、相手方にとって有利な変更であるから、**周知が遅れても相手方にとって不利益はないためです**。

問題を解いて確認しよう

1	定型約款準備者と相手方が定型約款を契約の内容とする旨の合意をした場合であっても、定型約款の個別の条項の一部について、相手方がその内容を認識していなかったときは、その条項については合意をしたものとはみなされない。〔令2-17-ア〕	×
2	定型約款準備者は、定型取引合意の際に相手方に対して定型約款を記載した書面を交付していた場合であっても、定型取引合意の後相当期間内に相手方から請求があったときは、定型約款の内容を示さなければならない。〔令2-17-ウ〕	×
3	定型約款準備者が定型取引合意の前に相手方から定型約款の内容を示すことを請求されたにもかかわらず、正当な事由がないのにその請求を拒んでいたときは、定型約款の個別の条項が合意されたものとみなされることはない。〔令2-17-エ〕	○
4	定型約款の変更が相手方の一般の利益に適合する場合には、定型約款準備者が適切な方法による周知をしなかったときであっても、定型約款準備者が定めた効力発生時期に効力を生ずる。〔令2-17-オ〕	○

×肢のヒトコト解説

1　相手方が認識していなくとも、定型約款の個別の条項について合意をしたものとみなされる。

2　定型約款準備者が既に相手方に対して定型約款を記載した書面を交付していたときは、相手方の請求があっても、これに応ずる必要はありません。

第8編 契約各論

ここから一つひとつの契約を細かく見ていきます。

契約は大きく分けて①財産権を移転するグループ（売買・贈与）②貸し借りをするグループ（賃貸借・使用貸借・消費貸借）③仕事をするグループ（請負・委任）に分けることができます。

～契約して欠陥があったとしても解除できないこともある～

第1章 売買契約・贈与契約

財産権が移転するケースである、売買契約と贈与契約から検証します。
売買契約の方を重点的に学習してください。

第1節 売買の成立

高額な商品を買う場合、手付が欲しいと要求されることがあります。

それに応じて手付を渡した場合、契約を2つしていたことになります。

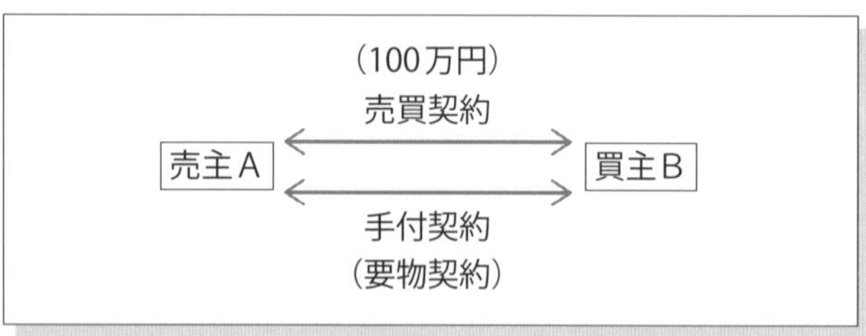

例えば、売買契約をして履行は1か月後だと決めていました。

ただ、手付として10万円渡して欲しいと言われていたので、BはAに手付を10万円渡していました。

法律上は契約として売買契約と手付契約という2つの契約をした扱いになります。

手付でBが10万円渡していますが、この手付というのは、代金を先払しているのではなく、預けているという感覚です。

手付を預けておくと、お互いが、契約を解除することができるようになります。

> **557条（手付）**
> 1　買主が売主に手付を交付したときは、買主はその手付を放棄し、売主はその倍額を現実に提供して、契約の解除をすることができる。ただし、その相手方が契約の履行に着手した後は、この限りでない。
> 2　第545条第4項の規定は、前項の場合には、適用しない。

売主も買主も解除ができるのです。

例えば、買主Bがもっと良い商品が安く見つかったからと、Aとの契約をやめたいということだってあるだろうし、

売主Aの方も、もっと高値で買ってくれる人が見つかったから、Bとの契約をやめたいということだってあるでしょう。

この場合、**AとBのどちらも、手付分を損することを覚悟すれば、契約を解除することができます。**

具体的には、売主Aが解除する場合、10万円預かっていたものに加えて、自腹で10万円出してBに返すのです（合計20万円渡します）。

これでAから解除ができます。

また、買主Bから解除をするのであれば、Aに預けた10万円を「返さなくていいよ」とそんな意思表示をして解除ができます。

ちなみにこの売主Aから解除する場合、**20万円は現実に持って行く必要があ**

ります。「準備できたよ」という連絡だけでは済みません。

（ちなみに、持っていったところ受け取ってくれなかったとしても要件をクリアします。わざわざ供託までする必要はありません）

この解除ですが、一定の時期を過ぎるとできなくなってしまいます。

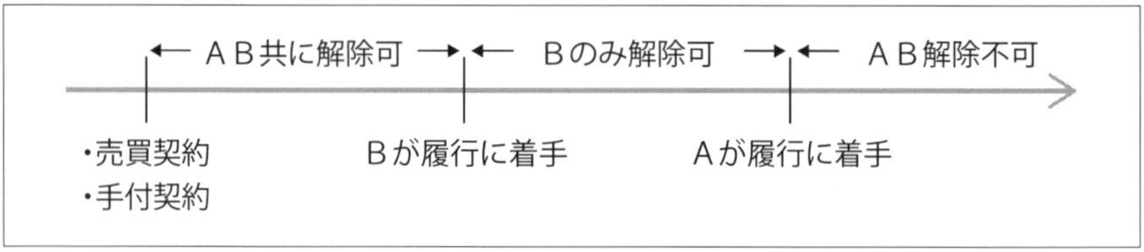

履行に着手と書いてあります。履行するための準備に入った、というイメージです。

例えば、**Ｂが履行の着手に入ると、Ａからは解除ができなくなります**。

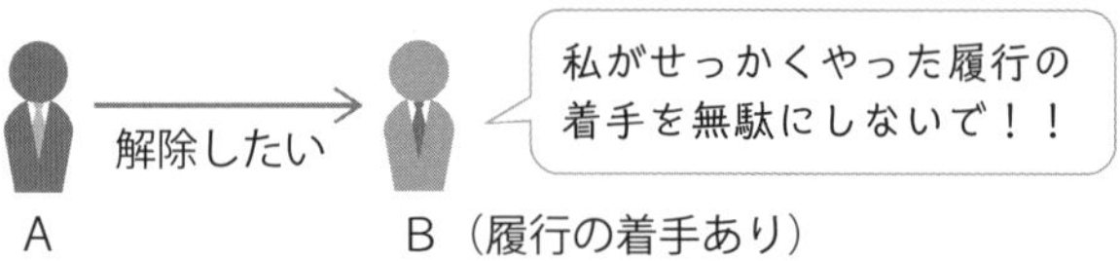

もしここで契約解除になると、**Ｂがせっかく行った履行の着手が無駄になってしまうため、Ａから解除することを認めません**。

ただ、Ｂから解除することは可能です。自分がした準備を、自分で無駄にするのは問題ありません。

手付解除の考え方
・Ｂがしたことを、Ａが解除で無駄にする　×
・Ｂがしたことを、Ｂが解除で無駄にする　○

このように、**Ｂの利益なんだから、Ｂから解除するのはオッケー**です。

ちなみにこの後、Ａも履行の準備に入ってしまえば、もう両方とも解除ができなくなります。

次の図表で、今までの論点をまとめました。

覚えましょう

◆ 手付解除の要件・効果 ◆

要件	① 相手方が履行に着手していないこと ② 買主が解除する場合は手付を放棄すること 売主が解除する場合は手付の倍額を返還すること（557 Ⅰ本文）
効果	① 契約が失効する ② 損害賠償請求権は発生しない（557 Ⅱ）

効果②を見てください。

この解除に伴う損害賠償は一切認められません。**手付の部分で得しているんだからそれで我慢をしなさい**、ということです。

問題を解いて確認しよう

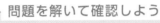

1	売主が売買契約を解除するには、買主に対し、手付の倍額を償還する旨を告げてその受領を催告するのみでは足りず、その現実の提供をしなければならない。〔13-17-ア〕	○
2	当事者の一方は、自らが履行に着手した場合には、相手方が履行に着手していないときでも、売買契約を解除することができない。〔13-17-オ〕	×
3	買主が売主に手付を交付した場合において、売主が売買契約を解除するためにした手付の倍額の償還の受領を買主が拒んだときは、売主は、手付の倍額の金銭を供託しなければならない。〔24-17-オ〕	×

×肢のヒトコト解説

2 相手が着手していなければ、手付解除が認められます。

3 現実の提供をしていればよく、供託までする必要はありません。

これで到達！

合格ゾーン

□ 債務の履行期の約定がある場合であっても、当事者が債務の履行期前には履行に着手しない旨を合意している場合等の格別の事情のない限り、直ちに、当該履行期前には、557条１項にいう履行の着手は生じ得ないと解すべきものではない（最判昭41.1.21)。〔13-17-ウ、令2-18-オ〕

★履行の着手を、弁済期前にすることができるかという論点です。弁済期前に履行の着手ができる（＝相手が解除できなくなる）と、弁済期前だからまだ大丈夫という期待を裏切ることにもなります。判例は、弁済期前の履行の着手でも解除権がなくなることがあるとしています（契約状況等によるものとして、一律処理をしていないと思いましょう)。

□ 557条１項にいう履行の着手とは、債務の内容たる給付の実行に着手すること、すなわち、客観的に外部から認識し得るような形で履行行為の一部をなし、又は履行の提供をするために欠くことのできない前提行為をした場合を指す（最大判昭40.11.24)。〔令2-18-ウ〕

★履行の着手になるかどうかの基準を示した判例です（その基準がそのまま出題されました)。この基準に従うと、買主が代金支払のために資金を銀行から借り入れる準備をした場合、履行期前に、買主が銀行から融資に応じる旨の通知を受け取った場合は履行の着手には「まだ」ならないことになります（売買の準備と外部から認識できないから)。

□ 解約手付の授受された第三者所有の不動産の売買契約において、売主が、その不動産を買主に譲渡する前提として、当該不動産につき所有権を取得し、かつ、自己名義の所有権移転登記を経た場合には、557条１項にいう「契約の履行に着手」したときに当たる（最大判昭40.11.24)。〔令2-18-エ〕

★他人物売買の売主が、所有者から所有権を買い受けた行為は、履行の着手になると判示した判例です。

第2節 売買の効力

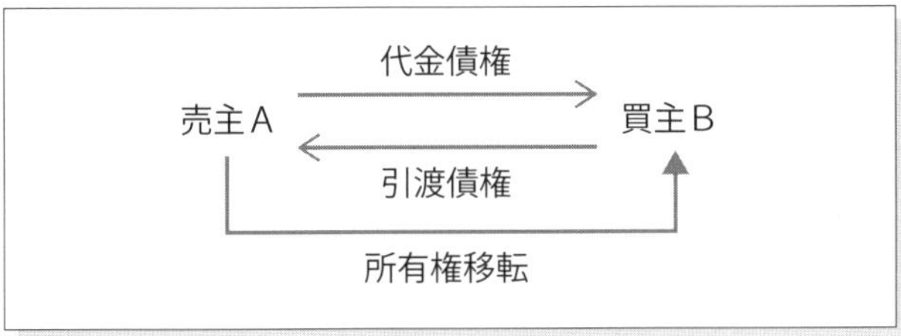

売買契約が成立した後の効果を表している図です。

所有権移転は、売買契約によって生じます。そのため、**売買契約後に売主に所有権を移す義務なんてありません**（もう移っていますからね）。

売主にはどんな義務があるかというと、引渡しの義務や、不動産であれば、登記を移すという義務、ここまであります。

また、欠陥品を売った場合は、責任を負わなきゃいけない場合もあります。

これは、次の節で説明します。

次に、買主側の義務ですが、代金を払う義務が中心です。

ただこの代金を払う義務ですが、拒絶ができる場合がいくつかあります。

Point

代金支払拒絶権

同時履行の抗弁権（533）

買い受けた権利の全部又は一部を失うおそれがある場合（576本文）

買い受けた不動産に担保権の登記がある場合（577）

同時履行の抗弁権については前に触れました。

「物はどうしました？　お金は払いませんよ」、と履行を拒める権利で、これによって履行を拒んでも、債務不履行にならないということでした。

576条（権利を取得することができない等のおそれがある場合の買主による代金の支払の拒絶）
売買の目的について権利を主張する者があることその他の事由により、買主がその買い受けた権利の全部若しくは一部を取得することができず、又は失うおそれがあるときは、買主は、その危険の程度に応じて、代金の全部又は一部の支払を拒むことができる。ただし、売主が相当の担保を供したときは、この限りでない。

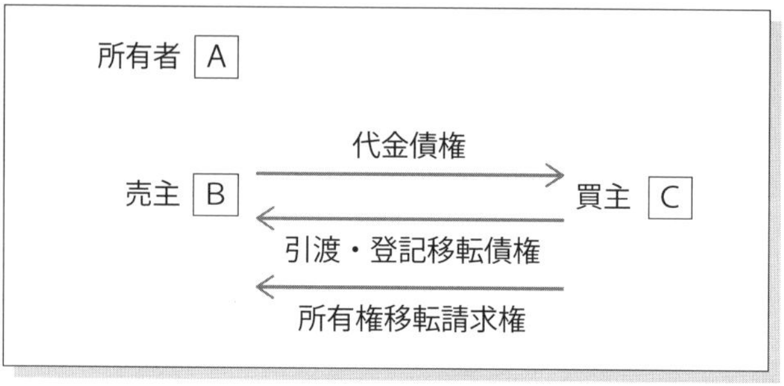

売買契約の後に、Aが所有者で、Bは所有権を全く持っていなかったということが発覚しました。こういう場合**（他人物売買といいます）でも、契約自体は有効なので、債権債務の発生は生じます**（さすがに所有権移転は起きません）。

ここで、**Cは所有権が手に入らないのに、お金を払うのは嫌**ですよね。
この場合はこの576条を理由に、所有権が手に入らない危険がある以上、原則として払わないと言えるのです。

次の条文は、抵当権消滅請求というものが終わったら、読んでください。

577条（抵当権等の登記がある場合の買主による代金の支払の拒絶）
1　買い受けた不動産について契約の内容に適合しない抵当権の登記があるときは、買主は、抵当権消滅請求の手続が終わるまで、その代金の支払を拒むことができる。この場合において、売主は、買主に対し、遅滞なく抵当権消滅請求をすべき旨を請求することができる。
2　前項の規定は、買い受けた不動産について契約の内容に適合しない先取特権又は質権の登記がある場合について準用する。

不動産を買った方が、抵当権消滅請求をしてお金を払おうとしています。

抵当権消滅請求でお金を払って、なおかつ代金も売主に払うという2度払は嫌なわけです。だから**抵当権消滅請求が終わるまでは俺は払わないよ、と拒絶ができるようにしています**。

問題を解いて確認しよう

1	買い受けた不動産について契約の内容に適合しない抵当権の登記があるときは、買主は、抵当権消滅請求の手続が終わるまで、売主に対し代金の支払を拒むことができる。〔19-14-エ〕	○

これで到達！ 合格ゾーン

☐ 売買契約に関する費用（契約費用）は、当事者双方が等しい割合で負担する（558）。〔24-17-ア〕

★たとえば、土地の売買契約の締結のために要した土地の測量費用は契約費用に当たります。これらは、当事者双方の利益になるので、双方が分担することになります。

☐ 弁済の費用について別段の意思表示がないときは、その費用は、債務者の負担となる（485本文）。ただし、債権者が住所の移転その他の行為によって弁済の費用を増加させたときは、その増加額は、債権者の負担となる（485但書）。〔30-17-オ〕

★弁済するのは債務者の義務なので、債務者が負担すべきことになります。ただ、債権者が引越しなどをして、弁済費用を増額させた場合は、それは債権者側に請求できます。

☐ まだ引き渡されていない売買の目的物が果実を生じたときは、その果実は、売主に帰属する（575Ⅰ）。この点、売主が売買の目的物の引渡しを遅滞しているときであっても、目的物から生じる果実は、売主に帰属する（大連判大13.9.24）。〔令3-18-ウ〕

★売買契約の後、引き渡しをするまでに果実が生まれても、買主は「その果実は自分のものだ」と主張できません。一方、売主は買主に対して「引き渡しまでの利息を請求する」「引渡しまでの管理費用を払え」とも主張できません。少額な費用・利益は当事者間で相殺したと考えるのです。

□ 売買の目的物の引渡しについて期限があるときは、代金の支払についても同一の期限を付したものと推定される（573）。〔令3-18-ア〕

★売買代金の支払いと、物の引渡しができるだけ同時履行にできるようにする規定です。ただ、「推定」というだけでなので、物の引渡しが先という特約をすることは可能です。

第3節 契約不適合

売主A ―――――――――――― 買主B
売買契約（双方履行済み）

ＡＢ間で売買契約をし、引渡しを受けましたが、引渡しを受けたものが契約内容に合っていませんでした（契約不適合といいます）。

例えば、下記のような事例を想像してください。

- 物品が頼んだものと違う、 物品が壊れている
  （目的物の種類・品質に関する契約の不適合）
- 買った物の数量が違う
  （目的物の数に関する契約の不適合）
- 買った不動産に地上権が付いていた、買った不動産の一部が他人の物だった
  （権利に関する契約の不適合）

売主は契約内容のことをしていなかったのですから、**これは債務不履行となります**。

具体的には、買主は売主に対して

①**追完請求**　②**代金減額請求権**　③**損害賠償請求権**　④**解除権**

を有する場合があります。

損害賠償請求権、解除権は、債務不履行で説明した通りなので、ここでは上記の①②に焦点を当てて説明します。

<table>
<tr><th></th><th>追完請求権（562）</th><th>代金減額請求権（563）</th></tr>
<tr><td rowspan="2">要件</td><td colspan="2">引渡された目的物が種類、品質又は数量に関して契約の内容に適合しないものであること</td></tr>
<tr><td></td><td>買主が相当の期間を定めて履行の追完の催告をし、その期間内に履行の追完がないこと</td></tr>
<tr><td>売主の責めに帰すべき事由の要否</td><td colspan="2">不要
→　売主は、契約不適合が売主の責め帰することができない事由によるものであるとの抗弁を出すことができない</td></tr>
<tr><td>免責される場合</td><td colspan="2">不適合が買主の責めに帰すべき事由によるものであるとき</td></tr>
</table>

追完請求とは、「目的物の修補」「代替物の引渡し」「不足分の引渡し」を請求する権利です。

一方、代金減額請求権というのは、その名のとおり、代金を下げる一方的意思表示です。

この代金減額請求権については、ラストチャンスを与える必要があります。**解除権のときと同じく催告をした上でないと認められないのが原則です（例外は563条2項に規定されています）**。

どちらの権利も、**売主のせいで契約不適合が生じたかどうかは要件ではありません**。そのため、追完請求を受けた売主が

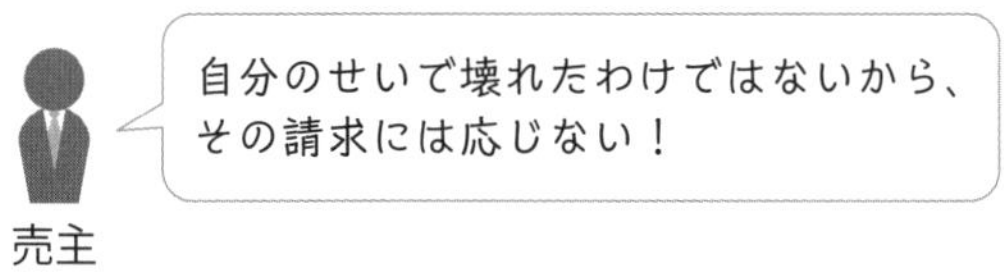
自分のせいで壊れたわけではないから、
その請求には応じない！
売主

という言い訳をしても通りません。

一方、壊れた原因が買主のせいだったらどうでしょう。**買主が自分で物を壊しておいて契約内容と違うから追完しなさい、また代金を下げなさいというのはおかしい**ですよね。この場合は、売主は免責されます。

566条（目的物の種類又は品質に関する担保責任の期間の制限）
売主が種類又は品質に関して契約の内容に適合しない目的物を買主に引き渡した場合において、買主がその不適合を知った時から１年以内にその旨を売主に通知しないときは、買主は、その不適合を理由として、履行の追完の請求、代金の減額の請求、損害賠償の請求及び契約の解除をすることができない。ただし、売主が引渡しの時にその不適合を知り、又は重大な過失によって知らなかったときは、この限りでない。

この条文は、以下のことをルール化しています。

このように、契約の内容に適合しないことを知ってから１年以内に通知する義務を課すことにしたのです。
もし、１年以内に通知がなかったら、売った方は次のように考えるでしょう。

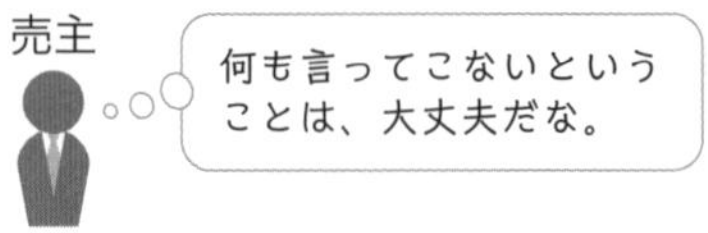

こういった期待を抱くため、契約の内容に適合しないことを知ってから１年以内に通知しなければ権利行使を認めないことにしたのです。そのため、**売主が不適合を知っていた（又は重過失で知らなかった）場合には保護に値しないので、権利行使が認められます。**

このルールですが、すべての契約不適合で適用されるものではありません。次の図表を見てください。

	566条本文の適用
目的物の種類・品質に関する契約の不適合	○
目的物の数に関する契約の不適合	×
権利に関する契約の不適合	×

例えば、契約したものと**数が違うことは引渡しを受ければすぐに分かる**でしょう。

また、**短期間で失権するというこのルールは、権利に関する不適合という重大な瑕疵にはあてはめるべきではない**ことから、566条は「目的物の種類・品質に関する契約の不適合」のみに限定しています。

この期間制限と、時効期間の関係を下の図表でまとめました。この図表を使って、整理、記憶をしてください。

◆ 担保責任　期間制限 ◆

	期間制限（566）	時効期間
種類、品質が契約の内容に適合しない場合	買主がその不適合を知った時から1年以内にその旨を売主に通知しないとき →　責任追及ができない（注）	主観的起算点）知ってから5年 客観的起算点）引渡しから10年
数量が契約の内容に適合しない場合		主観的起算点）知ってから5年 客観的起算点）引渡しから10年
権利が契約の内容に適合しない場合		主観的起算点）知ってから5年 客観的起算点）引渡しから10年

（注）売主が引渡しの時にその不適合を知り、又は重大な過失によって知らなかったときは、この限りでない。

ちなみに、契約の不適合のすべて、時効期間の適用を受けます。

そのため、主観的起算点から5年、客観的起算点（引渡しを受けた時という判例があります）から10年の時点で、権利行使ができなくなります。

568条（競売における担保責任等）
1　民事執行法その他の法律の規定に基づく競売（以下この条において単に「競売」という。）における買受人は、第541条及び第542条の規定並びに第563条（第565条において準用する場合を含む。）の規定により、債務者に対し、契約の解除をし、又は代金の減額を請求することができる。
2、3　省略
4　前3項の規定は、競売の目的物の種類又は品質に関する不適合については、適用しない。

	競売における買受人
目的物の種類・品質に関する契約の不適合	責任追及×
目的物の数に関する契約の不適合	責任追及○
権利に関する契約の不適合	責任追及○

強制競売の場合には、目的物の種類・品質については、責任追及ができません。**競売になると所有者が丁寧に使わなくなるので、どこか壊れたりする**ものです。

そして、**競売物件を買う人はそれを分かっている**のです。そこで、強制競売される物品については、目的物の種類・品質は問えないことにしています。

572条（担保責任を負わない旨の特約）
売主は、第562条第1項本文又は第565条に規定する場合における担保の責任を負わない旨の特約をしたときであっても、知りながら告げなかった事実及び自ら第三者のために設定し又は第三者に譲り渡した権利については、その責任を免れることができない。

瑕疵があれば原則として責任を負う、ただ、特約があれば負わないとなっています。

アウトレットの商品でイメージしてください。

アウトレットの商品は、

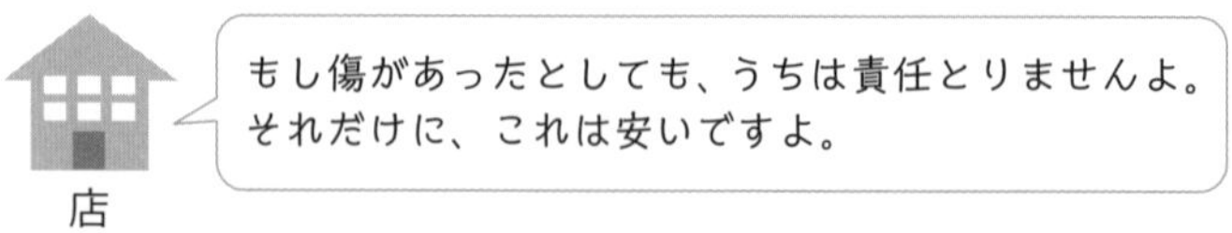

もし傷があったとしても、うちは責任とりませんよ。
それだけに、これは安いですよ。
店

という感じで売っています。このような特約があれば、売主は責任を負いません。

ただ、その欠陥が分かっていた場合は別です。

欠陥を知りながら売る、さすがにこれは特約をしていても許されるものではありません。

原則は責任あり。特約あれば、責任なし
ただ、分かっていた場合は責任あり

こんな感じで覚えておいてください。

問題を解いて確認しよう

	問題	解答
1	強制競売で買い受けた物に競売の目的物の種類又は品質に関する不適合があった場合において、買受人が売却許可決定がされた当時、当該不適合があることを知らなかったときは、買受人は、当該不適合を知っていながら申し出なかった債務者に対し、損害賠償を請求することができる。〔13-16-オ改題〕	×
2	強制競売の目的である権利の一部が他人に属していたことにより、買受人が当該権利の一部を取得することができなかった場合において、債務者が無資力であるときは、買受人は、代金の配当を受けた債権者に対し、その代金の全部又は一部の返還を請求することができる。〔13-16-エ〕	○
3	ＢがＡからその所有する甲建物を買い受けたところ、その目的物の品質に関する契約の不適合があった場合において、ＢがＡに対して売買契約の解除又は損害賠償を請求するときは、Ｂは、当該売買契約が成立した時から１年以内にこれをしなければならない。〔オリジナル〕	×
4	物の種類・品質に関する契約内容の不適合（以下「契約不適合」とする。）に基づく売主の担保責任は、法律が買主の信頼保護の見地から特に売主に課した法定責任であって、この責任は、売買契約上の債務とは異なるものであるから、契約不適合に基づく買主の売主に対する損害賠償請求権には、債権の消滅時効に関する規定は適用されない。〔オリジナル〕	×

×肢のヒトコト解説

1　競売物件の場合、壊れていることが多いため、種類・品質に関する契約の不適合を理由に担保責任を追及することはできません。

3　成立から１年という基準ではありません。

4　買主が契約不適合を知った時から５年（166 Ⅰ①）の消滅時効、買主が「権利を行使することができるとき」（同条Ⅰ②）から10 年（同条Ⅰ②）の消滅時効にも服します。

これで到達！　合格ゾーン

□ 売主が種類、品質又は数量に関して契約の内容に適合しない目的物を買主に引き渡した場合において、売主が履行の追完を拒絶する意思を明確に表示したときは、買主は、その不適合の程度に応じて代金の減額を請求するために、履行の追完の催告をすることを要しない。〔令3-18-イ〕

★代金減額を請求する場合には、催告をすることが必要です。ただ、売主が「自分は追完には応じません」と事前に意思を伝えている場合、ここで催告をしても無駄であるため、直ちに代金の減額を請求することを認めています（563条2項2号）。

第4節　贈与

549条（贈与）
　贈与は、当事者の一方がある財産を無償で相手方に与える意思を表示し、相手方が受諾をすることによって、その効力を生ずる。

贈与契約というのも、お互いの意思の合致で行います。

贈与契約書を作って行うこともありますし、単なる口約束でも可能です。

ただ、**口約束の場合には、特殊な条文の適用を受けます**。次の条文を見てください。

550条（書面によらない贈与の解除）
書面によらない贈与は、各当事者が解除をすることができる。ただし、履行の終わった部分については、この限りでない。

贈与契約というのは軽率に行われやすい、「あー、あげるよ」ということを軽い感覚で言いかねません。
もらった方が、後日になって物をくれと言うと、「俺そんなこと言ったっけ」そんなように言われることが起きます。

これが訴訟になれば、言った言わないということが争点になります。
そういったことに裁判所は付き合いたくありません。

そこで、口頭で行った贈与については、後で解除できるとしました。
つまりあげる方が

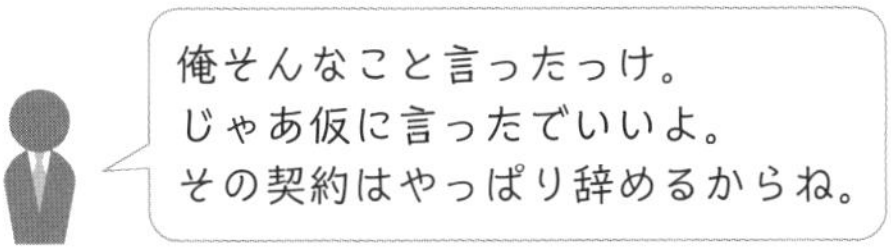

俺そんなこと言ったっけ。
じゃあ仮に言ったでいいよ。
その契約はやっぱり辞めるからね。

と言って、**贈与契約を解除して、トラブルを終わらせることができる**のです。

論法としては、「**意思が明確じゃない→だから解除ができる**」ということです。
だったら、**意思が明確であれば、解除を認める必要はありません**。

次の時系列を見てください。

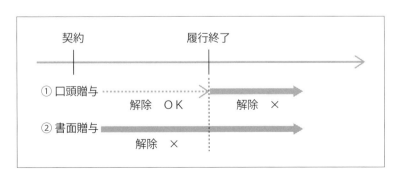

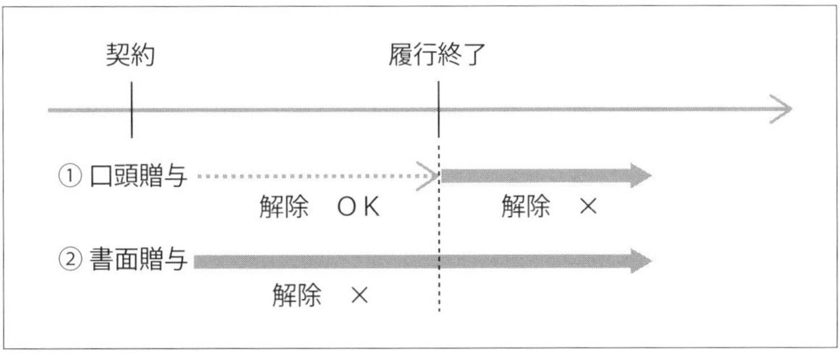

①口頭贈与について

口約束で贈与した場合、解除ができます。

ただ、**履行すれば、そこであげる意思が明確になる**ので、解除できないようになります。

②書面贈与について

契約書を作っていた場合です。**契約書を作ったということは、あげる意思がその時点で明確になっています**。だから、このルールに基づく解除は全くできません。

> **553条（負担付贈与）**
> 負担付贈与については、この節に定めるもののほか、その性質に反しない限り、双務契約に関する規定を準用する。

「土地はあげるけど、婆さんの面倒見てくれ」

あげるけど負担を課す、これが負担付贈与というものです。

個人的にはバレンタインデーのチョコレートもこれじゃないかと思っています。後でホワイトデーというお返しをしなきゃいけない（？）からです。

> **551条（贈与者の引渡義務等）**
> 1　贈与者は、贈与の目的である物又は権利を、贈与の目的として特定した時の状態で引き渡し、又は移転することを約したものと推定する。
> 2　負担付贈与については、贈与者は、その負担の限度において、売主と同じく担保の責任を負う。

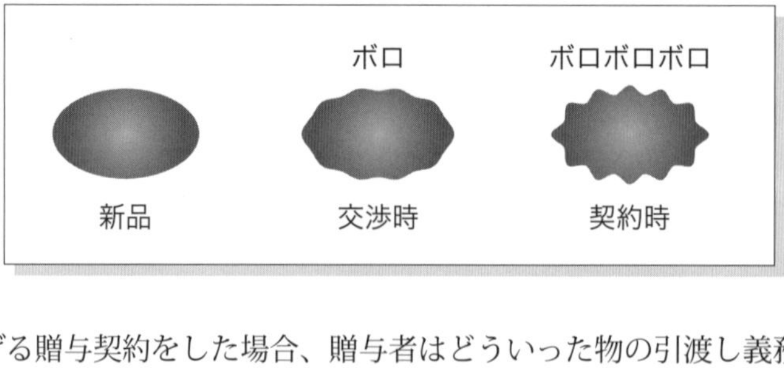

物をあげる贈与契約をした場合、贈与者はどういった物の引渡し義務を負っているのでしょうか。

例えば、上記のように物が劣化していった場合、贈与者は新品状態のものを渡す義務があるのか、それとも契約時の状態のものを渡せばいいのでしょうか。

贈与者はお金をもらって渡すわけではなく、好意で物をあげようとしています。そのため、**物の特定時（契約時）の状態で渡せばよい**としました。

物の特定時の状態で渡せば、契約内容に合致するため、下記のような請求はできないことになります。

- 契約内容と異なるから解除だ
- 契約内容と異なるから、損害を賠償しろ
- 契約内容と異なるから、新品をくれ（追完請求）
- 契約内容と異なるから、代金を減額しろ

ちなみに、この条文は、590条1項（無利息消費貸借）、596条（使用貸借）で準用されています。

問題を解いて確認しよう

1	甲が乙に対して、既登記の建物を口頭によって贈与した場合、甲が乙に対し建物を引き渡したときであっても、所有権移転登記をするまでの間は、贈与を解除することができる。〔5-11-1〕	×
2	甲が乙に対して、未登記の建物を口頭によって贈与した場合、甲が乙にその建物を引き渡したときは、贈与を解除することができない。〔5-11-5〕	○
3	贈与契約において、目的物が品質に関して契約の内容に適合しないものであるときは、贈与者は、目的物が特定した時の状態で目的物を引き渡すだけでは足りず、履行の追完をしなければならない。〔オリジナル〕	×

×肢のヒトコト解説

1　引き渡すことによって、贈与意思が明らかになっています。そのため、解除することができません。

3　目的物が特定した時の状態で、目的物を引き渡せば足りるので、追完する必要はありません。

554条（死因贈与）
贈与者の死亡によって効力を生ずる贈与については、その性質に反しない限り、遺贈に関する規定を準用する。

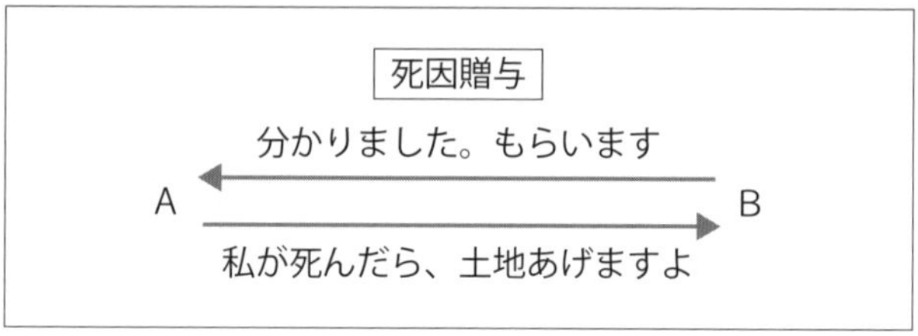

これは、生きているうちに、契約を交わすことによって行います。
これと似た制度があります。

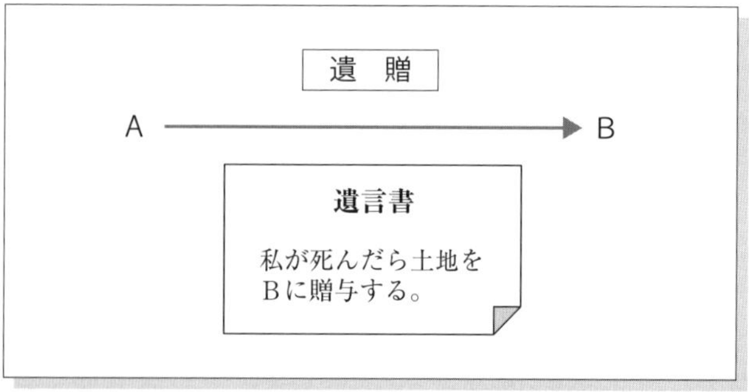

Aが一方的に遺言書を作っておくことで、同じことが実現できます。
Aだけの意思で行う単独行為か、ＡＢ両方の意思がある契約か、という点でこの2つには違いがあります。ただ、似ている点が多いので、**死因贈与では、遺贈のルールを使います**よとしています。

2周目はここまで押さえよう

◆死因贈与（554条）と遺贈◆

	死因贈与	遺贈
法的性質	契約	**単独行為**
能力	贈与者には行為能力が必要	満15歳以上の意思能力者はできる
代理して行うことができるか	可能	不可
方式	不要式	遺言の方式による
財産をもらう者は放棄ができるか	できない	できる

死因贈与と遺贈は、共通する点も多いのですが、違う点も多くあります。上記は違う点をまとめた図表になっています。

これらの違いは、2つの視点から押さえることができます。

Point1

死因贈与は財産法だが、遺贈は親族法である

ここから能力（財産法は行為能力がいる、親族法は行為能力はいらない）、
代理（財産法は代理ができる、親族法は代理ができない）、
方式（財産法は不要式が原則、親族法は要式行為が多い）の
結論が導けます。

Point2

死因贈与は契約だが、遺贈は単独行為である

遺贈の場合は、遺贈者の意思のみでおこなっているため、遺贈の効力発生後に、もらう側が「そんなものいらない」と放棄することができます。

一方、死因贈与はあげる側ともらう側の合意で行っているため、効力発生後に「そんなものいらない」と放棄することは認めません。

1	遺贈は遺言による単独行為であるのに対し、死因贈与は契約である。〔19-23-ア改題〕	○
2	死因贈与については、遺贈に関する規定が適用されるから、15歳に達した者が死因贈与をするには、法定代理人の同意は不要である。〔5-11-2（7-19-1）〕	×
3	満15歳に達している未成年者は、法定代理人の同意がなくても、遺贈をすることができる。〔7-19-1改題〕	○
4	死因贈与、遺贈のいずれも、自筆証書によるなど法律で定める方式に従わなくてはならない。〔7-19-2〕	×
5	遺贈における受遺者は、遺言者の死亡後、いつでも遺贈を放棄することができるが、死因贈与における受贈者は、その放棄をすることができない。〔7-19-3〕	○

これで到達！  合格ゾーン

☐ 負担付死因贈与の場合、贈与者の生前に既に負担の履行が済んでいたなど特段の事情がある場合には例外的に撤回できない（最判昭57.4.30）。〔19-23-エ〕

★死因贈与をしても、贈与者は撤回することができますが（最判昭47.5.25）、「うちの母に2,000万支払ったら、自分の甲土地をあげる」という負担をつけている契約で、受贈者が2,000万を支払った後は撤回をすることはできません。負担履行をした受贈者を保護するためです。

第2章　消費貸借・賃貸借・使用貸借

次は、貸し借り関係の契約を見ていきます。どれも頻繁に出題されますが中でも賃貸借が多く出題されます。
ただし、賃貸のルールがすべて出るのではなく、転貸借のルールが出題のメインになっています。あまり手広く学習しすぎないようにしましょう。

第1節　消費貸借

587条（消費貸借）
消費貸借は、当事者の一方が種類、品質及び数量の同じ物をもって返還をすることを約して相手方から金銭その他の物を受け取ることによって、その効力を生ずる。

借りて→使って→同じ物品を返す、というものです。有名なものは、金銭消費貸借ですが、お金以外にもありえます。

例えば、お隣さんから味噌を借りるような場合です。
味噌を借りる→食べる→同じ商品で返す、これも消費してから返すなので、消費貸借の1つとなります。

覚えましょう

消費貸借	借主が目的物の所有権を取得し、これを消費した上で同種・同等・同量の別物を返還する
賃貸借 使用貸借	目的物の所有権は貸主に留保され、借主は目的物を処分しないで、使用収益後、借りた同一物を返還する

消費貸借の場合は、**所有権を取得するというのがポイント**です。

所有権を取得するからこそ、食べられるのです。

一方、賃貸借は消費貸借と違って、**借りても所有権はやってきません**。そして借りた物をそのまま返すのです。

これが消費貸借と賃貸借の違いです。

所有権を取得するかどうかということと、同じ物を返すかどうかという点に違いがあります。

Point

口頭で行う消費貸借契約　→　要物契約
書面で行う消費貸借契約　→　諾成契約

消費貸借は、原則要物契約となっていて、**物を渡すことによって成立します**。ただ、お互いの合意があるのに貸主が金銭を交付しないという場合もあることから、**意思の合致の時点で契約の効力を認める**ことにしました。

ただ、これは意思表示を書面化していた場合のみです。**安易な口約束で貸主が貸す義務が生じることがないよう**、意思を書面化していた場合のみ諾成契約を認めました。

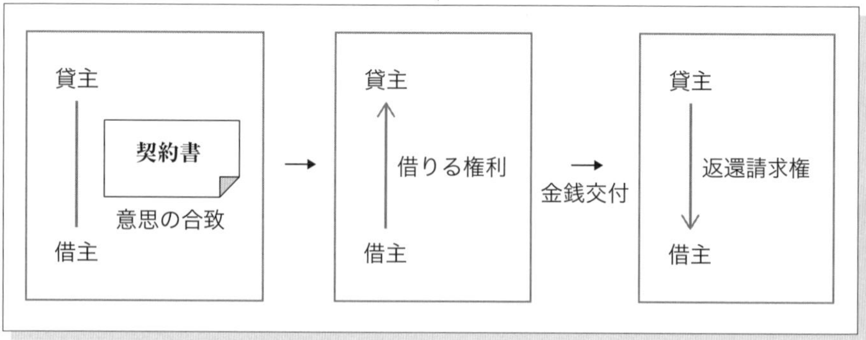

上記が、書面による消費貸借の流れです。

契約をすることによって、借りる権利が発生し、その権利を行使して金銭の交付を受ける。その金銭の交付によって返還請求権が発生する、となっています。

ここで、注意してほしいのは、**借主は借りる権利があるのであって、借りる義務を押し付けられているわけではない**点です。

そのため、契約後に借りる必要がなくなれば、**借主は契約を解除することが認められています**。

589条（利息）
1　貸主は、特約がなければ、借主に対して利息を請求することができない。
2　前項の特約があるときは、貸主は、借主が金銭その他の物を受け取った日以後の利息を請求することができる。

貸し借りをしたときに、利息が取れるのかという条文です。

民法は、商売人同士のルールではなく、一般人同士のルールとして使われています。友人にお金を貸す時に利息を取る人は、そうはいないでしょう。

そこで、**「利息を取るよ」という合意が別途あった場合だけ利息を取ることにしています**。

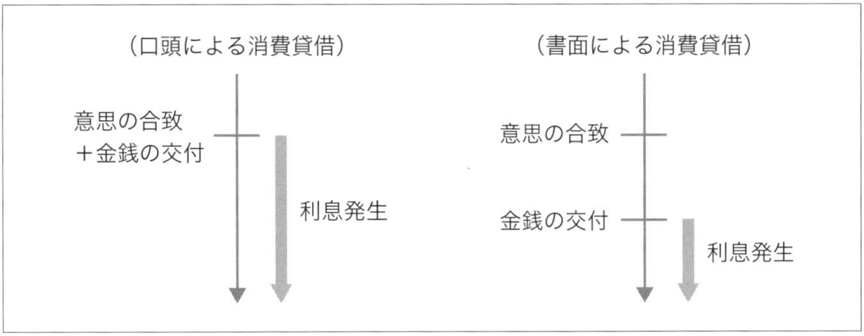

この利息というのは、「元本所持のお礼」という性質があります。100万円を私に預けてくれてありがとうというニュアンスです。

そのため、**受け取った日から利息を払う必要がある**のです。

元本を受け取るのは、要物契約であれば契約日、書面による消費貸借の場合は契約成立後になります。その受け取った日から、利息は発生します。

問題を解いて確認しよう

1	書面でする消費貸借等以外の消費貸借は、当事者の一方が目的物を受け取ることによって効力を生ずる契約である。〔20-17-ア改題〕	○
2	利息付きの金銭消費貸借における利息は、特約のない限り、消費貸借の成立の日の翌日から発生する。〔27-19-イ〕	×

×肢のヒトコト解説

2 元本所持のお礼なので、元本を受け取った日から利息が発生します。

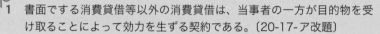

	返還時期の定めがある場合	返還時期の定めがない場合
イメージ	貸主 ――――→ 借主 返還請求権 （弁済期：2035年）	貸主 ――――→ 借主 返還請求権 （弁済期なし）
貸主	期限前の返還請求はできない	相当の期間を定めて返還の催告をすることができる（591 Ⅰ）
借主	いつでも返還することができる（591 Ⅱ） 貸主は、借主がその時期の前に返還をしたことによって損害を受けたときは、借主に対し、その賠償を請求することができる（591 Ⅲ）	いつでも返還することができる（591 Ⅱ）

最終的に借りたものを返すことになりますが、いつ返せばいいのでしょうか。これは「返還時期を決めているのか」「貸主が請求するのか、借主から払うのか」で変わってきます。

借主側が返す場合、返還時期を決めていても決めていなくても「いつでも」返すことができます（もっとも、返還時期を定めている場合に、貸主に損害が出ればその賠償は必要です）。

次に、貸主が請求できるかは、返還時期を決めているかどうかで結論が違います。返還時期を2035年までと決めていたのであれば、借主はそこまでは払わなくてよいと期待しているため、その時期が来るまでは請求できません。

一方、返還時期を決めていなかった場合でも、直ぐに払えと言えるわけではありません。借主は、借りたものを消費してしまっているので集めるのに時間がかかってしまいます。

そのため、相当期間を定めて「○○日までに返してよ」と請求できるとしているのです（このあたりは、履行遅滞になる時期とリンクしています）。

問題を解いて確認しよう

1	消費貸借契約における借主の返還債務に期限の定めがない場合、貸主は、いつでも、相当の期間を定めて、返還の催告をすることができ、その催告があったときは、借主は、その催告期間中に返還しなければならない。〔9-8-イ（11-6-エ、20-17-エ）〕	○
2	目的物の返還の時期の定めがない場合には、消費貸借の借主は、いつでもその返還をすることができる。〔20-17-オ改題〕	○
3	目的物の返還の時期の定めがある場合には、消費貸借の貸主は、期限が到来した時からその返還の請求をすることができる。〔20-17-イ〕	○
4	目的物の返還の時期の定めがある場合には、消費貸借の借主は、いつでもその返還をすることができる。〔20-17-ウ改題〕	○
5	借主は、消費貸借契約において返還の時期が定められていた場合であっても、いつでも返還をすることができる。〔令2-19-イ（20-17-ウ）〕	○

第2節 賃貸借・使用貸借

賃借権

貸主 ←――――― 借主

貸主 ―――――→ 借主

賃料債権

貸主	借主
①使用・収益させる義務（601）	①賃料支払義務（601）
②修繕義務（606）	②用法遵守義務（616・594 Ⅰ）
③費用償還義務（608）	③借用物返還義務（明渡義務）（622・597 Ⅰ） →善管注意義務（400）

この図は賃貸借契約が成立した後の債権関係、お互いの義務が載っています。
借主側の義務を見ていきましょう。

借りた方には、賃料を払う義務があり、他にも、決められた用法を守る義務、例えば、住宅用だから店舗として使うなよ、と約束したのであれば、それに従う必要があります。
また契約期間が終わったら返す義務があります。そこまでの間は、他人の物を預かっていることになるので、善管注意義務となります。

一方、貸した側には使用収益をさせる義務、そして、この延長として修繕義務と費用償還義務があります。

壊れた場合は、原則として大家には修繕する義務があります。
ここで**借り手が直した場合は、大家はその費用を払う必要がある**のです。

覚えましょう

	必要費（608 Ⅰ）	有益費（608 Ⅱ）
意義	物を保存・管理するために必要な費用 ex.修理費	物の利用・改良のために必要な費用 ex.上・下水道の敷設
償還請求権の行使時期	支出と同時	契約終了後

必要費と有益費、これは**修理費**と、**価値を上げた時にかかった費用**と思ってください。
どちらについても、借り手側が出したのであれば大家はこれを返す必要があります。ただ、返すタイミングが違うのです。

必要費に関しては「すぐに返せ」、一方、有益費に関しては、**金額が高額になることもある**ので、すぐではなく、「契約が終わった後に返せ」としています。

問題を解いて確認しよう

1 借家契約の目的である建物が損傷した場合には、借家人は、特約がない限り、その建物の修繕義務を負う。〔7-5-5（3-11-1、25-10-ウ）〕 ×

ヒトコト解説

1 修繕義務を負うのは、原則として賃貸人であって、賃借人ではありません。

これで到達！ 合格ゾーン

□ 賃借人の責めに帰すべき事由によってその修繕が必要となったときは、賃貸人は修繕義務を負わない（606Ⅰ但書）。〔令3-19-ウ〕

★賃貸物件が壊れた場合、大家に直す義務がありますが、賃借人のせいで壊れた場合にまで、大家に直す義務はありません（当たり前ですね）。

□ Bが甲建物について有益費を支出した後に、Aが甲建物をCに譲渡したときは、有益費の償還請求は、Cに対してしなければならない（605の2Ⅳ）。〔18-19-ウ〕

★賃貸人たる地位が譲受人又はその承継人に移転したときは、費用償還債務は、譲受人又はその承継人が承継します。上記の例ではCの所有物の価値が上がっているので、その費用はCが負担することになります。

□ 賃借人が有益費を支出した建物の増築部分が、賃貸借の終了後、賃借物の返還前に、賃貸人又は賃借人のいずれの責めにも帰すべきでない事由によって滅失した場合、その滅失が有益費償還請求権の行使の後に生じたものあっても、有益費償還請求権は消滅する（最判昭48.7.17）。〔25-18-オ〕

★608条2項の趣旨は、賃借人による有益費の支出により賃借物の価値が増加したときには、賃借物の返還を受けた賃貸人は、賃借人の損失において増加価値を不当に利得することになるので、現存する増加価値を償還させるためと言われています。そのため、目的物の返還以前に増改築部分が滅失しているということは、賃貸人が得るはずであった価値も消滅しているので、もはや償還義務に応じる必要はありません。

□ 賃借人が支出した費用の償還は、賃貸人が返還を受けた時から１年以内に請求しなければならない（622・600Ⅰ）。また、この費用の償還の請求権は、一般的な債権であることから、１年の期間とは別に、消滅時効に服する（166Ⅰ、大判昭8.2.8）。〔25-18-ア〕

★622条の条文だけでは「返還を受けるまでは、１年のカウントが始まらない」（トラブルが長期化する）ことがあるため、上記の１年とは別に時効が認められています。起算点は必要費であれば費用の支出時、有益費であれば契約終了時とされています。

覚えましょう

	使用貸借	賃貸借
修繕義務	貸主に修繕義務なし	貸主に修繕義務あり(606Ⅰ本文)
費用負担者	通常の必要費：借主の負担 その他の費用：貸主の負担 (非常の必要費・有益費)	必要費・有益費とも賃貸人の負担 （返還時期） 必要費：支出後直ちに 有益費：賃貸借終了後
貸主死亡	契約は終了しない	契約は終了しない
借主死亡	契約は終了する(597Ⅲ)	契約は終了しない

2つの貸し借り制度を比較しています。

賃貸借というのは、お金を取って貸すことで、使用貸借というのは、タダで貸すことです。

タダで貸す場合、賃貸借と違う点が結構あります。

修繕義務

さすがに**タダで借りている以上、直すのは借りた方**です。

費用償還請求

必要費のすべてを借り手が負担するわけではありません。

「**ちょっとした修理は自分でやれ。大きな修理は大家に請求できる**」、そんなイメージです。具体的には、通常の必要費は借り手側が負担、ただ、大規模な必要費や有益費に関しては、大家負担となっています。

次に、当事者が死んだ場合どうなるかを見ていきましょう。

当事者に相続があった場合は、相続人がその立場を引き継いで、契約を継続するのが原則です。

ただ、使用貸借の借り手側が死んだ場合は違います。

タダで貸しているというのは、縁故関係なり何なりの人間関係があります。

その人だからタダで貸すという関係があるので、**その人が死んだら、その立場は相続されません**（貸している方が死亡しても終了しませんので、注意しましょう）。

問題を解いて確認しよう

1	賃貸借契約の借主が死亡した場合には、契約は、その効力を失う。〔11-6-ウ改題〕	×
2	使用貸借の借主が死亡した場合には、契約は、その効力を失う。〔11-6-ウ改題〕	○
3	使用貸借は、当事者のいずれか一方の死亡によって終了する。〔24-18-2改題（令4-18-エ）〕	×

×肢のヒトコト解説

1 契約は消滅せず、借主の地位は相続人に承継されます。

3 貸主が死亡しても、契約は消滅しません。

これで到達！　合格ゾーン

☐ 贈与者は、贈与の目的である物又は権利を、贈与の目的として特定した時の状態で引き渡し、又は移転することを約したものと推定する（551 Ⅰ）。また、551条の規定は、使用貸借について準用する（596）。〔24-18-ア（11-6-ア）〕

★契約不適合責任については、売買のグループ（原則として責任が発生する）と贈与のグループ（責任が原則発生しない）に分けられます。使用貸借は「タダ」という側面があるため、贈与の条文を準用します。ちなみに、賃貸借は「賃料を取る」ことから、売主の担保責任の規定が準用されています（559）。

622条の2
1　賃貸人は、敷金（いかなる名目によるかを問わず、賃料債務その他の賃貸借に基づいて生ずる賃借人の賃貸人に対する金銭の給付を目的とする債務を担保する目的で、賃借人が賃貸人に交付する金銭をいう。以下この条において同じ。）を受け取っている場合において、次に掲げるときは、賃借人に対し、その受け取った敷金の額から賃貸借に基づいて生じた賃借人の賃貸人に対する金銭の給付を目的とする債務の額を控除した残額を返還しなければならない。
①　賃貸借が終了し、かつ、賃貸物の返還を受けたとき。
②　賃借人が適法に賃借権を譲り渡したとき。

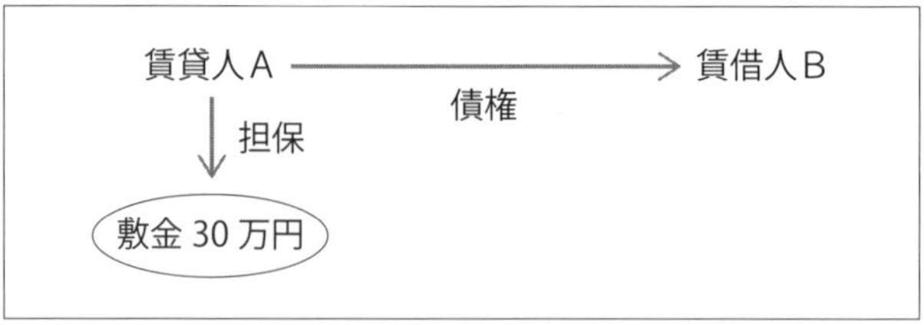

不動産を借りる時に、敷金を渡すということがあります。
この**敷金は、債権を回収する手段として機能しています。**

大家AからBにいろんな債権が発生します。
賃料債権とか、壊した場合の損害賠償債権とか、それを回収する手段として、お金を事前に預かっておくのです。
具体的には、賃料を払わなければ、預かったお金から抜いていく、損害賠償債権があったら預かったお金から抜いていく、こういうことができるのです。

この預かったお金、最終的には賃借人Bに返しますが、どのタイミングで返すのでしょう。

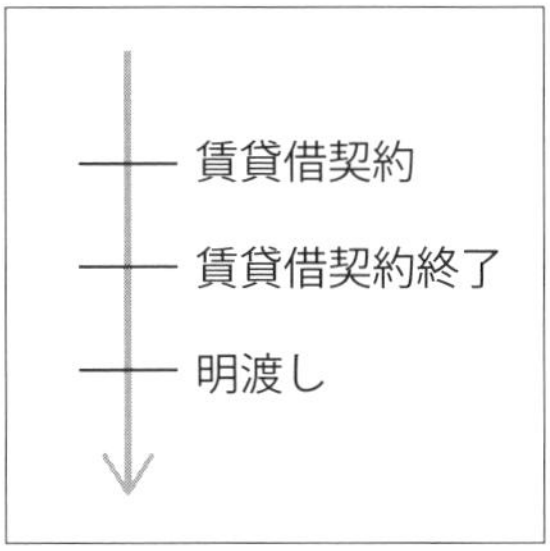

家を返してもらった後に、家の壊れた部分を確認して、そこを直して、かかった費用を敷金から抜いて返却するのです。
明け渡した後に敷金は返金されます。

そのため、**明渡しと返金は同時履行という関係にはなりません**。

つまり、契約が終わった後、家を返せと言われた時に、

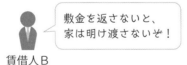

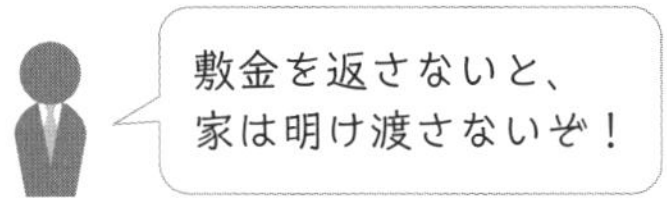

賃借人B

と言って拒むことはできません。

605条の2（不動産の賃貸人たる地位の移転）
4　第1項又は第2項後段の規定により賃貸人たる地位が譲受人又はその承継人に移転したときは、第608条の規定による費用の償還に係る債務及び第622条の2第1項の規定による同項に規定する敷金の返還に係る債務は、譲受人又はその承継人が承継する。

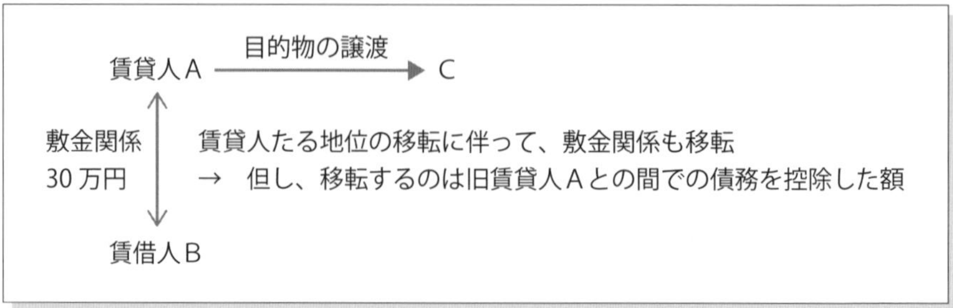

ＡＢ間で賃貸借契約をし、ＢはＡに敷金を30万円渡していたと思ってください。その後、アパートのオーナーがこのアパートをＣに売りました。

これによって、**大家は新しい所有者に代わり、敷金関係も新しい所有者に移転します**。だからＢはＣに対して敷金を返せということになるのです。

ただ、**全額が引き継がれるとは限りません**。
例えば、Ａがオーナーだった時点で、Ｂが6万円賃料未払をしていた場合は、6万円差っ引いた24万円をＣに渡して引き継ぐことになります。

本試験では、もう１つのパターンが出題されています。

Point

賃貸借契約終了後の譲渡
→　敷金関係は移転しない

賃貸借契約が終わった後に、ＡがＣに売ったという場合です。
この場合は、**賃貸借契約が終わっていますから、Ｃは大家の立場を引き継ぎません**。だから敷金関係も、Ｃは引き継がないのです。
ＢはＡに対して、敷金を返せと請求することになります。

問題を解いて確認しよう

1	Aが自己所有の甲建物をBに賃貸して引き渡したという事例で、AB間の賃貸借契約が終了した後に、Aが甲建物をCに譲渡したときは、Bは、Cに対して、BがAに差し入れた敷金の返還を請求することができる。〔18-19-オ〕	×
2	建物の賃貸借終了に伴う賃貸人の敷金返還債務と賃借人の建物明渡債務とは、同時履行の関係に立つ。〔21-18-ア〕	×

ヒトコト解説

1 賃貸借契約が終了しているので、賃貸人の地位は消滅しています。そのため、賃貸人の地位の譲渡になりません。

2 建物明渡しを先に行う必要があります。

これで到達！　合格ゾーン

□ 賃借人は、賃貸人に対し、敷金をその債務の弁済に充てることを請求することができない（622の2Ⅱ後段）。〔29-18-エ〕

★敷金は賃貸人の権利であるため、使うのかどうかは賃貸人の意思に委ねられています。賃借人の方から、「今月払えないから、敷金から抜いてください」という主張は認められません。

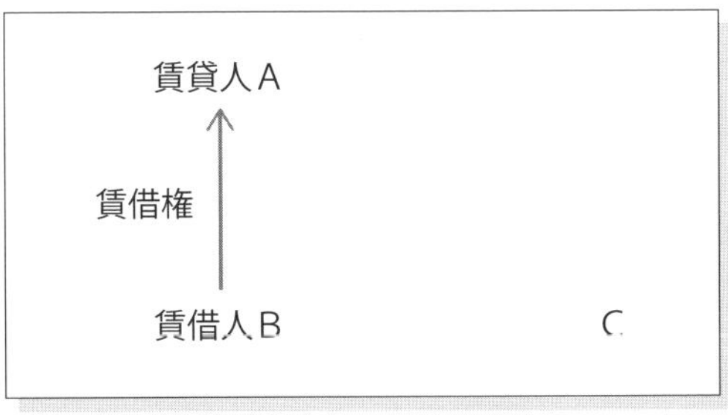

Bが賃借権を持っていますが、Bはもう使う気がなく、Cが使いたい状態です。この場合、Cに使わせる方法が2つあります。

次の図を見てください。

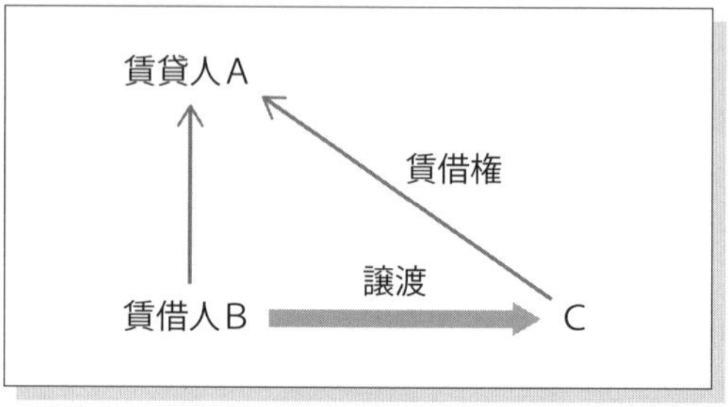

賃借権を譲渡することができます。これにより、**Ｂが権利関係から外れて、Ｃが賃借権を持つこと**になります。これを賃借権の譲渡といいます。

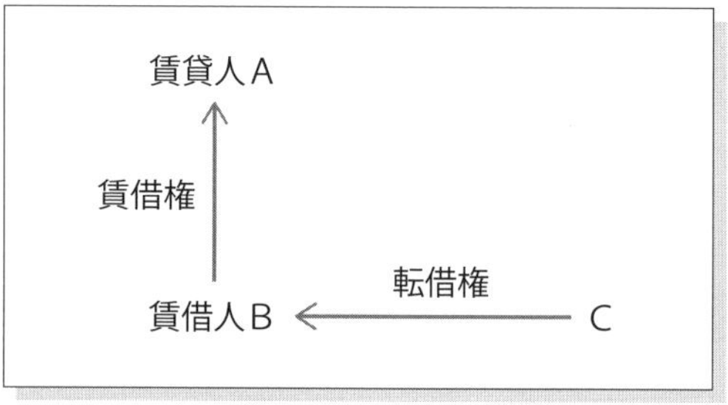

もう一つは転貸という方法です。

イメージは、又貸しです。又貸しをした場合、**ＢからＡの賃借権は残りますが、ＣはＢに転借権という権利を持ちます**。

この賃借権の譲渡や転貸の契約は、ＢＣ間で行います。

Ａ（所有者）に無断でやっていいのでしょうか。

612条（賃借権の譲渡及び転貸の制限）
1　賃借人は、賃貸人の承諾を得なければ、その賃借権を譲り渡し、又は賃借物を転貸することができない。
2　賃借人が前項の規定に違反して第三者に賃借物の使用又は収益をさせたときは、賃貸人は、契約の解除をすることができる。

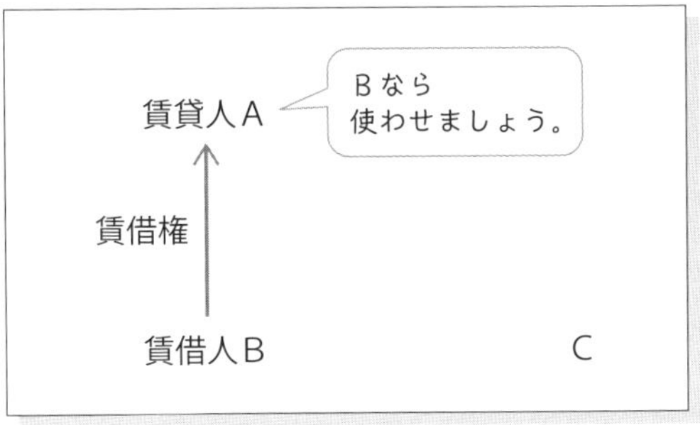

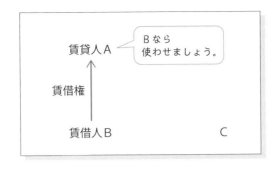

もともと貸す時は、AはBを信頼して貸します。

Bならちゃんと使ってくれるだろうと、Bだから信頼して貸しています。

そのため、こういった譲渡転貸をBCだけで行うことは、基本NGなのです。

どうしてもやりたければ、AのOKをもらう必要があります。

Aに対し、「Cに賃借権を売りたいんだけど、いいですか」、「Cに又貸ししたいんだけど、いいですか」とお伺いを立てて、その許諾がなければいけません。

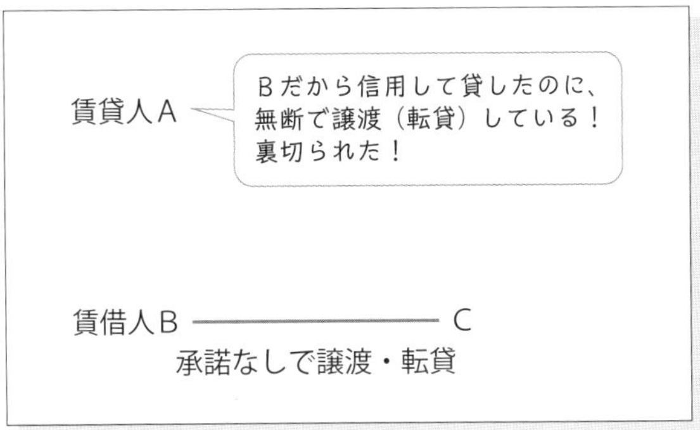

もしAの許諾なしにやったら、これは裏切り行為になります。**Bだから信頼したのに、それを勝手に人に使わせたら、相当カチンと感じるはず**です。

この場合は、Aは、**無催告で解除ができます**。

これが無断譲渡、無断転貸の処理です。

	賃貸借	使用貸借
借主たる地位の譲渡・目的物の転貸	賃貸人の承諾必要（612 I）	貸主の承諾必要（594 II）

使用貸借も、貸し手側の承諾が必要です。相手を信頼しているからこそ、タダで貸している関係です。そのため、勝手に転貸等することはできません。

先ほど、無断譲渡や無断転貸をした場合、解除ができると説明しましたが、これは、無断譲渡・転貸の契約をしても、その契約自体は有効であることが前提になっています。では、ＡＢＣの関係を細かく見ていきましょう。

転貸人（B）と、転借人（C）との関係 BはCに対して、賃料請求をなしうる（転貸の場合）

無断転貸でもＢＣの契約は有効なので、ＢはＣに賃料請求が可能です。

賃貸人（A）と、転借人（C）との関係 CはAに対抗できず、Aは賃借人（B）との賃貸借契約を解除しないでも、Cに対して明渡請求をなしうる

無断転貸でもＣは転借権という権利は持っています。ただそれはＡには対抗できない権利です。

Ａからしてみれば、Ｃは不法占拠と同じなのです。

そのため、ＡＢの契約を解除しなくても、Ｃを追い出せます。

解除して賃借権を消滅させ、転借権を消滅させてからＣを追い出すことももちろんできますが、**無断転貸の時点で不法占拠と同じなので、解除しなくても追い出すことが可能**です。

問題を解いて確認しよう

1	土地所有者に無断で転貸借契約をしても、現実に転借人が土地の使用収益をしなければ、土地所有者は、土地の賃貸借契約を解除することができない。〔元-17-1〕	○
2	原賃貸人に無断で転貸借が行われた場合には、転借人は、原賃貸人の承諾を得られるまでの間、転貸人（原賃借人）からの賃料の支払請求を拒むことができる。〔23-18-オ〕	×
3	AがB所有の甲土地の利用権として賃借権を有する場合において、Bの承諾を得ずにAから当該利用権を譲り受け、甲土地を使用しているCがいるときは、Bは、Cに対し、甲土地の明渡しを請求することができる。〔25-10-ア改題〕	○
4	使用貸借の借主は、貸主の承諾がなければ、第三者に目的物を使用収益させることができない。〔11-6-オ改題〕	○

×肢のヒトコト解説

2　無断転貸も有効であるため、転借人は転貸人に対して賃料支払義務を負います。

これで到達！ 合格ゾーン

□ 建物所有を目的とする土地の賃貸借において、借地権者が地上建物を第三者に譲渡するに当たり、その第三者が土地の転借をしても原賃貸人に不利となるおそれがないのにその承諾が得られない場合には、借地権者は、原賃貸人の承諾に代わる許可を裁判所に申し立てることができる（借地借家19Ⅰ前段）。

〔23-18-エ〕

★たとえば、Aの土地にBが賃借権を設定して建物を建てていたところ、BがCに建物を譲渡しました。これにより、賃借権の譲渡になるのでAの承諾が必要になりますが、Aが不当に承諾をしない場合に備えて、借地借家法が承諾に代わる許可という制度を設けています。

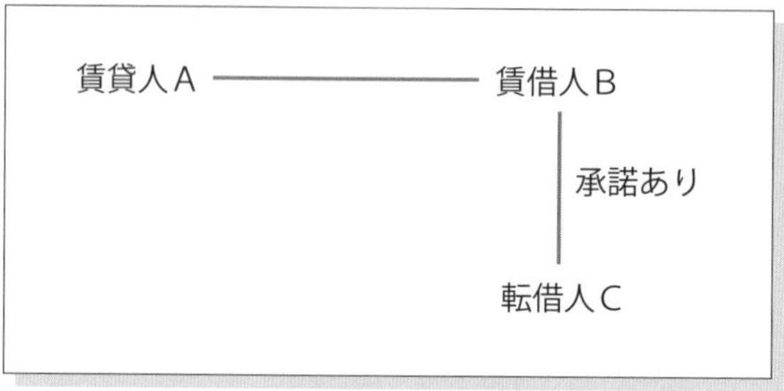

ＢＣの転貸について、ＡがＯＫを出している場合の権利関係を見ていきます。
基本的には、Ａに有利に作られていると考えてください。

613条（転貸の効果）
　賃借人が適法に賃借物を転貸したときは、転借人は、賃貸人と賃借人との間の賃貸借に基づく賃借人の債務の範囲を限度として、賃貸人に対して転貸借に基づく債務を直接履行する義務を負う。この場合においては、賃料の前払をもって賃貸人に対抗することができない。

ＣはＡに対して直接義務を負う（613前段） →　賃料支払義務等
このとき、ＣがＡの請求に対して支払うべき賃料は、ＡＢ間の原賃料又はＢＣ間の転借料のいずれか低い方である

Ａが賃料請求できる相手はＢ・Ｃで、自由に選べます。
ではＡはいくら請求できるでしょうか。

例えば、ＡＢ間の賃料が９万円で、ＢＣ間の賃料が10万円だった場合、Ｃに請求できるのは９万円です。**Ａがそれ以上取るべきではない**からです。
また逆に、ＡＢ間の賃料が９万円で、ＢＣ間の賃料が８万円だった場合は、ＡがＣに請求できるのは、８万円です。**Ｃの債務は８万円なので、それ以上払う必要はありません。**

ＣはＡに対して直接義務を負う（613前段） →　修繕請求権等の権利取得はなし

もしこの家が壊れた場合、Ｃは、修繕の請求権を持ちます。
これは**Ｂに対して言うべきで、Ａには言えません。**

そもそも、**Cが契約している相手はBなので、権利主張できる相手はBしかいない**のです。

［テーマ］
ＡＢ間の賃貸借が消滅した場合、ＢＣ間の転貸借はどうなるか

次のテーマは、ＡＢ間の契約がなくなったら、ＢＣ間の契約がどうなるかということです。

普通に考えれば、ＡＢ間がなくなれば、ＢＣ間は消滅します。

ただ、**ＡＢ間の契約のなくなった原因次第で結論が変わります**。

① 合意解除による消滅（613Ⅲ）
→ 原則としてＡはＣにＡＢ間の消滅を対抗できない → Ｃを追い出せない （原則）

合意解除というのは、ＡがＢに「解除しましょうか」と申込んだところ、ＢがＡに「解除でいいですよ」とお互いが合意して解除した場合です。

この場合は、ＡＢ間の契約がなくなっても、それをＣに言えません。

これが言えるとしたら、**ＡとＢがグルになって、Ｃを追い出せることになりかねない**からです。

② Ｂの債務不履行でＡが解除して終了
→ ＡはＣにＡＢ間の消滅を対抗できる
→ Ｃを追い出せる

Ｃに対する催告も要しない

ＡＢ間の賃貸借契約がなくなった原因が、債務不履行だった場合です。

これでＣを追い出せることになれば、Ｃがかわいそうです。

とはいっても、債務不履行をされて、賃料が取れなくなっているＡもかわいそうなのです。

ここは、**転貸借契約は賃貸人有利というところから、Aの方を優先して考えて、Cは追い出されることになります。**

しかもこの時に、**Cに催告をする必要がありません。**

債務不履行の場合は、いきなり解除ができません。ラストチャンスの催告をする必要があります。

このAはラストチャンスの催告を誰にするかというと、契約相手のBだけです。

「このままじゃあなた追い出されますよ。払ってください。」そういったラストチャンスをCに与える義務はないのです。

これは、Aの契約相手はBだけだからです（**転貸借契約はA有利に出来ています**）。

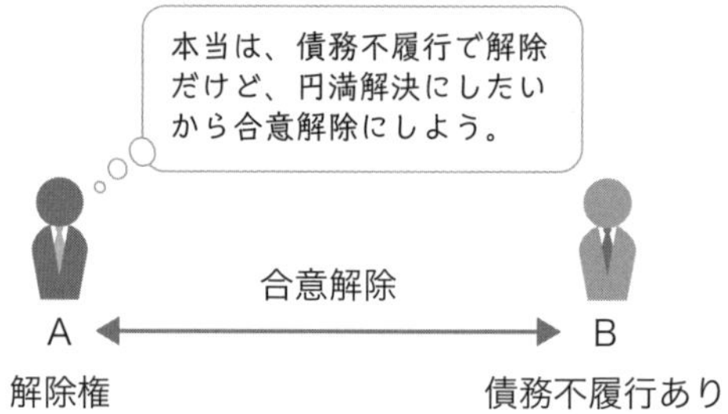
本当は、債務不履行で解除だけど、円満解決にしたいから合意解除にしよう。
合意解除
A
B
C
解除権
債務不履行あり

上記のように、債務不履行による解除ができる状態であっても、あえて合意解除することが多く見受けられます。

この場合、大元の解除の理由は債務不履行による解除なので、**合意解除であってもCに対抗できます。**

以上で転貸借の話は終了です。

問題を解いて確認しよう

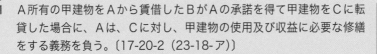

1	A所有の甲建物をAから賃借したBがAの承諾を得て甲建物をCに転貸した場合に、Aは、Cに対し、甲建物の使用及び収益に必要な修繕をする義務を負う。〔17-20-2（23-18-ア）〕	×
2	A所有の甲建物をAから賃借したBがAの承諾を得て甲建物をCに転貸した場合に、Cは、Aに対し、賃料の支払義務を負うが、Aからの請求に対しては、Bの賃借料とCの転借料のうち、いずれか低い方の金額を支払えば足りる。〔17-20-1（23-18-イ）〕	○
3	A所有の甲建物をAから賃借したBがAの承諾を得て甲建物をCに転貸した場合に、AB間で甲建物の賃貸借契約を合意解除した場合において、AがBの債務不履行による解除権を有しているときであっても、甲建物の転貸借に関するCの権利は、消滅することはない。〔17-20-5（23-18-ウ）〕	×

×肢のヒトコト解説

1 ACには契約関係はありませんので、AはCに義務を負うことはありません。

3 解除の当時、賃貸人が賃借人の債務不履行による解除権を有していたときは、合意解除を転借人に対抗することができます。

これで到達！ 合格ゾーン

☐ 転借人（C）が家屋の所有権を取得し、転借人である地位と賃貸人である地位とが同一人に帰属しても、賃借人（B）と転借人（C）との間の転貸借関係は当事者の合意がない限り消滅しない（最判昭35.6.23）。〔17-20-エ〕

★AがBに賃貸し、BがCに転貸した後に、CがAから所有権を取得した場合、Cは所有権と転借権を持ちますが、転借権は残ります。転借権が消滅すると、Bの賃借権が発動されBが使用することになってしまうためです。

《**契約の終了について**》

存続期間の定めがある場合 →　当該期間満了によって終了する(622・597Ⅰ)

期間が決まっていれば、契約はそこで終了します。
一方、期間を決めずに賃貸借契約をしていた場合はどうでしょうか。

賃貸借	使用貸借
各当事者はいつでも解約を申し入れることができるが、その場合一定の猶予期間を経て終了する(617)	契約に定めた目的に従って使用収益を終えたときに終了する(597Ⅱ) ※　返還時期も目的も定めなかったとき →貸主はいつでも解除できる(598Ⅱ)

賃貸借契約はいつでも、これを解約してくれと言えます。
ただ、お互いの準備のために一定期間の猶予期間を設けています。

一方、使用貸借は若干違います（表の右側を見てください)。
使用貸借は、目的を決めているのが通例なので、それが終わった時に終了します。

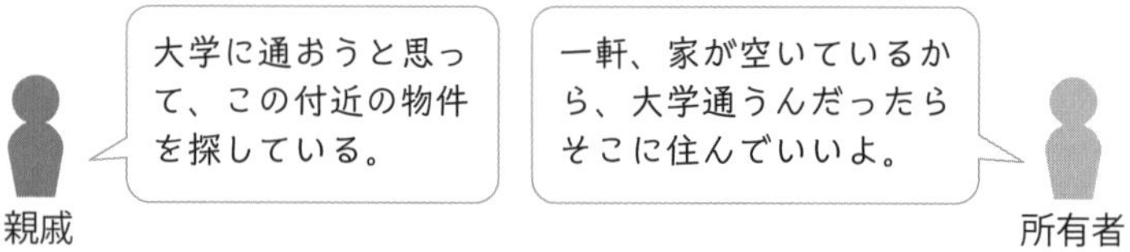

大学に通おうと思って、この付近の物件を探している。
一軒、家が空いているから、大学通うんだったらそこに住んでいいよ。
親戚
所有者

このように期間を決めずにタダで貸した場合を考えてください。

いつ契約が終わるかといえば、それは、大学を卒業した時です。契約で目的を決めていれば、それが終わった時に契約が終了するのです。

では、目的を決めていなかった場合はどうなるのでしょう。

時期も目的も決めなかったといった場合は、貸した方はいつでも解除できます。
タダで借りているということは、それだけ立場が弱く、文句が言えないのです。

「いつでも解除できる」のは、「返還時期・目的」の両方決めていない場合だけなので、択一問題を解くときはそこを意識してください。

問題を解いて確認しよう

1	使用貸借における貸主は、当事者が目的物の返還の時期を定めたときであっても、いつでも解除することができる。〔24-18-3改題〕	×
2	使用貸借契約においては、返還の時期並びに使用及び収益の目的を定めなかったときは、貸主は、いつでも、契約の解除をすることができる。〔25-19-ア（令4-18-オ）〕	○

×肢のヒトコト解説

1 貸主がいつでも解除できるのは、返還時期及び目的の双方を定めなかった場合です。

これで到達！ 合格ゾーン

□ 賃借物の全部が滅失その他の事由により使用及び収益をすることができなくなった場合には、賃貸借は、これによって終了する（616条の２）。

★賃貸目的物がなくなっているのに、契約を継続する意味がないため自動的に契約が失効します（解除などする必要はなく、自動的に消滅します）。

□ 賃借物の一部が滅失その他の事由により使用及び収益をすることができなくなった場合において、それが賃借人の責めに帰することができない事由によるものであるときは、賃料は、その使用及び収益をすることができなくなった部分の割合に応じて、減額される（611Ⅰ）。〔令3-19-オ〕

★滅失して使えなくなっている部分があるのに、従前と同じ賃料を払うのはおかしなものです。使えなくなった場合は、自動的に減額されるように規定されています（減額を請求する必要はありません）。

☐ 使用貸借契約の本旨に反する使用又は収益によって生じた損害賠償の請求権については、貸主が返還を受けた時から１年を経過するまでの間は、時効は、完成しない（600Ⅱ・Ⅰ）。

★目的物を貸し渡している期間中は、貸主が目的物の状況を把握するのは無理でしょう。貸主が違反の事実を知らない間に時効が進行し、貸主が目的物の返還を受けた時には既に時効が完成してしまうと貸主に酷なので、これを防止するための規定です。

賃貸借のルールには民法のほかに、借地借家法というものもあります。

一定の賃貸借になると、借地借家法の適用を受け、民法より借地借家法が優先して適用されます。

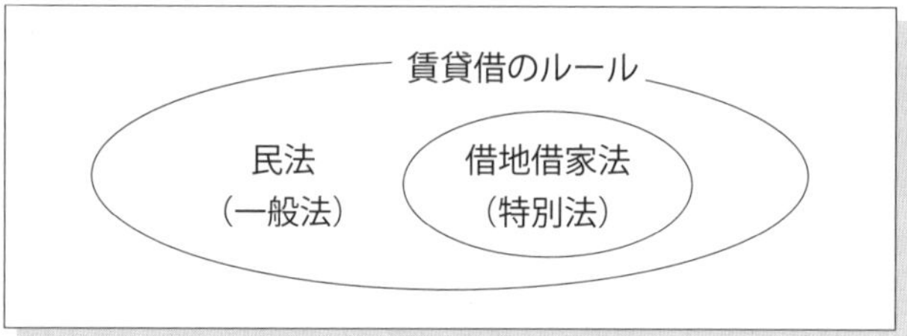

借地借家法というのは、居住の保護を目的にして作ったルールで、その居住に、借地借家法が適用されるのです。

家を借りた場合は、ほとんど借地借家法の適用を受けます（一時使用目的の場合以外だったら借地借家法だと思ってください）。

土地を借りた場合は、建物所有を目的にしている場合に適用されます（大抵は建物を建てるために更地を借りたという場合です）。自動車置き場として土地を借りても、居住をするわけではないので、借地借家法の適用は受けません。

ここで、土地を借りた場合と、家を借りた場合を分けて説明します。

まずは、土地を借りた場合の説明をしていきます。

借地借家法第３条（借地権の存続期間）
借地権の存続期間は、30年とする。ただし、契約でこれより長い期間を定めたときは、その期間とする。

Point

民法は最長50年（604）
借地権の存続期間（借地借家3） → 最低30年

民法は、50年以上の貸し借りを禁止しています。

一方、単に土地を借りた場合ではなく、建物所有を目的として土地を借りた場合は、最低30年以上にしろ、としています。

更地を借りて、家を建てた場合、借主は相当な資金を投入しています。

ここで、**3年後に出て行くことになったら、元が取れません**。そこで、家の価値がほぼなくなる30年は保証しろとしているのです。

借地借家法第10条（借地権の対抗力）
1 借地権は、その登記がなくても、土地の上に借地権者が登記されている建物を所有するときは、これをもって第三者に対抗することができる。

以前、賃貸借は登記をすれば対抗力が手に入るということを説明しました。

ただ、現実には賃借権の登記というのは、まずされません。

地主側は、自分の土地に賃借権という負担の登記がされるのをすごく嫌がるため、現実、賃借権の登記がされるケースは非常に稀です。

ただ、借りた方も、対抗力は欲しいところです。

土地を借りた人は建物を建て、建物の登記をします。そこで賃借権の対抗力が発生することにしたのです。

土地の地主側が賃借権を登記してくれない、
だったら、建物を建てて、建物の登記だけすればいい

このようにして**対抗力を取得しやすくしています**。

借地借家法第13条（建物買取請求権）
　借地権の存続期間が満了した場合において、契約の更新がないときは、借地権者は、借地権設定者に対し、建物その他借地権者が権原により土地に附属させた物を時価で買い取るべきことを請求することができる。

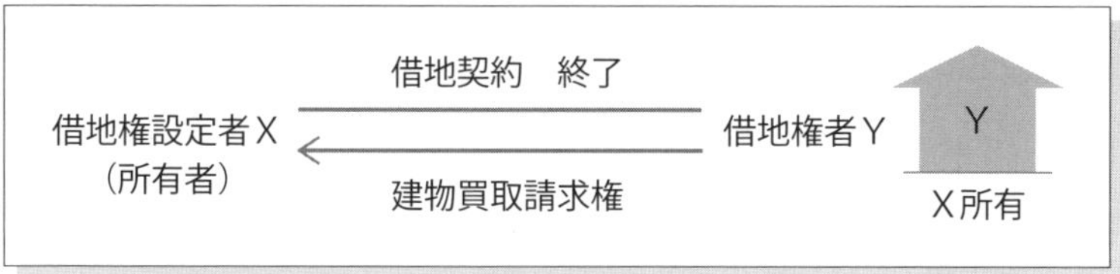

XとYで土地の賃貸借契約をした後、Yが家を建てました。

この後、30年経って契約が更新されなかった場合、**YはXに対し、建物を買い取ってくれと請求できます**。

しかもこれは単独行為です。そのため、Xが嫌だと言おうがなんだろうが、この2人の間で、建物売買契約が成立します。

このようにして、**Yが建物を建てた費用をできるだけ回収できるようにしています**。

その結果、下記のような権利関係になります。

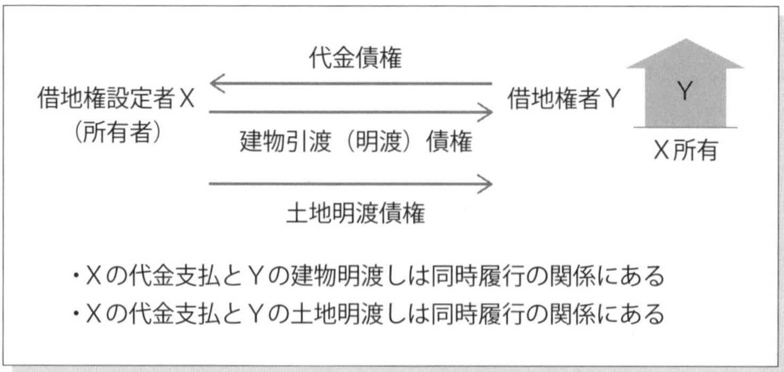

建物を渡せ、お金を払えという債権が発生します。また地主Xは、Yに土地を渡せと請求できます（契約が終わっているからです）。

ここでＹ側が「お金払わないと、建物は渡さんぞ」と言えるのはもちろんのこと、**「お金払わないと、土地も渡さないぞ」と主張できます**（また、留置権も成立します）。

このお金というのは、建物売買のお金ですよね。なぜ、建物だけでなく、土地まで渡さないと言えるのでしょう。

むしろ、これが言えなかったらどうなるかを考えてください。

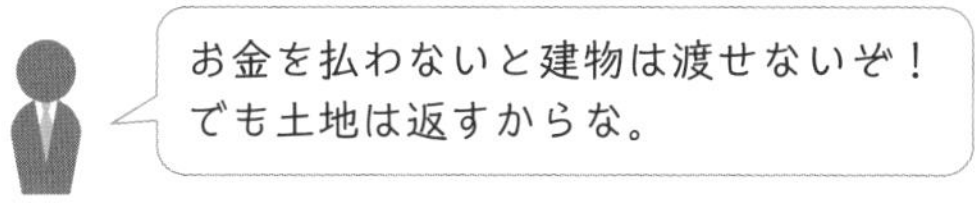

お金を払わないと建物は渡せないぞ！
でも土地は返すからな。

Y

となると、**建物だけ引っこ抜いて、土地だけ返すってことになるのですが、こんなの無理ですね**。

そこで、土地と建物両方とも渡さないと言えることにしました。

土地の賃貸借についてはここまでで、次は建物の賃貸借について説明します。

> **借地借家法第31条（建物賃貸借の対抗力）**
> 建物の賃貸借は、その登記がなくても、建物の引渡しがあったときは、その後その建物について物権を取得した者に対し、その効力を生ずる。

家を借りた場合も、大家さんは賃借権の登記をしてくれません。

この場合は、**建物の引渡しを受けるだけで、対抗力を取得します**。

鍵などをもらう行為で引渡しと扱われ、これで対抗力を取得するのです。

> **借地借家法第33条（造作買取請求権）**
> 1　建物の賃貸人の同意を得て建物に付加した畳、建具その他の造作がある場合には、建物の賃借人は、建物の賃貸借が期間の満了又は解約の申入れによって終了するときに、建物の賃貸人に対し、その造作を時価で買い取るべきことを請求することができる。建物の賃貸人から買い受けた造作についても、同様とする。

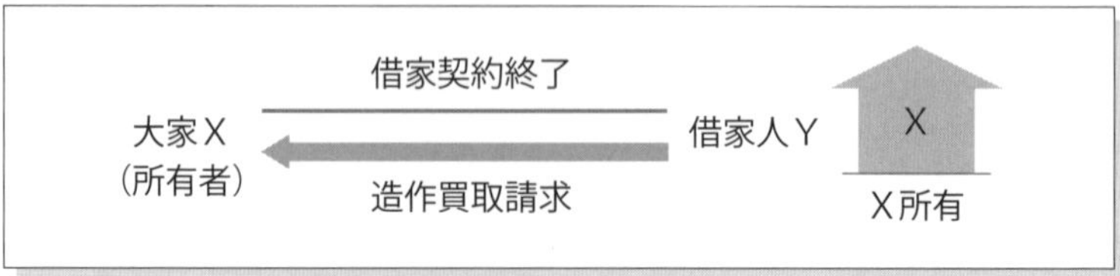

YがXから家を借り、借りた家にクーラーを取り付けています。こういったクーラーなどは造作と扱われます。

この後、賃貸借契約が終わると、YはXに、「クーラーを買い取れ」と請求できます（ちなみに、この権利は、特約で排除できます）。

では、この買取請求をした時の権利関係を見ましょう。

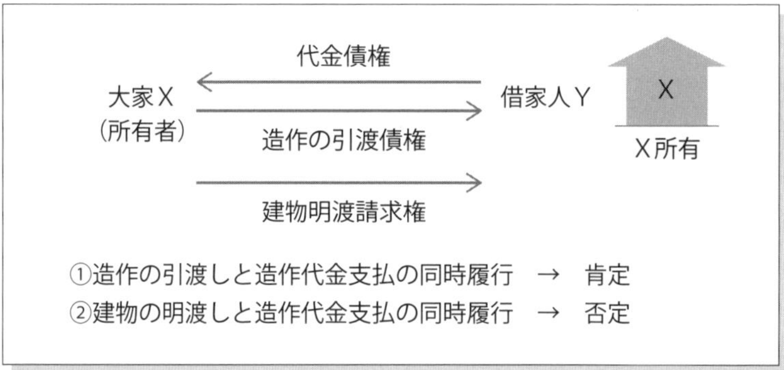

YはXに「造作代金を払え」と言えますし、大家側は、「造作を渡せ」と言えます。

また、「賃貸借契約が終わったんだから、家を返せ」とも言えます。

しかし**同時履行関係は、「代金払わんと、造作は渡さんぞ」、ここまでです。**

つまり、「建物を返すけど、クーラーは渡さない」はクーラーだけ取り外して、建物を渡すことになりますが、これは可能です（先ほどの建物買取請求権との比較が必要です）。

また、**もし「クーラー代（5万円）払わないと建物（2,000万円）を渡さないぞ」と言えたら、金額面のバランスがおかしくないですか。**

同時履行の抗弁権の趣旨
片方だけ履行しているのは、不公平だ
両方が履行している状態にしたい

上記のように、同時履行の趣旨は公平にあります。今回の事例で、同時履行を認める方が不公平なので、建物との同時履行関係を認めないのです（また、留置権も成立しません）。

問題を解いて確認しよう

1	Aが甲土地の所有者であるBから建物の所有を目的とする地上権の設定を受けた後、甲土地上に乙建物を築造し、所有権の保存の登記をした場合において、Cが乙建物を地上権と共にAから買い受け、乙建物の所有権の移転の登記をしたときでも、Cは、地上権の登記をしていなければ、甲土地をBから買い受けたDに地上権を対抗することができない。〔24-7-イ〕	×
2	建物の所有を目的とする土地の賃借権を有する者は、その土地の上に登記されている建物を所有するときは、その賃借権を第三者に対抗することができるが、建物の所有を目的とする地上権を有する者は、地上権の登記をしなければ、その地上権を第三者に対抗することができない。〔18-13-ア〕	×
3	AがBに対して甲建物を賃貸している場合に、A及びBは、賃貸借契約を合意解除した。この場合において、Bが解除前にAの承諾を得た上で甲建物に造作を施していたときは、Bは、造作の買取請求権に基づき甲建物を留置することができる。〔17-12-オ（63-12-1、10-11-オ、22-12-エ、令4-13-ア）〕	×
4	Aが所有する建物について、Bが、Aに対して有する債権を被担保債権とする抵当権の設定を受けてその登記をした後、Cが当該建物を賃借している。ここで、競売手続の開始前からCが建物の引渡しを受けてこれを使用していた場合には、Cは、賃借権設定の登記をしていなくても、その賃借権を抵当権を有するBに対抗することができる。〔23-13-イ〕	×

ヒトコト解説

1,2　土地に対して地上権の登記をしていなくても、建物の登記を持っていれば対抗できます（このルールは、建物所有を目的とする賃借権だけでなく、地上権にも適用があります）。

3　建物とは別に造作だけ渡すことができるので、同時履行の関係にはしません。

4　Ｂは、Ｃが賃貸建物の引渡しを受けて対抗力を得る前に、Ａから抵当権の設定を受けている者です。そのため、Ｃは賃借権をＢに対抗することはできません。

これで到達！　合格ゾーン

□ 借地人Ａが借地上に養母Ｂ名義で登記をした建物を所有している場合において、その借地が第三者Ｃに譲渡されたときは、Ａは、Ｃに対し、その借地権を対抗することができない（最判昭41.4.27）。〔12-8-ア〕

★建物が借地権者自身の名義で登記されている必要があります。他人名義の登記はそもそも所有権についての対抗力が生じません。

□ 借地人が借地上に自己を所有者とする表示の登記をした建物を所有している場合、その表示の登記が職権によってされたものであっても、借地人は、その後に借地の所有権を取得した者に対し、その借地権を対抗することができる。〔12-8-オ〕

★表示の登記も、「登記」（借地借家10）に当たります（最判昭50.2.13）。表示の登記であっても、建物の存在、建物所有者は公示され、土地の所有者と異なることから借地権の存在が推測できるためです。

2周目はここまで押さえよう

◆民法と借地借家法における賃借権の存続期間◆

（表中の「法」は借地借家法を表わす。）

		最長期間の合意	最短期間の合意	期間の定めなき場合
民法	原則	50年（604）	制限なし	いつでも解約申入れできる（617）（注2）（注3）
	例外	短期賃貸借（602）		
借地関係	原則	制限なし（法3但書）	30年（法3・9）（注1）	30年（法3本文）
	例外	定期借地権（法22）	定期借地権（法23・24）	

（注1）法定地上権であっても同様である。
（注2）地上権の設定行為において存続期間を定めなかったときは、当事者は裁判所に対し、その存続期間を定めるよう請求することができるが（268 II）、賃借権の場合は請求できる旨の規定はないため、できない。
（注3）期限付きで賃貸借契約を締結した場合は、当事者の一方がこれを任意に解約することはできない。もっとも、当事者の一方又は双方がその期間内に解約をする権利を留保したときは、期間内であっても解約の申入れをすることができる（618）。

存続期間の知識を拡張させていきましょう。

民法では、存続期間の上限は法定していますが、下限を法定していません。そして、存続期間を決めていなかった場合は、「そろそろ解約したい」と申立てができるようになっています（例えば、土地の賃貸であれば、申し入れから1年で自動的に解約になります）。

一方、これが地上権だった場合は、

存続期間がない→裁判所に請求→裁判所が期間を決める

ことをしてくれます。地上権という強い権利は、こういうことをしてくれますが、賃借権にはこういったルールはありません。

次に借地借家法の借地権の場合ですが、ここでは下限を決めています（上限の縛りはありません）。そして、借地権は「建物所有を目的とする地上権・賃借権」とされていて、法定地上権もこれにあたるので、下限は30年となります。

1	AがB所有の甲土地の利用権として賃借権を有する場合において、当該利用権の設定行為において存続期間を定めなかったときは、Bは、裁判所に対し、その存続期間を定めるよう請求することができる。〔25-10-エ改題〕	×
2	賃貸借契約においては、賃貸借の期間が定められている場合であっても、賃貸人は、やむを得ない事由があれば、その期間の満了前に解約の申入れをすることができる。〔25-19-イ〕	×
3	建物について設定された抵当権が実行されたことにより、法定地上権が成立する場合において、建物の買受人と土地の所有者との間の協議が調わなかったときは、当該法定地上権の存続期間は、20年となる。〔24-10-ウ〕	×

～委任契約は信頼の証。裏切ってはいけません～

第3章 請負・委任・寄託

ここからは、人に物事を頼む契約を見ていきます。
結果に対して報酬を払う請負契約、お互い強い信頼関係のあることが前提になっている委任契約、この2つが出題のメインです。

第1節 請負

632条(請負)
請負は、当事者の一方がある仕事を完成することを約し、相手方がその仕事の結果に対してその報酬を支払うことを約することによって、その効力を生ずる。

工務店B ←(3,000万円で家を作って！)― お客さんA
工務店B ―(了解しました)→ お客さんA
⇒
請負人B ←(報酬支払義務)― 注文者A
請負人B ―(仕事完成義務)→ 注文者A

お客さんAが工務店Bに家を作ってくれと頼み、工務店Bがそれを了解しました。

意思の合致だけで契約が成立し、AとBには、注文者、請負人という肩書が付き、債権債務関係が発生します。

報酬支払義務：結果に対して報酬を払う義務

仕事完成義務：頼まれた仕事を完成させる義務

条文の「結果に対して」というのがポイントです。

結果が出たら報酬がもらえる、つまり、今の例だと、家ができると晴れてお金を請求できます。

請負のポイントは、結果が出たらお金を払う、という点にあります。

私も請負業をやっています。

講義という結果が生まれたら、報酬がもらえるという請負業をやっています。

請負業には、物を作る請負と作らない請負があることを知っておいてください。

（受験業界には、たまに“合格請負人”という言葉を使っている方がいます。あの名称を使っている場合は、合格という結果が出なければ報酬をもらってはいけないことになります…）

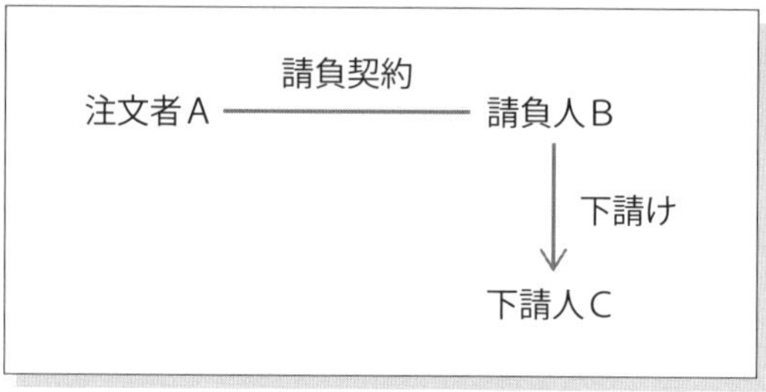

注文者がある工務店に家を作ってくれと頼みました。

自分のところで作るという工務店もありますが、大抵の工務店は、いろんな業者に下請けに出すことが多いです。

これはＯＫです。

仕事を完成するのが目的なので、誰が完成させても問題ないのです。

ただ、**下請け禁止という特約を付けている場合があります。**

私の講師業がそうなっていて、他人に丸投げしてはダメだという契約になっています。

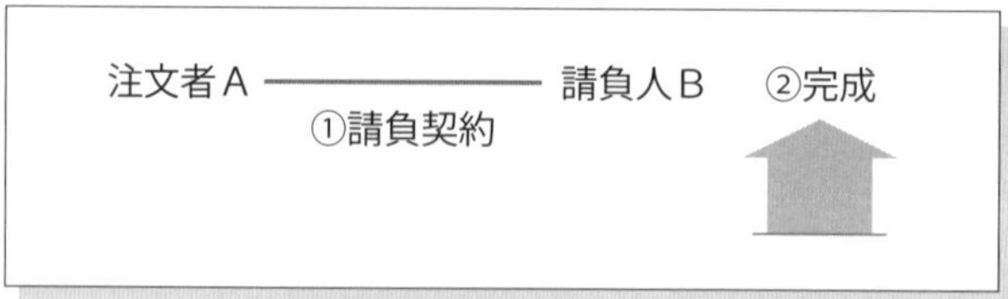

Point

①特約あり

②特約なし

材料費　Aが出す　→　所有者　A

材料費　Bが出す　→　所有者　B　→　引渡しでA

家を作って欲しいという請負契約をし、請負人が家を完成させました。これはいったい誰の所有物になるでしょう。

一般的には家が出来たら注文者の物です、という**特約を結んでいるのがほとんど**です。

ただ、特約がなかった場合はどうなるのでしょう。

これは、**家の材料費を誰が出しているかで決まります**。

例えば、注文者Aが家の材料費を既に渡していた場合は、出来上がった家は注文者Aのものです。

一方、注文者Aが材料費も渡さずに、請負人Bが自腹で材料を調達して家を作ったという場合、家の所有者は請負人Bになります。

その後**引渡すことによって、注文者Aに所有権が移ります**。

ただ、この引渡す時は、請負人Bは注文者Aに対し、「報酬はどうした」と言えます。つまり、同時履行関係です。

ある意味、所有権は人質です。

このようにして、**できるだけ報酬が取れるようにしている**のです。

> **641条（注文者による契約の解除）**
> 　請負人が仕事を完成しない間は、注文者は、いつでも損害を賠償して契約の解除をすることができる。

請負契約を頼んだのですが、もうその物を作ってもらう必要がなくなれば、解除できます。

ただ**請負人が仕事を完成するまで**です。

知り合いであった件なのですが、ウエディングドレスの製作を頼んでいたのですが、婚約を破棄されてしまいました。そこでウエディングドレスは要らないので製作をやめてください、と請求したのですが、既に相手の業者がウエディングドレスを完成させていました。

この場合は、その請負契約を解除することはできません（彼がそのドレスをどうしたのか、顛末は聞いていません）。

問題を解いて確認しよう

1	請負契約における注文者の報酬支払債務に期限の定めがない場合、請負人は、仕事の完成後、いつでも、報酬の支払を請求することができ、その請求があったときは、注文者は、直ちに報酬を支払わなければならない。〔9-8-ア〕	×
2	土地の所有者から建物の建築工事を請け負った請負人が、自ら材料を提供して工事をし、建前を築いた場合であっても、建前の所有権は、土地の所有者である注文者に帰属する。〔6-17-イ〕	×
3	建物建築工事の請負契約において、完成した建物の所有権は、注文者が取得する旨の合意がされている場合には、請負人が自ら材料を提供しており、かつ、注文者に対する引渡しがされていなくても、完成した建物の所有権は、注文者に帰属する。〔6-17-オ〕	○
4	請負人が仕事を完成しない間は、注文者は、いつでも損害を賠償して契約の解除をすることができる。〔63-7-3（25-19-ウ）〕	○

×肢のヒトコト解説

1　仕事の結果に対して報酬を支払う関係になっています。そのため、仕事の目的物の引渡しと同時に支払わなければなりません。ただし、物の引渡しを要しないときは仕事完成後でなければ報酬請求することができません。

2　請負人が材料を出しているので、所有権は請負人にあります。

2周目はここまで押さえよう

◆請負の担保責任◆

仕事の目的物が種類・品質に関して契約の内容に適合しない場合には、559条を介して、売買における目的物の契約不適合に関する規律が準用される		
制限をうける場合①（636）	不適合が注文者の供した材料の性質又は注文者の与えた指図によって生じた場合	
	例外	請負人がその材料又は指図が不適当であることを知りながら告げなかった場合（636但書）
制限をうける場合②（637）	注文者がその不適合を知った時から1年以内にその旨を請負人に通知しない場合	
	例外	請負人が同項の不適合を知っていた場合、又は重大な過失によって知らなかった場合
制限をうける場合③（572の準用）	担保の責任を負わない旨の特約をしたとき	
	例外	①　知りながら告げなかった事実がある場合 ②　自ら第三者のために設定し又は第三者に譲り渡した権利がある場合

ハウスメーカーに注文住宅を頼んだところ、出来上がった家がいわゆる欠陥住宅でした。購入者は、契約不適合の責任追及をすることができます。

契約不適合責任は、売買で学習したところですが、売買以外の有償契約（お金を払う契約と思いましょう）で適用があります。

請負契約も請負代金を払うので、契約不適合の適用があります。

そのため、欠陥住宅などを作られた場合には、追完請求・報酬減額請求・損害賠償請求権・解除権を行使することができます。

また、「不適合責任を負わない」特約があった場合には責任追及できませんが、請負人が知りながら伝えていなかったものには、責任追及が可能です。

請負契約にだけ適用があるルールを紹介します。

例えば、注文者が「この図面で作ってほしい」と頼んで作ったところ、その図面の不備が原因で欠陥住宅になった場合です。

これは注文者が引き起こしたことなので、請負人は責任を負わないのが原則です（「この図面おかしいぞ」と分かっていて工事をした場合は別ですが…）。

また、注文者がその不適合を知った時から１年以内にその旨を請負人に通知しないと、請負人側が「何も言ってこないということは、あの工事は大丈夫だったんだな」と安心してしまうので、不適合責任を追及することができなくなります。

（問題の前提事情）
請負人Ａは、注文者Ｂの注文に基づき建物を建築してＢに引き渡し、Ｂは、この建物をＣに売却して引き渡したが、この建物には建築時に既に種類・品質に関する契約不適合が存在しており、Ｂ及びＣは、各引渡時においていずれもこの建物に契約内容の不適合が存在することを知らなかった。

1	Ｃは、契約内容の不適合のために契約をした目的を達することができないときは、Ｂとの契約を解除することができるが、Ｂは、契約内容の不適合のために契約をした目的を達することができないときでも、Ａとの契約の解除をすることはできない。〔19-20-ウ〕	×
2	ＢがＡに与えた指図により契約内容の不適合が生じた場合であっても、Ａがその指図が不適当であることを知りながら告げなかったときは、Ａは、Ｂに対して契約内容の不適合に基づく責任を負う。〔19-20-オ〕	○
3	ＣがＢに対し、契約内容の不適合に基づく責任追及をする場合、Ｃは、建物の引渡しを受けた時から１年以内にその契約内容の不適合の事実をＢに通知しなければならない。〔19-20-イ〕	×
4	契約内容の不適合に基づく責任の規定は任意規定であるから、ＢＣ間で締結された契約内容の不適合に基づく責任を負わない旨の特約は有効であり、Ｂが契約内容の不適合を知りながらＣに告げなかったとしても、Ｂは、Ｃに対して契約内容の不適合に基づく責任を負わない。〔19-20-エ〕	×

第2節 委任

次は、委任契約というものです。

先ほどの請負と同じように、何か頼んでいるという点は同じです。

[解除権] 委任者 ――――→ 受任者 [解除権]

例えば弁護士さんに何かを頼むとか、家を買ってきて欲しいと頼むとか、そんな場合で考えてください。

この委任契約の**最大のポイントは、強い信頼関係にあります**。

「彼だから弁護をしたい」、「彼だったら弁護を頼みたい」、お互いの間に強い信頼関係がある、これがポイントです。

法は、この信頼関係のために、契約をやめる解除権を用意しました。

解除権をあげるから、信頼できなくなったら、
これを使ってやめればいいよ

信頼関係がなくなったときに、スムーズに契約を終わりにできるように、両方に解除権を与えたのです。

651条（委任の解除）
1　委任は、各当事者がいつでもその解除をすることができる。
2　前項の規定により委任の解除をした者は、次に掲げる場合には、相手方の損害を賠償しなければならない。ただし、やむを得ない事由があったときは、この限りでない。
　①　相手方に不利な時期に委任を解除したとき。
　②　委任者が受任者の利益（専ら報酬を得ることによるものを除く。）をも目的とする委任を解除したとき。

基本的には、損害賠償なしで解除できます。ただ、651条2項に該当すると、原則として解除はできるけど、損害賠償が必要になります。

ひっかけのパターンは、「○○の場合は、解除ができない」という出題の仕方です。

損害賠償ができるケースとできないケースはありますが、大前提は「解除はできる」という点にあります。

この点はよく問われますので、「解除はできる」ことを前提に問題を解くようにしてください。

では、この条文を細かく検討します。

◆ 任意解除 ◆

原則	損害賠償をしないで、解除することができる(651 Ⅰ)	
例外	次に掲げる場合には、相手方の損害を賠償しなければならない(651 Ⅱ①・②)。 ① 相手方に不利な時期に解除する場合 ② 委任者が受任者の利益(専ら報酬を得ることによるものを除く。)をも目的とする委任を解除したとき	
	再例外	やむを得ない事由があるときは、損害賠償は不要(651 Ⅱ柱書但書)

損害賠償が必要になるケースとしては、「相手方に不利な時期に解除する場合」(上記の表の①)があります。

相手側が「こんなタイミングで解除されると困るよ」という事態になる場合には、損害を賠償する必要があります。

また、**「委任者が受任者の利益をも目的とする委任を解除したとき」の場合も損害賠償が必要です。**

委任者が頼んだ内容の履行がされると、受任者にもメリットがあったのに解除をされました。解除によって、**受任者に迷惑をかけるため、解除後に損害賠償を**

させることにしました。

ただ、ここのメリットというのは、報酬がもらえるという話ではなく、下記のような事例を想定しています。

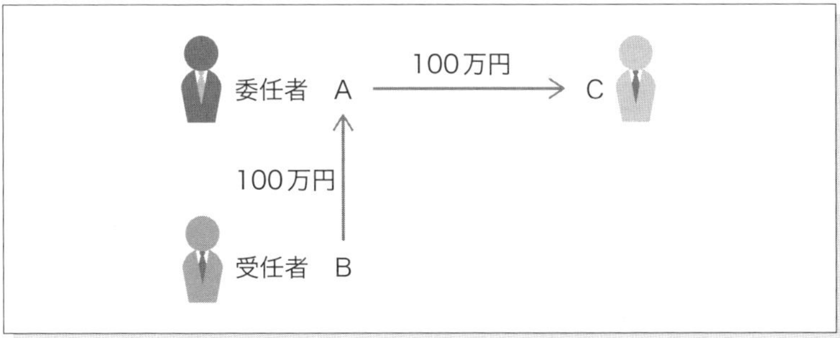

AがBへ債務を負っている状況で、AがBに頼みます

A「自分のCへの債権を取り立ててほしい。取り立てた金員は、自分のあなたに対する債務の弁済にしていいですよ」

B「取り立てできたら、自分の債権の回収ができるぞ！」

このように、この委任契約（Cへの債権を取り立てる）は、受任者Bにもメリットがあったのです。ここで、Aからこの委任契約を解除されればBは面白くないでしょう。

こういった場合に、損害賠償が必要になるのです。

この損害賠償ですが「やむを得ない事由」がある場合には認められません。これは

①受任者側からの任意解除では、受任者の疾病や委任者の不徳な行為

②委任者側からの任意解除では、委任者にとってその事務を処理することが全く不要になる

場合を想定しています。

委任者	受任者
①原則　報酬義務なし	①事務処理の義務
特約あり　報酬義務あり	★善管注意義務
	②報告義務（645）
②費用前払義務（649）	③引渡義務（646）
③立替費用償還義務（650Ⅰ）	④金銭消費責任（647）
④損害賠償義務（650Ⅲ）	

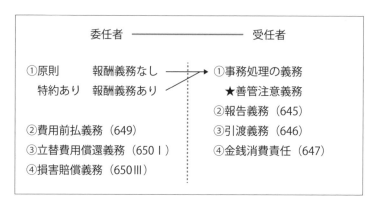

頼んだ方を委任者、頼まれた方を受任者といいます。
それぞれどんな義務を負っているかというのをまとめました。

委任者の方の①を見てください。
実は**報酬を払うかどうかは特約次第**です（ただ、一般的には特約を結んでいることが多いと思います）。

一方、受任者側の義務の①を見てください。
善管注意義務になります。
ポイントは、**報酬をもらおうがもらうまいが、善管注意義務がある**点です。**信頼されている以上はしっかりやれ**、という法の要請です。

では、それ以外の義務を、条文ベースに説明していきます。

645条（受任者による報告）
受任者は、委任者の請求があるときは、いつでも委任事務の処理の状況を報告し、委任が終了した後は、遅滞なくその経過及び結果を報告しなければならない。

これは途中経過の報告や結果の報告の義務だと思ってください。

646条（受任者による受取物の引渡し等）
1　受任者は、委任事務を処理するに当たって受け取った金銭その他の物を委任者に引き渡さなければならない。その収取した果実についても、同様とする。
2　受任者は、委任者のために自己の名で取得した権利を委任者に移転しなければならない。

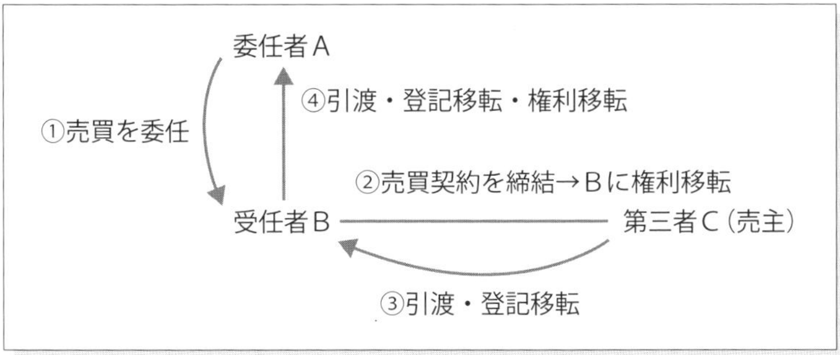

AがBに土地を買ってきて欲しいと頼んだのですが、代理権を渡していませんでした。顕名で名前がばれたくないということから、委任契約だけにしたようです。

この場合、BはCに対し、「私はBです。売ってください」、このように売買契約をします。その結果、所有権はCからBに移り、土地もCからBに渡します。

ただ、これはもともとAのために買ったので、**BにはCから買った土地や権利をAに渡す義務があります。**

物を渡す義務を1項、取得した権利を渡す義務を2項に規定しています。

649条（受任者による費用の前払請求）
委任事務を処理するについて費用を要するときは、委任者は、受任者の請求により、その前払をしなければならない。

> **650条（受任者による費用等の償還請求等）**
> 1　受任者は、委任事務を処理するのに必要と認められる費用を支出したときは、委任者に対し、その費用及び支出の日以後におけるその利息の償還を請求することができる。

自分を信頼してやってくれている人に、
経済的負担をかけるべきではない

この条文の趣旨は上記のとおりです。

だから受任者が費用の前払を請求したら、委任者はこれに応じる義務があるし、後払での請求も認めているのです。

> **650条（受任者による費用等の償還請求等）**
> 3　受任者は、委任事務を処理するため自己に過失なく損害を受けたときは、委任者に対し、その賠償を請求することができる。

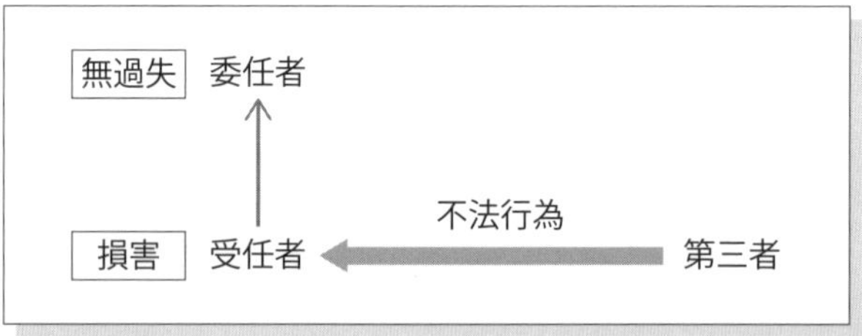

この受任者が弁護活動の途中で、誰かに襲われて損害を受けたようです。この場合、受任者はその第三者に損害賠償をすることはできますが、その第三者が見つかりません。

このままでは受任者に、経済的負担がのしかかってしまいます。

そのため、委任者に対し損害賠償請求ができるようにしたのです。

この条文のポイントは、委任者側には落ち度が要らないという点にあります。**委任者に落ち度があろうが、なかろうが、受任者は委任者に損害賠償請求することができる**のです。

問題を解いて確認しよう

1	委任契約においては、有償の場合と無償の場合とで、受任者の注意義務の程度は異ならない。〔14-15-ア〕	○
2	受任者は、委任者の請求があるときは、いつでも委任事務の処理の状況を報告しなければならない。〔5-7-エ〕	○
3	受任者は、委任者のために受任者の名をもって取得した権利を委任者に移転しなければならない。〔5-7-ア〕	○
4	委任事務を処理するにつき費用を必要とするときは、委任者は、受任者の請求により、その前払いをしなければならない。〔5-7-イ〕	○
5	委任契約において受任者が委任事務の処理のため過失なくして損害を被った場合、委任者は、無過失であっても、受任者に対する損害賠償の責任を負う。〔14-15-エ〕	○
6	委任が委任者の利益のみのためにされたものである場合には、委任者は、やむを得ない事由がなくても、いつでも委任契約を解除することができる。〔62-15-2（23-19-オ）〕	○
7	委任契約は、いつでも解除することができるが、相手方にとって不利な時期に解除をするには、やむを得ない事由がなければならない。〔14-15-オ〕	×

×肢のヒトコト解説

7 解除自体はいつでもできます。「やむを得ない事由があるか」というのは、損害賠償をする必要があるかの基準です。

2周目はここまで押さえよう

◆委任の法定終了原因（653条）◆

○＝終了原因となる　×＝ならない

	死亡	破産手続開始の決定	後見開始の審判
委任者	○	○	×
受任者	○	○	○

委任契約が自動的に終了してしまう場面をまとめたものです。

この結論、実は見たことがあるはずです。

委任者＝本人

受任者＝代理人

と置き換えてみてください。

これは民法Ⅰで学習した、代理権の消滅事由と同じになっています。その部分を見直して、下記の問題を解きましょう。

☑ 1	ＡＢ間で、Ｂを受任者とする委任契約が締結された。ここで、Ｂが後見開始の審判を受けた場合、委任契約は終了するが、Ａが後見開始の審判を受けても、委任契約は終了しない。〔オリジナル〕	○
2	委任契約は、受任者の死亡によって終了するが、委任者の死亡によっては終了しない。〔オリジナル〕	×
3	委任は、受任者が破産手続開始の決定を受けたことによって終了するが、委任者が破産手続開始の決定を受けたことによっては終了しない。〔オリジナル〕	×

これで到達！　合格ゾーン

□ 有償委任における報酬の支払時期は、特約がなければ後払い（「委任事務を履行した後」）が原則である（648 Ⅱ）。〔14-15-ウ〕

★請負など、お仕事をする関係の契約は後払いが原則です。そのため、報酬の支払があるまでは委任事務の履行を拒絶するという主張は認められません。

□ 委任者と受任者との間で報酬を支払う旨の合意がされた委任契約において、委任者の責めに帰することができない事由によって委任事務の履行をすることができなくなったときは、受任者は、既にした履行の割合に応じて報酬を請求することができる（648Ⅲ②）。〔23-19-ア〕

★途中で終わった場合でも、そこまでの報酬を請求できます。信頼関係に基づいているため、途中で終わっても報酬は保障すべきとする条文です。

□ 委任契約の解除は、将来に向かってのみその効力を生じる（652・620本文）。〔30-19-エ〕

★解除の効果は、遡及効（契約は初めからなかった）となるのが原則ですが、賃貸借契約や委任契約のように何度も履行する契約については、遡及効にしない傾向があります。遡及効にすると、今までの履行はすべて不当利得になってしまい、清算が面倒になるためです。

第3節 寄託

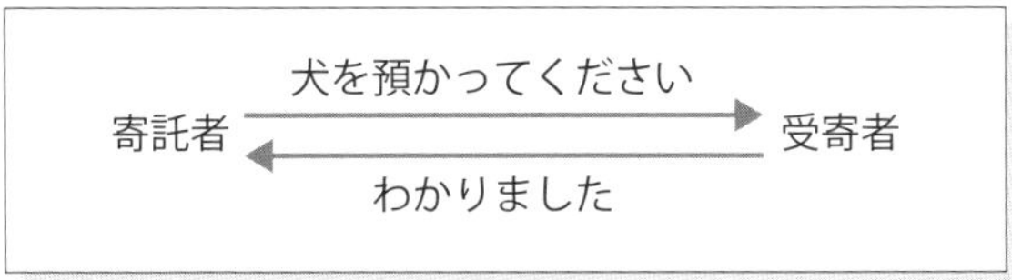

これは預ける契約のことです。預けた方を寄託者（きたくしゃ）、預かった方を受寄者（じゅきしゃ）と呼びます。

Point

受寄者の注意義務

有償：善管注意義務

無償：自己の財産におけると同一の注意義務（659）

預かった人は、まさに他人の所有物を扱っています。

どの程度の注意義務を負わされるかというと、お金を取っているかどうかで異なり、例えば、お金を取っていなければ、善管注意義務にはなりません。

委任契約は、有償・無償問わず善管注意義務を負わされる点と比較してください。

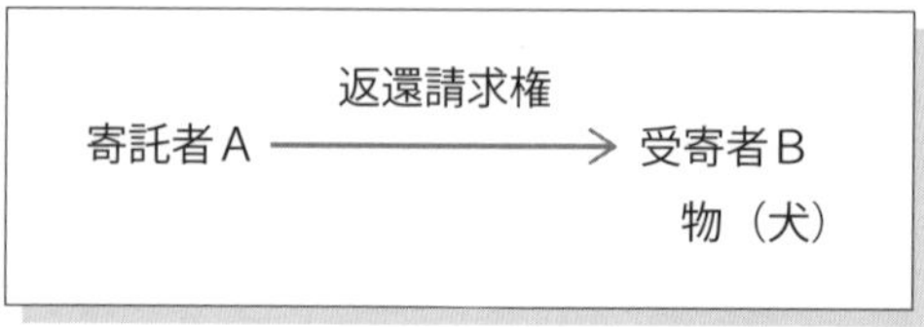

AがBに、来月の10日まで犬を預かってほしいと頼みました。

Aは、Bに対して「犬を返してほしい」という返還請求権を持ちます。

> **662条（寄託者による返還請求等）**
> 1　当事者が寄託物の返還の時期を定めたときであっても、寄託者は、いつでもその返還を請求することができる。

来月の10日まで預かってほしいという約束でした。この場合、10日になるまでは、預けたAは返せと言えないのでしょうか？

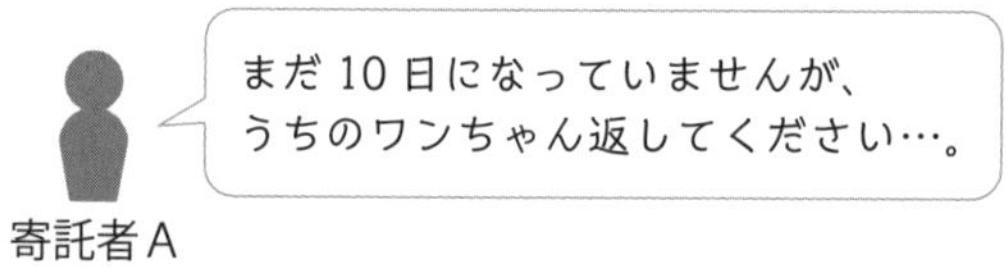

まだ10日になっていませんが、
うちのワンちゃん返してください…。
寄託者A

これ、問題ないですよね。

このように**返還時期を決めても、寄託者側は期限前に返せと言えます**。

では預かったBはどうでしょうか。次の条文を見てください。

> **663条（寄託物の返還の時期）**
> 2　返還の時期の定めがあるときは、受寄者は、やむを得ない事由がなければ、その期限前に返還をすることができない。

やむを得ない事由がなければ「返せない」と言っています。

つまり基本は期限前には返せないのです。

期限を決めたメリットは寄託者側にあります。

だから**寄託者Aは自由に返せと言えますが、受寄者Bは期限が来るまでは返せないのです。**

> **663条（寄託物の返還の時期）**
> 当事者が寄託物の返還の時期を定めなかったときは、受寄者は、いつでもその返還をすることができる。

期限を決めなかったという場合、受寄者Bはいつでも「ワンちゃん、お返しします」と言えます。

ずっと預かっていろ、では受寄者Bに酷だからです。

問題を解いて確認しよう

1	寄託契約における受寄者の目的物返還債務に期限の定めがない場合、寄託者は、いつでも、目的物の返還を請求することができ、その請求があったときは、受寄者は、直ちに目的物を返還しなければならない。〔9-8-オ（20-17-エ、24-18-3）〕	○
2	目的物の返還の時期の定めがない場合には、寄託の受寄者は、いつでもその返還をすることができる。〔20-17-オ改題〕	○
3	目的物の返還の時期の定めがある場合には、寄託の寄託者は、期限が到来した時からその返還の請求をすることができる。〔20-17-イ改題〕	×
4	目的物の返還の時期の定めがある場合には、寄託の受寄者は、いつでもその返還をすることができる。〔20-17-ウ改題（25-19-オ）〕	×

×肢のヒトコト解説

3 期限前でも、寄託者は返還請求することが可能です。

4 受寄者は、期限まで返還できないのが原則です（返還するには、やむを得ない事由という事情が必要です）。

第4章　組合契約

ここから学習する内容は、会社法の持分会社という制度を学んだあとの方が吸収しやすいところです（本書の記載も、持分会社を学習したことを前提にした記載があります）。持分会社との違いを覚えていきましょう。

②出資

①共同事業を営む合意
- A ――→ 10万
- B ――→ 20万
- C ――→ 労務

ＡＢＣで、「お祭りで屋台をやろう、Ａは10万円、Ｂは20万円払う、Ｃは立ち上げの労務をすべて担って始めよう」と合意しました。これが組合契約と呼ばれる行為で、何かの商売をしようと約束する契約だと思ってください。

お互いが出資をして、共同事業を営むことを約することで成立します（諾成契約です）。

そして、この出資はお金だけでなく、物、そして持分会社と同じように労務での出資も許されます。

業務執行組合員 ――履行請求――→ A（未履行）
業務執行組合員 ←――×同時履行の抗弁――
- A（未履行）
- B（未履行）
- C（未履行）

ＡＢＣのことを組合員と呼び、特に業務を行うものを業務執行組合員といいます。

たとえば、前記のように組合員が出資をしていない場合に、業務執行組合員から出資をするようにと請求を受けました。

ここでAが「B、Cが履行するまで自分は履行しない」と同時履行の抗弁権を主張することはできません。

これを組合員全員が主張し始めると、いつまでたっても出資がされず、共同事業を始めることができないからです。

◆組合の業務執行（業務執行者を定めなかった場合）◆

	常務	常務以外
内部的業務執行	原則：各組合員が単独で行うことができる（670Ⅴ本文） 例外：特定の常務の完了前に他の組合員が異議を述べたときは、組合員の過半数で決する（670Ⅴ但書）〔26-19-イ〕	組合員の過半数で決する（670Ⅰ）
対外的代理	各組合員は単独で他の組合員を代理することができる	組合員の過半数の決定により代理権を付与された組合員の行為であれば、他の組合員にも効果が帰属する（最判昭35.12.9）〔18-20-イ、26-19-イ〕

誰が物事を決めて、誰が代理するかをまとめた図表になっています。会社の場合は代表という表現ですが、組合の場合は、組合員全員を代理して行為する形になります（その代理人の効果は、本人である組合員全員に効果帰属します）。

まずは常務（通常業務、ルーティンワークと思ってください）から説明します。

これは、組合員が独断で決めて、ある1人が独断で組合員全員を代理することができます。ただし、誰かが「この常務、もうやめない」と言い出した場合は、組合員の過半数で今後も続けるか、やめるかを決めることになります。

一方、常務以外については、組合員の過半数で行うかどうかを決定し、組合員の過半数で決議した者が組合員の全員を代理して行います。

Point

組合の積極財産は、総組合員の「共有」である（668条）
→「共有」は、普通の「共有」（249条）と異なり、「合有」と解されている
→「合有」も条文がないところは、共有のルールを適用する

組合員で出資した財産、それで買った財産、共同事業で得た財産は組合員全員の共同所有になります。その形態は、「清算時まで持分が出てこない」合有と解されています。

ちなみに合有は669条以下で規定されていますが、合有の条文がないところは共有の条文・ルールが適用されます。

たとえば、組合財産である不動産に、無権利者の登記があるときは、各組合員は保存行為として単独で、無権利者に対し登記の抹消請求をすることができます。

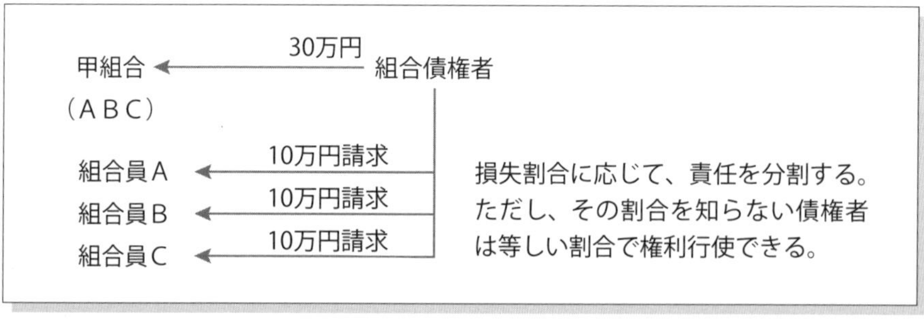

ＡＢＣが組合業務に伴って、30万の債務を負いました（組合には法人格がないので、組合が債務を負うのではなく、ＡＢＣ個人が債務を負います）。

この債務はＡＢＣ共同所有している財産で支払うべきですが、これが支払えない場合、ＡＢＣ個人に請求することができます（ＡＢＣは個人的な責任を負います）。

その責任額は、持分会社のような連帯責任ではなく、分割責任となっています。

その分割の割合は、ＡＢＣが組合契約で決めるものですが、決めていても債権者が知らなければ、債権者は等しい割合で権利行使することが認められています。

問題を解いて確認しよう

1	組合契約は、各当事者が組合のために労務を提供して共同の事業を営むことを約することによっても、成立する。〔26-19-ア〕	○
2	業務執行組合員から出資の履行を請求された組合員は、他の組合員が出資の履行をしていないことを理由として同時履行の抗弁を主張することはできない。〔21-18-オ〕	○
3	組合の常務については各組合員が単独で行うことができるが、その完了前に他の組合員が異議を述べたときは、その常務については組合員全員の一致によって決定しなければならない。〔26-19-イ〕	×
4	A、B及びCが組合契約を締結した。組合契約により業務執行組合員が定められていない場合、A及びBのみで組合を代理してEとの間で組合財産に関する売買契約を有効に締結することができる。〔18-20-イ〕	○
5	業務執行組合員が定められていない場合には、組合員の過半数の者は、共同して組合を代理する権限を有する。〔26-19-ウ〕	○
6	A、B及びCが組合契約を締結した。組合財産である建物について無権利者であるDの名義で所有権の保存の登記がされている場合、Aは、単独で、Dに対して登記の抹消を求めることはできない。〔18-20-ア〕	×
7	組合の債権者は、その債権の発生の時に組合員の損失分担の割合を知らなかったときは、一人の組合員に対して債務の全部の履行を請求することができる。〔26-19-エ〕	×

×肢のヒトコト解説

3　組合員全員の一致ではなく、過半数の賛成で足ります。

6　各組合員は、保存行為を単独で行うことができます。

7　全額の請求はできません。頭数に応じた金額のみ請求できます。

第9編 事務管理・不法行為

債権が発生する場面の大半は、契約関係がある場合ですが、契約がなくても要件をクリアするだけで債権が発生することがあります。

ここではそういった状況を2つ紹介します。

～委任もされていないのに勝手にやるのが事務管理～

第1章 事務管理

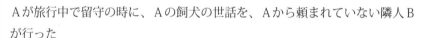

まず事務管理では、どういった事例を想定しているのかを意識してください。後は、委任契約とどこが違っているかを覚えるのが重要です。

Aが旅行中で留守の時に、Aの飼犬の世話を、Aから頼まれていない隣人Bが行った

↓ 本来

Bの行為はお節介であり、違法行為にすらなりうる（住居侵入等）

↓ 事務管理の要件を満たすと、

① Bの管理行為は適法となる

② 債権関係が発生する

事務管理というのは、**頼まれてもないのに他人のことをした場合**の法律関係のことをいいます。

今回の上の例も、頼まれていないのに他人の犬の世話をしています。この場合、一定の権利関係が発生します。

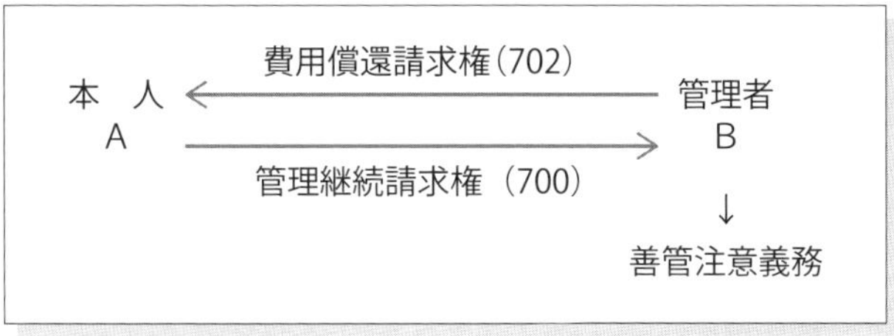

Bは、善管注意義務を負います。
勝手にやった以上、ちゃんとやりなさいというニュアンスです。

また、Bには続ける義務があります。
勝手に始めた以上は続けなさいということです。

そして、BはAに対し、出費したお金を返せと言える場合があります。

◆ 委任のルールを事務管理が準用しているか ◆

	事務管理者
善管注意義務（644）	○（但し698）
報告義務（645）	○（701・645）
引渡義務（646）	○（701・646）
金銭消費責任（647）	○（701・647）
報酬支払請求権（648）	×
費用前払請求権（649）	×
費用償還請求権（650 Ⅰ）	有益費につき○（702 Ⅰ）
損害賠償請求権（650 Ⅲ）	×

事務管理は、委任契約の条文を多く準用しています。
人のことをやるという点では、委任契約と事務管理は似ているからです。
ただこの2つ、決定的に違うところがあります。

頼まれてやっているか、勝手にやっているかという点です。

そのため、事務管理は、委任契約のすべての条文は準用していません。どれを準用して、どれを準用していないかが前の表でまとまっています。

○と×がくっきり分かれています。

委任のルールを準用するかどうかの基準
・義務のルールは準用する
・権利のルールは準用しない

上4つというのは、受任者の義務です。**頼まれている人ですら負っている義務については、勝手にやる人もその義務を負わされます**。

一方、残る4つは権利です。頼まれたのであればいろんな権利がもらえます。

でも**勝手にやっている人は、基本その権利は認められません**。

ただ例外が1つあります。

有益費を出した場合です。価値を上げたという場合は、さすがにこれは請求ができるようにしているのです。

問題を解いて確認しよう

1　Aを受任者とする委任契約をAB間で締結した場合と、CがDのために事務管理をした場合に関して、Aは委任契約終了後、遅滞なくBに事務処理の結果を報告しなければならないが、Cは事務管理を終了しても、Dの請求がない限り事務管理の結果の報告義務を負わない。〔7-3-イ〕　×

2　Aを受任者とする委任契約をAB間で締結した場合と、CがDのために事務管理をした場合に関して、Aは事務処理をするに当たって受け取った金銭をBに引き渡す義務を負うが、CはDに対してそのような義務を負わない。〔7-3-ウ〕　×

3 Ａを受任者とする委任契約をＡＢ間で締結した場合と、ＣがＤのために事務管理をした場合に関して、ＡはＢに対し事務処理に要する費用の前払請求権を有しているのに対し、ＣはＤに対しそのような請求権を有していない。〔7-3-エ〕 ○

4 Ａを受任者とする委任契約をＡＢ間で締結した場合と、ＣがＤのために事務管理をした場合に関して、ＡはＢに対し、事務を処理するため過失なくして受けた損害の賠償を請求することができるが、ＣはＤに対してそのような請求はできない。〔7-3-オ〕 ○

×肢のヒトコト解説

1,2 受任者の義務になっているものなので、事務管理者も義務を負います。

2周目はここまで押さえよう

◆ 事務管理の成立後の義務 ◆

管理者の義務	① 管理方法に関する義務 a 管理者が本人の意思を知っているか又は知り得る場合 → その意思に従って管理することを要する(697 Ⅱ) b その他の場合 → 事務の性質に従い最も本人の利益に適する方法によって管理することを要する(697 Ⅰ) ② 注意義務(698) 原則：善管注意義務を負う 例外：緊急事務管理の場合には悪意又は重過失についてのみ責任を負う ③ 管理開始通知義務(699) ④ **管理継続義務**(700) ⑤ 状況報告義務・経過及び結果報告義務(701・645) ⑥ 引渡義務・権利移転義務(701・646) ⑦ 金銭消費の責任(701・647)
本人の義務	① 有益費償還義務(702 Ⅰ) ② 有益債務の弁済義務・担保供与義務(702 Ⅱ)

事務管理が成立した場合には、事務管理者にはその内容を続ける義務があります。勝手に始めたとしても、その内容をつづける義務が生じてしまうのです。これを管理継続義務と言います（上記図表④)。

ちなみに、委任契約にはこの続ける義務はありません。嫌になったら、解除をすればいいだけです。

そして、その管理の方法ですが、ある程度のルールが決まっています。
例えば、近所の犬を勝手に世話した場合で説明すると、
「家の中で世話をする方が、犬のためになる」と思っていても、
本人が「犬は外で飼う方が健康にいいんだ」という意思を持っていて、事務管理者がそれを知っていた場合は、本人の意思を優先する必要があります（図表①aにあたります）。

少々例を変えまして、例えば、おぼれている人がいたので、見ず知らずだったのですが、助けることにしました。その際、慌てていたせいもあって、少々本人にけがを負わせてしまいました。
本来、損害賠償になってもしょうがないところですが、急いでいるということが評価されて、悪意・重過失の場合のみ責任を負えばよくなります（緊急事務管理、図表②にあたります）。
次に本人の義務を見ていきますが、本来、本人の義務は生じないはずなのですが、お金をかけて、管理をした結果、「物の価値が上がった」場合は話が変わります。物の価値を上げた分、費用を払う必要があるのです（図表①にあたります）。

☑ 1	事務管理を始めた者は、本人の意思を知っている場合であっても、その意思に従うよりも本人の利益に適合する方法があるときは、その方法によって事務管理をしなければならない。〔24-19-1〕	×
2	本人の身体、名誉又は財産に対する急迫の危害を免れさせるために事務管理をした場合には、事務管理を始めた者は、悪意があるときを除き、これによって生じた損害を賠償する責任を負わない。〔24-19-2〕	×
3	本人の身体、名誉又は財産に対する急迫の危害を免れさせるために事務管理をした管理者は、これによって本人に損害が生じたときであっても、悪意又は重大な過失があるのでなければ、これによって生じた損害賠償の責任を負わない。〔オリジナル〕	○

4	Aが首輪の付いている飼い主不明の犬を発見し、その不明の飼い主のために犬の世話をした。Aが自分の家に犬を連れて帰り、世話をしている場合、犬の世話について要求される注意義務の程度は自己の財産に対するのと同一の注意で足りる。〔オリジナル〕	×
5	事務管理を始めた者は、本人のために有益な費用を支出した場合であっても、その事務管理が本人の意思に反するものであるときは、本人に対し、その費用の償還を請求することができない。〔24-19-4〕	×

これで到達！  合格ゾーン

☐ 管理者は、本人が既に知っている場合を除き、事務管理を始めたことを遅滞なく本人に通知しなければならない（699）。〔令4-19-ア〕

★勝手に始めていたとしても、それを本人に連絡すべきという規定です（もちろん、勝手に始めていることを本人が知っている場合は連絡は不要です）。

～他人の権利を侵す不法行為は賠償責任がついてまわります～

第2章 不法行為

令和7年本試験は
ここが狙われる!

司法書士試験の民法で、一番ハマってはいけないところです。突っ込んで考えていくと非常に難しい分野です。自分で事例を作る学習は極力避け、まずは出題がある事例の処理ができることを第一優先にしましょう。

709条（不法行為による損害賠償）
故意又は過失によって他人の権利又は法律上保護される利益を侵害した者は、これによって生じた損害を賠償する責任を負う。

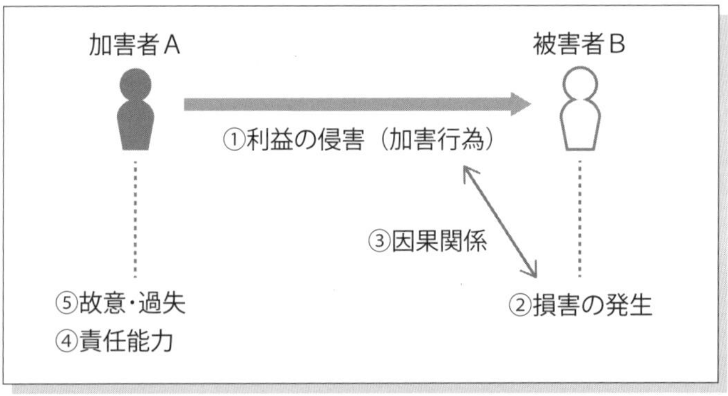

これが不法行為の要件で、全部クリアすると、損害賠償請求権が発生します。

①利益の侵害（加害行為）②損害の発生

不法行為による損害賠償請求権が発生するには、加害行為があった上で損害の発生が要件になっています。

いくら加害行為があっても損害がなければ、損害賠償請求はできません。

③因果関係

その加害行為によって損害が生まれたんだという、原因・結果の関係のことをいいます。これは、債務不履行と同じく**通常起こり得るような因果関係が必要**です。

④責任能力

責任能力というのは、「なんでそんなことをしたんだ」と非難できる状態と思ってください。

子供であれば、小学校卒業程度から備わっていると思えばいいでしょう。

⑤故意・過失

条文は「過失」と規定しているので、その**過失が軽過失であれ、重過失であれ、要件をクリアする**ことになります。

ただ、失火の場合を例外とする法律があります。

> **失火責任法**
> 民法第709条ノ規定ハ失火ノ場合ニハ之ヲ適用セス但シ失火者ニ重大ナル過失アリタルトキハ此限ニ在ラス

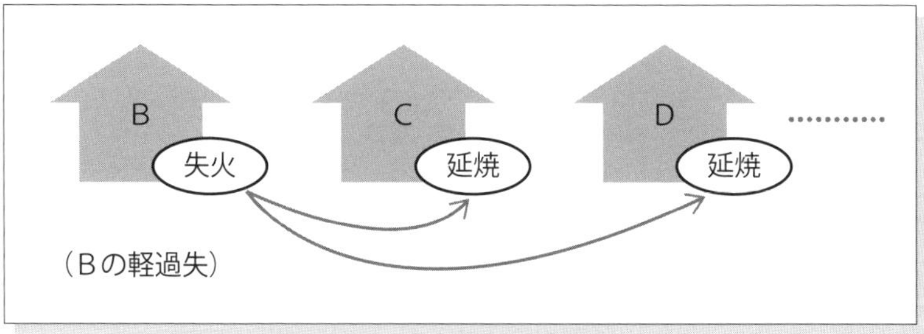

例えばBが自分の家を燃やしてしまい、その結果、近隣の家を全部焼き尽くしました。

Ｂが行った軽い落ち度による不法行為です。

これをまともに709条に当てはめると、近隣住民全員に対する損害賠償となります。

金額は天文学的な数字になり、まず払えないでしょう。

このような**払えないような損害賠償を課す意味はない**ため、民法の特則で失火責任法というものを作り、**軽過失だったら責任なし**でいいよ、払わなくていいよとしたのです。

一見、被害者がかわいそうに見えますが、日本の場合は、火災保険が発達していますので、取れない人から取るぐらいなら、火災保険から取りなさいという態度になっているのです。

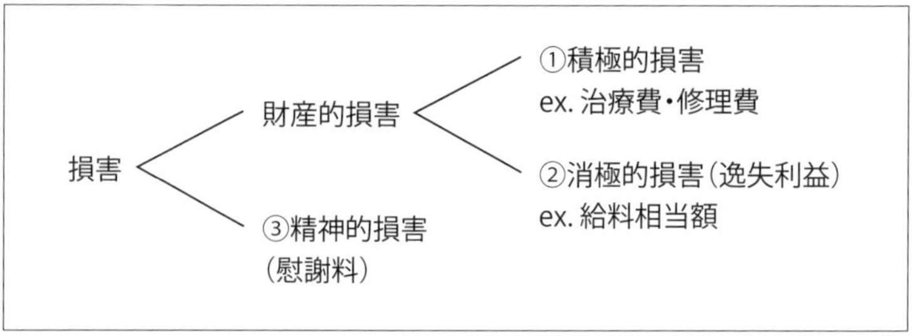

不法行為による損害では、どのような損害について賠償請求できるかがまとまっています。

損害には大きくいえば、財産面の損害と精神面の損害があります。

財産面にも２つあって、積極的に出ていった損害と、入ってこなくなった損害があります。

この入ってこなくなった損害のことを逸失利益といいます。給料等をイメージしてください。

例えば、サラリーマンの方を殺した場合、その人が働ける年数を60歳までと仮定すると、（60才－今の年齢）×年収分を払わなくてはいけないのです（**逸失利益というのは、大抵は高額になると思っていい**でしょう）。

次に、精神面の損害ですが、これは慰謝料と呼ばれることが多く、次の条文で規定されています。

> **710条（財産以外の損害の賠償）**
> 他人の身体、自由若しくは名誉を侵害した場合又は他人の財産権を侵害した場合のいずれであるかを問わず、前条の規定により損害賠償の責任を負う者は、財産以外の損害に対しても、その賠償をしなければならない。

財産権を侵害されない時でも払わなければいけない、と規定して、財産的な損害とは別に精神的な損害についても賠償請求できることを明言しています。

次に、この損害賠償請求権が相続されるかというのを見ていきます。

Point

損害賠償請求権の相続性

財産的損害の賠償請求権　→　○

慰謝料請求権　→　○

結論から言えば、財産的な損害の損害賠償請求権も、慰謝料の損害賠償請求権も、それを持っている者が**死亡すれば相続人に相続で降ります**。

慰謝料について細かく見ます。

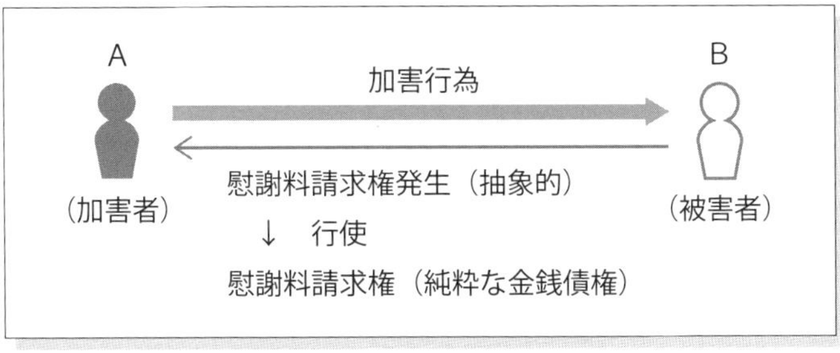

加害行為を受けることによって、被害者は慰謝料請求権を持ちます。

これは慰謝料請求ができる「立場」みたいなもので、これを行使すると、初めて慰謝料請求権という金銭債権が生まれます。

もしこの人が慰謝料請求権の意思表示をせずに死んだら、慰謝料請求権は相続で降りるのでしょうか。

もし、この権利を一身専属権と考えると相続で降りないことになります（昔の判例の立場は、相続否定でした）。

ただ、そのような理屈の場合、即死を引き起こした不法行為の時に問題があります。**即死の場合には、意思表示ができないまま死亡する**からです。

こういった不都合があるので、**今の判例は、意思表示せずとも相続される**と見解を変えました。

Point

損益相殺

一方で損害を受けながら、他方において、支出すべき費用の出費を免れたというように、同一の原因によって利益を受けている場合に、衡平の見地から、この利益を損害額から控除して損害額を算定すること

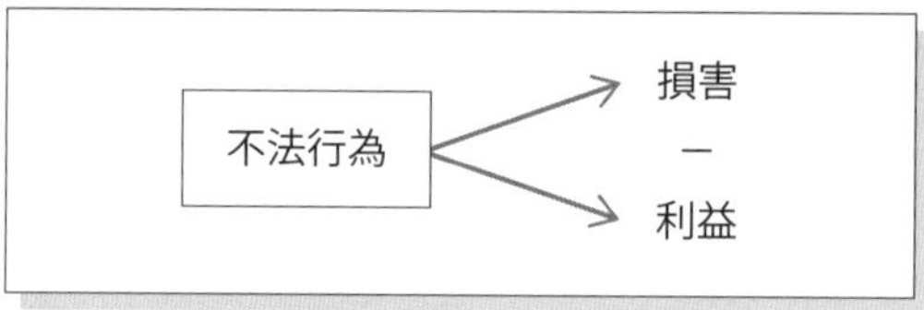

これは、不法行為で損はしてるけど、一方で**不法行為で利益を得たような場合には、賠償請求できる金額を減額します**よという理屈です。

例えば、生活費がこれに当たります。

例えば旦那が殺されたことによって、逸失利益1億円の損害が出ましたが、旦那を養わなくてよくなった、食費がかからなくなり、今後の生活費が400万円分浮いたとしましょう。

この場合、賠償で請求できる金額は、1億円から400万円を引いた金額になります。

このように、不法行為によって利益を得た場合は、損害賠償から差し引くことにしています。では、どんなものが差し引けるのでしょうか。

	事例	損益相殺の可否
①	不法行為によって死亡した被害者の生活費	○
②	不法行為によって死亡した年少者が就労可能年齢に達するまで要したであろう養育費	×
③	生命保険金	×
④	香典	×

②養育費について、養育をする必要がなくなった、その分、差し引けるかというと、できません。

養育費がかからずに済んだことは利益ではなく、**子供を養育できなくなった不利益であるというのが判例の言い分**です。

利益があったわけではないので、差し引くことができません。

③不法行為で相手を殺してしまい、8,000万円の損害を出したのですが、相手は、3,000万円の生命保険金をもらっていたとします。この場合、相手には利益があるのだから、賠償金額は5,000万円に減額されるのでしょうか。

生命保険金は、保険契約をしたから生じている権利です。**不法行為とは、別原因で発生している権利である**ため、これがあっても損害賠償額は減額されません。

④香典も同じで、不法行為とは別に、**葬式をしたために発生したもの**なので、香典があったとしても損害賠償額は減額されません。

722条（損害賠償の方法、中間利息の控除及び過失相殺）
1　第417条及び第417条の2の規定は、不法行為による損害賠償について準用する。
2　被害者に過失があったときは、裁判所は、これを考慮して、損害賠償の額を定めることができる。

これは、被害者側に落ち度があったら賠償金額を減額するという制度です。これを過失相殺といいます。

加害者Aが自動車を運転中に一瞬わき見したところ、路地から左右を注意しないで突然飛び出してきたBと衝突し、死亡させたような場合（損害額は4,000万円とする）
→　被害者Bにも過失があるため、賠償請求できる金額は減額される。

飛び出しがあったという場合は、交通事故を起こした車の運転手Aに問題はありますが、飛び出した側にも落ち度があります。ここで、**損害のすべてをAに負担させるのは不公平であるため、賠償額は減額される**のです。

過失相殺をするには、被害者に、損害の発生を避けるのに必要な注意をする能力たる「事理弁識能力」が必要である。

過失があったから減額するという法理は、そもそも「君に落ち度があったんだ」といえる状態の人にしか言えません。
例えば2歳の幼児が飛び出したとしても、幼児に対して「何でそんなことをしたんだ」と非難できませんよね…

そのため、この2歳児には過失があったとはいえません。
ただ、**2歳児が飛び出すような状況を作ってしまった家族には、落ち度があります**。

Point

被害者側の過失
被害者と身分上ないし生活関係上一体をなすと認められる関係にある者の過失を考慮することができる

被害者自身に落ち度がなくても、被害者の側に落ち度があったら減額することを、今の判例は認めています。

問題を解いて確認しよう

1	Aが自動車を運転中、前方不注意によりBをはね、重傷を負ったBが意識不明で病院に運ばれ、その数日後に意識を回復することなく死亡した場合、Bの妻Cは、Aに対して、不法行為に基づくB自身の慰謝料を請求することができる。〔オリジナル〕	○
2	交通事故により死亡した者の相続人に対して給付された生命保険金は、その死亡による損害賠償額から控除すべきではない。〔13-14-イ〕	○
3	交通事故により死亡した幼児の財産上の損害賠償額の算定については、幼児の損害賠償債権を相続した者が幼児の養育費の支出を必要としなくなった場合には、将来得べかりし収入額から養育費を控除することができる。〔13-14-ア〕	×
4	Aの不法行為により未成年者Bが重傷を負った場合において、Bが事理弁識能力を有していなかったときであっても、その損害の発生についてBの親に監督上の過失が認められるときには、Aは、過失相殺による損害額の減額を主張することができる。〔オリジナル〕	○
5	交通事故によって傷害を負った患者が搬入された病院において適切な治療が行われなかったことにより死亡した場合において、遺族から死亡の結果により生じた損害の賠償を求められた医師は、交通事故の発生について患者に過失があったときは、過失相殺による賠償額の減額を主張することができる。〔16-20-イ〕	×
6	Aが妻Bを乗せて自動車を運転中、Cの運転する自動車と衝突事故を起こし、この事故によって傷害を負ったBが、Cに対して損害賠償を請求した場合において、事故の原因がAC双方の過失によるものであるときは、裁判所は、特段の事情のない限り、Bに対する賠償額の算定について、Aの過失を考慮することができる。〔28-19-ウ改題〕	○

×肢のヒトコト解説

3　養育費をかけなくなったことは利益ではないので、損益相殺することはできません。

5　患者と医者には身分、生活関係の一体の関係ではないので、その患者の過失を考慮して、減額することはできません。

これで到達！合格ゾーン

□ Ａが運転する自動車とＢが運転する自動車とが衝突した事故によって、Ａが負傷し、Ｂの自動車が破損した。本件事故において、Ａは首を負傷したが、Ａは平均的体格に比べて首が長く、Ａには頸椎の不安定症という身体的特徴があった。この身体的特徴は疾患と評価することができるようなものではなかった場合、裁判所は、このようなＡの身体的特徴を考慮して、損害賠償の額を減額することはできない（最判平8.10.29）。〔28-19-イ〕

★身体的特徴によって、被害が拡大した場合、その被害者の特徴を「被害者の過失」と扱って賠償額が減額できるか、という判例です。身体的特徴を、その人の過失、とするのは相当無理があるでしょう。

2周目はここまで押さえよう

711条（近親者に対する損害の賠償）
　他人の生命を侵害した者は、被害者の父母、配偶者及び子に対しては、その財産権が侵害されなかった場合においても、損害の賠償をしなければならない。

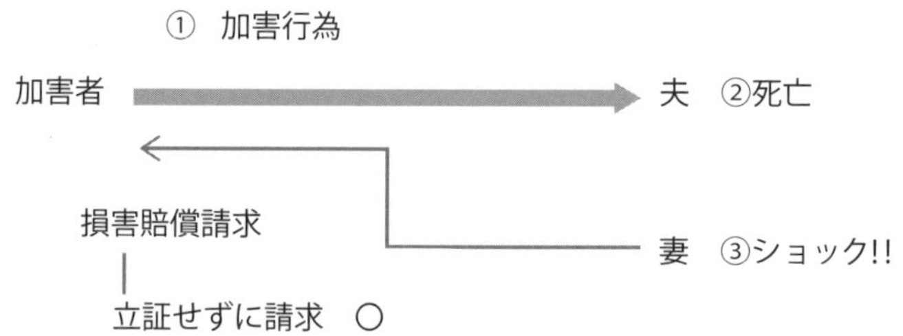

　ある方の不法行為によって、夫が殺されました。家族は、大きなショックを受けることになります。

　民法は、近親者固有の慰謝料請求権として、711条という条文を作りました。

　通常の慰謝料請求（709・710条を根拠）をする場合には、要件を立証することになりますが、711条で慰謝料請求する場合は、要件の立証などをせずに、請求できるようにしているのです。

では次に、慰謝料について、債務不履行と不法行為を比較してみます。

◆ 債務不履行責任と不法行為責任 ◆

	債務不履行	不法行為
慰謝料請求権の有無	認められる	認められる(710)
近親者固有の慰謝料請求権	認められない	認められる(711)

債務不履行でも不法行為でも精神的なショックが起きれば、慰謝料請求をすることが可能です。

ただ、家族が殺された場合の慰謝料請求は異なります。もともと、債務不履行で人が死亡することはないだろうということから、債務不履行には711条に相当する条文がなく、慰謝料請求は認められないのです。

1	不法行為による生命侵害の場合、被害者Aの配偶者Bは、Bに対する加害者の故意過失を証明することなく、固有の慰謝料を請求することができる。〔オリジナル〕	○
2	Aが開設する病院で勤務医Bの診療上の過失により患者Cが死亡したという事例において、唯一の相続人であるCの子Dは、不法行為に基づく損害賠償の請求においては自己の固有の慰謝料も請求することができるが、債務不履行に基づく損害賠償の請求においては自己の固有の慰謝料を請求することはできない。〔22-19-ア改題〕	○

過失責任	被害者が故意・過失があることを立証する	一般不法行為
↓		
中間責任	加害者が故意・過失がないことを立証する	① 責任無能力者の監督者責任(714) ② 使用者責任(715) ③ 工作物責任(占有者)(717 I 本文)
↓		
無過失責任	過失不要	工作物責任(所有者)(717 I 但書)

「落ち度が必要」で、「被害者側が証明しなくてはならない」が基本です。

図の一番下を見てください。

落ち度は全く要らない、**落ち度があろうがなかろうが損害賠償請求ができる**というタイプ、こういうのを**無過失責任**といいます。

中間を見てください。

「落ち度は要件として必要」ですが、ただ「被害者側が証明しなくていい」タイプのものがあります。

この場合、加害者側の方が、自分たちに落ち度はないことを証明することになります。

これには、2つの面があります。

①被害者側が証明しなくていい、加害者側が証明すればいいという面

②加害者側は、自分たちに落ち度がないことが証明できれば逃げられるという面

こういった責任を**中間責任**と呼びます。

具体例を見ていきましょう。

714条（責任無能力者の監督義務者等の責任）

1　前2条の規定により責任無能力者がその責任を負わない場合において、その責任無能力者を監督する法定の義務を負う者は、その責任無能力者が第三者に加えた損害を賠償する責任を負う。ただし、監督義務者がその義務を怠らなかったとき、又はその義務を怠らなくても損害が生ずべきであったときは、この限りでない。

2　監督義務者に代わって責任無能力者を監督する者も、前項の責任を負う。

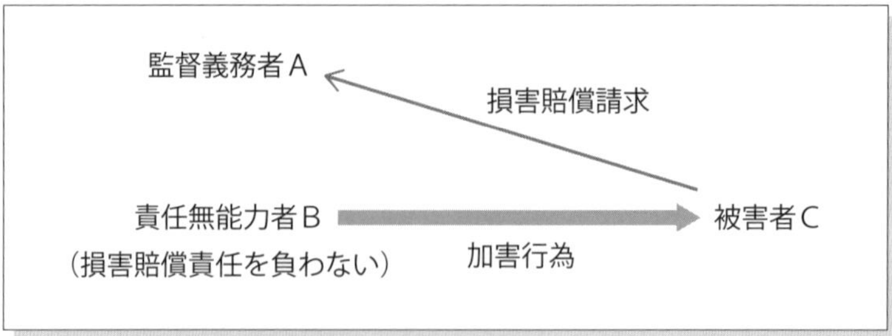

責任無能力者Bが、Cに加害行為をしました。

責任無能力者であるため、B自身は損害賠償責任を負いません。

この場合、被害者側は「君たちが監督しなかったから、こういった不法行為が起きたんだ」と、監督義務者であるAに損害賠償請求をするのです。

これは、中間責任です。
そのため、**被害者側がA側の故意・過失を証明する必要はなく、A側が、自己に故意・過失はないということを証明することになります。**
つまり、

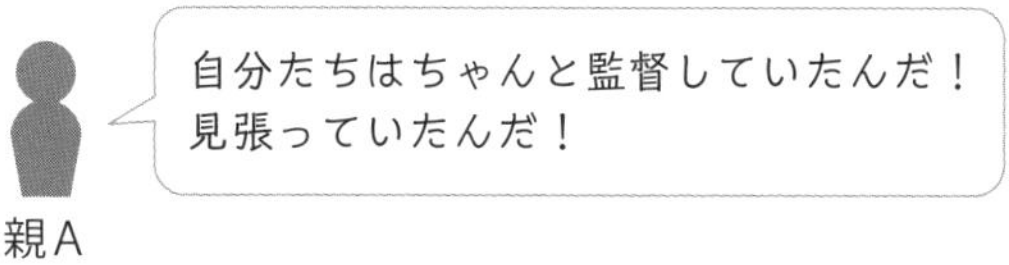

自分たちはちゃんと監督していたんだ！
見張っていたんだ！
親A

ということを証明できれば、この責任から逃げられるのです。
ちなみに、未成年者が失火した場合には、その監督について「重大な過失」がなかっただけで、損害賠償義務を免れます。
そもそも失火の場合には、重過失の場合でないと責任を負わせないことと均衡をとっているのです。

Point

未成年者に責任がない場合に発生する補充的責任である。
cf. 未成年者が責任能力を有する場合であっても、監督義務者の義務違反と当該未成年者の不法行為によって生じた結果との間に相当因果関係を認めうるときは、監督義務者について709条の不法行為が成立する。

16歳が不法行為をして、同級生を殺害しました。
16歳ということは、責任能力はあります。そのため、加害者本人に対して損害賠償請求をすることになりますが、ただ、16歳が人を殺した賠償金を払えるとは思えません。

では、親に請求できるのかというと、これは714条では無理です。

714条は、責任無能力者を対象にしている条文だからです（条文を読んでみてください）。

そこで**判例は714条では無理だけど、親には709条で請求することができる、という判断を示しました。**

ただ709条で請求することになるため、故意・過失を証明するのは被害者側になります。

問題を解いて確認しよう

1　責任能力を有する未成年者が第三者に損害を加えた場合、当該未成年者は不法行為責任を負うが、監督義務者は不法行為責任を負わない。〔オリジナル〕　×

2　不法行為をした未成年者が責任を弁識する知能を備えている場合であっても、その未成年者の監督義務者が監督義務を果たさなかったことと損害との間に相当因果関係が認められるときは、監督義務者は民法第714条第1項に基づく責任を負う。〔31-19-ア〕　×

3　責任を弁識する知能を備えていない未成年者の行為により火災が発生した場合には、失火ノ責任ニ関スル法律にいう「重大ナル過失」の有無は未成年者の監督義務者の監督について考慮され、監督義務者は、その監督について重大な過失がなかったときは、当該火災により生じた損害を賠償する責任を免れる。〔31-19-イ〕　○

×肢のヒトコト解説

1　714条は成立しませんが、709条を根拠に責任を負うことがあります。

2　709条の責任を負うことになります。

これで到達！  合格ゾーン

□ 精神障害者と同居する配偶者であるからといって、その者が714条１項にいう「責任無能力者を監督する法定の義務を負う者」に当たるとすることはできない（最判平28.3.1）。〔31-19-オ〕

★夫婦には同居協力扶助の義務はありますが、これは夫婦間の義務であって、第三者への不法行為責任の根拠にはできません。

□ 法定の監督義務者に該当しない者であっても、責任無能力者との身分関係や日常生活における接触状況に照らし、第三者に対する加害行為の防止に向けてその者が当該責任無能力者の監督を現に行いその態様が単なる事実上の監督を超えているなどその監督義務を引き受けたとみるべき特段の事情が認められる場合には、法定の監督義務者に準ずべき者として、714条１項が類推適用される（最判平28.3.1）。〔31-19-ウ〕

★子、配偶者等でなかったとしても面倒を見ていていた者がいた場合、その者が714条の責任を負うことがあることを判示した判例です。

□ 通常は人身に危険が及ぶものとはみられない行為によってたまたま人身に損害を生じさせた場合、当該行為について具体的に予見可能であるなど特別の事情が認められない限り、子に対する監督義務を尽くしていなかったとすべきではない（最判平27.4.9）。〔31-19-エ〕

★子供が行う加害行為は、①その行為自体が人身に対する危険性を有している場合と（無免許運転、爆発物の取り扱いなど）、②通常は人身に対する危険性がない場合（ボール遊びなど）に分けることができます。本判例は、「通常は人身に対する危険性がない行為」の場合には、親の責任は原則としてない旨を判示しました。

715条（使用者等の責任）

1　ある事業のために他人を使用する者は、被用者がその事業の執行について第三者に加えた損害を賠償する責任を負う。ただし、使用者が被用者の選任及びその事業の監督について相当の注意をしたとき、又は相当の注意をしても損害が生ずべきであったときは、この限りでない。

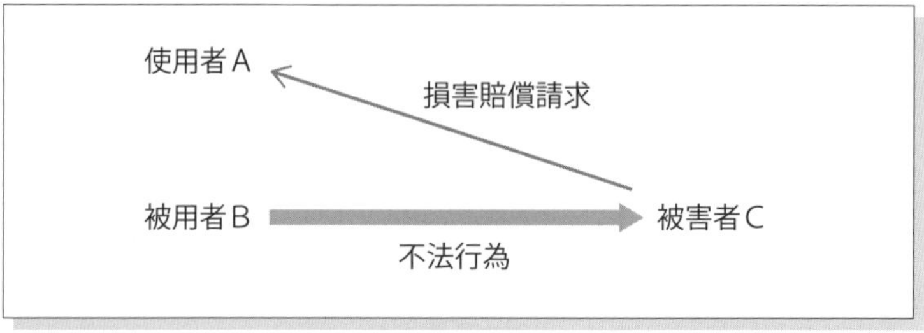

AがBを雇っていたところ、Bが、仕事中に交通事故を起こしました。
この場合、CはBに対して損害賠償請求できますが、Aに対しても損害賠償請求できるようにしています。

雇われているBより、**雇っているAに損害賠償請求ができた方が被害者の救済になります**（大抵は、使用者の方が資金力が豊富です）。

では、なぜ使用者Aはこんな責任を負わなくてはいけないのでしょうか。

これは報償責任の原理というものがあるからです。

報償責任の原理の考え方
Bが稼いだ利益はABで分配する
→Bがやらかした損失もABで分配すべき

そこで、Bがやらかしたことについて、Aも責任を取るというルールを作ったのです。

今見ている715条は中間責任です。
そのため、**Cから故意・過失を証明する必要はなく、A側に証明責任があります**。

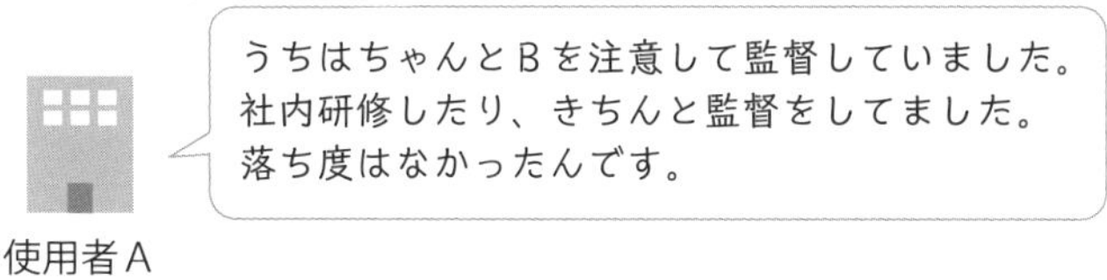

うちはちゃんとBを注意して監督していました。
社内研修したり、きちんと監督をしてました。
落ち度はなかったんです。
使用者A

ということを証明できれば、Aが責任から逃げられることになります。

715条（使用者等の責任）
2　使用者に代わって事業を監督する者も、前項の責任を負う。

Point

責任負担者

ex. 会社の従業員の不法行為

会社　→　715条1項（使用者責任）

従業員の上司　→　715条2項（代理監督責任）

従業員本人　→　709条

会社の従業員が不法行為をした場合、従業員・会社が損害賠償責任を負うだけでなく、この従業員の上司も損害賠償責任を負う場合があります。それは、その**上司がこの従業員を監督していたという状況**の場合です。

715条　（使用者等の責任）
3　前2項の規定は、使用者又は監督者から被用者に対する求償権の行使を妨げない。

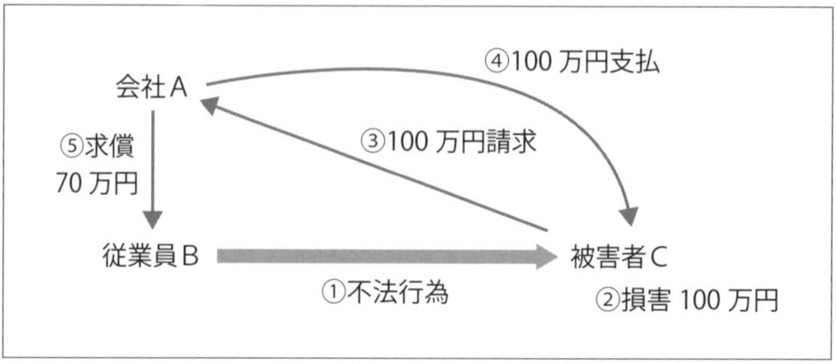

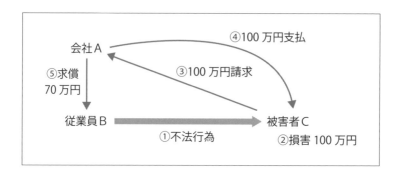

会社側が払った場合、従業員に対して求償ができます。「肩代わりしたんだから払え」というイメージです。

ただし、払った金額の全額の求償はできません。

Point

損害の公平な分担という見地から、信義則上相当と認められる限度に制限される

報償責任の原理、損害を分配し合うということでした。

もし、**100万円請求できたら、損害はすべて従業員が払うということになってしまいます。そのため、全額の求償を認めてはいけない**のです（実際の金額は裁判で決まりますが、試験的には全額の求償はできない、ということを意識してください）。

問題を解いて確認しよう

1	Bが、A会社だけでなく、D会社との間にも使用関係があり、両会社の事業の執行につきCに損害を与えた場合、A会社が民法第715条第1項の使用者責任に基づいてCにすべての損害を賠償したときは、A会社は、Bに対してだけでなく、D会社に対してもその負担部分の限度で求償することができる。	○

2	A会社がBの選任及び事業の監督について相当の注意をした場合、Cは、A会社が相当の注意をしたという事実の不存在を証明しなければ、A会社に対して、民法第715条第1項の使用者責任を追及することはできない。	×
3	A会社が民法第715条第1項の使用者責任に基づいてCにすべての損害を賠償した場合、A会社はその全額についてBに求償することができる。	×

×肢のヒトコト解説

2　中間責任なので、Cが証明責任を負うわけではありません。

3　報償責任の原理があるので、全額の求償はできません。

717条（土地の工作物等の占有者及び所有者の責任）
1　土地の工作物の設置又は保存に瑕疵があることによって他人に損害を生じたときは、その工作物の占有者は、被害者に対してその損害を賠償する責任を負う。ただし、占有者が損害の発生を防止するのに必要な注意をしたときは、所有者がその損害を賠償しなければならない。

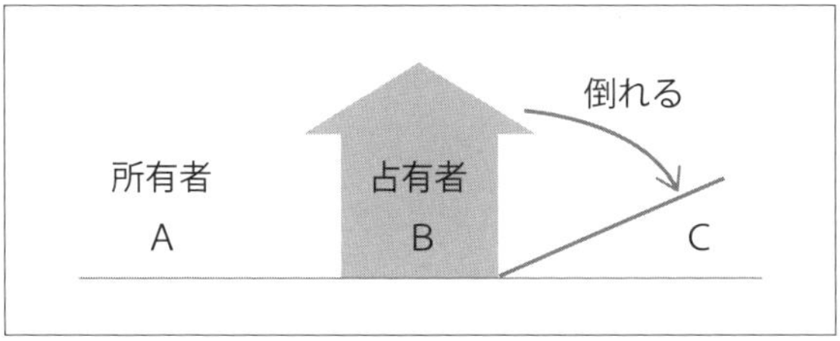

Aが家をBに貸していて、Bが住んでいます。

この家、建て付けが悪かったようで、ある日突然壁が倒れて、Cが怪我をしました。

Point

占有者　→　中間責任
所有者　→　無過失責任

この場合、Cは誰に損害賠償請求ができるかというと、まず占有者のBに対して可能です。
ただこれは中間責任です。
そのため、**B自身に落ち度がなかったということが証明できれば、Bは、責任から逃げられます**。
そのときは、CはAに請求することになります。

このAの責任は、無過失責任のため、Aに**落ち度があろうがなかろうが責任を取ることになります**。危険な物を所有している者は、それによる損害について責任を取れという理屈なのです。

では、次の事例では、誰が責任を負うかを考えてください。

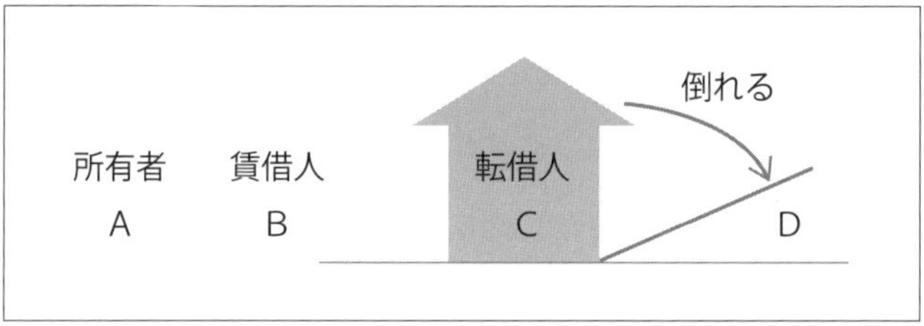

占有者として責任を負うのは、BとCです。
現実に持っていないのだから、Bには占有がないんじゃないかと思うところですが、**貸しても占有権は失くならない、代理占有という理屈がありました**。
Bは、Cに貸していても、占有者であることは変わらないので責任を負うことになるのです。
結論として、BとCが占有者として責任を負い、Aが所有者として責任を負うことになります。

問題を解いて確認しよう

1	Ｅは、その後この自宅をレンガ塀も含めてＡに賃貸し、さらにＡはこれをレンガ掘も含めてＣに転貸した。ところが、地震が生じた際、レンガ塀の強度不足から、レンガ塀が崩れ、そこを通りかかったＤが下敷きになって死亡した。この場合、転貸人であるＡは、レンガ塀を占有していないので土地の工作物の占有者としての責任を負うことはない。〔21-19-エ改題〕	×
2	Ｅは、その後この自宅をレンガ塀も含めてＡに売却し、さらにＡはこれをレンガ掘も含めてＣに賃貸した。ところが、地震が生じた際、レンガ塀の強度不足から、レンガ塀が崩れ、そこを通りかかったＤが下敷きになって死亡した。この場合、レンガ塀の設置又は保存についての瑕疵は、前所有者のＥが所有していた際に生じたものであるから、Ａは、土地の工作物の所有者としての責任を負わない。〔21-19-ウ改題〕	×

ヒトコト解説

1 転貸人は代理占有を有しているため、占有者として責任を負います。

2 所有者の責任は無過失責任です。

第10編 親族法

家族法は、民法の最後の４問で出題されます（たいていは、親族法２問・相続法２問です）。

正答率も高いところですので、ミスが許されません。

そして、この分野からは「理解中心」の学習から「暗記の比重を強める」必要があります。

図表などがあれば、それは意識して記憶するようにしましょう。

〜家族・親族に関する法律は、結構細かく制定されてます〜

第0章 親族法の学習にあたって

第10編　親族法
　第０章　親族法の学習にあたって
　第１章　家族法総説
　第２章　婚姻
　第３章　親子
　第４章　親権
　第５章　扶養

第11編　相続法
　第１章　相続人
　第２章　相続の効力
　第３章　相続の承認と放棄
　第４章　遺言
　第５章　配偶者居住権
　第６章　遺留分

ここからは、家族に関するルールに入ります。

この家族に関する一般的なルールが、第10編の親族法で、**出題のメインは第２章と第３章**です。

一方、家族のルールの中でも、相続だけに特化したのが、最後の第11編です。

これが相続法といわれる部分で、ここの出題の**メインは１章・２章・３章**です。

～家族については、自分の意思で届け出ることが大切です～

第1章 家族法総説

親族法・相続法に共通する原理を説明します。ここをしっかり押さえると覚える量を減らすことができますので、共通する原理「本人の意思の尊重」というニュアンスをしっかりと理解しましょう。

本人の意思の尊重
①意思能力があれば足り、行為能力を要しない
②代理に親しまない
③他人の許可・同意・承諾を要しない

家族法のルールを、身分法と呼ぶことがあります。
これは、今までの民法のルールとはだいぶ違う特色を持っているからです。

一番の特色は、**基本的には本人の意思だけでやらせる**ということです。
本人の意思があればいいので、未成年者等でもできることが結構あります（意思さえあれば、成年被後見人ができることもあります）。

また、自分の意思でやらせるのが基本なので、**代理は基本ダメ**です。自分でやってください。
そして、自分の意思だけでできるので、**他人のＯＫをもらう必要もありません**。

Point

要式性
→届出等が要件となることが多い
ex. 婚姻は届出をしないと効力なし（739Ⅰ）

今までの分野の行為は、ほとんどが書面を作らずに口頭で行えました。

ただ、身分法では、**身分行為の証拠をはっきり残したい**という理由から、届出が要求されることが多いです。

例えば婚姻というのは、いくら意思を合致させても、届けを出さない限りは成立しないのです。

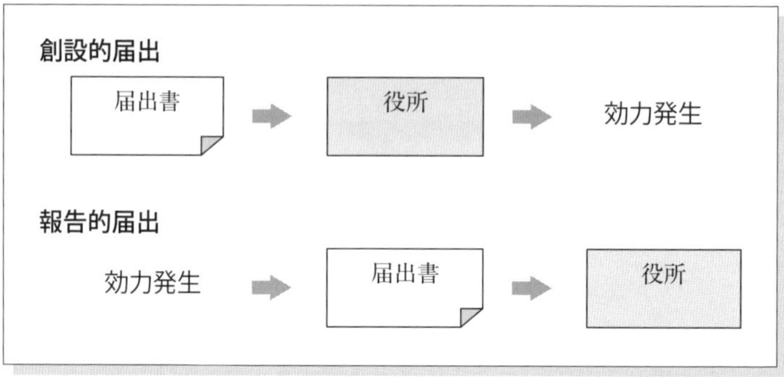

届出には2つのタイプがあります。

届けを出して効力が生じるというタイプと、もう**既に効力が生じていて、それを役所に報告をしに行くだけというタイプ**です。

	創設的届出	報告的届出
意義	身分関係の変動が届出の受理にかかっているもの	既に発生している事実又は法律関係を届け出るもの
具体例	①婚姻 ②普通養子縁組 ③協議離婚 ④協議離縁 ⑤姻族関係の終了	①出生 ②死亡 ③失踪宣告 ④裁判離婚 ⑤特別養子縁組 ⑥裁判離縁 ⑦強制認知 ⑧推定相続人の廃除

「届出」の話が出たら、ぜひこの表に戻って、どちらのタイプかというのを確認してください。

ちなみに、先ほどの婚姻というのは、届けを出して初めて婚姻関係になるので、左側の創設的届出に該当します。

～結婚できない場合から離婚や内縁とかのどろどろ系が問われます～

第2章 婚姻

出題のメインは
①婚姻が成立する場面
②婚姻を取り消す場面
③離婚する場面
の3つです。
理解ももちろんですが、
覚える要素が強くなることは意識しておきましょう。

第1節 婚姻の成立

- 婚姻意思の合致
  - ①婚姻意思
    - 実質的意思
    - 形式的意思
  - ②合致を要する時期
    - 届出書作成時
    - 届出時
- 届出

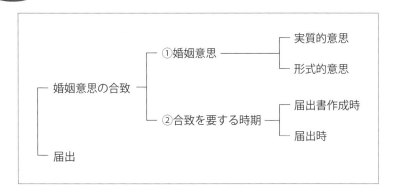

婚姻の要件は、意思の合致をして届けを出すことです。
この意思の合致の「意思」についての出題が多くあります。

まず、要求される意思が2つあります。

実質的意思：夫婦共同体を作るという意思

形式的意思：届けを出す意思

この2つがないと婚姻とはなりません。

①届出の意思はあっても婚姻自体の意思がない場合
→　婚姻意思はない

②相手に相続させるため、または子に嫡出子（婚姻関係にある男女間に出生した子）の身分を与えるための場合
→　婚姻意思が認められない

①は、届出の意思しかないので、婚姻意思はないと扱われます。

②も、「夫婦になる」「共同体になる」という意思がないので、これも婚姻意思はないと扱われます。

この意思の合致は、**婚姻届を作る段階だけでなく、届けを出す時点でも、要求されています**。

①婚姻届出書作成時には婚姻意思があったが、届出時までに翻意した場合
→　婚姻意思を欠く

②他人に婚姻届出を委託していた当事者が届出書作成時には婚姻意思があったが、届出時に意識を失っていた場合
→　婚姻は有効

①届けを出す段階で気が変わっているので、もう意思の合致はないと扱われます。

②婚姻届出書を作った後、交通事故に遭い、男性の方が意識不明になりました。この状態で、奥さんが届けを出し、その後旦那さんが死亡しました。

確かに届出時には意識がなくなっています。

ただ、判例は、もし**交通事故がなければ、その人は、婚姻する気はあったはず**だと考えて、これを有効としています。

明確に気が変わった場合の①と、
意識がなくなっている②を区別してください。

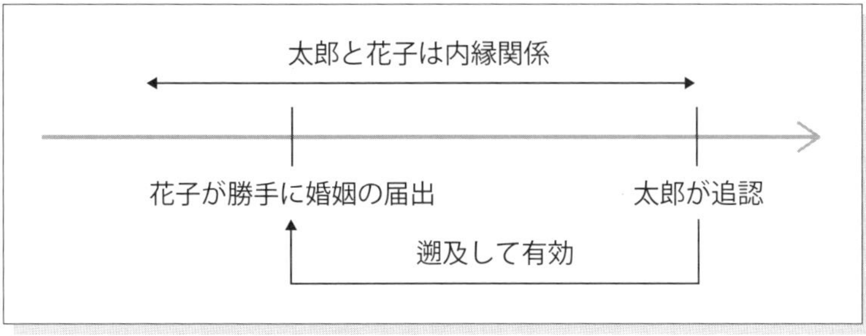

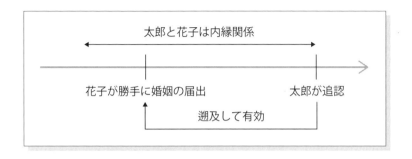

太郎と花子、この2人が内縁関係でした。
内縁というのは、実質的には夫婦の関係だけど、婚姻届を出していない関係のことをいいます（よく世間では、事実婚とかいったりする男女の関係です）。

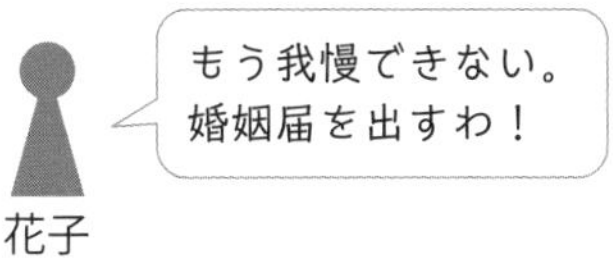

この状態で、花子が勝手に婚姻届を出しているのですが、太郎に届けを出す意思の合致がないので、この届出は無効です。ただ、その後、太郎が認めたのです。

これは、**無効な行為を追認している状態**になっています。
本来、無効な行為は追認できません。ただ、**夫婦としての実態があるし、そしてお互いの意思がある**ため、判例は届出時に遡ってこの婚姻を認めたのです。

覚えましょう

婚姻障害
婚姻適齢（731）
18歳にならないと婚姻できない（男女に差はない）

「こういう婚姻はやめてくれ」と民法が要請しているものを「婚姻障害」といいます。

例えば、「18歳になっていなければ婚姻はしないでくれ」としています。

「こういう婚姻はやめてくれ」というのは、他にもいろいろあります。

覚えましょう

婚姻障害
重婚の禁止（732）
配偶者のある者は、重ねて婚姻をすることができない

「配偶者がいるのに結婚するな」という要請です。
これを認めている国もありますが、日本は認めていません。

（ちなみに、「離婚後すぐに再婚するのはやめて欲しい」という規制は、改正でなくなりました。**これにより、離婚後、すぐに再婚することができるようになっています。**）

覚えましょう

婚姻障害
近親婚の禁止（734 ～ 736）
× 直系血族又は三親等内の傍系血族間の婚姻
× 直系姻族の間での婚姻

「身分の近いところで結婚はしないでくれ」という要請です。
例えば、父と子供で結婚するのは原則ダメですし（直系血族）、兄弟姉妹で結婚するのも原則として、認めていません（三親等内の傍系血族）。

これは**倫理的な面**もありますし、**血が近い状態で結婚して子供ができると、子供に障害が出やすい**ということも理由として挙げられています。

一方、このルールに当たっても結婚ができるケースがあります。
それが次の図です。

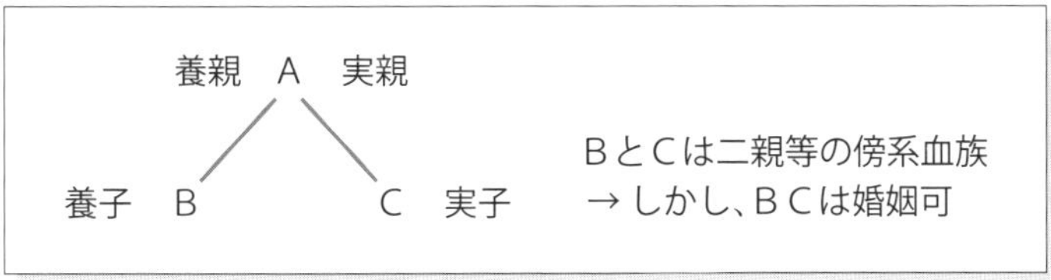

AがBを養子にしていました。AにはCという実子がいます。
このBとCが結婚することはできるのでしょうか。

BCの婚姻は、二親等の傍系血族に当たるため許されないはずです。
ですが、これは**血が近い者同士の結婚でもないし、倫理的な問題もありません**。
そのため、三親等内の傍系血族間の婚姻でも、**養子と実子なら婚姻をOKにした**のです。

直系姻族との婚姻も禁止されます。例えば、「妻と離婚した後に、妻の母と婚姻する」、「妻と離婚した後に、妻の連れ子と婚姻する」これは**倫理的な問題**があるということから、ダメとしています。

Point

成年被後見人が婚姻するには、成年後見人の同意を要しない（738）。

先述のように、婚姻のような身分関係を形成する行為には、**財産法上の行為能力は要求されていない、また本人の意思を尊重することが強く要請される**ために規定された条文です。

744条（不適法な婚姻の取消し）
1　第731条、第732条及び第734条から第736条までの規定に違反した婚姻は、各当事者、その親族又は検察官から、その取消しを家庭裁判所に請求することができる。

では、婚姻障害のルールを破って婚姻届を出した場合はどうなるでしょう。

基本的には戸籍官は受け付けません。

ただ、このルール破りに気が付かないままで受け付けてしまった場合、どうなるのかが、上の条文です。

ルール破りでも受け付けられれば有効です。

ただ、「これはまずい」と思えば、訴訟をして取り消すことが可能になっています。

> **744条（不適法な婚姻の取消し）**
> 1　第731条、第732条及び第734条から第736条までの規定に違反した婚姻は、各当事者、その親族又は検察官から、その取消しを家庭裁判所に請求することができる。

では今の条文をもう1回見ていきます。

取消しをするには訴訟が必要になりますが、その訴訟を起こすことができる人を、3人確認してください。

当事者、親族、検察官です。

当事者：結婚した二人のことです。

親族　：その当事者の周りの家族の方です。

検察官：これは公益の代表として訴えます。

例えば、太郎8歳、花子6歳が婚姻する届けを出したところ、受け付けられました。

太郎と花子は満足し、太郎と花子の家族も満足しています。

でも、こういった**公益に反するような婚姻が世間でまかり通っていてはまずい**ので、検察官がこの事態を発見すれば、訴えることになります。

> **744条（不適法な婚姻の取消し）**
> 2　第732条の規定に違反した婚姻については、前婚の配偶者も、その取消しを請求することができる。

重婚に関しては今の配偶者も請求ができます。自分の妻に、自分とは別の旦那がいたら「君たちは重婚だから、取り消しなさい」と訴えることができるのです。

> **747条**
> 1　詐欺又は強迫によって婚姻をした者は、その婚姻の取消しを家庭裁判所に請求することができる。
> 2　前項の規定による取消権は、当事者が、詐欺を発見し、若しくは強迫を免れた後三箇月を経過し、又は追認をしたときは、消滅する。

詐欺、強迫に基づく婚姻を取り消すことができますが、他の取消しと同じく訴訟をする必要があります。
（ちなみに、取消しができるのは騙された方、脅された方です。ダマした方、脅した方ではありません。）

そして、その取消権が消滅する期間は、**民法総則より短く3か月**となっています（**身分関係を早く確定させたいため**、短くしています）。

748条（婚姻の取消しの効力）
1　婚姻の取消しは、将来に向かってのみその効力を生ずる。

民法の取消しには遡及効がありました。

ただ、ここの婚姻の取消しには遡及効はないため、婚姻を取り消しても、「初めから婚姻していなかった」という扱いではなく、**「婚姻をしていたけど、それが消滅した」という扱い**になります。

ここは、主に子供の身分の問題です（この後は、嫡出子を学習した後にお読みください）。

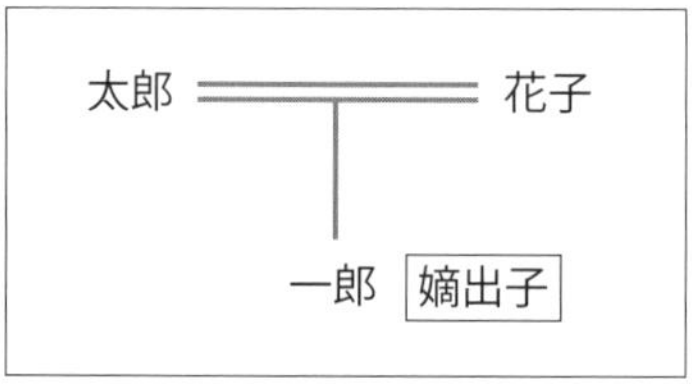

一郎が生まれた後、太郎と花子の婚姻が取り消された一郎の身分は？

（結論）嫡出子のまま

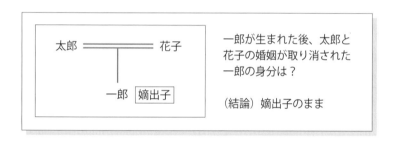

この夫婦の間に子供が生まれました（この子は嫡出子です）。その後、太郎と花子の婚姻について取消しがありました。

もし、遡及効によって、婚姻していなかったとなると、ここで生まれた子供は非嫡出子となります。

子の身分の安定という趣旨から、遡及効にはせず「婚姻している状態で生まれた子」という扱いのまま（嫡出子）としたのです。

問題を解いて確認しよう

1	婚姻の届出自体について当事者間に意思の合致があったとしても、単に子に嫡出子としての地位を得させるための便法として仮託されたものにすぎないものであって、当事者間に真に夫婦関係の設定を欲する効果意思がない場合には、当該婚姻は、その効力を生じない。〔25-20-エ（3-9-ア）〕	○
2	事実上の夫婦の一方が他方に無断で婚姻の届出をした場合において、他方が追認すれば、婚姻届出の時にさかのぼって効力を生ずる。〔2-18-4（20-21-イ）〕	○
3	Ａの養子Ｂ（女性）とＡの弟Ｃは、婚姻をすることができる。〔23-21-ア〕	○
4	離婚後に再婚をしたが、離婚が無効であるときは、再婚は、無効であるので、取り消すことができない。〔13-19-1〕	×
5	Ａ（女性）には嫡出でない子Ｂ（女性）がいるところ、ＡがＣ（男性）と婚姻し、その後離婚した場合、ＢとＣは、婚姻をすることができる。〔23-21-イ〕	×
6	夫婦の一方の死亡によって婚姻が解消した場合、生存配偶者は、死亡した配偶者の血族との姻族関係が終了した後であっても、死亡した配偶者の直系血族と婚姻をすることはできない。〔14-18-オ〕	○
7	成年被後見人が婚姻するには、その成年後見人の同意を得る必要はない。〔22-20-ア〕	○
8	強迫による婚姻は、当事者が強迫を免れた後、３か月を経過したときは、取り消すことができない。〔13-19-2〕	○
9	婚姻年齢に達し婚姻したが、詐欺されたものなので取り消した場合、その取消しの効力は既往に及ばない。〔3-12-5〕	○

×肢のヒトコト解説

4　重婚している状態になります。これは有効ですが、その後取消しができる状態になります。

5　直系姻族の間では、婚姻することはできません。そして、離婚等により姻族関係が終了した後でも、婚姻は認められていません（735）。

2周目はここまで押さえよう

◆当事者が死亡した後に、取消請求ができるか◆

・検察官は婚姻の当事者が死亡した後は取消請求をすることができない（744Ⅰ但書）。
・他の取消権者は取消請求をすることができる（744Ⅰ但書反対解釈）。

当事者が死亡すると、婚姻は消滅します。

婚姻障害にひっかかった婚姻でも消滅してしまえば、もう、検察官は登場する必要はありません。

ただ、それ以外の方は別です。例えば、重婚であれば、婚姻を取り消して配偶者身分を取らないと相続分に大きな影響が生じます。

そのため、死亡しても、検察官以外は取消しができるとしています。

第2節 婚姻の効力

◆婚姻の効果◆

身分上の効果	① 氏の変動（750）
	② 同居・協力・扶助義務の発生（752）
財産上の効果	③ 夫婦間の契約の取消し（754）
	④ 夫婦財産契約（756）
	⑤ 婚姻費用分担義務（760）
	⑥ 日常家事債務についての連帯責任（761）
	⑦ 夫婦別産制（762）

婚姻をすることによって、その２人には様々な効果が表れます。それをまとめたのが上の図表になっています。受験上、重要になるもののみ下記に記載します（それ以外は、条文を一読するぐらいでいいでしょう）。

750条（夫婦の氏）
夫婦は、婚姻の際に定めるところに従い、夫又は妻の氏を称する。

夫婦は、氏を合わせる必要があります。

夫に合わせるか、妻に合わせるか、これはどちらでも構いません。

夫婦の氏がバラバラ（夫婦別姓といいます）というのは現行法では認められていません。

762条（夫婦間における財産の帰属）
1　夫婦の一方が婚姻前から有する財産及び婚姻中自己の名で得た財産は、その特有財産（夫婦の一方が単独で有する財産をいう。）とする。
2　夫婦のいずれに属するか明らかでない財産は、その共有に属するものと推定する。

- 夫が婚姻前から持っていた預金　→　夫のもの
- 夫が婚姻後に、自分のお金で買った財産　→　夫のもの
- 婚姻後どちらの財産からわからないもの　→　夫婦の共有と推定する

前記の条文は、これらのことを規定しています。

ちなみに、夫が購入した不動産を夫婦の合意により妻名義で登記しても、もちろんそれは夫のものとなります。

756条（夫婦財産契約の対抗要件）
夫婦が法定財産制と異なる契約をしたときは、婚姻の届出までにその登記をしなければ、これを夫婦の承継人及び第三者に対抗することができない。

夫婦の財産関係は、民法のルールに従います。ただ、資産家同士の婚姻の場合「民法のルールに従わない」「自分たちのルールでやりたい」ということが可能です（特に762条のルールを変えるケースが多いです）。

Point
対抗するには、婚姻の届出「前」にその登記が必要

ただ、これを第三者に主張するには、登記が必要です。

しかも、婚姻をした後にすることは許されず、婚姻する前に登記する必要があります（結婚してからルールを作ることができないので、実際の使用例はごくご

くわずかです)。

760条(婚姻費用の分担)
夫婦は、その資産、収入その他一切の事情を考慮して、婚姻から生ずる費用を分担する。

婚姻費用、これは結婚式の費用ではなく、日々の生活費です。

婚姻費用分担というのは、日々の生活の費用を分担し合うというルールで、例えば専業主婦の家庭であれば、夫が全部負担することになります。

Point

婚姻が事実上破綻し別居生活に入った場合でも、分担義務は消滅しない
→ 財産分与のときに、給付してもらうことができる

専業主婦の家庭(夫が婚姻費用のすべてを負担している)で、夫婦が破綻して、別居をしました。

この場合、妻の生活費は夫が分担する必要があります。別居をしていても、この義務は継続するのです。

ただ、別居状態で夫がわざわざこの費用を妻の元に持ってくるとは思えません。(後で説明する)離婚時の財産分与の際に「財産で○○をもらう。加えて、2年分の生活費として○○万円もらう」と定めることができます。

761条(日常の家事に関する債務の連帯責任)
夫婦の一方が日常の家事に関して第三者と法律行為をしたときは、他の一方は、これによって生じた債務について、連帯してその責任を負う。ただし、第三者に対し責任を負わない旨を予告した場合は、この限りでない。

この条文は、法律によって代理権を与えた条文とされています。具体的には夫婦になったら、夫婦間に「日常家事に関する代理権」が勝手に発生するのです。

妻がお米を買うなどの契約をした場合、その債務は、夫・妻の両方が負うことになります(通常の代理と異なり、代理人にも効果帰属します)。

ちなみに、この債務は夫婦の連帯債務となります。

754条（夫婦間の契約の取消権）
夫婦間でした契約は、婚姻中、いつでも、夫婦の一方からこれを取り消すことができる。ただし、第三者の権利を害することはできない。

婚姻中「今度○○を買ってあげよう」「ありがとう」と、口約束を多くしがちです。

立法者は、夫婦間の約束は「威圧や溺愛によって自由意思を欠く状態」で行われているので、不当に拘束されないようにするため、自由な取消権を認めたと言われています。

Point

契約締結及び取消しの双方が夫婦の円満な時期になされた場合のみ取消しできる

「威圧や溺愛によって自由意思を欠く状態で行われている」、これ本当でしょうか・・・。判例、学者はこの条文の立法意図からおかしいだろうと考え、取消しが出来る場面を相当限定的にしました。

ざっくりいえば、「契約時もラブラブ」「取消時もラブラブ」の状態であれば、ご勝手に取り消してくださいという感じです。
（こういったことがもめ事になっているということは、ラブラブな状態ではないですね。）

問題を解いて確認しよう

1	A男とB女について婚姻の届出がされている場合、A男は、B女に対し、不動産を贈与したが、その後、A男とB女の婚姻関係が実質的に破綻するに至った場合には、A男は、民法第754条の規定によって当該贈与契約を取り消すことができない。〔20-21-オ〕	○
2	夫婦が法定財産制と異なる契約をし、その旨の登記をした場合、その登記が婚姻の届出後であっても、夫婦の承継人及び第三者に対抗することができる。〔3-23-5〕	×

3	夫婦の一方が自分の収入で不動産を購入し、登記名義を他の一方とした場合には、他の一方が所有権を取得する。〔オリジナル、3-23-3改題〕	×
4	夫婦の一方が相続によって取得した財産であっても、婚姻中に取得したものであれば、夫婦の共有に属するものと推定される。〔30-20-ウ〕	×
5	夫婦の一方は、夫婦の日常の家事に関する法律行為について、配偶者による代理権の授与がなくても、配偶者を代理してその法律行為をする権限を有する。〔30-20-エ〕	○
6	夫婦の一方は、婚姻が破綻して配偶者及び子と別居しているときは、子の養育費を分担する義務を負うが、配偶者の生活費を分担する義務を負わない。〔30-20-オ〕	×
7	離婚した夫婦の一方が婚姻費用を過当に負担していた場合であっても、婚姻費用の清算は婚姻費用の分担請求を通じてすべきであり、裁判所は、財産分与に婚姻費用の清算のための給付を含めることはできない。〔16-21-ア（24-22-オ）〕	×

×肢のヒトコト解説

2 婚姻の届出後では対抗できません。

3 登記名義を妻名義にしただけでは、妻の所有物とはなりません。

4 夫婦の一方の特有財産と扱われます。

6 配偶者の生活費も婚姻費用です。

7 財産分与の際に婚姻費用を請求することは可能です。

第3節 婚姻の解消

覚えましょう

①死亡による婚姻の解消
②離婚による婚姻の解消
③取消しによる婚姻の解消

婚姻がなくなる場面です。先ほどの婚姻取消し以外に2つの場面があります。
まずは、死亡で婚姻がなくなる場面から説明します。

Point

死亡による婚姻の解消の効果

①姻族関係を意思表示で終了させることができる
②婚姻前の氏に戻すことができる

①を見てください。

夫が死亡した場合、**妻は夫の家族との関係、縁を切ることができます**。

具体的には下の図を見てください。

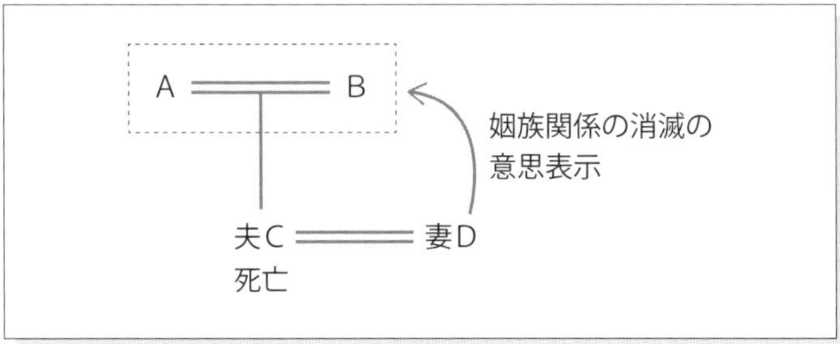

Cが死んだ場合、Cの妻Dは、ABに対し、いつでも縁を切るという意思表示をすることができます。

Dからできるのであって、ABからはできません。

これができたら、**いわゆる妻を追い出すことになります**。

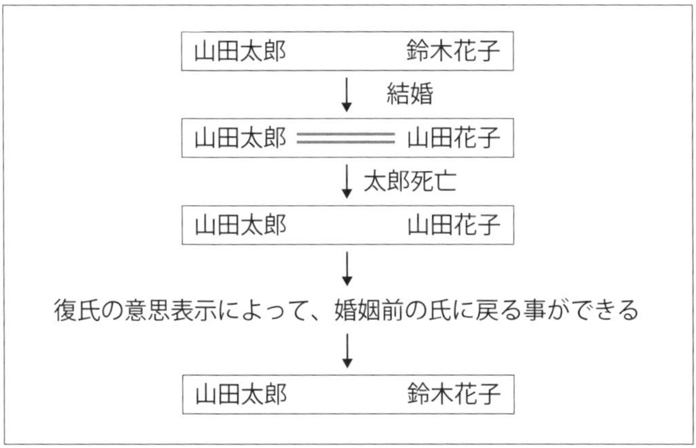

もう1つの効果が復氏というものです。

上の図の花子は結婚して、夫の太郎の氏に合わせました。
ここで夫が死亡しました。死んだだけでは、氏は変わりません。
ただ、この後、**復氏の意思表示をして、氏を元の鈴木に戻すことができる**のです。

①姻族関係の終了(728 Ⅱ)
②婚姻前の氏に復氏できる
両方してもいいし、片方だけしても構わない

今見た2つの効果には**連動性がありません**。
だから、氏はそのままで姻族関係だけ切るということもできますし、
また逆に、姻族関係はそのままで、氏だけを戻すということもできるのです。

Point

離婚の種類
①協議離婚
②裁判離婚

離婚には、話し合いの離婚と、揉めたときの裁判での離婚の2つがあります。
まず、協議の離婚の要件から見ていきましょう。

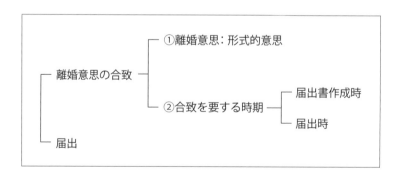

- 離婚意思の合致
  - ①離婚意思:形式的意思
  - ②合致を要する時期
    - 届出書作成時
    - 届出時
- 届出

婚姻の仕組みとほぼ同じで、「意思の合致と届出が要る」し、「意思の合致は2

つの時点で必要」です。

ここまでは同じなのですが、どんな意思が要るかという点には違いがあります。

離婚では形式だけでいいのです。

届けを出すという意思さえあれば、離婚意思になります。

つまり、共同体を解消させるという意思は要件ではありません。

結局、**離婚後に完全に別居しようとも、従来通り同居を継続しようとも、それは本人たちの自由**です（離婚後も同居するという夫婦は結構多いです）。

基本的に、届出の意思というのは、実質と形式の意思が必要ですが、唯一の例外というのが離婚です。

ここはよく出題されるので覚えてしまいましょう。

覚えましょう

裁判離婚

離婚原因

①不貞行為

②悪意の遺棄

③３年以上の生死不明

④強度の精神病にかかり、回復の見込みがない

⑤その他婚姻を継続し難い重大な事由

裁判で離婚をするには、上の①～⑤のどれかがないとできません。

①不貞行為

浮気だと思ってください。

②悪意の遺棄

捨てられたとかお金を入れないのも、これに当たります。

③３年以上の生死不明

７年いなければ、失踪宣告によって死んだという扱いにできますが、３年の時点で離婚は可能です。

④強度の精神病にかかり、回復の見込みがない

もう二人の意思を通わせるのが無理だということから、離婚原因としています。
⑤は、①から④以外の場合です。
①から④に該当しなければ、⑤を原因として訴えることになります。

判決
「離婚せよ」 → 離婚になる → 届出は、報告的届出

離婚させるという判決が確定したところで、離婚の効力が生じます。
そのため、その後に行う届出は、**役所へ報告する性質のものになります**。

先ほど見た協議離婚の届出は創設的ですが、ここの離婚判決に関しては、届出は報告に過ぎません。

◆ 離婚と死別の比較 ◆

	姻族関係	氏
離婚	当然に終了（728 Ⅰ）	当然に復氏（767 Ⅰ） →離婚後、３か月以内であれば「離婚の際の氏」に戻すことができる（767 Ⅱ）
死別	生存配偶者からの意思表示（728 Ⅱ）	復氏の意思表示（751 Ⅰ）

これは離婚の効果です。まず姻族関係を見てください。
離婚をすると**自動的に「旦那の家族との関係」は終わります**。「縁を切ります」

という意思表示なくして終わるのです。

先ほど見た死別の場合は、意思表示によって終わらせることができますが、離婚は、離婚した時点で**当然に終わりになる**のです。

（**離婚の意思表示の中に、姻族関係終了の意思が入っている**ので、離婚だけで姻族関係まで終了するのです。）

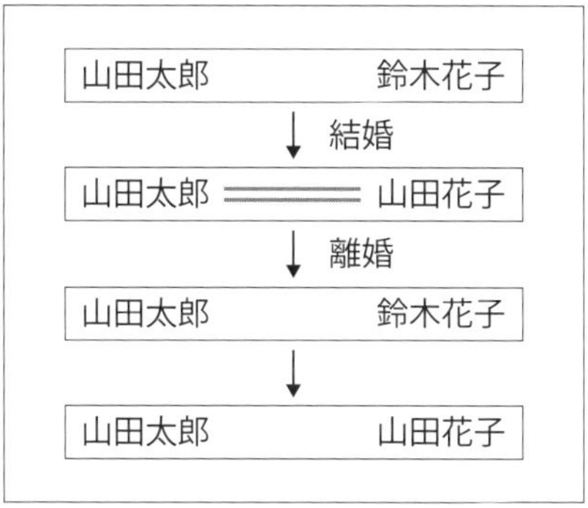

花子さんが結婚して夫の氏、山田の方に合わせました。

この後、この二人が離婚しました。

すると、**自動的に前の氏に戻ります**。これが復氏と呼ばれる制度で、離婚することによって自動的に生じます。

ただ、この花子さん、山田姓で生活していた方が仕事なり何なりがスムーズにいくということもあります。

この場合、**届けを出すと山田の氏に戻せます**。

注意してほしいのは、**いったん鈴木に戻るということは止められない**という点です。

鈴木に戻った上で山田に戻すことができるということです。

Point

財産分与の意義	離婚後における財産の分配
婚姻費用	離婚訴訟の際に、婚姻費用の支払を怠っていた場合 →　財産分与に婚姻費用の清算のための給付を含めることができる

離婚後に、財産分与という手続を取ることができます。妻が夫に対し、「財産をよこせ」と請求することが多いですよね。

これは「潜在的共有関係の解消」という理由で行っているのです。

夫婦で作った財産は、見えないけど共有状態と考えます。夫の名義になっているものでも、夫婦二人で作り上げた財産と考えているのです。

今回、**夫婦を解消するのだから、それを機に「共有財産を分配しよう」と請求できる**のです。

民法は、こういった夫婦の財産の解消の方法を

「離婚の時は財産分与のルール」「死んだ場合は相続のルール」

で処理するとルール化しています。

（婚姻費用という部分について）

離婚間際になって、夫が生活費を入れなくなったという場合、財産分与のタイミングで、今まで生活費を立て替えた分を一緒に請求することが認められています。

問題を解いて確認しよう

1	生活保護の受給を継続するための方便として離婚の届出をした場合、離婚は無効である。〔3-9-エ（14-18-イ、21-22-ウ）〕	×
2	夫婦が事実上の婚姻関係を継続しつつ、生活扶助を受けるための方便として協議離婚の届出をした場合には、その届出が真に法律上の婚姻関係を解消する意思の合致に基づいてされたものであっても、当該協議離婚は、その効力を生じない。〔25-20-オ〕	×
3	離婚した夫婦の一方が婚姻費用を過当に負担していた場合であっても、婚姻費用の清算は婚姻費用の分担請求を通じてすべきであり、裁判所は、財産分与に婚姻費用の清算のための給付を含めることはできない。〔16-21-ア（24-22-オ）〕	×
4	婚姻により夫の氏を称していた妻は、夫の死亡後、いつでも自由に婚姻前の氏に復することができる。〔62-20-5（13-18-ア）〕	○

5	AとBは婚姻した際にBの氏を称することとしたが、その後AとBが離婚した場合には、Aは、離婚の日から3か月以内であれば、戸籍法の定めるところにより届け出ることによって、婚姻前の氏を称することができる。〔29-20-ウ〕	×
6	夫婦の一方の有責行為によって離婚を余儀なくされ、精神的苦痛を被ったことを理由とする損害賠償請求権は、財産分与請求権とは性質が異なるが、裁判所は、財産分与に当該損害賠償のための給付を含めることができる。〔16-21-ウ（24-22-オ）〕	○

×肢のヒトコト解説

1, 2 共同体を解消する意思がなくても、離婚は有効です。

3 財産分与の際に、今までの清算を盛り込むことが可能です。

5 離婚によって、婚姻「前」の氏に戻ります。届出をすることによって、婚姻時の氏にすることができるだけです。

2周目はここまで押さえよう

婚姻取消	離婚取消
遡及しない	遡及する

①離婚　　②婚姻

A ＝＝ B ＝＝ C

③取消し

ＡＢは婚姻していましたが、Ｃと婚姻したかったＢはＡをだまして離婚しました。その後、ＢはＣと再婚します（ＡＢ婚はないので、重婚にはなりません）。

ここで、Ａがだまされたことを知って、取消訴訟を起こして勝ちました。

これにより、離婚は遡及的に取り消されます。つまり、「離婚はなかった」「ＡＢ婚はずっとあった」という状態になったのです。

ＡＢ婚はずっとあった状態で、ＢはＣと再婚しているので、ＢＣ婚は重婚状態になります（重婚が起きる典型例とされています）。

✓ 1	離婚後に当事者の一方が再婚をしている場合において、離婚が詐欺又は強迫により取り消されたときは、取消しの効果は遡及し、重婚となる。〔14-18-ウ〕	○
2	協議離婚が成立した後、協議離婚をした者の一方が第三者と婚姻し、その後に当該協議離婚が取り消された場合であっても、重婚であることを理由として後の婚姻の取消しを請求することはできない。〔25-20-ウ〕	×

これで到達！ 合格ゾーン

☐ 無効な離婚の届出がなされた場合でも、その後当事者の離婚意思が合致した場合には、当事者の明示又は黙示の意思表示によって、その届出を有効なものとすることができる（最判昭42.12.8）。〔25-20-2〕

★片方の意思で行われた離婚は無効ですが、他方から追認できます。無効の行為を追認できるというもので、婚姻でもある判例です。

☐ 協議離婚における親権者の指定は、父母の離婚の要件であり（819Ⅰ）、親権者の記載のない協議離婚届は受理されないが（765Ⅰ）、誤って受理されれば離婚は有効となる（765Ⅱ）。〔令3-20-オ〕

★離婚の際には「離婚後の親権者は、父とする」ということを決めることが離婚の要件なので、それを決めていないまま離婚届を出しても受理されません。ただ、万が一（まずないことですが）、決めないまま離婚届が受理された場合、離婚は有効とします（もう婚姻関係が終わっているので、離婚自体は効力を認めるのです）。

□ 婚姻中の夫Ａと妻Ｂとの間に未成年者である子Ｃがおり、Ａ及びＢがＣの共同親権者であるＡとＢとが協議上の離婚をするときは、Ｃの親権者と監護をすべき者とを別人とすることができる。〔19-21-ウ〕

★親権者Ａとしながらも、監護者をＢとすることが可能です。これにより、Ｂは親権者という肩書は取れませんが、子を自分の手元に置いておけます。

□ 財産分与について当事者間に協議が調わない場合には、当事者は、家庭裁判所に対して協議に代わる処分を請求することができるが、離婚の時から２年を経過したときは、この請求をすることができない（768Ⅱ但書・771）。〔24-22-イ〕

★離婚後でも財産分与を請求することができます。ただし、裁判所への財産分与請求には、２年間のタイムリミットが設けられています。

第４節　内縁

覚えましょう

実質上婚姻生活をしていながら、届出を欠くため法律上の夫婦とは認められない男女の関係

これは、事実婚と呼ばれているもので、夫婦共同体の実態はあるけれど、婚姻届を出す気がないとか、前の奥さんと別れられないとか、そういった理由で婚姻届を出していない男女の関係をいいます。

この内縁については、条文がありません。ただ、**夫婦の実態があるので、判例**

はできるだけ夫婦の条文を使おうとしています。

内縁夫婦が法律上の夫婦と同じ扱いを受ける例 ①婚姻費用分担義務（760） ②日常家事債務についての連帯責任（761） ③離婚の際の財産分与（768） 　　→　内縁関係解消の場合

この辺りは夫婦の条文と同じものを使います。

特に③内縁を解消するときに、財産をよこせと言えることは覚えておきましょう。

内縁夫婦が法律上の夫婦と別異の扱いを受ける例 ①夫婦同氏（750）の準用なし ②内縁夫婦間に生まれた子は非嫡出子 ③配偶者相続権（890）の準用なし

財産関係のルールは準用するけど、身分関係のルールは準用しないという方向でおさえましょう（相続権は身分関係に当たると考えましょう）。

Point

一方の死亡の場合に離婚の際の財産分与の規定を適用することはできない

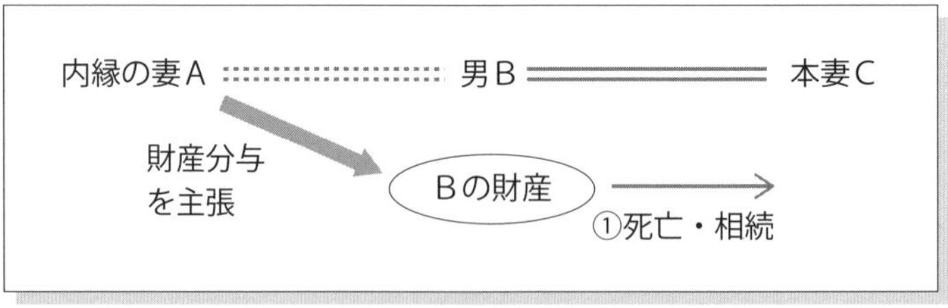

男Bにはもともと妻Cがいて、Aと内縁関係に入りました。BCの離婚ができなかったため、BはAとの婚姻ができませんでした。

ここで、男Bが死にました。

男Bの財産は、妻Cにいきますが、ここで内縁関係にあったAが財産分与を主張したのです。

生きていれば、内縁解消で財産分与請求できた。
だったらこのタイミングで財産分与させてくれ。

内縁の妻A

この内縁の妻Aの請求を判例は認めませんでした。

判例の言い分としては**「民法は、死んだら相続で解消」というルールにしているので、死んだ時に財産分与は持ち込めない、ルールが崩れるからダメ**とのことです。

問題を解いて確認しよう

1	内縁の夫婦の一方の死亡により内縁関係が解消した場合には、他方は、相続により死者の財産を承継することはできないが、財産分与の規定の類推適用により、相続人に対し、内縁関係継続中に形成された財産の清算を求めることができる。〔16-21-イ（24-22-ア）〕	×

ヒトコト解説

1　死亡時に、財産分与を類推適用することはできません。

2周目はここまで押さえよう

内縁夫A ═══ 内縁妻B
→ 法的保護に値する立場
→ 侵害すれば，賠償責任

内縁を規定する条文はありませんが、法的な保護を受ける状態になります。

そのため、夫が「今日で内縁を止める」と一方的に破棄した場合には、内縁上の妻の地位を不当に侵害したので債務不履行になります。

また、当事者の家族（及び当事者）が、配偶者側をいじめるなどをして、２人の関係を断った場合には、不法行為による損害賠償を請求できるようになります。

☑ 1	A男とB女は結婚式を挙げて既に数年間夫婦生活をしているが、まだ婚姻の届出をしていない。Aの母Cが、ABと同居しているものとした場合において、CがBにいやがらせをし、Aも特にこれを止めなかったために、その内縁関係が破綻したときには、Bは、A及びCに対して連帯して損害賠償すべき旨を請求することができる。〔5-18-2〕	○
2	AB間で成立した内縁関係がAにより正当な理由なく破棄されたためBが精神的損害を被った場合でも、Bは、Aに対し、不法行為に基づき損害賠償請求をすることはできない。〔28-20-4〕	×

これで到達！  合格ゾーン

☐ 内縁関係にあるAとBは、甲建物につき各自2分の1の共有持分を有しており、甲建物に居住していた。その後Aが死亡してCが単独で相続した場合には、Bは、引き続き甲建物に居住することができ、Cに対し、賃料相当額に相当する額を支払う義務を負うことにはならない（最判平10.2.26）。〔28-20-5〕

★判例は、「内縁の夫婦がその共有する不動産を居住等で使用してきたときは、両者の間において、その一方が死亡した後は他方が当該不動産を単独で使用する旨の合意が成立していたものと推認するのが相当である」と判示して、死亡後も居住できること、また居住に関する費用の支払い義務がないことを示しました。

第3章 親子

嫡出子の区別については理解を中心に学習し（あまり理由にこだわらないこと)、それ以外については暗記中心の学習になります。
暗記中心の部分は、理由付けを載せているところは、ぜひ理由付けとセットで覚えましょう（理由があるものは長期記憶になりやすいです)。

第1節 実子

- 実子
  - 嫡出子
  - 非嫡出子
- 養子
  - 普通養子
  - 特別養子

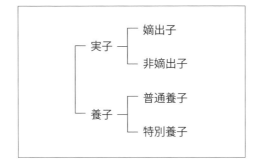

子供のタイプは、実の子供と養子に分かれ、実の子供についても2タイプに分かれます。

Point

嫡出子（「ちゃくしゅつし」と呼びます）　：**婚姻間で生まれた子供**
非嫡出子（「ひちゃくしゅつし」と呼びます）：**婚姻外で生まれた子供**

昔は嫡出子と非嫡出子を分ける実益がありました。相続分に差があったからです。今は相続分の差がなく、ほとんどこの2つに違いはありません。

ただ、学問上ではこの2つを分けて処理するので、本書も分けて記載します。

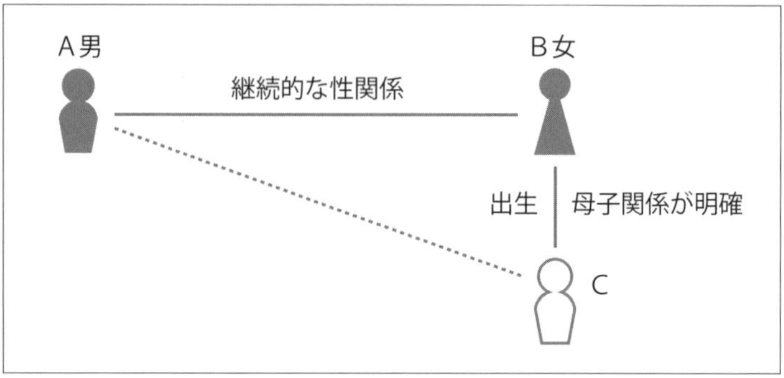

Ａ男とＢ女の間で継続的な性関係があり、ここで、ＢがＣを生みました。

母子については、分娩の部分などを見れば、この人からこの子が生まれたということが証明できますが、難しいのは、父子の部分です。

これは、**ＡＢ間に婚姻関係があるかないかで変わってきます**。

まずは婚姻関係があるという前提でいきましょう。

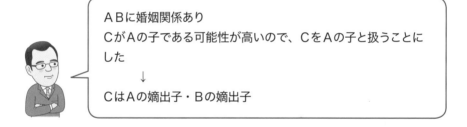

ＡＢに婚姻関係あり
ＣがＡの子である可能性が高いので、ＣをＡの子と扱うことにした
↓
ＣはＡの嫡出子・Ｂの嫡出子

婚姻関係があって妻から子供が産まれれば、これは夫の子供の可能性が高いだろうということで、夫の子という扱いにしました。

婚姻関係から生まれているので、嫡出子という扱いです。

ただ、これはあくまでも可能性の問題で、この子は、妻が浮気をした時にできた子かもしれません。

そのため、**とりあえずは夫の子としておいて、覆せるという仕組みにしました**。

覚えましょう

親子関係不存在確認の訴え：制限なし
嫡出否認の訴え　　　　　：出生を知って３年まで

ただ、場合によっては、嫡出否認の訴えという方法による場合もあります。
この場合は年数に縛りが付いていて、３年間しかできません。
出生を知って、３年経てばもう訴えることはできなくなります。

基本的には「親子関係不存在確認の訴え」で争うことになりますが、772条によって「夫の子である」という推定が付くと話は別です（推定される嫡出子といいます）。

この**推定の力はあまりにも強く、覆すには嫡出否認の訴えしか方法がない**とされています（そして、この訴訟は出生を知って３年までというリミットがついています）。

では、どのような場合に夫の子であると推定されるのでしょう。772条は複雑な構造をしているのですが、ざっくりというと下記のようなルールになっています。

Point

①　妻が婚姻中に懐胎し又は出産した子は、夫の子と推定する。
②　婚姻の解消又は取消しの日から３００日以内に生まれた子は、婚姻中に懐胎したものと推定する。

Ａ男と婚姻中に懐胎（妊娠のことです）して、婚姻中に出生した子は、Ａ男の子と推定されます（Ａ男の子の可能性が極めて高いというニュアンスです）（上記①のルール）。
また、**結婚前に懐胎した場合でも、Ａ男と結婚後に出生した子も、Ａ男の子と推定**されます。この子も、Ａ男の子の可能性が極めて高いです（上記①のルール）。

そして、A男と離婚した後、100日後に生まれた子も、A男の子と推定されます（上記②のルール）。

Point

女が子を懐胎した時から子の出生の時までの間に2以上の婚姻をしていたときは、その子は、その出生の直近の婚姻における夫の子と推定する。

あるXという女性が、A男（DVをしている夫です）と婚姻中に懐胎しましたが、その後離婚して、B男と婚姻しました。**B男と婚姻中に出生した場合、その子は、B男の子と推定されます**。

A男と婚姻中の懐胎ですが、流れから見る限り、B男との性交渉で生まれた子と考えるのが通常でしょう。

昔のルールでは、A男の子と戸籍に載りました。**A男の子と載るのを嫌がったXが、戸籍届を出さないという事態が生じた**ため改正されたのです。

ここまでのルールですが、例外があります。次の図を見てください。

例外
妻が夫によって懐胎する蓋然性が極めて低い場合
ex. 夫が行方不明又は長期海外滞在中である場合
　　婚姻が破綻し事実上の離婚状態にある場合
→　親子関係不存在確認の訴え

上記のような場合で、果たして、生まれた子が夫の子という可能性がそんなに高いでしょうか。

いや、**むしろ可能性が極めて低い**ですよね。

この場合は推定される嫡出子とは扱いません。

婚姻成立から200日後に生まれた場合でも、「夫の子の可能性が低い事情がある場合」には、推定される嫡出子とは扱わず、**親子関係不存在確認の訴えでいつでも、親子関係を否定できるようにしています**。

以上が婚姻関係がある場合の処理です。

問題を解いて確認しよう

1	戸籍上の子との間の親子関係を夫が否定するための訴えには、嫡出否認の訴えと親子関係不存在確認の訴えがある。〔18-21-ア改題〕	○
2	甲男・乙女の内縁中に懐胎し、その婚姻成立後10日目に出生した子は甲・乙間の嫡出子である。〔63-18-1〕	○
3	夫婦の婚姻関係が円満に継続していたときに懐胎・出生した子につき、当該子の出生後2年が経過した後に当該夫婦が離婚し、その後に当該子が夫の子ではないことが夫に明らかになった。この場合、夫は、親子関係不存在確認の訴えを提起することによって子との父子関係を否定することができる。〔18-21-オ改題〕	×
4	母について離婚の判決が確定した日から300日以内に出生した子の嫡出性に争いがある場合、母の夫は、長期間の別居の後に離婚したことが判決で認められているときであっても、父子関係不存在確認の訴えを提起することができない。〔9-18-エ（18-21-エ）〕	×
5	夫が婚姻後に刑務所に収容され、その1年後、いまだ夫が刑務所に収容中に妻が懐胎した子について、夫が父子関係を否定するためには、嫡出否認の訴えによることを要しない。〔24-21-ア〕	○

×肢のヒトコト解説

3 推定される嫡出子であるため、出生を知ってから3年内に嫡出否認の訴えをしない限り、父子関係をひっくり返すことはできません。

4 長期間の別居があったことから、この子は推定される嫡出子とは扱われません。そのため、父子関係不存在確認の訴えが可能です。

2周目はここまで押さえよう

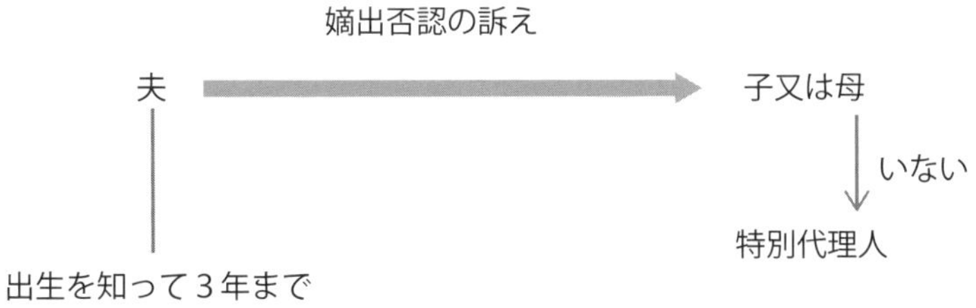

嫡出否認の訴えを詳しく見てみましょう。

これは、「あなたは自分の子ではない！」という内容なので、
訴える原告は夫・訴えられる被告は、子になるはずです。

ただ、この訴訟をするときの子の年齢は１～３歳時ぐらいのことが多いと考えると、実際に子は訴訟活動ができるわけではありません。そこで、子の代わりに母が行うことになります。

問題は、母がいない場合です。この場合は、代理人がいないときに訴訟用の代理人として特別代理人が選ばれてその人が活動します（検察官が勝手にやるのではなく、裁判所が裁判で選んだ人が行うのです）。

最後に、この訴訟はいつまでたってもできるわけではなく、３年という縛りがついています。そして、その３年の起算点は
×出生
○出生を知ってから
となっています。そのため、自分の知らない間に配偶者が子を産んでいても、自分が知るまでは、提訴期間のカウントは始まりません。

1	母の婚姻が成立した日から200日後に出生した子について、母の夫は、母が死亡しているときは、検察官を被告として嫡出否認の訴えを提起することができる。〔9-18-イ（31-20-1）〕	×
2	父による嫡出否認の訴えの相手方は、子又は親権を行う母であるが、子が意思能力を有せず、かつ、母が死亡している場合の相手方は、子の未成年後見人がいるときであっても、家庭裁判所が選任した特別代理人である。〔14-19-オ〕	○
3	嫡出否認の訴えは、子の出生の時から３年以内に提起しなければならない。〔24-21-オ〕	×
4	婚姻の成立の日から200日を経過した後又は婚姻の解消若しくは取消しの日から300日以内に子が生まれた場合に、夫において子が嫡出であることを否認するためには、夫が子の出生を知った時から１年以内に嫡出否認の訴えを提起しなければならない。〔27-20-エ〕	×

	原告と被告（775条）	出訴期間（777条）
ケース①	原告　父　vs　被告　子（親権を行う母）	子の出生を知った時から３年以内
ケース②	原告　子　vs　被告　父	出生の時から３年以内
ケース③	原告　母　vs　被告　父	子の出生から３年以内
ケース④	原告　前夫vs　被告　父＋子（又は親権を行う母）	子の出生を知った時から３年以内

嫡出否認の訴え、立法当時は父が子を「あなたは自分の子ではない」という訴えのみ想定して立法されました（上記ケース①）が、その後、他の形式も作られました。

ケース②　「あなたは、自分の父ではない」と子が嫡出性を否認する
ケース③　「この子は、あなたの子ではない」と母が嫡出性を否認する
ケース④　「この子は、あなたの子ではない」と前の夫が、今の夫の嫡出性を否認する

そして、誰が原告になるかによって出訴期間が異なっています。父が訴える場合は「知った時」から起算しますが、それ以外は出生から起算します。

これで到達！　合格ゾーン

□ 保存された男性の精子を用いて、当該男性の死亡後に行われた人工生殖により女性が懐胎し出産した場合、その出産した子と当該男性との間に、法律上の親子関係の形成は認められない（最判平18.9.4）。〔31-20-3〕

★民法は、夫が生きている間に懐妊した子について様々なルールを設けています。ウラを返せば、夫が死後に懐妊した場合を想定していなかったのです。そのため、現行法では死後の懐胎児を夫の子にすることは民法が想定していないため無理だとするのが判例です。

□ 嫡出の推定に関する民法の規定により夫と子との間の父子関係が推定される場合であっても、当該夫以外の男性と当該子との間に血縁上の親子関係があるときは、当該男性は、当該子を認知することができない（最判昭44.5.29参照）。〔25-21-ア〕

★推定を覆すには嫡出否認の訴えしかありません。真の父が認知をしても、元の親子関係を否定することはできません。

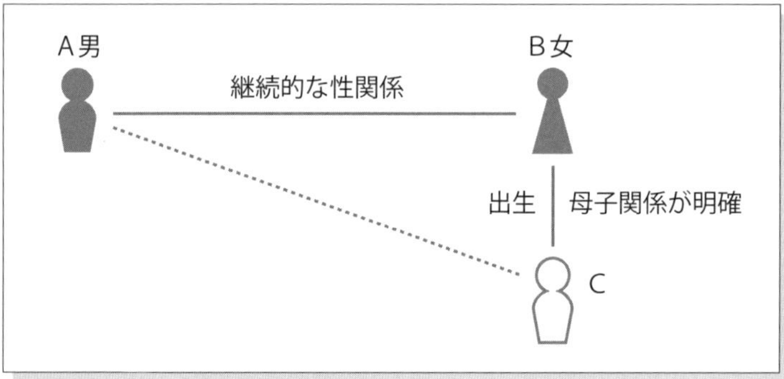

パターン①　ＡＢに婚姻関係なし ＢがＣを出生 ：ＣはＢの非嫡出子　Ａとの関係なし

ＡＢ間に婚姻関係がない状態で、子が生まれた場合は処理が変わります。

ＢがＣを生んだ時点で、母子の関係は生まれます。ただ、結婚していないので非嫡出子という扱いです。

一方、父子の関係ですが、**出生した時点ではＡＣ間は赤の他人扱い**になります。そのため、この時点でＡが死んでも、Ｃは相続を受けられないのです。

パターン②　ＡＢに婚姻関係なし ＡがＣを認知すると、ＡＣに血族関係が発生 ：ＣはＡの非嫡出子

ＡはＣを認知するということができます。
この認知をすると、ＡＣ間に法律上の父子関係が生じます。

ここは強く意識しておいてください。

婚姻関係なし ＋ 認知なし → 父子関係はない
婚姻関係なし ＋ 認知あり → 父子関係はあり

この認知というものを詳しく見ましょう。

Point

認知の種類
任意認知
強制認知

認知には、自分の意思で認知するパターン（任意認知）と、父が認知をしないから周りが訴えるパターン（強制認知）があります。

覚えましょう

任意認知をする能力
制限行為能力者であっても、意思能力がある限り自ら認知でき、法定代理人の同意は要しない（780）

この部分は当たり前ですね。
身分法は自分の意思だけででき、しかも、人の同意など要らないのが基本だからです。

覚えましょう

任意認知
関係人の承諾
①成年者を認知する場合にはその者の承諾を要する（782）
②胎児を認知する場合は母親の承諾が必要である（783Ⅰ）

ここは意識して覚えましょう。

身分法の行為は、他人の同意が要らないのが基本ですが、この2つに関しては同意が要るのです。

①成年者を認知する場合にはその者の承諾を要する（782）

成年になるまで認知せずに、その子供が成年になってから認知しようとしています。なぜこのようなことをしているかというと、年老いた自分を養って欲しいからです。

自分はその子を養っていないのに、成年になったことをいいことに、認知して養ってもらう、**こういう身勝手な認知は認めません**。

そこで、子供のＯＫがなければ、認知を認めないことにしました。

②胎児を認知する場合は母親の承諾が必要である（783Ⅰ後段）

本当の父でない者からの認知を認めるべきではありません。

ただ、その子の父が誰かが分かっているのは、その男と母しかいません（子供が産まれれば、ＤＮＡ鑑定等で真実は確認できますが、生まれるまではできません)。

誰の子供かを分かっているのは、この母親なので、真実の認知のためにその母のＯＫがなければできないとしたのです。

覚えましょう

任意認知
死亡者を認知できるか？
その者に直系卑属があれば認知することができる
→ その直系卑属が成年者である場合はその者の承諾を要する(783 Ⅲ)

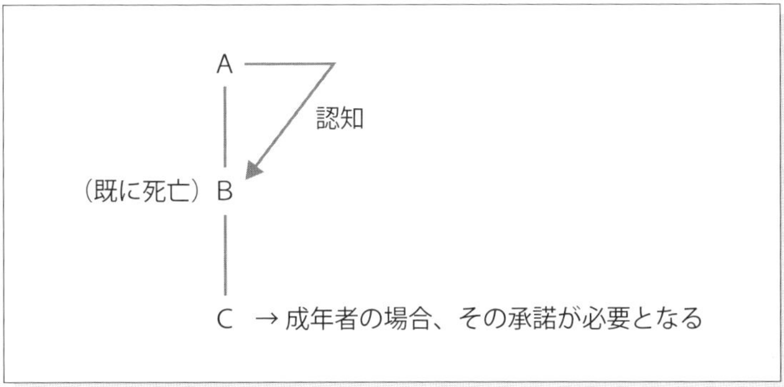

Ａが、自分の子供Ｂを認知しようと思っていたら、このＢが死んでしまいました。

すでに死んでいる場合は、もちろん認知はできません（**というか認知する実益がありません**ね)。

ただ、この**Ｂに、子供が生まれていれば話は別**です。

もしこのＢに子供が生まれていれば、Ｂを認知することによって、ＡＢ間に血の繋がりができます。

ＢＣには、もともと血の繋がりがあるので、ＡからＣに血の繋がりが生まれるのです。そのため、**死んだ子でも、直系卑属がいれば認知を認めている**のです。

ただこのCが成年者だったらどうでしょう。

自分で養っていないのに、成年になってから認知して養ってもらう、**身勝手な認知になります**。

そのため、その**Cの同意が必要**です。

Point

任意認知の際の認知届

原則　創設的届出

例外　遺言による認知の場合（781 Ⅱ）は報告的届出

認知届の性質を見ていきます。

基本的には創設的届出であり、**届けを出した時点で認知になります**。

例外が、遺言による認知という場合です。

これは、遺言書に「太郎を認知する」と書いて死んだ場合です。

このケースでは、遺言の効力が生じた時、**死んだ時点で認知の効力は生じているため、届出は、効力が生じたことを報告するに過ぎないことになります**。

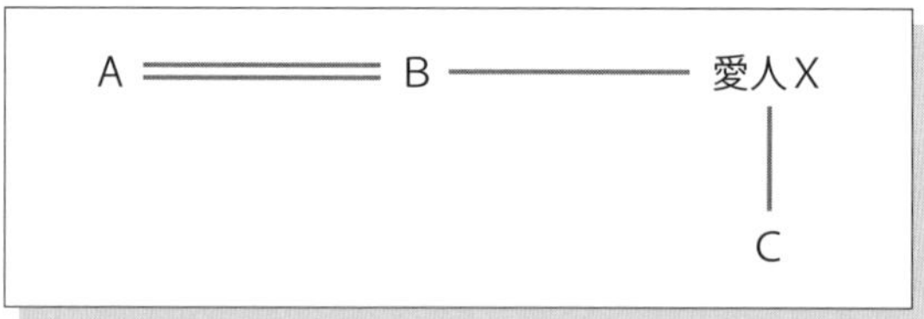

パターン①　Bが非嫡出子出生届「ＢＸの子としてCが生まれた」
→　認知届としては有効

ＡＢが婚姻をしていて、このＢが愛人との間にＣという子供が生まれたので、Ｂが、非嫡出子として出生届を出しました。

自分の子供として認めているので、この出生届をしています。

だから**形式上は出生届ですが、法的には認知届としての効力も生じる**のです。

パターン②　Ｂが嫡出子出生届「ＡＢの子としてＣが生まれた」
→　出生届としては無効
→　認知届としては有効

「自分たちの子供として育てよう」といって、うその出生届を出しました。

これはもちろん出生届的には無効です。

ただ前とのバランスを考えて、この**Ｂにも「自分の子供として認める意思はあっただろう」と推測して、この出生届に認知届としての効力を認めています**。

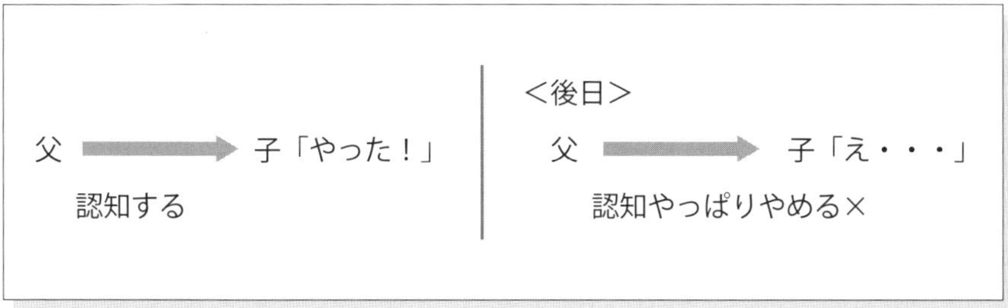

認知をしたものが、後日「認知する気がなくなった」と**撤回することは認められません**。

これは**認知を受けて安心した子の立場を、父の一方的な意思で覆すのは酷である**という配慮からです。

◆ 任意認知の取消し ◆

認知意思を欠く認知の無効主張	○（最判昭52.2.14）
真実の父子関係の不存在を理由とする認知の無効主張	○（786）（注）

（注）認知無効の訴えの提訴権者
- 子又はその法定代理人
- 認知をした者
- 子の母

認知は、①真実の親子関係があり、かつ、②「認知したい」という意思がある場合に認められます。

そのため、**認知した後に、①・②のどちらかが欠けていれば、認知を覆すことが可能**です。

特に①が欠けた場合については、認知無効の訴えというものを起こすのですが、この提訴権者は相当広く認めていて、**認知した張本人もできる**となっています。

> **787条（認知の訴え）**
> 子、その直系卑属又はこれらの者の法定代理人は、認知の訴えを提起することができる。ただし、父又は母の死亡の日から３年を経過したときは、この限りでない。

まずこの条文で覚えて欲しいのは、認知ができる年数です。いつから３年でしょうか。

死んでから３年です。
つまり、父が生きているのであれば、何年経ってもできるのです。

この訴訟では、ＤＮＡ鑑定なり血液鑑定などをします。
死んで３年経つと、証拠がもう残っていない、あるいは少なくなっています。
生きている間であれば、いつまで経っても証拠はありますが、死んでしまうと、そういった鑑定が難しくなるということから、死んでから３年、生きている間はずっとＯＫとしたのです。

判決
「認知せよ」 → 親子関係が発生する → 届出は、報告的届出

この判決によって、認知の効力が生じます。
すでに**認知の効力が発生していることを届ける**ので、この届けは報告的届出にすぎませんね。

問題を解いて確認しよう

	問題	解答
1	未成年者が認知をするためには、法定代理人の同意を得ることを要する。〔59-17-1（元-19-イ、2-18-1、6-22-ウ、11-18-イ、12-20-イ、16-24-ア、25-21-イ、令4-20-イ）〕	×
2	成年に達した者を認知するためには、その者の承諾を得ることを要する。〔59-17-3（25-21-ウ、6-22-ア）〕	○
3	父が胎内にある子を認知するためには、母の承諾を要しない。〔6-22-エ（16-24-エ、25-21-エ、令4-20-ア）〕	×
4	父は、死亡した子に成年に達した直系卑属があるときには、その承諾を得て、その子を認知することができる。〔57-20-4〕	○
5	Ａが婚姻関係にないＢによって懐胎し、子Ｃを出産した。ＢがＣを自分と婚姻関係にあるＤとの間の嫡出子として出生の届出をした場合、その届出は、認知の届出としての効力を有する。〔12-20-オ（16-24-オ）〕	○
6	認知は、撤回することができる。〔56-23-3（6-22-イ）〕	×
7	認知届が認知者の意思に基づくことなくされたとしても、認知者と被認知者との間に事実上の親子関係があるときは、その認知は、有効である。〔16-24-ウ〕	×
8	認知された子は、その認知が真実に反することを理由として、認知無効の訴えを提起することができる。〔30-21-イ〕	○
9	血縁上の親子関係がない者を認知した者は、認知の時にそのことを知っていたときは、自らした認知の無効を主張することができない。〔30-21-エ〕	×
10	父の死亡の日から３年以内であれば、子又はその３親等以内の親族は、認知の訴えを提起することができる。〔11-18-オ〕	×

×肢のヒトコト解説

1　身分行為は、他人の同意がいらないのが基本です。

3　真実を知っているのは母なので、その母の承諾が必要です。

6　撤回は認められていません。

7　「認知したい」という意思がなければ、認知は無効です。

9　真実が優先します。認知した本人であっても無効の訴えは可能です。

10　直系卑属（や法定代理人）は訴えを起こせますが、３親等内の親族まで提訴権者を認めてはいません。

これで到達！  合格ゾーン

□ 父は胎児を認知することができるが、胎児は父に対して認知の訴えを提起することはできない。〔11-18-ア〕

★胎児から認知が出来るという条文がありません。父から認知ができても、胎児から認知を求めることができないというのはバランスがとれないと批判され続けているルールです。

覚えましょう

認知の効果（任意認知・強制認知）
①親子関係に認められる全部の効果が発生する
②出生時にさかのぼって発生する（784本文）

認知をすることによって、**血の繋がり、親子関係が生まれます**。
その血の繋がりができることによって、いろんな効果が生まれます。
1つは扶養関係で、直系血族関係になると扶養する義務が発生します。
また血の繋がりができることによって、相続が受けられるようになります。

そして、認知には遡及効があるため、**初めから親子だったという処理になります**。

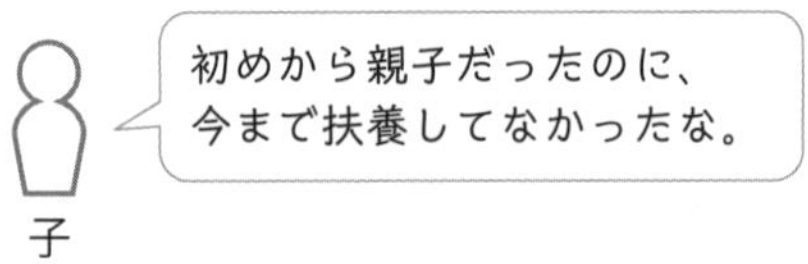

初めから親子だったのに、
今まで扶養してなかったな。
子

上記のように、今までの扶養の分を払えと請求することが可能になります。

> **791条（子の氏の変更）**
> 1　子が父又は母と氏を異にする場合には、子は、家庭裁判所の許可を得て、戸籍法の定めるところにより届け出ることによって、その父又は母の氏を称することができる。

子の氏を変えるという話では、この791条1項が基本条文になります。

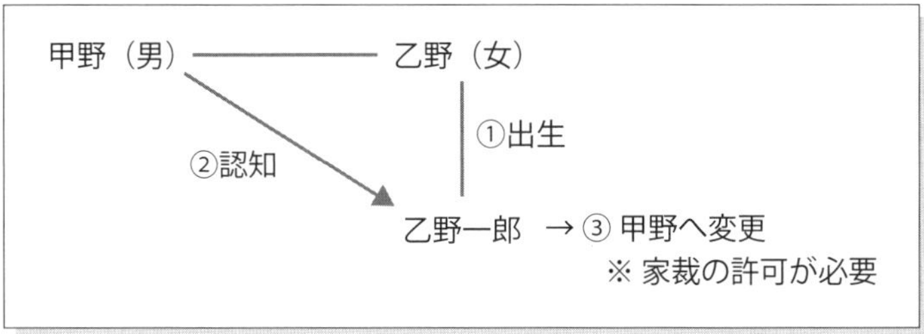

甲野と乙野の間に一郎という子供が生まれました。

ただ、この二人は結婚していません。**結婚していない男女の間に生まれた子供は、母の氏を名乗る**ようになっています。

この後、甲野がこの子供を認知しました。

認知をすることによって、血の繋がりは生まれますが、**氏は自動的には変わらず、氏を変えるには別個手続が必要**です。

そして、この氏を変える手続をとるには、**家庭裁判所の許可が必要**になっています。これは、**甲野が勝手に氏を自分の氏に変えないようにするための縛り**です。

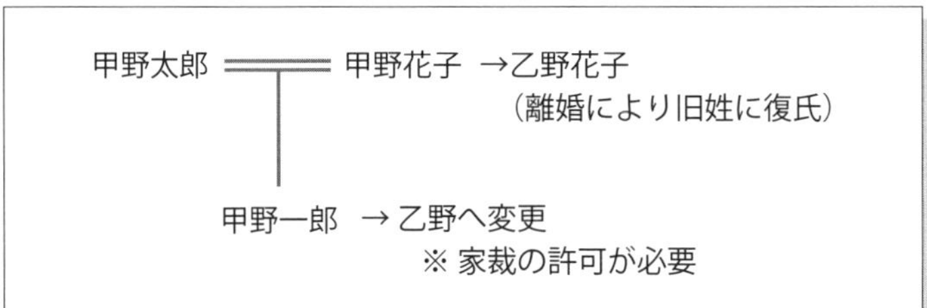

夫婦の間に子供が生まれました。子の氏は夫婦の氏と同じになります。

ただこの後に、夫婦が離婚し、花子の氏が旧姓に戻っています。

ここで子供の氏には変化はありません。**親の氏が変わっても、子の氏は、親の氏と連動性がない**のです。

例えばここで、一郎の親権者が花子になった場合、花子の氏は乙野なのに、子の氏が甲野のままとなってしまいます。

これでは不都合でしょう。

このケースにおいても、氏を変えることができます。

ただ、**この事例でも家庭裁判所の許可が必要**です。花子が勝手に氏を変えないようにするために、許可制という縛りをつけているのです。

791条（子の氏の変更）
2　父又は母が氏を改めたことにより子が父母と氏を異にする場合には、子は、父母の婚姻中に限り、前項の許可を得ないで、戸籍法の定めるところにより届け出ることによって、その父母の氏を称することができる。

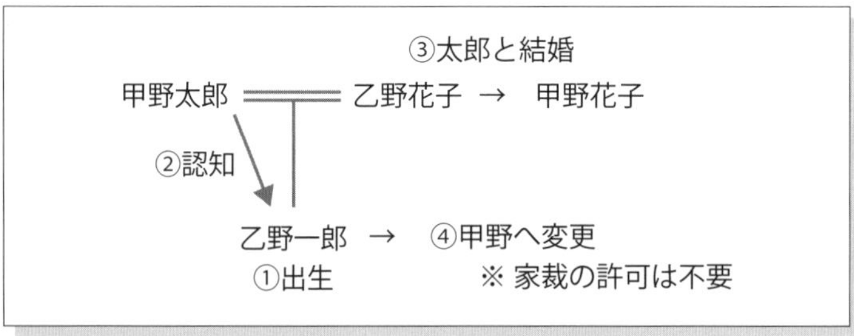

太郎と花子が、結婚していない状況で子供が生まれました。

子供の氏は**母の氏である乙野になります**。

この後、太郎が一郎を認知し、花子が太郎と結婚しました。**認知と婚姻が合体することによって、一郎は嫡出子扱いになります**。

こういう制度を「準正」といいます。**婚姻と認知があると、子が嫡出子になるという制度**と考えてください。

ここで子は嫡出子の身分を取得するのですが、**子の氏は変わりません**。**親の氏が変わっても子の氏は連動して変わらない**です。

今、父母は氏が同じで、子供だけ氏が違う状態というトンデモナイ事態になっています。

これは、**速やかに変えるべき**です。また、**誰の反対も出ないということ**から、**家庭裁判所の許可なしで氏を変えることを認めている**のです。

許可がいるかの判断方法
→　夫婦の氏が同じかどうかでみる

こういう基準で、処理をすると安定します。

問題を解いて確認しよう

1	認知は、遺言によってもすることができるが、その効力は、認知者の死亡時より前にさかのぼることはない。〔16-24-イ〕	×
2	父は嫡出子でない子を認知しても、親権者にならなければ、子の扶養義務を負わない。〔53-22-1（7-18-ア、12-20-ウ）〕	×
3	嫡出でない子は、父の認知を受けたときには、家庭裁判所の許可を得て父の氏を称することができる。〔59-20-2（8-18-イ）〕	○
4	父又は母が氏を改めたことにより、子が父母と氏を異にする場合に、子が、父母の氏を称するには、父母が婚姻中であれば、家庭裁判所の許可を得ることを要しない。〔元-20-5〕	○

×肢のヒトコト解説

1　認知の効果は遡及します。

2　認知によって血のつながりができれば、扶養義務が発生します。

第2節 養子

普通養子

養子には2タイプありますが、まずは普通養子という制度から説明します。

実質的要件	形式的要件
①当事者の縁組意思の合致 ②縁組障害の不存在	①戸籍法の定めによる届出 →創設的届出

養子にする要件、これは婚姻とほぼ変わりません。

そして、ここでいう意思というのは、「届けを出そう」という形式の意思だけでなく、「親子関係を作ろう」といった**実質的な意思も必要**です。

この意思の合致というのは、誰と誰の意思の合致でしょうか。

覚えましょう

縁組の意思を表示する者
原則　意思能力ある本人のみ
例外　代諾縁組（797）
　　　→　養子が15歳未満の場合
　　　→　法定代理人が子を代理して決定する

基本的には、親となるべき者と、養子になるべき者が意思を表すべきです。

ただ、これを貫くと、1歳児、2歳児などは意思を表すことができないので、養子縁組ができません（**1、2歳児は、縁組の意思を表すことは無理**でしょう）。

そこで、**子の代わりに実親が代理することを認めました**。

しかもここは、**年齢で一律処理**をしています。15歳未満は養子縁組の意思能力がなく、親が代理することにしました。現実に意思能力のあるなしを見るのではなく、年齢だけで処理するのです。

こういう代理で行う縁組のことを、「代諾縁組」といいます。

Point

縁組障害がない状態の代表例
①養親となる者が20歳に達した者であること（792）
②養子となる者が尊属又は年長者でないこと（793）

縁組ができる場合、できなくなる障害がある場合があります。できなくなる障害のことを縁組障害といいます。ここでは、代表例を2つ紹介します。

①養親となる者が20歳に達した者であること（792）

他人の子を法律上自己の子として育てるという重い責任を伴うものであることを考慮し、**成年者であるだけでは足りず、20歳に達していることを要求**しています。

20歳に達した者であることを要求しているだけであって、夫婦ということまでは要求してないので注意してください。独身者でも養子を取ることはできます。

②養子となる者が尊属又は年長者でないこと（793）

自分の父を養子にすることや、妻の父を養子にするような尊属の者を養子にすること、例えば30歳の者が50歳の者を養子にすることは認められません。

覚えましょう

未成年者を養子とする場合
原則　家庭裁判所の許可を得ること（798本文）
例外　自己又は配偶者の直系卑属を養子とする場合には不要（798但書）

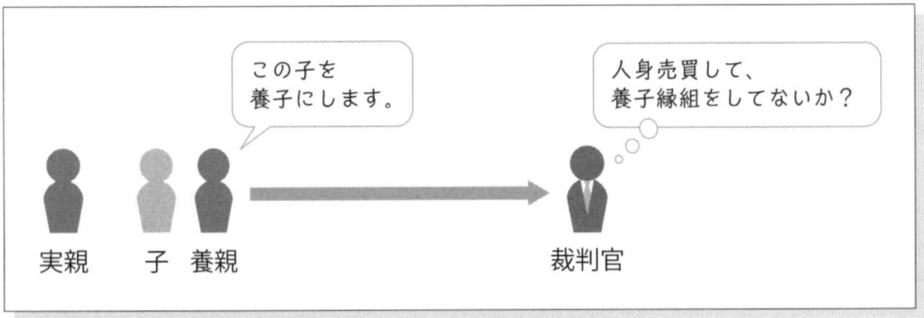

養子という名のもとに子供を売る、人身売買が多く行われていました。

こういった時代背景があったので、未成年者が養子になる場合には、家庭裁判所がチェックする、**人身売買ではないかをチェックするようにしています**。

ただこの**危険性がない場合、許可をとる必要はありません**。

例えば、**自分の直系卑属を養子にする**（おじいさんが孫を養子にする）場合や、**配偶者の直系卑属を養子にする**（結婚した奥さんに前の旦那との間に子供がいて、その子を連れてきている、いわゆる連れ子という状態です）場合です。

覚えましょう

◆ 養子縁組の要件 ◆

	養子が15歳未満の場合	15歳以上18歳未満の場合
本人の意思表示	不要	必要
法定代理人の関与	常に代諾が必要	関与不要
家庭裁判所の許可	原則として必要	原則として必要

左側を縦に見ていきます。

15歳未満の場合は、本人は意思表示ができないから、親が代理します。

そして、未成年者なので、人身売買の危険があるから家庭裁判所の許可が必要です。

次に表の右側ですが、15歳以上18歳未満であれば、もうこれは本人が意思を表せるし、むしろ親は代理してはいけません。

ただし、未成年者なので、人身売買の危険から家庭裁判所の許可が必要です。

ここからは、配偶者のある者が養子を取る時の縛りを見ていきます。いくつかパターンがありますので、パターンごとの結論を覚えてください。

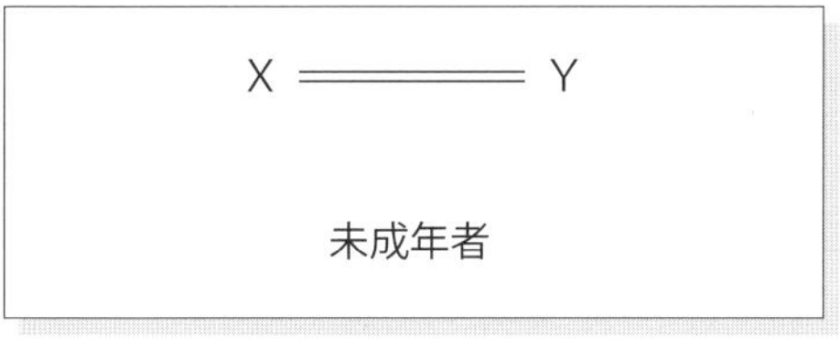

XＹという夫婦が未成年者を養子にしようとしました。

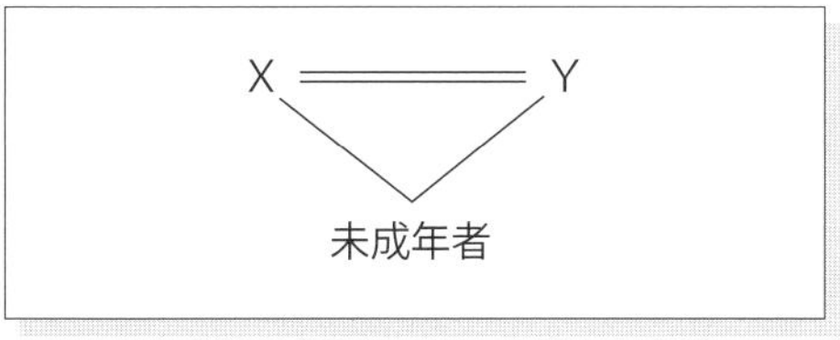

この場合は、**夫婦両方で養子縁組をしなければいけません。**

夫婦共同縁組といいます。

未成年者は両親の嫡出子身分が望ましいという趣旨からです。

養子になると、養親の嫡出子身分がもらえます。子供に、父母の両方の嫡出子身分を与えるために、両方と養子縁組をしなさいとしているのです。

そのため、Ｙが拒否すれば、Ｘは養子縁組できなくなります。

この子供はＹの連れ子です。Ｙが前婚の時に作った子供で、Ｙにとって嫡出子という状態です。

Ｘが養子縁組をする時、Ｙも養親になる必要があるでしょうか。

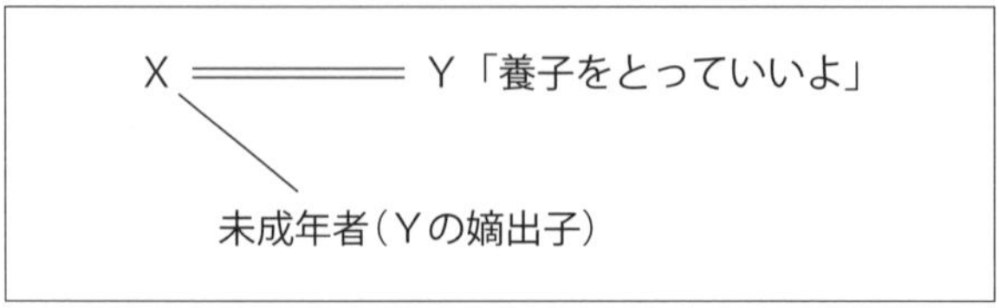

これはXだけでいいですね。

Yの嫡出子身分はもうあるので、Yがもう1回ここで養子縁組をする必要はありません。

ただし、**配偶者Yの同意が要ります。**

もし、子供がいなければ、Xの相続はYがすべて受けられます。一方、子供が一人増えることによって、Yの相続分は半分になってしまいます。

Yの相続分の保護という観点から、Yの同意がなければ、Xは養子縁組できないようにしているのです。

今度は、養子になるのが成年者の場合を見ましょう。

↓

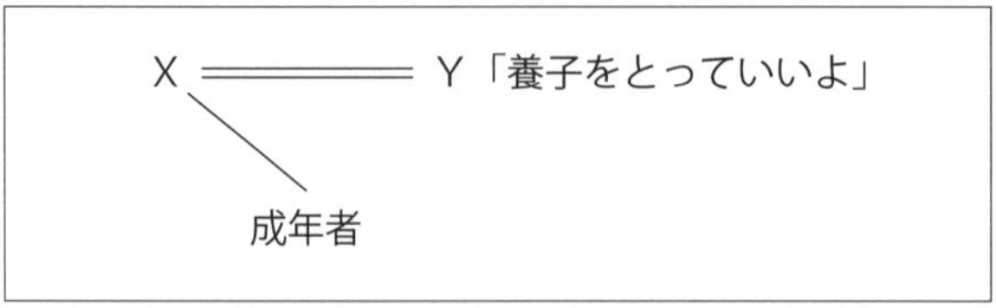

これは子供の福祉という観点はないので、Xだけで養子縁組して構いません。

ただし、配偶者Yの同意が要ります。これもYの相続分の保護です。

配偶者がいる者が養子縁組をする
→配偶者の意思が必要

共同縁組という形で意思を確認するか、もしくは配偶者の相続分の保護のため同意という形で確認するか、どちらにしても、配偶者の意思がなければ、養子縁組はできないのです。

問題を解いて確認しよう

1	18歳の男子は、単独で有効に養親となることができる。〔元-19-ウ（24-20-ア）〕	×
2	妻の父親を養親とし、夫を養子とする養子縁組は、夫が妻の父親より年長者であるときは、することができない。〔24-20-イ〕	○
3	自己の直系卑属である未成年者を養子とするには、家庭裁判所の許可を得なければならない。〔24-20-ウ〕	×
4	A女は、婚姻関係にないB男との間に子Cをもうけたが、B男はCを認知していない。その後、A女はD男と婚姻し、D男との間に子Eをもうけた。Cが未成年者である場合、D男がCを養子とするには、家庭裁判所の許可を得なければならない。〔9-22-2（令2-20-イ、令4-20-エ）〕	×
5	配偶者のある者が未成年者を養子とするには、原則として、配偶者と共に縁組をしなければならないが、配偶者の嫡出である子を養子とするときは、単独で縁組をすることができる。〔13-20-イ（20-21-ウ）〕	○
6	夫婦の一方が縁組の意思を表示することができないときには、他の一方は、自己が単独で養親又は養子となる縁組をすることができる。〔58-20-ウ（元-21-3、13-20-ウ）〕	○
7	養子となる者が15歳未満であるときは常にその法定代理人がこれに代わって縁組の承諾をしなければならない。〔54-7-4（24-20-ア）〕	○
8	未成年者を養子とするには、原則として、家庭裁判所の許可を得なければならないが、養子となるべき者が15歳未満であって法定代理人の代諾により縁組をするときは、家庭裁判所の許可を得ることを要しない。〔13-20-ア〕	×

×肢のヒトコト解説

1　20歳に達していない者は養親になることができません。

3　人身売買の危険がないため、許可は不要です。

4　配偶者の直系卑属を養子にする場合も許可は不要です。

8　代諾であっても、未成年者を養子にする場合は許可が必要です。

2周目はここまで押さえよう

ここから紹介する2つの事例は、一見、矛盾した結論になっています（学者の先生の中でも見解が分かれます）。2つの結論の整合性を考えるのはあきらめて、一つひとつ別々の知識として覚えましょう。

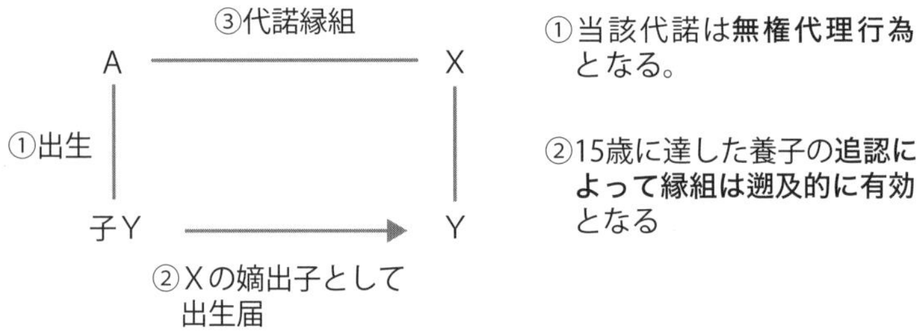
③代諾縁組
A
X
①出生
子Y
Y
②Xの嫡出子として
出生届
①当該代諾は**無権代理行為**となる。
②15歳に達した養子の**追認によって縁組は遡及的に有効**となる

Aは子を出生しましたが、事情があって、自分の子として育てることが許されず、養子として育てることにしました。
そこで、知り合いのXに頼み、Xの子として出生届をして、
その後、XとAで代諾縁組をして養子にしました。

ただ、この代諾は無権代理になります。Yの真実の親はAなので、Aが代理権を持ちます（戸籍上の親Xが代理権を持つわけでありません）。

無権代理なので、効果帰属しないのですが、無権代理は、追認することが可能です。真実を知ったYが「それで構わない」と追認すれば、この代理行為は効果帰属します。

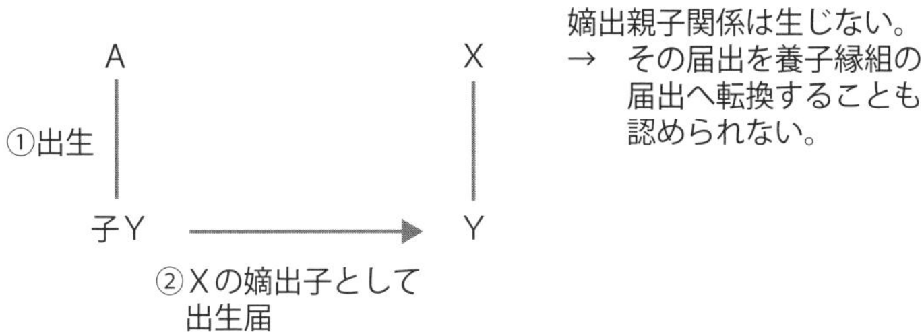
A
X
①出生
子Y
Y
②Xの嫡出子として
出生届
嫡出親子関係は生じない。
→ その届出を養子縁組の
届出へ転換することも
認められない。

Aは子を出生しましたが、育てることができず、Xが育てることにしました。ここで、Xは養子として迎え入れるのではなく、自分の子供として出生届をしました（もちろん、これはウソの届出になります）。

その後、XYで親子喧嘩があり、Xが「本当は、お前は自分の子ではないんだ」と真実を打ち明けたのです。

Yとして見れば、びっくりです。ここで、Yは
「出生届をした時点で、自分の子にする意思があったはずだ。出生届はウソで無効かもしれないけど、その出生届を養子縁組届として扱って、自分を養子として扱ってほしい」と請求しましたが、裁判所はそれを認めませんでした。

今まで実子として戸籍に載っていたのを、養子に代えるというのは戸籍制度への信頼を落としてしまう行為になってしまうからだそうです。

1	養子とする意図で他人の子を嫡出子として届け出ても、それによって養子縁組が成立することはない。〔19-22-イ〕	○
2	真実の親子関係がない親から嫡出である子として出生の届出がされている場合、その出生の届出は無効であるが、その子は、15歳に達した後は、その出生の届出を縁組の届出として追認することができる。〔13-20-エ〕	×
3	15歳未満の子について真実の親子関係がない戸籍上の親がした代諾による養子縁組は、その親に代諾権がないので無効であるが、その子は、15歳に達した後は、その縁組を追認することができる。〔13-20-オ〕	○

4 他人の子を実子として届け出た者が、その子の養子縁組につき代わって承諾をしたとしても、当該養子縁組は無効であるが、その子が、満15 歳に達した後に、当該養子縁組を追認すれば、当該養子縁組は当初から有効となる。〔19-22-エ〕 ○

これで到達！ 合格ゾーン

□ 養子縁組の成立要件である縁組意思は、意思主義の観点から、原則として届出の時点で存在することが必要であり、この意思を欠いた縁組は無効である。しかし、届出受理の時点で当事者が意識を失っていたとしても、受理前に翻意したなどの特段の事情が存在しない限り、縁組意思の存在が強く推定されるので、養子縁組は有効に成立する（最判昭45.11.24)。〔19-22-ウ〕

★届出書を作ったときには意思があっても、その後に意識喪失をした事例です。意識を失った当事者には養子縁組をする意思があったはずと考えて養子縁組を有効にしています（婚姻でもほぼ同様の判例があります）。

□ 取消事由がある縁組は取り消すことができる。ただし、この縁組の取消しは、訴えによらなければならない。〔31-21-ア〕

例）配偶者の同意のない縁組は、縁組の同意をしていない者から、その取消しを家庭裁判所に請求することができる（806の2)。〔26-20-オ〕

★たとえば、793条（尊属又は年長者を養子とすることの禁止）に反した縁組届が受理された場合、取り消すことができますが、訴えを使わないと取消しができません（婚姻の取消しと同じです）。

覚えましょう

養子縁組の効果
①嫡出子の身分の取得（809）
②氏の変更
③法定血族関係の発生
④実方の親族関係の存続
　養子は、実方と養方との二面関係に立つ

養子縁組の効果が4つ載っています。
具体例を出して説明しましょう。

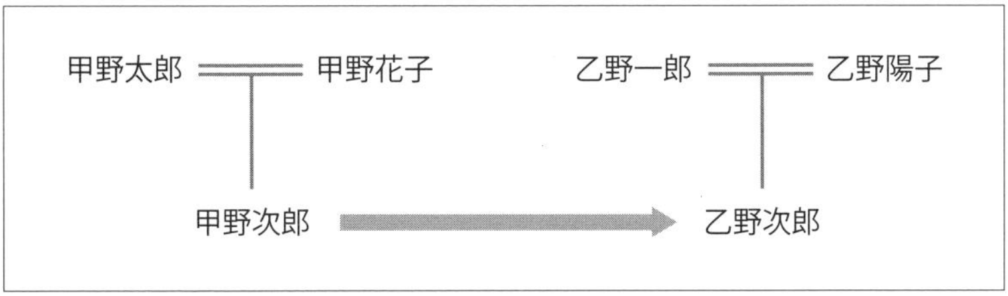

甲野次郎が、乙野家へ養子に行きました。
すると甲野次郎は、**乙野一郎・乙野陽子の嫡出子**となり、**氏が乙野に変わります**。

そして**法律上の血の繋がりが、乙野一郎・乙野陽子と乙野次郎との間にできます**。
ただ、乙野次郎と**甲野太郎・甲野花子との血の繋がりは残ります**。つまり、乙野次郎の直系尊属は、4人になるのです。

だから、乙野次郎が死んだ場合、直系尊属で相続を受けるのは、この4人となり、甲野太郎が死んだ場合、乙野次郎は相続を受けられることになります。
普通養子縁組をしても血の繋がりは残るということです。

この基本に関する例外的な効果を説明します。
まずは氏からです。

> **810条（養子の氏）**
> 養子は、養親の氏を称する。ただし、婚姻によって氏を改めた者については、婚姻の際に定めた氏を称すべき間は、この限りでない。

鈴木の養女となる → 田中姓のまま

田中太郎 ═══ 花子（旧姓山田）

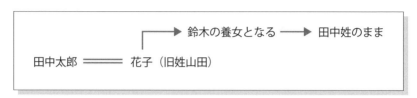

山田花子が田中太郎と結婚して氏を変えました。花子の氏は田中になっています。

この花子だけが鈴木家の養女になったとしても、氏は田中のままです。

一方、田中太郎だけが鈴木家の養子になった場合には、花子の氏も夫婦同氏の原則によって鈴木になります。

花子は婚姻で氏を太郎と同じにしています。その時の意思を次のように解釈するのです。

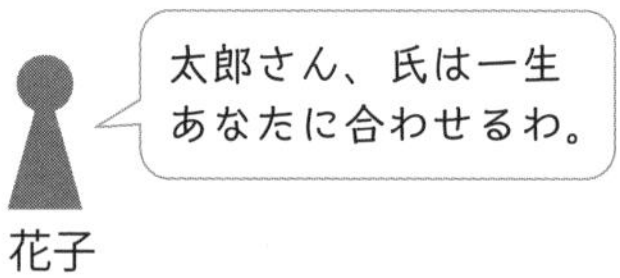

そのため、**どういった養子縁組になったとしても、花子の氏は絶対に太郎と同じになる**のです。

覚えましょう

「縁組前に生まれた養子の子」は、養親及びその血族と血族関係はない

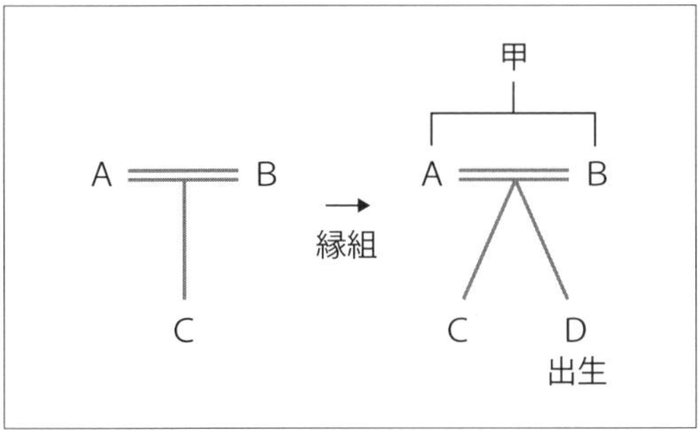

ＡＢ夫妻にＣという子供がいました。このＡＢ夫妻が甲家に養子縁組して入りました。その後にＤという子供が生まれました。

この場合、養子縁組後に生まれたＤには、甲との法律上の血の繋がりがありますが、養子縁組前に生まれていたＣには、甲との間に法律上の血の繋がりは生まれません。

見分ける基準
→甲家に入った後に生まれた子供か、
　甲家に入る前に生まれた子供か

そのため、ＡＢが死亡した後に、甲が死亡した場合に、Ｄは代襲して相続を受けられますが、Ｃは代襲できません。

Point

① 協議離縁（811 Ⅰ）
　→当事者の協議によっても離縁が可能
② 裁判離縁（814 Ⅰ）
③ 死後離縁（811 Ⅵ）
　→家庭裁判所に請求し許可を得れば離縁が可能

養子縁組をやめることを離縁といい、離縁には全部で３パターンあります。
①②は、離婚と同じように考えてください。
話し合って離縁する。話し合いがうまくいかなければ、裁判になります。

③は、一方が死亡した後に離縁するという制度のことをいいます。
ポイントは、**許可が必要ということ**です。

死んでしまえば、自分の嫌いな養父はいないので、離縁する実益なんかないはずなのです。
離縁したい理由などを聞いて、不当かどうかをチェックするのです。

例えばその理由として、「養父方の爺さんの面倒なんて見たくないから、血の繋がりを切るために離縁したい」という場合は、離縁が認められにくいと聞いたことがあります。

問題を解いて確認しよう

1	普通養子縁組の養子は、養親の嫡出子の身分を取得するが、養子の実親が死亡した場合には、実親の相続人となる。〔24-20-オ〕	○
2	Ｂは被相続人Ａの養子であり、ＢがＡより先に死亡した。Ｂの実子であるＣはＡＢの養子縁組の前に出生していた。この場合、ＣがＢを代襲して相続人となる。〔8-21-オ〕	×
3	夫婦が婚姻の際に夫の氏を称するものと定めた場合において、婚姻中に夫が第三者の養子となる縁組をしたときは、夫婦は、夫の養親の氏を称する。〔23-20-イ〕	○
4	婚姻によって氏を改めた者が養子となったときは、養子は、養親の氏を称しない。〔13-18-ウ〕	○
5	普通養子縁組において、養親又は養子の一方が死亡したときは、他方は、家庭裁判所の許可を得て、離縁をすることができる。〔15-21-イ(2-9-ウ、7-20-ア)〕	○

×肢のヒトコト解説

2　養子縁組前に生まれている子なので、血がつながっていません。そのため、代襲相続で財産を受けることは認められません。

これで到達！　合格ゾーン

□ 養子が15歳未満であるときは、その離縁は、養親と養子の離縁後にその法定代理人となるべき者との協議でこれをする（811 Ⅱ）。法定代理人となるべき者がないときは、家庭裁判所は、養子の離縁後にその未成年後見人となるべき者を選任する（811 Ⅴ）。〔31-21-イ〕

★15歳に満たない未成年者は、養子縁組をする意思能力だけでなく、離縁をする意思能力もありません。そのため、離縁をする際には、元の法定代理人に代理してもらうことになります。元の法定代理人が死去などでいない場合は、代理をしてもらう人を、裁判所に選んでもらうことになります。

Point

特別養子縁組

子のための縁組

縁組後は養子と実親の関係は消滅する

この特別養子縁組は、**子供のための縁組**と言われています。

養子縁組というのは、いろんな理由で行います。
家を守って欲しい、家業を継いで欲しいなど色々です。

一方、この特別養子縁組は、まさに子供だけのことを考えて作っています。
虐待する親の家庭にいる子供、このような子供を暖かい家庭に迎えようというために作ったのが、この特別養子縁組という制度です。

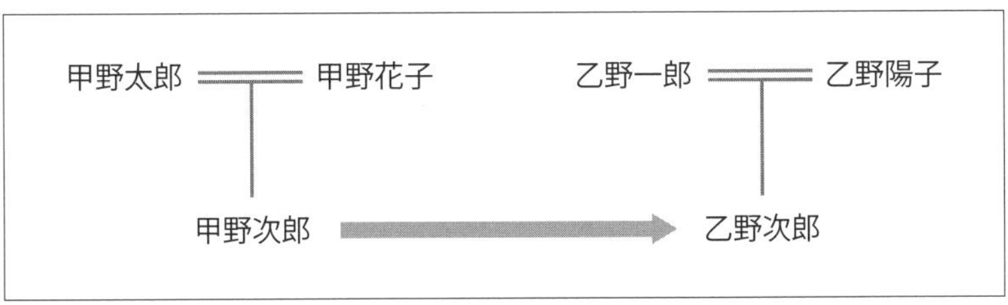

次郎という子が甲野家で虐待されていました。

一方、乙野家がこの子を迎えたいと考えています。
ここで特別養子縁組をすると、次郎は乙野家の子供になります。

なおかつ**甲野家との血の繋がりが切れます**。
血の繋がりを切って、あたかも初めから乙野家の子供だったように見せるのが、特別養子縁組というものです。

いくつか特色があります。まずは年齢制限です。

覚えましょう

養子・養親それぞれに年齢制限がある（817の4・817の5）
→　次郎（養子）は15歳未満、（乙野）一郎・陽子（養親）は25歳以上

特別養子縁組では、**収入の安定、生活面の安定を重視し、養親の年齢は25歳以上**にしています（ただし、夫婦の一方が25歳以上なら他方は20歳以上で構いません）。

また、**養子については「特別養子縁組の成立の審判の申立ての時に15歳未満であること」**が要求されています。
これは、**15歳を超えれば自分の意思で普通養子縁組をすることができる**ことを考慮した結果です（例外もありますが、かなり細かいので無理はしないでください）。

覚えましょう

夫婦共同縁組が原則として必要である

普通養子の場合は夫婦でなくてもできますが、特別養子の場合は、夫婦でなければできません。
安定的な家庭に招き入れるという趣旨からです。

覚えましょう

協議による離縁は認められない

離縁は基本的にできません。

真実の親子関係だって、親子の縁を切るということは法的にはできないため、**特別養子についても、協議による離縁を認めない**のです（離縁は、かなり特殊な状況において、審判がなされなければできません）。

問題を解いて確認しよう

1	特別養子の養親となる者は、配偶者のある者でなければならない。〔6-20-ア（2-12-5)〕	○
2	特別養子縁組における養親と養子は、当事者の協議で離縁をすることはできない。〔15-21-オ〕	○
3	甲と丙との間の子乙は、丁の特別養子となった。この場合、甲は、乙に対して扶養義務を負うことはない。〔7-18-ウ〕	○
4	特別養子縁組において、養親となる夫婦の一方が25歳に達しているときは、他の一方が20歳に達していなくても、当該夫婦は養親となることができる。〔31-21-エ〕	×

×肢のヒトコト解説

4　夫婦の一方が25歳以上なら他方は25歳以上は要求されませんが、20歳以上であることは要求されます。

これで到達！  合格ゾーン

□ 特別養子縁組の養親は、縁組を継続し難い重大な事由があっても、家庭裁判所に対して特別養子縁組の当事者を離縁させることを請求することはできない。〔31-21-オ〕

★特別養子縁組の離縁は、養親による虐待、悪意の遺棄その他養子の利益を著しく害する事由があり、かつ、実父母が相当の監護をすることができる場合に、家庭裁判所の審判によってのみすることができます（817の10）。この離縁の申立てができるのは、養子、実父母又は検察官に限られていて、虐待をしている養親が申し立てることは認められていません（自分で虐待しておいて、自分で離縁の申立てをするのを認めるべきではないでしょう）。

□ 特別養子縁組が成立するまでに18歳に達した者は、養子となることができない（817の5Ⅰ後段）。〔令5-20-ウ〕

★特別養子縁組の申立ては、養子が15歳になるまで可能です。ただ、手続中に養子が18歳になった場合（成人になった場合）には、もう子の福祉という要請はなくなるので、特別養子縁組はできなくなります。

第4章 親権

令和7年本試験は
ここが狙われる!

近年の出題が多いところです。制度の仕組みの理解が重要なところです。
また、利益相反という部分は不動産登記法での超頻出論点なので、ここでしっかりと理解しましょう。

第1節 親権

Point

親権 ＝ (身上) 監護権 ＋ (財産) 管理権

(身上) 監護権 ↓
・衣食住の世話
・教育
・その他

(財産) 管理権 ↓
・財産を管理

親権があることによってできることは、身の回りの世話と財産の管理です。

財産の管理、ここから出てくるのが、総則で説明した同意権、代理権です（同意権、代理権は、この財産管理権を具体化したものです）。

818条（親権者）
1　成年に達しない子は、父母の親権に服する。
2　子が養子であるときは、養親の親権に服する。
3　親権は、父母の婚姻中は、父母が共同して行う。ただし、父母の一方が親権を行うことができないときは、他の一方が行う。

親権に服するのは、成年に達しない子供だけです。

そして、基本は父母両方の親権に服します。

ただ、養子に入った場合は、実父母は親権を失い、養親の親権に服します（これが条文の２項です）。

そして、**父母の親権を行使する時は、共同で行うことになっている**ため、例えば親が代理するという場合は、基本は二人で代理しなければいけません。

819条（離婚又は認知の場合の親権者）
４　父が認知した子に対する親権は、父母の協議で父を親権者と定めたときに限り、父が行う。

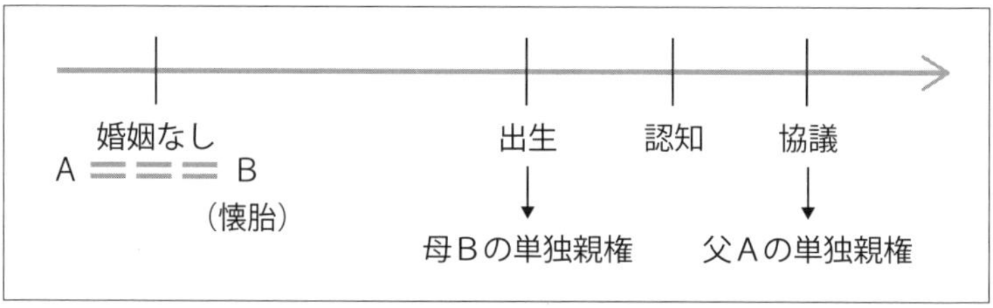

婚姻関係にない、男女に子が生まれました。

この場合、親権は母が持ちます。出産して、自分の手元に置いている母に親権を認めるのです。

そして、真実の父は、認知をしたうえで協議をすれば、親権者になりえます。

次のように出題されます。

問）認知をすると自動的に親権者が変わる

答え）×

協議をして、初めて変えることができるだけで、**認知をしただけでは自動的には変わりません。**

<table>
<tr><th></th><th colspan="4">親権者</th><th>変更</th></tr>
<tr><td rowspan="5">嫡出子</td><td>原則</td><td colspan="3">実父母の共同親権</td><td rowspan="2"></td></tr>
<tr><td rowspan="4">例外</td><td colspan="2">**一方の死亡等**</td><td>他の一方の単独親権</td></tr>
<tr><td rowspan="2">**離婚**</td><td>**協議離婚**</td><td>・協議で定めた者
・裁判所で定めた者</td><td rowspan="2">家裁の審判
※父母の協議で親権者を変更できない。</td></tr>
<tr><td>**裁判上の離婚**</td><td>裁判所で定めた者</td></tr>
<tr><td colspan="2">**出生前離婚**</td><td>母</td><td>子の出生後の父母の協議</td></tr>
<tr><td>非嫡出子</td><td colspan="4">母の単独親権</td><td>認知した父は協議により親権者となる</td></tr>
</table>

今までの話をまとめたものが上の図です。離婚の部分を見てみましょう。

離婚をした後に共同親権を続けることは、現行法では認めていません。そのため、協議でどちらにするのかを決めることになります。

ここで、親権者を決めると、このあと「やっぱり、親権者を変えよう」と協議で代えることができません（これを認めると、コロコロ親権者が変わることになり、子にとって酷だからです）。

そのため、離婚の際の親権者の決定は、非常に重要な部分とされています。

親が未成年者であるときには、親権の行使は不可（833）

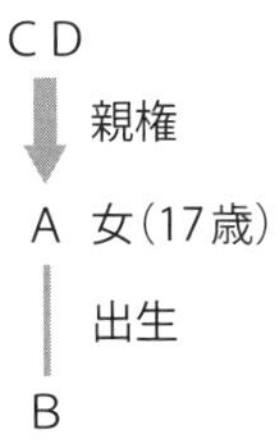

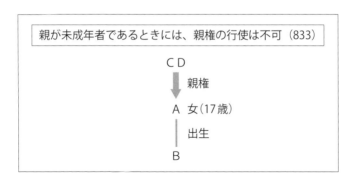

Aという17歳の女性が、子供を産みました。

Aは未成年者です。そのため、**Aの父母CDが、産まれた子の親権を行使します**。

親権に服しているAが、親権を行使することは認められません。

そのため、「AがBに対して持っている親権」を、Aが行使するのではなくCDが行使します。これを親権の代行といいます。

826条（利益相反行為）
1　親権を行う父又は母とその子との利益が相反する行為については、親権を行う者は、その子のために特別代理人を選任することを家庭裁判所に請求しなければならない。

売買契約
売主（親）B ―――――― 買主（子）A
↓
特別代理人

親が持っている不動産を子供が買うことになります。

このように親子で売買契約をする、これを認めてよいのでしょうか。

この売買契約を認めたら、**親の言いなりで話が進み、親に有利な契約になる可能性があります**。そこで基本、親子間での売買契約を禁じました。

親子間で売買契約をしたければ、**家庭裁判所に請求して、特別代理人を選んで**もらい、その特別代理人と親が交渉することを求めています。

これが「利益相反行為」の論点です。

（ちなみに、これが不動産の売買の場合、特別代理人が関与していないと登記申請ができないようになっています）。

親がプラス、子供がマイナスになる可能性がある行為をする場合
⇒特別代理人が代理をする

Point

外形標準説（形式判断説）

行為の外形だけから判断すべき

・行為の動機
・目的　　　｝を判断材料に入れてはいけない
・結果

「親がプラス、子供がマイナスになる」の判断は、やっている行為の外形だけで判断します。その行為をやった目的や、実際の結果は判断材料に入れません。

先ほどのケースで、例えば子供に有利な契約だとしても、親子間で売買契約してはいけないのです。

また、子供のためという目的、そういうのがあったとしても、親子間で売買契約をしてはいけません。

とにかく**親子間で売買をする予定と分かったら、特別代理人の選任を家庭裁判所に申立てる必要がある**のです。

親子間の売買をする場合、特別代理人が要るのですが、他にはどういった行為で特別代理人が必要になるのでしょうか。

覚えましょう

親権者が自己の債務を担保するために子の所有不動産に抵当権を設定する行為
⇒　利益相反に当たる

お金を借りたのは親です。そして、お金を借りられたのは担保があったからです。親はお金を借りられて得をしています。

一方、子の財産に担保が設定されているので、子は損をしています。

親が得して、子供が損する行為は、利益相反行為に当たり、特別代理人が関与

する必要があります。

たとえ、子供の教育費のための借入だとしても、**そういった借金の「目的」は判断材料には入りません。**

覚えましょう

親権者が自己の用途に供しようとする動機で子の名において金銭消費貸借契約を締結するために子の所有不動産に抵当権を設定する行為
⇒　利益相反に当たらない

お金を借りているのは、形式上子供です。子供の名義でお金を借りて、子供の不動産に担保を設定しています。

子供がお金を借りて、子供の不動産に設定しますので、子供がプラス、子供がマイナスです。

そのため、これは**利益相反取引ではないので、特別代理人は不要**です。

仮に、このお金を親が使う目的があったとしても、利益相反取引ではありません。**契約書の表面上、そこだけで判断する**からです。

覚えましょう

親権者と子の間における遺産分割
⇒　利益相反に当たる

親が得して、子供が損をする可能性があるので、特別代理人が関与しなければできません。

子供に有利な遺産分割協議になったとしても、特別代理人を入れずにやれば、登記申請は通りません（**結果を判断材料に入れないということ**です）。

問題を解いて確認しよう

1	養父と実母とが婚姻関係にある場合、親権は、養父と実母が共同して行使する。〔12-22-ア（26-20-イ）〕	○
2	父母が離婚した後に出生した子に対しては、その子の出生後に父母の協議が成立したときは、父が親権を行使することができる。〔57-21-2（26-21-イ）〕	○
3	Aが婚姻関係にないBによって懐胎し、子Cを出産した。BがCを認知した場合、Cに対する親権はAとBが共同して行使する。〔12-20-エ〕	×
4	母が親権者となっている子について、当該母と婚姻関係にない父が認知をしても、当該認知によって当該父が親権者となることはないが、父母の協議で、親権者を母から父に変更することができる。〔25-21-オ〕	○
5	協議離婚の際に定めた親権者は、その後に父母の協議により変更することができる。〔12-22-イ〕	×
6	自己の営業資金を調達する意思で親権者が未成年の子を代理して金銭消費貸借をし、その債務を担保するために子の不動産の上に抵当権を設定する行為は、利益相反行為に該当する。〔3-5-1（6-21-ウ）〕	×
7	親権者が第三者と金銭消費貸借をし、その債務を担保するため子の不動産上に抵当権を設定する行為はそれが子の養育費を捻出するためであるときは利益相反行為に該当しない。〔3-5-2（26-21-エ）〕	×

×肢のヒトコト解説

3　婚姻関係になければ、共同で親権を行使することができません。

5　離婚で決めた親権者は、協議で代えることはできません。

6　お金を借りるのは未成年者で、設定者も未成年者なので利益相反に当たりません。

7　債務者が親権者で、設定者が未成年者なので利益相反です。借り入れの目的は判断材料に入りません。

これで到達！ 合格ゾーン

☐ 父が成年被後見人である場合には、後見開始の審判が取り消されない限り、母が単独で親権を行使する。〔61-13-3（26-21-ア）〕

★成年被後見人は自分のことができない方のため、後見開始の審判を受けると、自分の子を面倒見る親権行使能力を失います（大判明39.4.2）。

☐ 親権者の一方が単独名義で代理行為を行うと、共同行使の原則に反するので無権代理となるが、他方の親権者の同意があれば、有効な代理行為となる（最判昭32.7.5）。〔19-21-エ〕

★父だけが代理しても共同親権行使にはなりませんが、その代理を母が同意していれば、実質、共同親権行使といえます。

☐ 父母が共同して親権を行う場合において、父母の一方が、共同の名義で、子に代わって法律行為をし又は子がこれをすることに同意したときは、その行為は、他の一方の意思に反したときであっても、そのためにその効力を妨げられない（825本文）。ただし、相手方が悪意であったときは、この限りでない（825但書）。〔令3-21-ウ〕

★父母の名義で同意がされている書面があれば、契約相手は「父母双方から同意が得られている」と誤解します。そのため、片方の意思で作られたものであっても有効とする条文です。ただ、これは契約相手保護のための規定であるため、契約相手が「これは片方の意思で作られているな」ということを知っていれば、この同意は無効となります。

☐ Ａが未成年者であり、Ｂがその法定代理人であるとすれば、ＣがＤに対して負う債務につき、ＡがＢとともに連帯保証人となり、ＡＢ共有の不動産に抵当権を設定することは、利益相反行為に該当する（最判昭43.10.8）。

〔7-22-イ（19-21-ア）〕

★連帯保証人になるというのは、事実上債務者になるのと同じです。そのため、上記の行為は、実質上、親が債務者で子が設定者になっているため、利益相反となります。

□ 親権を行う母が、第三者の債務の担保として、子を代理して、その子が所有する不動産に抵当権を設定する行為は、特別代理人の選任を要する利益相反行為に当たらない（最判平4.12.10）。〔令3-21-イ〕

★設定者が子ですが、債務者がその親権者ではないので利益相反にはなりません。

□ 利益相反行為となる場合において、特別代理人を選任しないで親権者・後見人が自ら子を代理してした行為は、無権代理行為となる（大判昭11.8.7、最判昭35.10.11）。〔6-21-エ〕

★826条が子の利益保護のために親権者の代理権・同意権を制限したものであるところから、無権代理行為の追認（116）の余地を残すためです。

□ 親権を行う者は、自己のためにするのと同一の注意をもって、その管理権を行わなければならない（827）。〔54-8-4（6-21-イ）、28-21-ア〕

★親権者の場合、愛情による保証があるため、親権者の注意義務の程度が軽減されています。

□ 子が成年に達したときは、親権を行った者は、遅滞なくその管理の計算をしなければならない（828本文）。〔6-21-ア〕

★親権を行った者に、収支計算させる義務を負わせています。

◆ 親権の喪失と親権停止の比較 ◆

	親権喪失の審判（834）（注）	**親権停止の審判**（834の２）
審判の要件	・父母による虐待・悪意の遺棄があるとき ・父母による親権の行使が著しく困難・不適当であることにより、子の利益を著しく害するとき	父母による親権の行使が困難・不適当であることにより、子の利益を害するとき
請求権者	子、子の親族、未成年後見人、未成年後見監督人、検察官	
効果	親権の行使ができなくなる	
親権を回復することができるか	審判の取消しが必要（836）	審判で定めた期間の経過により当然に回復（834の２ Ⅱ）

（注）父又は母による管理権の行使が困難又は不適当であることにより子の利益を害するときは、家庭裁判所は、子、その親族、未成年後見人、未成年後見監督人又は検察官の請求により、その父又は母について、**財産管理権喪失**の審判をすることができる（835）。

親権行使が子にとって問題があるときは、親権の喪失（完全に奪う）、親権の停止（一定期間、使わせない）という措置が取れます。

子の利益を**「著しく」**害するか、単に害するかでどちらが使われるかが変わります。

また、身上監護をしっかりやるけど、財産管理がヒドイという場合は、**財産管理権のみ喪失させる、ということもできます**（この場合の親権者は、身上監護権のみ行使することになります）。

いずれの手続も、子自身や子の親族ができるだけでなく、**検察官という公益の代表も請求することができます**。**児童虐待に対応できるよう、身内が請求しなくても、検察官が対応できるよう**にしているのです。

問題を解いて確認しよう

1	家庭裁判所が親権停止の審判をするには、父又は母による虐待又は悪意の遺棄があるときその他父又は母による親権の行使が著しく困難又は不適当であることにより子の利益を著しく害するときでなければならない。〔26-21-オ〕	×
2	父又は母による親権の行使が困難であることにより子の利益を害する場合には、検察官は、家庭裁判所に対し、その父又は母について親権停止の審判を請求することができる。〔令3-21-エ〕	○
3	親権者による子の財産の管理が不適当であり、子の利益を害する場合であっても、親権のうち管理権のみを喪失させることはできない。〔28-21-イ（令3-21-オ）〕	×

×肢のヒトコト解説

1 親権停止であれば、「著しく」害する必要はありません。

3 財産管理権のみの喪失も可能です。

第2節 後見

覚えましょう

	未成年後見	成年後見
開始事由	①未成年者に対して親権を行う者がないとき ②親権を行う者が管理権を有しないとき	後見開始の審判

後見というのは、面倒をみるという制度です。

その面倒をみるにも、2つのパターンがあります。

1つが民法総則であった「成年後見」で、**後見開始の審判があった時に始まる**制度です。

もう1つが、「未成年後見」というものです。

これは、**未成年者に親権者がいなくなった場合に始まる**制度です。

例えば、ご両親が不慮の事故で亡くなったという場合に、叔父などが後見人となって、その子に対して親権を行使するというケースです。

では次の事例では、「親権を行使する人がいなくなって」後見が開始されるでしょうか。

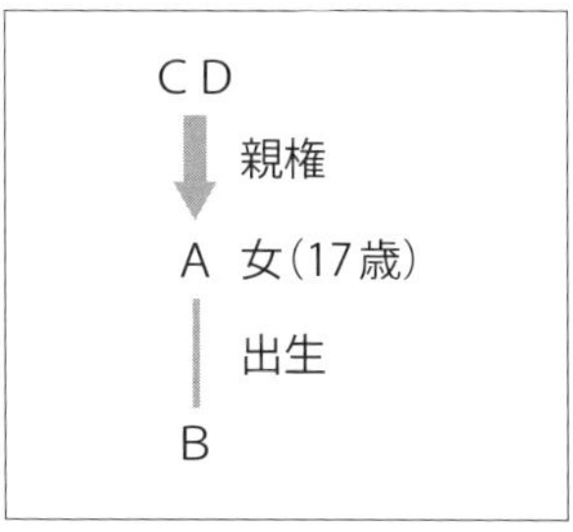

先ほど見た親権の代行という話です。

このケースは、**Bに対し親権を行使する人がいますから、後見は始まりません。**

覚えましょう

	未成年後見	成年後見
員数	制限なし	制限なし
法人	可（840 Ⅲ）	可（843 Ⅳ）
辞任をする要件	正当な事由 ＋家庭裁判所の許可（844）	正当な事由 ＋家庭裁判所の許可（844）
戸籍への記載	あり	なし
後見人の権限	身上監護権（857） 財産管理権（859）	財産管理権（859）

①員数について

後見人には、員数の縛りがありません。

昔は１人のみとしていましたが、**心理的・肉体的負担が重いということで、今は複数人にして、負担を分散しています**。

②法人について

後見人が法人ということも許されます。

司法書士法人が成年後見人になっていることも多いです。また、社会福祉法人が未成年後見人になるケースも増えてきました。

③辞任の要件

辞任する、後見人を辞めることは簡単にはできません。後見人というのは、地位という要素のほか、**義務という要素もあります**。

そのため、それなりの理由があって、許可がなければ辞められないとしています。

④戸籍への記載

後見人ということが戸籍に載るかというと、**プライバシーの観点から、成年後見については載りません**（成年後見人がいるということは、自分が成年被後見人（例えば認知症）になっているということが分かってしまいます）。

⑤後見人の職務

未成年後見人は、これはまさに**親の代わり**なので、親と同じ権限である身上監護権、財産管理権があります。

一方、成年後見人が行うことは、**財産管理だけで、身の回りの世話までする必要はありません**。成年後見人は、法律上の盾になる制度であって、身の回りの世話などは、別の専門職のお仕事になります。

問題を解いて確認しよう

1	父が親権喪失の審判を受けた後、母が管理権喪失の審判を受けた場合、後見が開始する。〔12-22-ウ〕	○
2	未成年後見人が選任された場合には、被後見人の戸籍にその旨の記載がされるが、成年後見人が選任された場合には、被後見人の戸籍にその旨の記載はされない。〔22-21-イ〕	○
3	未成年後見人も成年後見人も、家庭裁判所に届け出ることによって、その任務を辞することができる。〔22-21-ウ〕	×
4	未成年後見人も、成年後見人も複数でよい。〔22-21-オ〕	○

×肢のヒトコト解説

3 正当な理由があって、裁判所の許可がなければ辞任できません。

これで到達！ 合格ゾーン

☐ 未成年者に対して最後に親権を行う者は、遺言で、未成年後見人を指定することができる（839 Ⅰ本文）。〔29-21-オ〕

★親権者は「自分にもしものことがあったら、○○を後見人にする」と指定することができます。ただ、それは遺言の形式に限定しています。

☐ 未成年者は、後見人となることができない（847①）。〔31-4-ウ〕

★未成年者は、判断能力が未成熟であり、被後見人の保護に当たるという後見人の任務には適しないからです。

□ 未成年後見人も成年後見人も、善良な管理者の注意をもって被後見人の財産を管理しなければならない（869・644）。〔22-21-エ〕

★親権者と異なり、保管義務の軽減はされていません（親権者のように身内の物を管理するわけではないためです）。

□ 未成年者Aの親権者であるBが管理権を喪失したことを理由に未成年後見人Cが選任された場合には、Cは、財産に関する権限のみを有する。〔29-21-イ〕

★親権を行う者が管理権を有しない場合に選任される未成年後見人は、財産に関する権限のみを有します（868）。

□ 後見人と被後見人との利益が相反する行為については、後見人は、後見監督人がいる場合を除き、その被後見人のために特別代理人を選任することを家庭裁判所に請求しなければならない（860・826）。〔27-21-ウ〕

★親権者と同じような処理になります。ただ、後見監督人がいればその者に代理してもらうため、特別代理人の選任を求める必要はありません。

□ 後見監督人又は家庭裁判所は、いつでも、後見人に対し後見の事務の報告若しくは財産の目録の提出を求め、又は後見の事務若しくは被後見人の財産の状況を調査することができる（863Ⅰ）。〔27-21-オ〕

★後見事務が適正に執行されているかを確認し、事情により必要な措置をとることによって、後見制度の実効性と信頼性を図る趣旨です。

□ 成年後見人は、家庭裁判所の許可を得なくても、成年被後見人名義の預金口座を解約することができる。〔令2-21-エ〕

★成年後見人は、本人の財産に関する法律行為について、包括的代理権を付与されており、原則として、自己の判断に基づいて被後見人の財産の処分を行うことが可能です。

第5章 扶養

ここはルールを覚えてあてはめることが重要です。どういったときに扶養する義務を負うのかを理解して、それを実際の事例であてはめられるように訓練しましょう。

877条（扶養義務者）
1　直系血族及び兄弟姉妹は、互いに扶養をする義務がある。
2　家庭裁判所は、特別の事情があるときは、前項に規定する場合のほか、3親等内の親族間においても扶養の義務を負わせることができる。

家族間で困っている方がいれば、身内が金銭的な援助をしなさいという制度です。

877条1項に該当すると、**当然に扶養義務が課せられます**。

877条2項に該当した場合は、「家庭裁判所は、……負わせることができる」となっていて、**家庭裁判所の審判がなければ扶養義務は発生しません**。

1項・2項の区別は、かなり重要です。

1項では、**直系血族及び兄弟姉妹と書かれています**。

親から見て小さい時の子供、

子供が大きくなった後に子供から見て年老いた父母は、この1項に該当します。

また、兄弟で困っている人がいた場合は、当然に扶養する義務が生じます。

2項では、**3親等内の親族**となっているため、**姻族等も入ることに注意してください**。

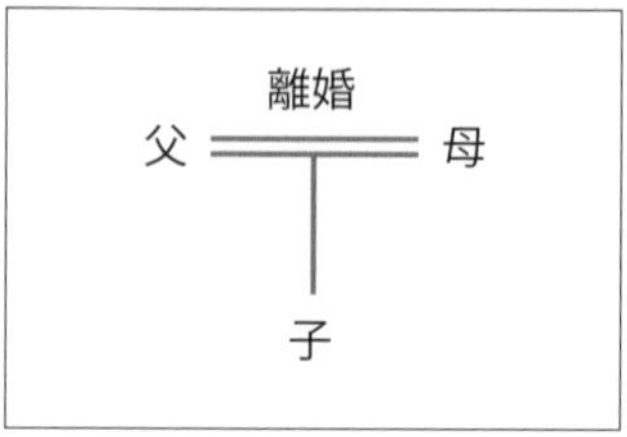

父母が離婚した場合、父は子を扶養する義務があるでしょうか。

離婚しても、父から見て子供は直系血族です。直系血族なので、父は子供を扶養する義務があります。
仮に母が親権をとっていたとしても、父と子は直系血族の関係であることは変わらないので、1項の義務を負います。

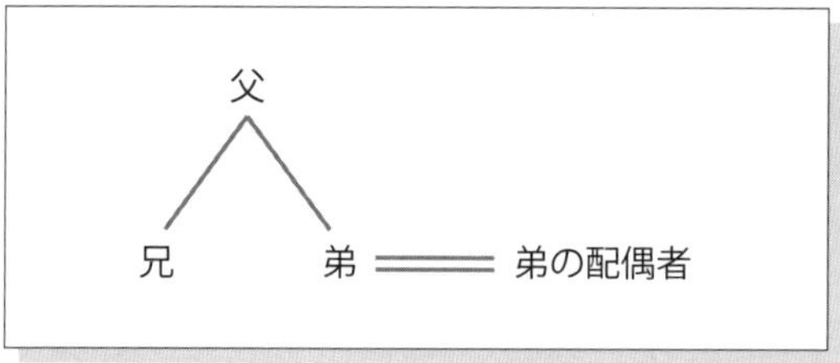

弟には配偶者がいました。兄は、この方に対して扶養義務を負うことがあるでしょうか。

この二人は、直系血族関係ではありません。また兄弟でもありません。
彼らは2親等の姻族に当たります。
そのため、2項に該当するので、家庭裁判所の審判があれば、扶養する義務を負うことになります。

このように本試験の問題では、家族関係を見ることがポイントになってきます。

扶養義務の問題が出題
→家系図を作って、1項か2項かを判断すること

ここは、家系図を作れば難しい分野ではありません。頭の中だけで解くと間違いやすいので、図をメモしながら解くことをお勧めします。

問題を解いて確認しよう

	問題	解答
1	甲は、丙と離婚したが、その間の子乙については、丙が親権者となり、かつ現実に監護養育することとなった。この場合、甲は、乙に対して扶養義務を負うことはない。〔7-18-イ〕	×
2	A男は、B男の実子であるが、まずC男の普通養子となり、次いでC男と離縁せずにD男の普通養子となった。A男は、B男及びD男に対しては扶養義務を負うが、C男に対しては扶養義務を負わない。〔9-20-イ〕	×
3	A女は、婚姻関係にないB男との間に子Cをもうけたが、B男はCを認知していない。その後、A女はD男と婚姻し、D男との間に子Eをもうけた。CとEの間には、互いに扶養する法律上の義務はない。〔9-22-4〕	×
4	甲は、乙の子である丙と離婚した。この場合、甲は、乙に対して扶養義務を負うことはない。〔7-18-オ〕	○
5	AがBを養子とする縁組をした後Cと婚姻した。BとCは、特別な事情があるときに限り、相互に扶養義務を負う。〔8-19-1〕	○

×肢のヒトコト解説

1 子は直系血族にあたるので、当然に扶養義務が発生します。親権者かどうかは判断基準になりません。

2 普通養子をしても、元の血族の関係は残ります。そのため、ACは直系血族関係なので扶養義務があります。

3 CとEは、父は違いますが母が同じ兄弟姉妹になります。そのため、1項の扶養義務を負います。

これで到達！  合格ゾーン

☐ 離婚に際してAがA及びBの間の未成年の子Cの親権者と定められた場合、非親権者BのCに対する扶養義務は、消滅しない。〔21-22-エ〕

★離婚の際に一方を親権者として定めれば、他方は親権が失われますが、直系血族の関係は変わらないため、親子間の扶養義務（877 Ⅰ）も消滅しません。

☐ 要扶養者を現に扶養してきた扶養義務者が相当な扶養をしていない場合に、現扶養義務者の意思に反して、他の扶養義務者が要扶養者を引き取って扶養した場合、必ずしも当該他の扶養義務者が扶養料の全額を負担するわけではない（最判昭26.2.13）。〔17-22-ウ〕

★扶養義務という金銭の支払いは877条のルールに従って決まります。引き取って養っている者が全額支払うというルールではありません。

☐ 扶養を受ける権利は、処分することができない（881）。〔11-5-5〕

★扶養の条文は、被扶養者の生活を保護するための規定であり、一身専属権です。これは債権譲渡できない権利と扱われます。

☐ 要扶養者は、将来の扶養請求権を放棄することはできない（881、札幌高決昭43.12.19）が、既に弁済期が到来した扶養料請求権については、これを放棄することができる（通説）。〔17-22-イ〕

★債権として具体的に形成された後の扶養料請求権については、金銭債権の一種であり一身専属性はないため、処分禁止の対象にならないと考えられているからです。

MEMO

第11編 相続法

ここからは相続法を見ていきます。

① 相続人になるものは誰か（第1章）

② 相続の効果（包括承継とはどういうことか）（第2章）

③ 相続を受け入れるか、拒否するかの制度（第3章）

④ 相続のルールより、自分の意思で決めたい場合の遺言の制度（第4章）

⑤ 遺贈を多くされたときの、残された相続人たちの保護の制度（第5、6章）

こういったことを学習します。

～相続はおごそかなことであって、悪く企んではいけません～

第1章 相続人

ここは、相続人となれない事情である相続欠格と相続廃除の比較が重要です。制裁として相続人資格を当然に失わせる制度（相続欠格）と、被相続人の意思により相続人資格を失わせる制度（相続廃除）という観点で読んでいきましょう。

第1節 相続欠格

Point

本来なら相続人となれるはずの者について、相続させることが一般人の法感情に反するような事情がある時、法律上当然に相続人の資格を失わせる制度を相続欠格といい、その資格を失わせる事情を相続欠格事由という

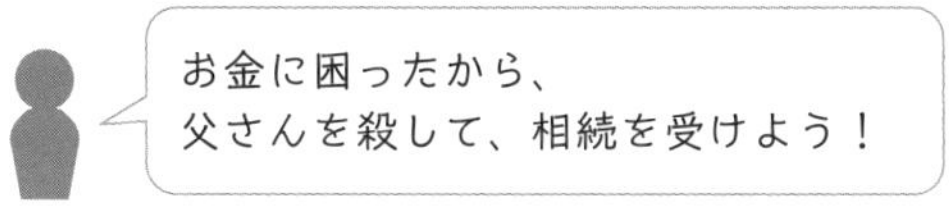

お金に困ったから、
父さんを殺して、相続を受けよう！

例えば子供が父親を殺しました。
その子供が父から相続を受けることは許されるものではありませんね。

このように、「相続で得しよう」と**悪さをしたものに対しては制裁を加えます。**
自動的に相続人となる資格を失わせるのです。
こういった制度を、「相続欠格」といいます。

ではどんなことをした場合に、自動的に相続人となる資格を失うのでしょうか。

> **891条（相続人の欠格事由）**
> 次に掲げる者は、相続人となることができない。
> ① 故意に被相続人又は相続について先順位若しくは同順位にある者を死亡するに至らせ、又は至らせようとしたために、刑に処せられた者

この条文のポイントは「故意」という言葉です。つまり**「殺そう」という意思が要る**ということです。

そしてもう1個は「至らせようとしたために」というのがポイントです。
殺せなくても相続欠格に当たり、相続人になれなくなります。

相続人の行為	欠格事由に該当するか
殺人未遂	○
殺人予備	○

殺人未遂というのは、殺人を失敗した場合を指し、殺人予備というのは、殺人の計画を立てたけど殺せなかった場合の犯罪です。どちらでも、欠格事由に当たります。

相続人の行為	欠格事由に該当するか
過失致死	×
傷害致死	×

過失致死というのは、殺すつもりはなかったが不注意で殺してしまった場合を指し、傷害致死というのは、ケガさせようと思ったら、死んでしまった場合の犯罪です。

これらは、**「殺そう」という殺人の故意がないので、欠格事由になりません**。

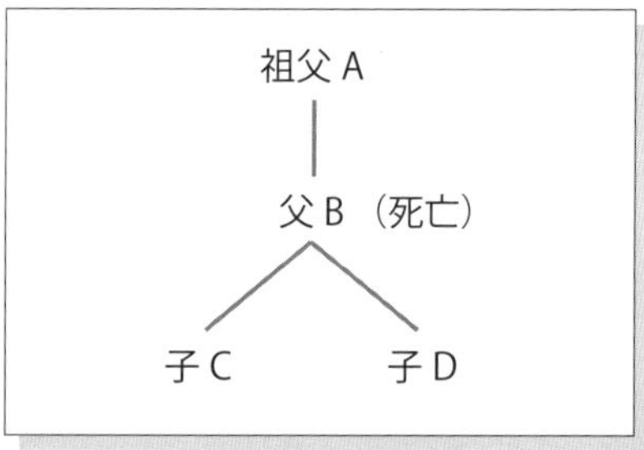

パターン①　CがBを殺害
→　Cは欠格事由に当たる

次のポイントは、誰を殺した場合に欠格事由になるかということです。

これはまさに「**被相続人を殺している**」ので、欠格事由に当たります。

パターン②　CがDを殺害 　　　　　　→　Cは欠格事由に当たる

自分の相続分を増やそうとして、自分の兄弟を殺しています。これは**「同順位の殺害」になる**ため、欠格事由に当たります。

パターン③　AがC及びDを殺害 　　　　　　→　Aは欠格事由に当たる

子供がいると、自分のところに相続が回ってこないため、殺してしまって自分が相続を受けようと考えたのでしょうか。

これは、**「先順位の殺害」になり**、欠格事由に当たります。

891条（相続人の欠格事由）
次に掲げる者は、相続人となることができない。
⑤　相続に関する被相続人の遺言書を偽造し、変造し、破棄し、又は隠匿した者

遺言書を書き換える、こういったことをした人にも制裁を加え、相続人資格を失わせます。

遺言書の破棄・隠匿における「二重の故意」の理論
相続人が相続に関する被相続人の遺言書を破棄又は隠匿した場合において、その行為が相続に関して不当な利益を目的とするものでなかったときは、欠格事由に当たらない。

兄が、自分に財産が全部やってくるという遺言書を発見しました。

兄は、これでは弟たちがかわいそうだと考え、遺言書を書き換えました。弟たちが相続を受けられるように、遺言書を書き換えたのです。

確かに遺言書を書き換えるという悪さをしています。

ですが、**自分が得をしようと思って悪さをしているわけではありません。**

そこで、これは制裁を科すべきではないため、判例は欠格事由に当たらないと処理しました。

欠格事由に当たるには、下記の2つの故意を要求するのが判例です。

・ **「遺言書を改ざんしよう」という故意**
・ **「自分が得をしよう」という故意**

今回の事例は「自分が得をしようという故意がないため、欠格事由に当たらないのです。

Point

受遺者としての資格も失う（965・891）
＝受遺能力を失う

例）父Aの相続について、子Bは相続欠格に該当している
　→　子Bは、父Aから相続することはできない
　　　　　父Aから遺贈を受けることもできない

相続欠格に当たれば、**相続が受けられないだけでなく、その人が遺言書を残していたとしても、遺贈を受けることもできません。**

これを「受遺能力を失う」と表現します。

第2節 推定相続人の廃除

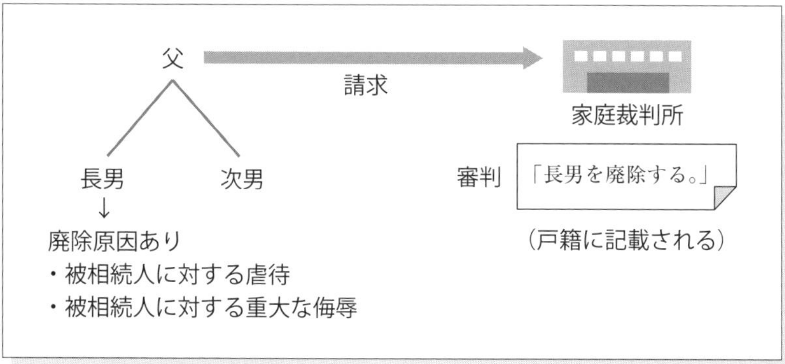

長男が父を虐待していたため、父は長男に相続させたくないと考えました。
このような場合は、父は、家庭裁判所に長男を廃除してくれと請求するのです。

それにより、家庭裁判所で審査をして、虐待が認められれば長男を廃除するという審判が出ます。この審判が出ると長男は相続人となれず、次男だけが相続するようになります。

このように虐待などがあって、相続をさせたくない者が、**家庭裁判所に請求して推定相続人から相続人資格を奪ってもらう**、これが「相続廃除」という制度です。

欠格と廃除を比較していきましょう。

覚えましょう

	相続欠格（891）	廃除（892～895）
対象者	相続人	遺留分を有する推定相続人

廃除の事例ですが、こんな面倒なことをしなくても、次男に全部遺贈すればいいじゃないかと思うかもしれません。

でも次男に全部遺贈してしまうと、長男から遺留分侵害額請求を受けてしまう可能性があります。

そのため、長男を廃除しておくのです。**廃除しておけば、もう相続人ではないので遺留分侵害額請求をすることができなくなります**。

一方、遺留分を持っていない人、例えば兄弟姉妹とか、遺留分を放棄した人しかいなければ、廃除などせずに、全財産を自分の好きな人・団体に遺贈すればいいでしょう。

廃除というのは、**「遺留分を持っている推定相続人」が遺留分侵害額請求できないようにするための制度**なのです。

覚えましょう

	相続欠格（891）	廃除（892 ～ 895）
方式	手続不要 （法律上当然に発生する）	①家庭裁判所に廃除の請求 a　生前廃除 b　遺言廃除 ②廃除の審判・調停

欠格は一定の行為をすれば、自動的に発生しますが、廃除は**家庭裁判所に請求して、家庭裁判所から審判を受けて、初めて廃除となります**。

ちなみに請求は、生きている時、生前にすることもできます。

ただ、生前に廃除手続をとったことが、長男にばれたらどうなるでしょう。

虐待が更にひどくなる可能性がありますね。

こういうおそれがある場合は生前にするのではなく、遺言書に書いておけばいいのです。

覚えましょう

	相続欠格（891）	廃除（892～895）
効果	①相続人資格の剥奪 ②受遺能力を失う（965）	被廃除者は、相続権を失う

受遺能力までは失わないというのがポイントです。

つまり、**廃除はするけど、その長男に遺言書を残して、幾ばくかの財産をあげるということはできます**。

覚えましょう

	相続欠格（891）	廃除（892～895）
取消し	×	廃除の取消請求可能

廃除については、長男が「父ちゃん、俺が悪かった。許してくれ」と改心したのであれば、父は「長男の廃除をなかったことにしてほしい」と廃除の取消しを家庭裁判所に申立てることができます。

一方、欠格に当たる行為をした場合については、その人を許して相続人資格を与えることはできません。

相続のルールを曲げたことにより、公益的な制裁を加えているので、個人の意思によって許すということは認めていないのです。

問題を解いて確認しよう

1	被相続人に対する傷害致死により刑に処せられた者は相続人となることはできないが、被相続人に対する殺人予備により刑に処せられた者は相続人となることができる。〔14-22-1〕	×
2	相続欠格の効果は相対的であるから、父に対する殺人により刑に処せられた者は、父の相続に関しては相続人となることはできないが、その配偶者であった母の相続に関しては相続人となることができる。〔14-22-2〕	×
3	相続に関する被相続人の遺言書を破棄した者であっても、当該破棄が相続に関して不当な利益を得ることを目的としたものでなかったときは、相続人となることができる。〔14-22-4〕	○
4	相続欠格の対象は、すべての推定相続人であるが、相続人の廃除の対象は、遺留分を有する推定相続人のみである。〔10-21-イ〕	○
5	相続欠格の効果は、一定の事由があれば、法律上当然に生ずるが、相続人の廃除の効果は、家庭裁判所の審判によって生ずる。〔10-21-ア（3-15-4）〕	○
6	相続欠格の場合には、被相続人は家庭裁判所にその取消しを請求することができないが、相続人の廃除の場合には、被相続人は家庭裁判所にその取消しを請求することができる。〔10-21-ウ〕	○
7	被相続人は、推定相続人である兄弟姉妹の廃除を請求することはできない。〔27-22-エ（令4-22-ウ）〕	○

×肢のヒトコト解説

1 「殺そう」という意思で準備をした以上、殺人の故意があります。そのため欠格事由にあたります。

2 母の相続のときには、父と子が相続人になるはずです。子は「同順位の相続人」を殺害したことになるので、母の相続も受けることができなくなります。

2周目はここまで押さえよう

◆欠格事由◆

1号	故意に被相続人又は相続について先順位もしくは同順位にある者を死亡するに至らせ、又は至らせようとしたために刑に処せられた者
2号	原則：被相続人の殺害されたことを知って、これを告発・告訴しなかった者 例外：①その者に是非の弁別がないとき、又は ②殺害者が自己の配偶者若しくは直系血族であったとき ③告訴・告発の必要がなくなったとき（大判昭7.11.4）
3号	詐欺又は強迫によって、被相続人が相続に関する遺言をし、撤回し、取り消し、又は変更することを妨げた者
4号	詐欺又は強迫によって、被相続人に相続に関する遺言をさせ、撤回させ、取り消させ、又は変更させた者
5号	相続に関する被相続人の遺言書を偽造し、変造し、破棄し、又は隠匿した者

欠格事由を、上の図表でまとめました。1号と5号は説明済みです。
2号を説明します。

殺害

A ━━━▶ Bの相続人C「Aが殺したのか…」

→告訴等をしない

→相続欠格

ある相続人は、自分の父が殺され、その犯人も知っていました。しかし、警察などに言わなかったのです。

この場合は、ある意味仇討ち（警察に告訴する）ということをせずに、相続の利益だけを受けるのは不当である、ということから通告しなかった相続人は欠格事由に該当します。

ただ、この殺したAが自分の子だった場合どうでしょう。

Bの相続人C「わが子をかばいたい…」

こうなるのは人間として当然でしょう。そこで、
殺害者が、自己の直系血族だった場合は欠格事由にならないとしています。
（他にも例外はありますが、まずはここを押さえてください）

直系血族の場合だけが例外なので、傍系血族が殺害して、告訴等をしなければ欠格事由になります。

次に、３号から５号について説明します。すべてに共通する点に「相続に関する遺言」があります。これはどういった内容の遺言のことでしょう。

該当例	非該当例
認知を遺言でする場合（781 II）	未成年後見人を指定する遺言（839）

ほとんどの遺言が、相続に関する遺言に該当します。

上の図のとおり、認知をすることによって、相続人が増えることから、「認知を遺言でする場合」も「相続に関する遺言」になります。

「相続に関する遺言」にならない例としては、「未成年後見人を指定する遺言」ぐらいを覚えておけばいいでしょう。

1	被相続人が自己の兄によって殺害されたことを知りながら、兄を告発しなかった者でも相続人となることができる。〔53-20-5（14-22-3）〕	×
2	強迫によって、被相続人が未成年後見人の指定に関する遺言をすることを妨げた者は、相続人となることはできない。〔オリジナル〕	×

第３節 代襲相続

Point

被相続人の死亡以前に、相続人となるべき者が死亡、相続欠格、廃除
→　その者の直系卑属が代わりに相続する

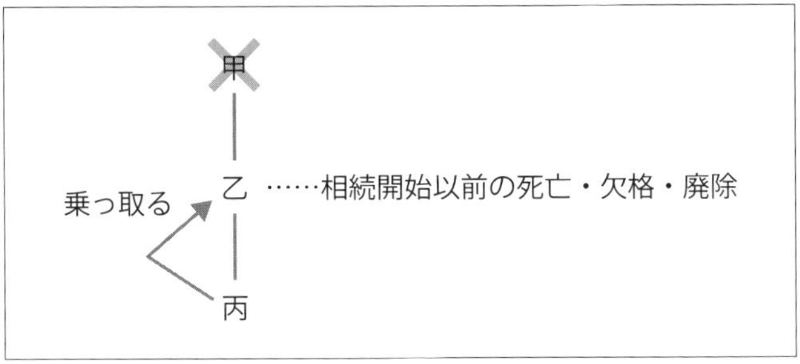

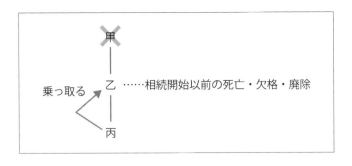

甲が死亡し、甲の財産が乙に降りようとしたのですが、乙が受け取れない状況でした。

例えば乙が先に死んでいるのであれば、包括承継を受けられません。

また、乙が相続欠格になっていたり、また廃除になっていたりする場合も、包括承継を受けられません。

こういった状況だった場合、乙の下に子丙がいれば、丙は、乙の地位を乗っ取って、甲から相続が受けられます。

「乙が受け取れない→子丙が、この地位を乗っ取って受け取る」

こういうのを「代襲相続」といいます。

ひとつ気を付けて欲しいのは、乙が受け取れない事情です。

乙が「死亡・欠格・廃除」で受け取れない場合、丙は乗っ取れますが、**乙が相続放棄をしているため受け取れない場合は、丙は乙の立場を乗っ取れません。**

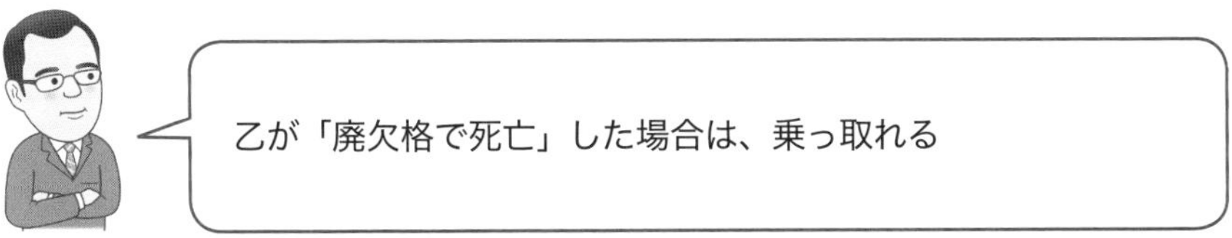

乙が「廃欠格で死亡」した場合は、乗っ取れる

こんなゴロで覚えるといいのではないでしょうか。

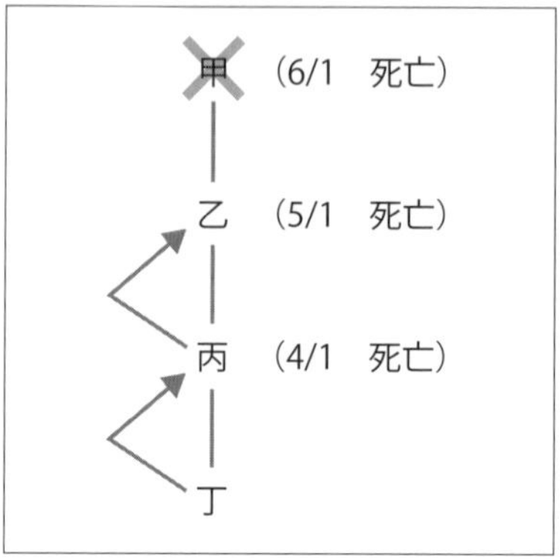

甲が死んで乙に降ろそうとしたら、乙の方が先に死んでいました。

丙が乗っ取るかと思いきや、丙も先に死んでいたのです。

この場合、その下の**丁が、丙の地位を乗っ取り、丁が乙の地位も乗っ取って、甲から包括承継を受けます**。

こういうのを「再代襲」といいます。

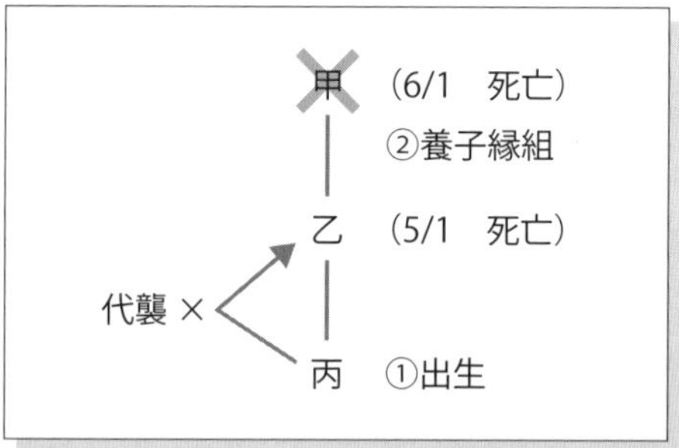

乙が丙という子を産んでいます。この後、乙が甲の養子になりました。

ここで甲が死亡して、乙が受け取れると思いきや、乙が先に死んでいたのです。

ここで丙が乙の地位を乗っ取って、甲から包括承継が受けられるかというと、受け取れません。

甲と丙の間には、法律上の血の繋がりがないからです。

日本の民法は、基本、**法律上の血の繋がりがなければ、相続が受けられないというルールにしています**。

養子縁組前の子供には、法律上の血の繋がりがないので、丙は甲から相続を受けることができないのです。

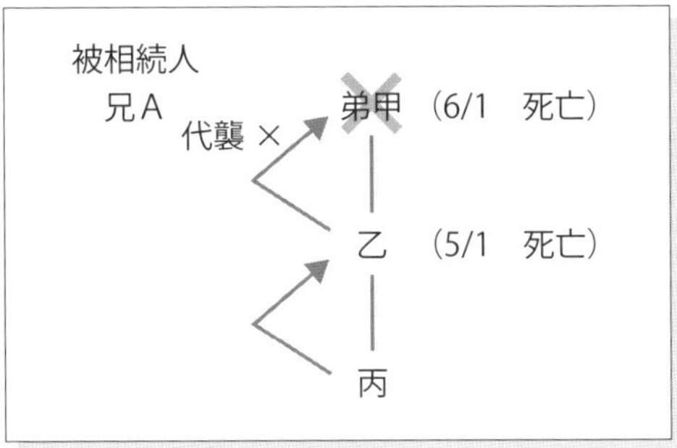

兄が死んで、相続人としては、兄弟しかいませんでした。

兄弟に包括承継させようと思いきや、弟の甲が先に死んでいました。

この場合、この甲に子供がいれば、この子供が、甲の地位を乗っ取って、受け取るということは可能です。

ただ、今回甲の子の乙が既に死んでいたのです。

この場合、この乙の下にいる丙が乙の地位を乗っ取って、代襲できるかというと、これができないのです。

再代襲という制度は、兄弟が受け取る場合には使えないからです。

代襲相続をさせるのは、生活を保障するためという趣旨からです。

兄弟の子供の生活は保証することはしても、その**孫の生活保障までする必要はない**のです。

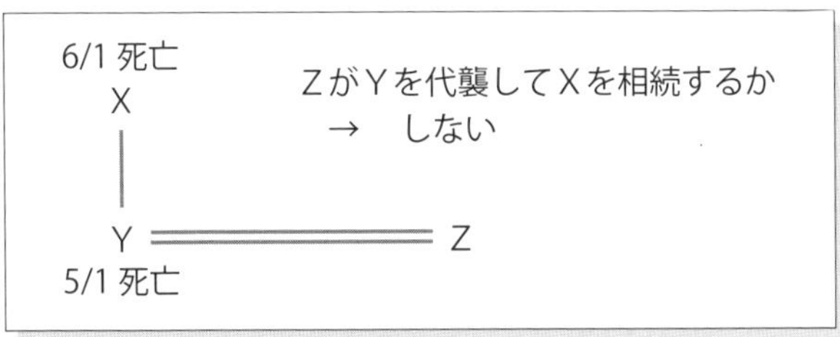

ＹがＺと結婚し、このＹの父親が死亡しました。Ｙが包括承継して受け取れると思いきや、Ｙが先に死んでいました。

ここで、ＺがＹの地位を乗っ取って、Ｘから包括承継を受け取れるでしょうか。

これはできませんね。

ＸとＺの間には、法律上の血の繋がりがないからです。

問題を解いて確認しよう

1	相続開始以前に子が死亡しているときは、その者の子は、代襲相続権を有しない。〔55-18-3（23-22-イ）〕	×
2	Ｂは被相続人Ａの実子であったが、ＡＢ両方とも死亡し、双方の死亡の前後が明らかでなかった。この場合、Ｂの実子であるＣがＢを代襲して相続人となる。〔8-21-ウ（2-6-4、17-23-オ）〕	○
3	Ｂは被相続人Ａの実子であり、Ｂは廃除により相続権を失った。この場合、Ｂの実子であるＣがＢを代襲して相続人となる。〔8-21-イ（23-22-ウ）〕	○
4	甲には妻乙との間の子丙があり、丙には妻丁と丁との間の子戊がいる。甲の死亡により相続が開始した。丙が相続を放棄した場合、戊は甲の相続人とならない。〔2-6-2（8-21-ア、23-22-エ）〕	○
5	Ａには実子Ｂ及びＣ並びに養子Ｄが、Ｂには実子Ｅ、Ｃには養子Ｆ、Ｄには実子Ｇが、さらに、Ｅには実子Ｈがいる。Ａ、Ｂ、Ｅ及びＦが死亡した後にＣが死亡したときは、Ｈは、Ｅ及びＢを代襲し、Ｃの財産は、Ｈ及びＤが相続する。〔14-21-オ（23-22-オ）〕	×

×肢のヒトコト解説

1　死亡した場合は、直系卑属は代襲できます。

5　本来は、Ｃの兄弟姉妹であるＢが相続を受けるところ先に死亡しています。そのため、Ｂの直系卑属Ｅは代襲できます。ただ、そのＥが死亡している場合にはその直系卑属が代襲することはできません。兄弟姉妹のケースでは再代襲を認めないのです。

第2章 相続の効力

第1節　相続の効力総説　第2節　相続分　第3節　遺産分割
この3つの節があり、それぞれ学習のスタンスとしては
第1節　理解中心
第2節　計算ができるようにする
第3節　理解と記憶をメインにする
ことをお勧めします。

第1節 相続の効力総説

Point

可分債権・可分債務
→　当然に相続分に応じて承継される（遺産分割不要）
現金・預金債権
→　相続人の共有になる（遺産分割が必要）

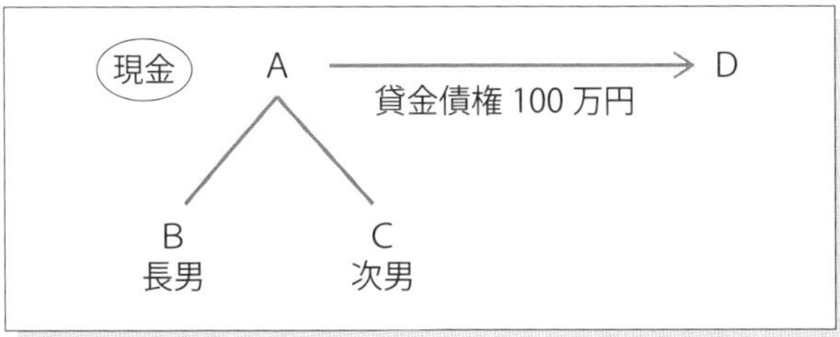

Aが死ぬことによって、貸金債権はBとCのところに降りていきます。

債権を二人で持っている状態ですから、すぐに割れて、相続開始時に一人50万円ずつの債権を持つことになります。

この事例、今の貸金債権について、遺産分割をする必要はありません。

もう一人ひとりのものになっているのですから、これ以上遺産分割で話し合う必要はないからです。

一方、Aがタンス預金として現金を残していました。
Aが死ぬと、現金が降りてきますが、**現金は、自動的に割れるなんてことはありませんね。この現金は相続人二人の共有になります。**

この共有は、後々遺産分割で解消します。
つまり、遺産分割が成立するまでは、自分に50万円よこせ、なんてことは言えないのです。

では、なぜ遺産分割をするまで共同所有にしたのでしょうか。

これは、**遺産分割での過不足の調整のため**なのです。
遺産分割で、被相続人の財産が分配されますが、綺麗に2分の1ずつ分配するなんて普通できません。
例えば、甲土地は長男、乙土地は次男がもらうとしたとしても、2つの土地が全く同じ値段なんてことはないわけです。どうしたって差が出るんですよ。
その差を現金で埋めなさいとしているのです。

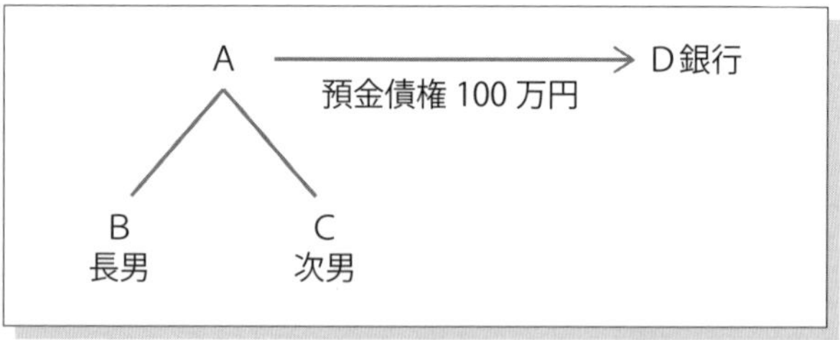

では、父親が預金を残していた場合はどうでしょうか。
預金というのは確かに債権です。
そう考えれば、BとCに降りた瞬間、2つに割れるとも考えられます。

ただ、預金というのは、請求すれば、まず取れるものですよね。
銀行が「ちょっと苦しいから払えない」なんてことはありません。

請求すれば、絶対引き出せる、つまり、**形式上は債権だけど、事実上現金と変わらない**のです。

結局、預金債権は現金と同じ処理になり、「降りても割れない、共同所有状態になり、遺産分割で処理を決める」ことになります。

	財産法上の権利義務	身分法上の権利義務
原則	相続の対象となる	相続の対象とはならない
例外	被相続人の一身に専属したものは承継しない(896但書)	身分法上の権利義務であっても、財産権的色彩の強いものは相続人に承継されうる
例外の具体例	①定期贈与の当事者の地位(552) ②使用貸借の借主の地位(597 Ⅲ) ③委任契約の当事者の地位(653①) ④代理における本人・代理人の地位(111 Ⅰ) ⑤組合員の地位(679①)	①すでに具体的に発生している扶養料請求権 ②相続の承認・放棄をする権利(916参照) ③遺留分侵害額請求権(1046)

被相続人が持っているありとあらゆる権利が降りてくるわけではありません。

一身専属の権利、**その人だから得られた権利義務は降りずに消滅する**ことになります。

財産法上の権利は、「**原則　相続される、例外　相続されない**」となっています。

一方、**身分法上の権利は基本一身専属権**です。ただ、ものによっては相続される権利もあります。

例外に載っている権利は、積極的に覚えるようにしてください。

問題を解いて確認しよう

1	複数の者が連帯して金銭債務を負っている場合において、債務者の一人が死亡して、その債務者について複数の者が相続をしたときは、当該金銭債務の債権者は、共同相続人の一人に対して当該金銭債務の全額の支払を請求することができる。〔22-23-ア〕	×
2	甲土地を所有していたAが死亡し、Aの嫡出子B、C及びDが甲土地を相続した。その後、B、C及びDの全員が合意して、遺産分割前に甲土地をEに6,000万円で売却した。この場合、Bは、遺産分割をすることなく、Eに対し、2,000万円の支払を請求することができる。〔17-24-イ〕	○

3	Aが死亡し、Aの法定相続人が妻B、子C及び子Dのみである場合、Aの遺産である現金については、遺産分割を待つことなく、Bが2分の1、C及びDが各4分の1を取得する。〔21-23-ア〕	×
4	共同相続人の一人が遺産である現金を相続開始時に保管していたときは、他の共同相続人は、遺産の分割前であっても、当該現金を保管していた共同相続人に対し、当該現金の額に自己の相続分を乗じた額の金銭の支払を請求することができる。〔30-22-イ〕	×
5	共同相続された普通預金債権は、相続開始と同時に当然に各共同相続人が相続分に応じて分割取得し、遺産分割の対象とならない。〔オリジナル〕	×

×肢のヒトコト解説

1　金銭債務が降りてきているので、分割されます。そのため、全額の支払を請求することはできません。

3,4　現金は分割されず、遺産分割するまで請求できません。

5　預金債権は、現金と同じ扱いになります。

これで到達！　合格ゾーン

□ Aの遺産である株式について、B及びCは、Aの相続開始により、2分の1ずつの割合で当該株式の持分を分割して取得することにはならない。当該株式は、すべて共同所有状態になり、遺産分割の対象となる（最判平26.2.25）。〔令3-22-オ〕

★100株残して死亡した場合でも、BCが50株ずつ取得するのではなく、すべてBCの共有扱いとして、遺産分割で分配することになります。

2周目はここまで押さえよう

共同相続財産である不動産から生ずる賃料債権の帰属はどうなるか。		
大家A　相続人甲乙丙 ↓賃料債権 賃借人B	論点1 相続後発生する法定果実たる賃料債権は分割されるか	各共同相続人がその相続分に応じて分割単独債権として確定的に取得する
	論点2 その後、遺産分割された場合の遡及効によってその債権の帰属は影響を受けるか	当該賃料債権の帰属は、後にされた遺産分割の影響を受けない

貸家を持っていた父が死亡して、相続人は数人いたのですが、誰が貸家の所有権を引き継ぐかでもめています。

その揉めている間にも、今の住人に対しての賃料債権は発生します。その債権は、相続人３人が承継するので、すぐに３本に割れます。

そして、数年後に甲が引き継ぐことが遺産分割でまとまりました。

遺産分割には遡及効があるので、
相続開始時から、甲が相続人だった。
→相続開始時から、甲が賃貸人だった。
→相続開始時からの賃料債権は甲が取得すべき。
となってしまうのでしょうか。

これを認めると、今まで乙丙に払っていたBにかなり酷な結果になります（払い直しになる）。

そこで、「賃料債権の帰属は、後にされた遺産分割の影響を受けない」という判例がでました。

☑ 1	遺産である賃貸不動産から生じた相続開始から遺産分割協議の成立までの間の賃料債権は、遺産分割によって当該賃貸不動産を取得した者に帰属する。〔25-9-エ〕	×

2	AがA所有の建物をBに賃貸している場合において、Aが死亡し、子Cが遺産分割により同建物を取得したときは、Cのみが、A死亡時からのBに対する賃料請求権を取得し、共同相続人Dは、当該賃料請求権について、権利を有しない。〔21-23-オ〕	×

これで到達！　合格ゾーン

□ Aは、乙建物を所有し、子Bと同居していた。その後、Aが死亡し、Aの子B、C及びDが乙建物を相続した。この場合、C及びDはBに対し、乙建物の明渡しを請求することができない。〔17-24-オ〕

★「共同相続人の一人が相続開始前から被相続人の許諾を得て遺産である建物に被相続人と同居していた場合、被相続人の死亡から少なくとも遺産分割終了までの間は、被相続人の地位を承継した他の相続人を貸主、同居の相続人を借主とした建物の使用貸借契約が成立したものと推認され、他の相続人は、遺産分割前に建物の明渡しを請求することはできない」という判例があります（最判平8.12.17）。遺産分割までは同居の相続人に建物全部の使用権限を与えて相続開始前と同一の態様における無償による使用を認めることが、被相続人及び同居の相続人の通常の意思と考えられるからです。

第2節　相続分

覚えましょう

配偶者以外の相続人		配偶者
第1順位　子	2分の1	2分の1
第2順位　直系尊属	3分の1	3分の2
第3順位　兄弟姉妹	4分の1	4分の3

「誰が相続を受けて、どれだけ相続分が受けられるか」
の基本系が上の表に載っています。この応用をいくつか説明します。
次の図を見てください。

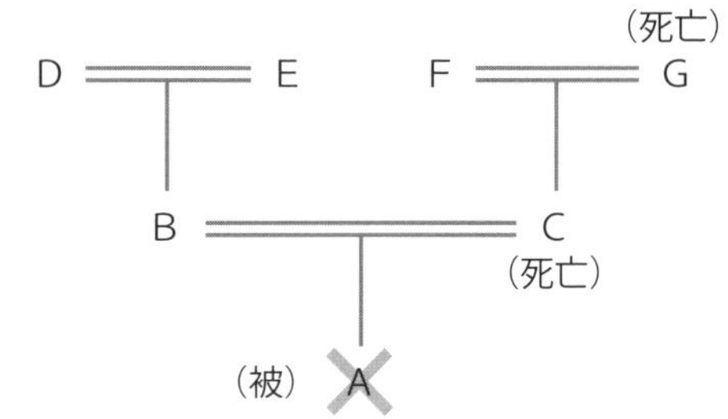

直系尊属の中では親等の近い者が優先する(889 I ①)

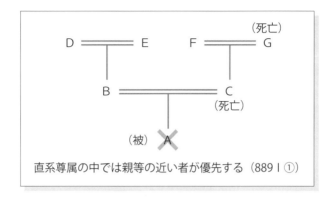

Aには、配偶者、そして子供もいなく、相続人は上にいる直系尊属だけでした。
直系尊属は何人かいますが、全員が受け取れるわけではありません。
親等が近い人がもらってしまいます。

前ページの図だと、Aから親等が近いのは、一親等であるBです。
そのため、Aの相続分はBが全部もらっておしまいです。

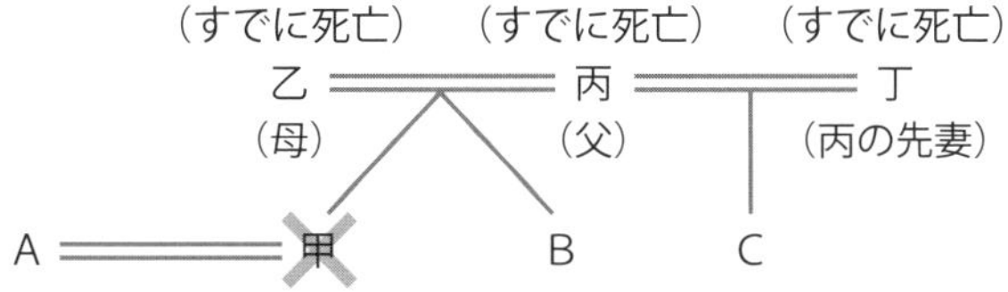

配偶者A	3/4
父母の双方を同じくするB	2/12
父母の一方を同じくするC	1/12

甲の相続を考えます。甲には兄弟として、BとCがいます。
相続財産を兄弟がもらうケースは、父母が一緒かどうかを見てください。

父母が全く同じ者と、父母の片方だけが同じ者では、**2倍の差がつきます**。

上の事例では、Bと甲は父母の両方が同じですが、甲とCは父親しか同じではありません。この場合、BとCには相続分で倍の差が出ます。

以上が、法定相続分と呼ばれるルールで、「条文で決めた」相続分になります。
実は、相続分は被相続人が決めておくことができます。

> **遺言**
>
> 自分が死んだ場合、
> 長男の相続分を　３分の２
> 次男の相続分を　３分の１とする

このように、被相続人が指定した相続分を指定相続分といいます（この指定は、**口頭ですることはできず、遺言に書かないとできません**）。

> **902条の2（相続分の指定がある場合の債権者の権利の行使）**
> 被相続人が相続開始の時において有した債務の債権者は、前条の規定による相続分の指定がされた場合であっても、各共同相続人に対し、第900条及び第901条の規定により算定した相続分に応じてその権利を行使することができる。ただし、その債権者が共同相続人の一人に対してその指定された相続分に応じた債務の承継を承認したときは、この限りでない。

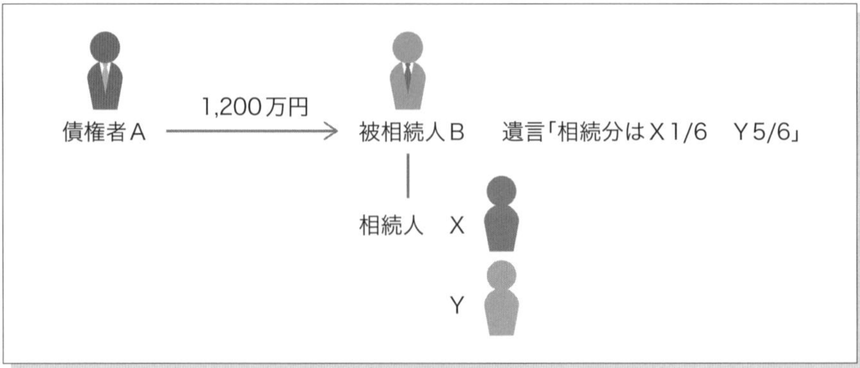

AがBにお金を貸していましたが、Bが払わないまま死亡しました。
Aは、相続人XYにいくらずつ請求できるのでしょうか。

本来は、XYの相続分は2分の1ずつなので、600万円ずつ請求することになりそうですが、被相続人が相続分を指定する遺言を残しています。
これに従えば、Xに対して200万円、Yに対して1,000万円の請求になるはずです。

ここで、Yが無資力だったらどうなるでしょう。
Aは1,000万円を取りっぱぐれてしまいます。
そのため、**原則としてXYには法定相続分通り2分の1ずつ請求できることに**しました。

ただ、Bの相続財産がかなり潤沢で、Yがその6分の5も承継するという事態だったらどうでしょう。

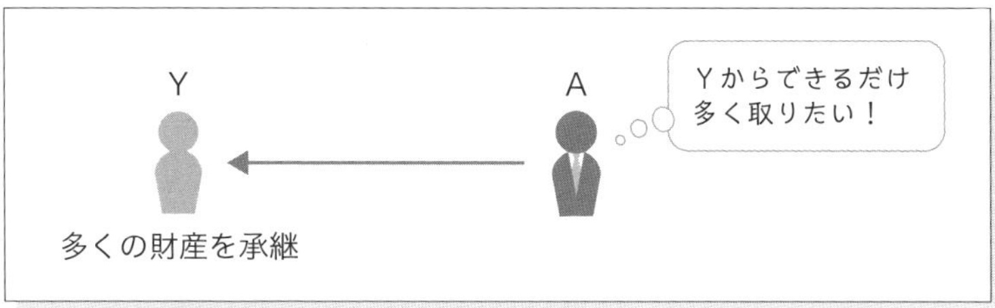

この場合は、**Aは指定相続分を認めてYに1,000万円請求できます**。
結局、債権者Aが回収しやすい方を選べるのです。

問題を解いて確認しよう

1	特定遺贈を受けた相続人は、その遺贈価額が全相続財産中に占める割合に応じて相続債務を承継し、相続分の指定を受けた相続人は、指定された割合に応じて相続債務を承継する。〔5-20-5〕	×
2	遺言により相続分の指定がされている場合であっても、被相続人の債権者は、法定相続人に対し、法定相続分に従った相続債務の履行を求めることができる。〔オリジナル〕	○

×肢のヒトコト解説

1　特定遺贈の場合は包括遺贈の場合と異なり、相続債務を承継するものではありません。

この相続分の話ですが、修正が入るケースがあります。
次の図を見てください。

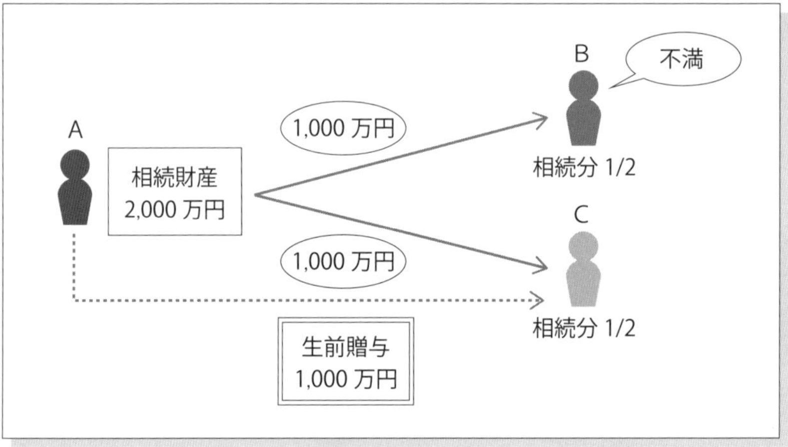

Cの方がかわいかったのでしょうか、Aは死ぬ前に、Cに1,000万円渡していました。
死んだ時点で、Aには2,000万円の財産があったので、これをBとCに1,000万円ずつ分配することになります。

ただ、生前の贈与にBが気付きました。
これで**1,000万円しかもらえないのではBとしては納得できません**。

このような**生前の贈与があったら相続分は修正されます**。
これが「特別受益」という制度です。

具体的にどう修正されるかを見てみます。

《計算方法》

①みなし相続財産を計算する

2,000 万円＋1,000 万円

②みなし相続財産に法定相続分をかける

B　1,500 万円（確定）　　C　1,500 万円

③特別受益者については、特別受益額を控除する

C　1,500 万円－1,000 万円＝500 万円

まず、**本来いくらで相続財産の計算を始めるべきだったか**、ということを考えます。

今回の事例では、生前贈与がなかったら、本来3,000万円で相続財産の計算を始めるべきだったのです。

もし**相続財産3,000万円で計算すべきだったら、BとCはどれだけもらうべき**でしょうか。

BC、それぞれ1,500万円ずつもらうべきです。

したがって、Bは、相続財産2,000万円から、1,500万円もらうことになります。そして、Cは相続財産の残り500万円をもらうだけとなります（生前に1,000万円もらっているので、トータルで1,500万円となります）。

では今の計算式に従ってもう1つ事例をやってみましょう。

次の図を見てください。

前記の事例で、生前贈与が 8,000 万円の場合

①みなし相続財産を計算する

2,000 万円＋8,000 万円

②みなし相続財産に法定相続分をかける

B　5,000 万円　　C　5,000 万円

③特別受益者については、特別受益額を控除する

5,000 万円－8,000 万円

本来は１億円で相続財産の計算を始めるべきで、Bが半分の5,000万円もらうべきでした。

ただ5,000万円もらいたくても、相続財産は2,000万円しかありませんから2,000万円しかとれません。

ただ、**足りない分をCは払う必要はありません。**

特別受益は、今の相続財産の調整をする制度であって、新たな支出を伴う制度ではないのです。

結局このケースでは、Bは2,000万円もらっておしまいです。

相続分を超える贈与を受けた場合の処理

特別受益者は、

①　返す必要はない

②　これ以上権利はもらえない

③　被相続人に義務があれば、それは承継する

相続分を超える贈与をもらっていた場合、これ以上何ももらえませんし、もらったものを返還する必要もありません。

特別受益者は、これ以上権利は承継しませんが、義務は承継します。

（これで**義務まで承継しないとなったら、相当不公平です。**）

特別受益者に該当しても、相続人であることは変わらないことに注意をしてください。

問題を解いて確認しよう

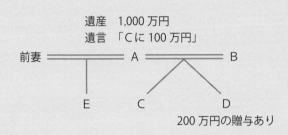

遺産　1,000 万円
遺言　「Cに 100 万円」

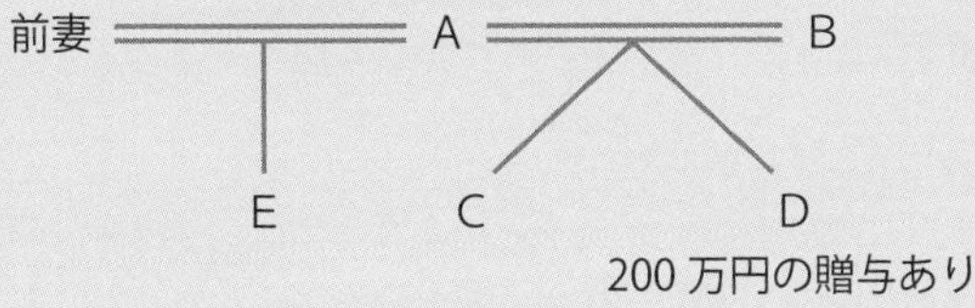

Aは、Bと婚姻をし、Bとの間にC及びDが生まれた。Aには、ほかに前妻との間に生まれたEがいる。Aは、Dに対し、Dが独立して商売を始めるための資金として200万円を贈与した後、死亡した。Aは、Cに対して100万円を遺贈する旨の遺言を残していた。〔24-23改題〕

1	Bの相続分はいくらか	600万円
2	Cの相続分はいくらか	100万円
3	Dの相続分はいくらか	なし
4	Eの相続分はいくらか	200万円

ヒトコト解説

1　B：1,200 × 2分の1 = 600万円

2　C：（1,200 × 6分の1） − 100 = 100万円

3　D：（1,200 × 6分の1） − 200 = 0であるから、Dは相続分を受けることはできない。

4　E：1,200 × 6分の1 = 200万円

これで到達！ 合格ゾーン

□ 特別受益の有無又は価額について共同相続人間の協議が調わないときであっても、相続人は、家庭裁判所に特別受益を定めるよう請求することはできない。
〔10-22-エ〕

★特別受益があれば、当然に相続分が修正されてしまいます（寄与分が相続人間の協議・審判によってはじめて形成されるのとは異なります）。

□ 被相続人は遺言によって、特別受益の持戻しを免除することができる（903Ⅲ）。
〔10-22-オ〕

★特別受益によって、相続分が減るというルールは、被相続人の意思を推測したものとされていて、被相続人が「相続分を減らしたくない」と意思を表しているときは、その意思を尊重することにしています。

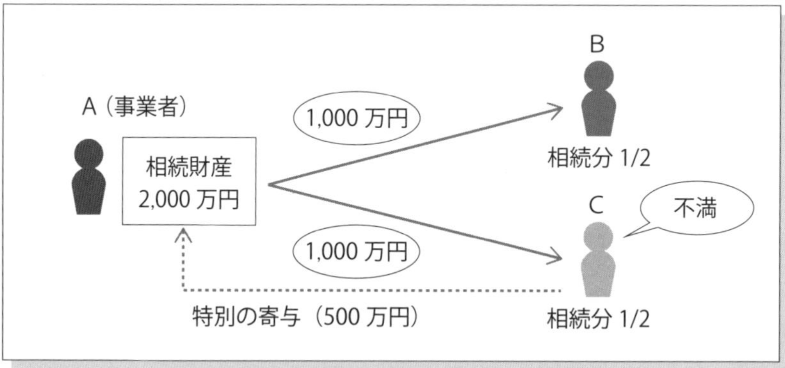

Aが事業者で、この事業をCが手伝っていました。
その結果、相続財産2,000万円のうち、500万円はCのおかげで増えました。

ここで2,000万円を、2分の1ずつ割り振ったら、Cは不満を持つでしょう。
このように、**相続財産を増やすことに頑張ったことを「特別の寄与」といい、頑張った人の相続分は増える方向で修正します。**

では、どれぐらい増えるかを見ていきましょう。

《計算方法》

①相続財産から、寄与分を控除して、みなし相続財産を計算する

2,000 万円－500 万円

②みなし相続財産に法定相続分をかける

B　750 万円（確定）
C　750 万円

③寄与分権者については、寄与分を加算する

C　750 万円　＋ 500 万円 ＝1,250 万円（確定）
（②の計算結果）

頑張った分を横において、それ以外を分配するのです。

2,000万円から500万円は横に置いておき、1,500万円の状態にして、まず分配します。

Bはこれで決まりです。

Cは、半分の750万円もらった上で、横に置いておいた、頑張った500万円分をもらうことになり、それで結局トータル1,250万円となります。

これが寄与分の場合の計算方法です。

頑張った部分を横に置く
→分配する
→最後横に置いていたものを渡す

こんなイメージで押さえておきましょう。

問題を解いて確認しよう

1	Aには配偶者B、嫡出子C及びGが存在した場合において、Aの死亡後、相続人間においてGの寄与分の額を6,000万円とする合意が成立した。Aが1億2,000万円の財産のみを残して死亡した場合のGの相続額を述べよ。〔オリジナル〕	7,500万円

第3節 遺産分割

亡くなった人の相続人が共同所有している相続財産は、遺産分割という手続をとって、各人、一人ひとりの所有にしていきます。

> **907条（遺産の分割の協議又は審判等）**
> 1　共同相続人は、次条の規定により被相続人が遺言で禁じた場合を除き、いつでも、その協議で、遺産の全部又は一部の分割をすることができる。

この907条という条文から、いつ遺産分割ができるかが読み取れます。
「いつでも」と言っているのです。
四十九日が終わってから、とかいう縛りはありません。

また何年までにしなきゃいけない、という縛りもありません。
遺産分割は、原則として、いつでも可能です。

ただし、「遺産分割するな」と禁じていた場合は別です。
それが908条という条文です。

> **908条（遺産の分割の方法の指定及び遺産の分割の禁止）**
> 被相続人は、遺言で、遺産の分割の方法を定め、若しくはこれを定めることを第三者に委託し、又は相続開始の時から5年を超えない期間を定めて、遺産の分割を禁ずることができる。

ここでのポイントは、**最長で5年間**ダメと言えるという点と、**遺言書に書かな**

いとできない（口頭ではＮＧ）という点です。

覚えましょう

遺産分割協議には、共同相続人全員が参加しなければならない。
一部の相続人を除外してなされた協議は、原則として、無効であり、除外された相続人は他の相続人に対して再分割を請求することができる。

遺産分割というのは、みんなが参加して、みんなの合意がなければ成立しません。多数決で決めるものではなく、**全員の合意が必要**です。

「兄貴がいると揉めるから、兄貴を除いて遺産分割をしよう」と、相続人を一人除いて遺産分割をしても、その遺産分割は無効です。

そのため、

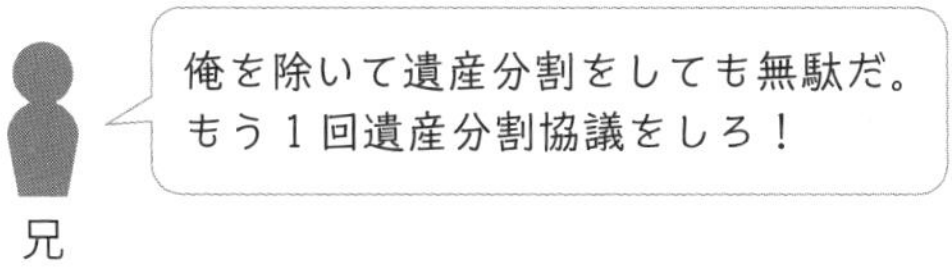

俺を除いて遺産分割をしても無駄だ。
もう１回遺産分割協議をしろ！
兄

と再分割の請求ができます。

今のルールには、重大な例外があります。

910条（相続の開始後に認知された者の価額の支払請求権）
相続の開始後認知によって相続人となった者が遺産の分割を請求しようとする場合において、他の共同相続人が既にその分割その他の処分をしたときは、価額のみによる支払の請求権を有する。

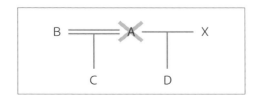

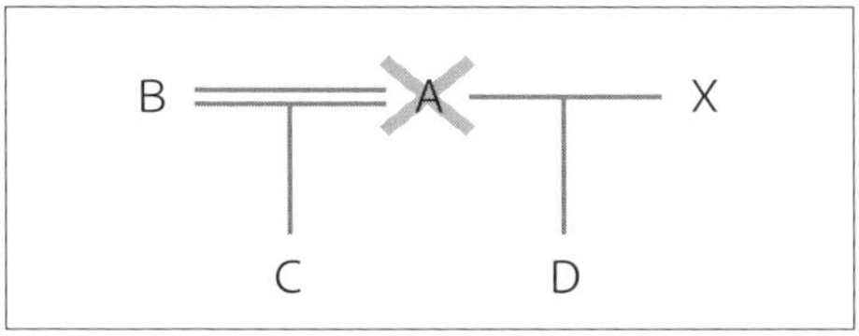

Aには、Bという奥さんがいて、Cという子供がいました。

ただ、Aは結婚していないXという女性との間にDという子がいて、このDを、Aは認知していません。そのため、AD間には、父子関係という血の繋がりがありません。

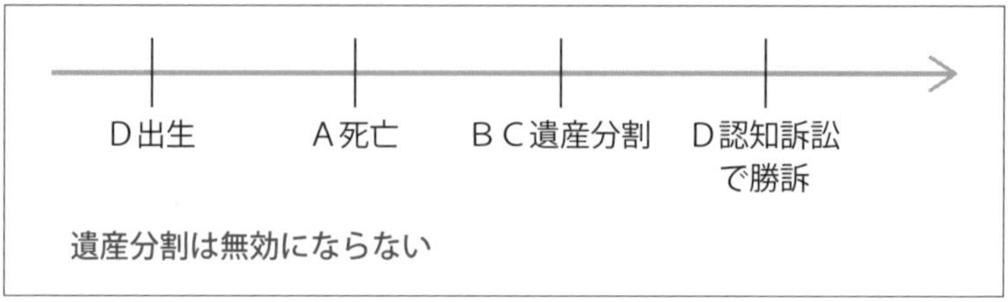

Aが死んだ時点での相続人は、BとCです。

この時点ではDは相続人ではありません（認知がないためです）。

その後、BとCが遺産分割協議をしました。

これは、この時点での**相続人全員でやっているため、問題ありません**。

その後になって、Dが認知の訴えを起こしました（強制認知の訴えは、死亡後は3年までできます）。ここで認知が認められました。

すると、いつから父子関係が生まれるのでしょうか。

認知には遡及効があります。

生まれた時点で父子関係があったということになるのです。

結局、相続人は、初めからBCD3人だったということになります。

そのため、

BとCの2人でやった遺産分割は無効

⇒　もう1回分割しろと請求できそうに思われます。

ただ、これでは**BCに不意打ちになり、大迷惑がかかります**。

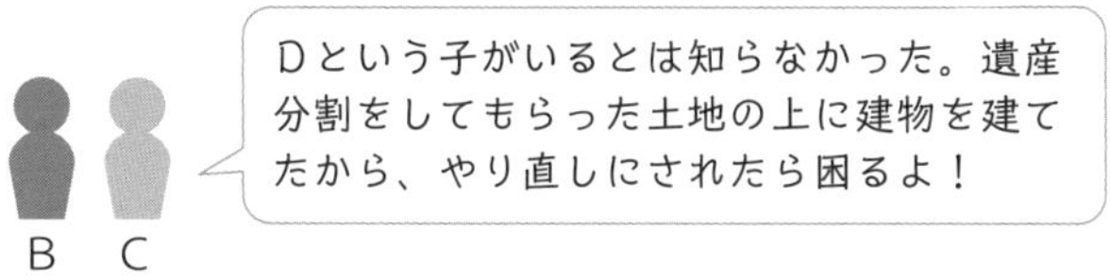

Dという子がいるとは知らなかった。遺産分割をしてもらった土地の上に建物を建てたから、やり直しにされたら困るよ！
B
C

そこで、**民法は「遺産分割　⇒　認知」というケースについては、BとCの保護のために再分割は請求できない、お金を払えと請求できるのみ**としたのです。

> **遺産分割**
>
> 甲土地は長男Aが相続する
> 乙土地は二男Bが相続する
> 長男Aは三男Cに対して、300万円給付すること
>
> → AがCに履行しない
> → Cが遺産分割を債務不履行による解除する　×

上記のように、遺産分割に伴って相続人同士で金品のやり取りをすることがあります。

相続財産は甲土地・乙土地しかないので、ABはそれぞれもらえるけど、何ももらえないCには、高額な甲土地をもらったAがお金を払う、という状態です。

ここで、AがCに300万円を払わなかった場合、**Cは遺産分割そのものを解除することはできません**。

確かにCはかわいそうな気がします。
でもここで債務不履行による解除を認めると、Bがとばっちりを受けます。
AとCのトラブルに巻き込まれて、Bが迷惑を受けるのです。
そのため、債務不履行による解除というのは、認めません。

> 遺産分割成立
> →　相続人全員で合意解除する　〇

前のケースでいうと、ＡＢＣみんなでやり直そうと合意した場合です。

みんなで合意したのであれば、誰にも迷惑はかからないため、合意解除は認められます。

問題文で「解除ができますか」と問われた時は、それが債務不履行を理由にしているのか、みんなの合意があったのかを見抜くようにしてください。

問題を解いて確認しよう

1　Ａが、婚姻関係にないＢとの間に子Ｃをもうけた後に死亡した場合、Ａの相続人である妻ＤとＡＤ間の子Ｅとの間で遺産分割協議が成立したが、Ａの死亡後にＣが提起した認知の訴えにより父子関係が確定したときには、ＤＥ間の遺産分割は効力を失う。〔オリジナル〕　×

2　共同相続人Ａ・Ｂ間に遺産分割の協議が成立した場合、Ａがその協議により負担した債務をＢに履行しないときであっても、Ｂは、債務不履行を理由としてその協議を解除することはできない。〔11-22-オ（7-21-イ、15-23-オ、23-23-エ）〕　○

3　共同相続人間にいったん遺産分割協議が成立した場合、共同相続人は、その協議を合意解除して新たな遺産分割協議を成立させることはできない。〔11-22-エ（7-21-イ、23-23-エ）〕　×

×肢のヒトコト解説

1　遺産分割の後の認知なので、遺産分割は有効です。

3　遺産分割の解除は、債務不履行解除はＮＧですが、合意解除ならＯＫです。

2周目はここまで押さえよう

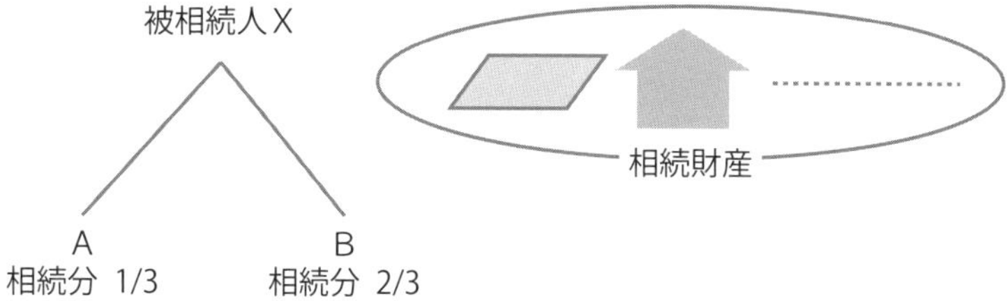

Xが死亡して、相続が開始されました。
Aが相続分3分の1、Bが相続分3分の2という状態です。

Aの相続分3分の1というのは、Xのすべての財産について3分の1の権利を持っていることを指します。

例えば、Xの所有するある土地はA3分の1、B3分の2の状態になりますが、これは、共同所有形態の中の共有という扱いになります。
共有という扱いであれば、その土地についてだけ共有物分割ができるのでしょうか。

> **258条の2**
> 1　共有物の全部又はその持分が相続財産に属する場合において、共同相続人間で当該共有物の全部又はその持分について遺産の分割をすべきときは、当該共有物又はその持分について前条の規定による分割をすることができない。
> 2　共有物の持分が相続財産に属する場合において、相続開始の時から10年を経過したときは、前項の規定にかかわらず、相続財産に属する共有物の持分について前条の規定による分割をすることができる。(一部省略)

上記の条文から、共有物分割は禁じられ、遺産分割で処理することになります（そのため、他の共有者は共有物分割請求をすることはできません）。
ただ、いつまでたっても共有状態が続いては困るので、相続開始後10年後であれば、共有物分割は可能になっています。

ちなみに、共有物分割か遺産分割かで何が異なるのでしょう。

共有物分割→その物だけの協議・地方裁判所（公開）
遺産分割→遺産全体の協議・家庭裁判所（非公開）

上記のとおり、協議する対象が違いますし、もめた場合の裁判手続が異なってきます。また、遺産分割だと、寄与分や特別受益の判断も必要となるなど、審理の対象が広がる傾向があります。

共有物分割か、遺産分割になるかでもめる事案は他にもあります。

事例	処理
ＢからＣへ、「遺産の一部、甲土地の持分」2/3の譲渡があった場合	ＣはＡに対して、共有物分割の手続を請求することができる
ＢからＣへ、「相続分」2/3の譲渡があった場合	ＣはＡに対して、遺産分割の手続を請求することができる

Ｃが利害を持っているものを考えましょう。
「甲土地の持分」2/3のみ譲り受けたのであれば、甲土地にしか利害を持っていません。そのため、Ｃが求めるのは共有物分割になります。

一方、「相続分」2/3を譲り受けたのであれば、遺産全体に利害を持っているため、Ｃが求めるのは遺産分割になります。

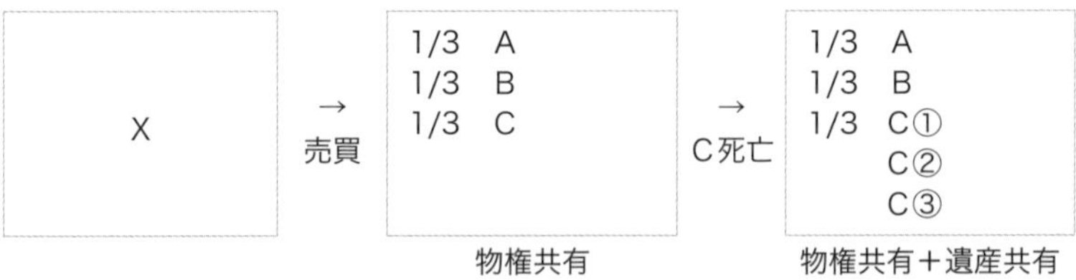

上記のようにＸからＡＢＣが買って共有になったあと（物権共有です）、Ｃが死亡して、Ｃの持分をＣ①Ｃ②Ｃ③が引き継ぎました（この部分は、遺産共有です）。
全体が遺産共有であるとはいえない状態なので、分割手続としては、遺産分割を使えず、共有物分割の手続を用いることになります。

ただし、共同相続人の有する持分は遺産共有なので、遺産分割によって分割することになります。

結局、2段階の手続を踏むことになります。
まずは、5人が集まった共有物分割の中で、C①～C③が得られる財産を決め、次の手続として、C①～C③が遺産分割によって分割するという流れです。
(そのため、Aが求める分割手続は共有物分割になります)

☑ 1	A、B及びCが父親Xから甲土地を共同相続した(相続分は平等であり、遺産分割協議は未了である。)。この場合において、A、B及びCの間で甲土地の分割について協議が調わない場合に、甲土地の共有関係を解消するためには、家庭裁判所に対して遺産分割を請求すべきであり、地方裁判所に対して共有物分割請求の訴えを提起しても、その訴えは、不適法である。〔17-10-イ〕	○
2	共同相続人の一人から遺産である特定の不動産についての共有持分を譲り受けた第三者が共有関係を解消しようとする場合において、他の共同相続人との間で協議が調わないときは、遺産の分割ではなく、共有物の分割を裁判所に請求する必要がある。〔30-22-エ〕	○
3	相続開始後遺産分割前に共同相続人Aから相続財産中の甲不動産についてのAの権利を第三者Bが譲り受けた場合、Bは、遺産分割の手続を経ることなく、共同相続人に対して共有物分割の請求をすることができる。〔11-22-ウ(15-23-ア、17-24-ウ)〕	○
4	Aが死亡し、その相続人はB、C及びDの3名である。相続開始後遺産分割前に共同相続人Dがその相続分全部を第三者Eに譲渡したときは、B又はCがDの相続分について取戻権を行使しない限り、Eは、遺産分割手続の当事者となり、B及びCとの間で遺産分割協議が調わない場合には、家庭裁判所に遺産分割の調停又は審判を申し立てることができる。〔23-23-ア〕	○
5	A、B及びCが各3分の1の持分の割合で甲土地を共有している。Aが死亡し、F及びGが相続をした場合には、B及びCは、Aの遺産についての遺産分割がされる前であっても、F及びGに対して共有物分割の訴えを提起することができる。〔令2-10-エ〕	○

～相続の放棄は３か月内、危うければみんなで限定承認～

第3章 相続の承認と放棄

降りてきた相続を認めるか（相続の承認）、拒否するか（相続放棄）という話を見ていきます。
身分法の分野ですが、財産法のような考え方の方が読みやすいと思います。

死亡することによって、相続人は包括承継を受けます。

ただ、**自分の意思なくして権利を得たり、義務を負うのは、私的自治の観点から問題**です。

そこで**包括承継を受けるのか受けないのかの選択権を与えました。**

それが、ここで学習する相続の承認・放棄です。

まず初めに共通的な話をします。

覚えましょう

行為能力
→　必要
→　未成年者は単独で単純承認・放棄はできない

親族相続の世界では珍しく、行為能力が要るのです。

ここでは、「権利より義務の方が多かったら放棄する。権利の方が多かったら放棄しない」と、かなり打算的なことが必要になります。

これは**身分上の行為というよりも、財産上の行為の要素が強いので、行為能力が要るとした**のです。

覚えましょう

考慮期間
相続の承認・放棄をするための３か月の考慮期間（915・917）

権利が多いか、義務の方が多いか調査する期間を設けています。

これを「考慮期間」とか、「熟慮期間」と呼びます。

ちなみに、**この間にどちらにするかを決めなければ、承認と扱われます**。

> **915条（相続の承認又は放棄をすべき期間）**
> 1　相続人は、自己のために相続の開始があったことを知った時から３箇月以内に、相続について、単純若しくは限定の承認又は放棄をしなければならない。ただし、この期間は、利害関係人又は検察官の請求によって、家庭裁判所において伸長することができる。

覚えるのは、「いつから」３か月かという点です。

相続があってから３か月ではありません。**相続を知ってから３か月です**（ちなみに、「財産があまりにも多いため、全部が判明できないような場合は、延ばしてくれということを裁判所に請求することも可能です）。

また、相続があったことを知ってから３か月となっていることから相続開始前から、相続放棄をすることはできません（あとで学習する、遺留分の放棄と比較しましょう）。

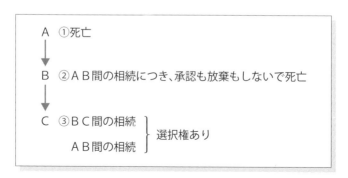

A　①死亡
↓
B　②ＡＢ間の相続につき、承認も放棄もしないで死亡
↓
C　③ＢＣ間の相続 ｝選択権あり
　　　ＡＢ間の相続 ｝

Aが死んでBが相続人となりました。

Bは、相続の承認をするか放棄をするかを選択すべきだったのですが、その選択をしないままBが死にました。

これによりCは、**Bの相続を承認するか放棄するか、という選択権を持ち**、かつ、**Bが持っていた選択権、それも包括承継でもらうことになります。**

その結果、Cは2つの選択権を持つことになります。
ＡＢ間の相続を認めるかどうかという選択権と、
ＢＣ間の相続を認めるかどうかの選択権です。

これは基本的に**どちらから先に、どのように権利行使をしても構いません。**
ＡＢ間の相続を認めた上で、ＢＣ間の相続を認めることも、
ＢＣ間の相続を認めた後、ＡＢ間の相続を放棄することもできます。

唯一ダメなのが、先にＢＣ間の相続を放棄した場合です。
先にＢＣ間の相続を放棄すれば、ＢからＣに、ＡＢ間の相続の選択権も降りてこなくなるため、もうＡＢ間の相続については何も決められません。

択一問題の切り方
ＢＣ相続を先に放棄した場合は、もう何もできない
→　それ以外は、ＯＫ

このように処理するのが早いでしょう。

919条（相続の承認及び放棄の撤回及び取消し）
1　相続の承認及び放棄は、第915条第1項の期間内でも、撤回することができない。
2　前項の規定は、第一編（総則）及び前編（親族）の規定により相続の承認又は放棄の取消しをすることを妨げない。

撤回というのは気が変わったからやめたいという意思表示でした。
一度、相続の承認・放棄をした場合は、その後、気が変わったとしても、やっぱりやめたということはできません。

ただ、**条文が禁じたのは撤回だけ**です。

2項を見てください。

詐欺とか脅迫などを理由に取り消すということ、これは禁じていません。

気が変わったからやめる、それだけはダメと覚えておいてください。

問題を解いて確認しよう

1	相続の開始前でも、家庭裁判所の許可を得れば、相続の放棄をすることができる。〔9-19-ウ（19-24-イ）〕	×
2	甲が死亡し、その子A、B及びCに相続が開始した。Aが自己のために相続が開始したことを知った時から3か月が経過したときは、B及びCは、自己のために相続が開始したことを知らなくても、相続を放棄することができない。〔5-22-イ（13-21-ア）〕	×
3	甲が死亡し、その子A、B及びCに相続が開始した。Aが相続の承認又は放棄をせずに死亡した場合、Aの相続人Xは、A－X間の相続を放棄し、甲－A間の相続を承認することができる。〔5-22-オ〕	×
4	相続の放棄をした者は、自己のために相続が開始したことを知った時から3か月以内であれば、その放棄の撤回をすることができる。〔57-23-2（5-22-キ、26-22-エ）〕	×
5	相続人Aが自己のために相続の開始があったことを知った時から3か月以内に相続の承認又は放棄をしないで死亡したときは、Aの相続人Bは、Aの相続について承認又は放棄をすることができない。〔19-24-オ〕	×
6	相続の承認又は放棄をすべき期間は、伸長することができない。〔令2-22-ア〕	×

ヒトコト解説

1 相続開始前には放棄ができません。

2 Aが放棄できないだけであって、B、Cは放棄できます。

3 A―Xを放棄すれば、もうXに何も降りてこなくなります。

4 条文は「撤回」を禁じています。

5 放棄している事案でないので、選択することが可能です。

6 裁判所に請求して伸長することが可能です。

これで到達！  合格ゾーン

- [ ] 共同相続人のうちの一人につき熟慮期間（915 Ⅰ）が経過しても、他の共同相続人は、各自の熟慮期間が経過していなければ、相続放棄（938）をすることができる。〔12-19-ア〕

  ★熟慮期間の起算点は、「自己のために」相続の開始があったことを知った時（915 Ⅰ）と規定されているため、相続人一人ごとに進行することになっています（最判昭51.7.1）。

- [ ] 被相続人に相続財産が全く存在しないと信ずるにつき、相当の理由があると認められる場合の熟慮期間は、相続人が相続財産の全部又は一部の存在を認識した時又は通常これを認識し得べき時である（最判昭59.4.27）。
〔26-22-イ（4-23-4）〕

  ★父に借金などないと思って、死亡後に放置していたら思わぬ借金が発覚した事件です。判例は、放置していてもやむ得ない事由があれば「借金などを認識したとき（認識しうる時）」に起算点をずらすことを認めています。

921条（法定単純承認）
次に掲げる場合には、相続人は、単純承認をしたものとみなす。
① 相続人が相続財産の全部又は一部を処分したとき。ただし、保存行為及び第602条に定める期間を超えない賃貸をすることは、この限りでない。
② 相続人が第915条第1項の期間内に限定承認又は相続の放棄をしなかったとき。

包括承継を認めるというのを、「相続の承認」といいます。
この認め方には、自分の意思に基づいて認めるよ、ということもあれば、**一定の行為をすることによって承認とみなされる場合があります。**

この条文では、どういうことをすると承認とみなされるかを規定しています。

2号を見てください。
先ほど説明した**熟慮期間の３か月間に何もやらなかったという場合**には、承認扱いすることを規定しています。

次に1号ですが、ここは**処分という言葉がキーワード**です。

法定単純承認にあたる行為…………○
法定単純承認にあたらない行為……×

相続人が相続財産である金銭債権を取り立ててこれを消費する行為	○
相続財産に属する建物に放火して焼失させた場合	○

相続財産を使い込んだ場合には、「包括承継を認めた ⇒ だから使い込んだ」と扱われ、その処分行為により相続の承認になります。

また相続財産に放火することも、相続財産の処分行為と扱われます。

相続人が相続財産である建物の不法占有者に対し明渡しを求める	×
相続人が、相続財産である不動産の不実の登記名義人に対し、持分権に基づく当該登記の抹消手続請求訴訟を提起する	×

これらの行為は、相続財産を処分ではなく、相続財産の価値を維持していると評価されます。

このような行為は、保存行為と扱われ、相続承認扱いにはなりません。

921条（法定単純承認）
次に掲げる場合には、相続人は、単純承認をしたものとみなす。
① 相続人が相続財産の全部又は一部を処分したとき。ただし、保存行為及び第602条に定める期間を超えない賃貸をすることは、この限りでない。

「602条に定める期間を超えない賃貸」というのがあります。

短く貸し出す行為と考えてください。

建物等は誰も住まないよりも、誰かに貸していた方が価値を維持できます。長い期間貸すのであれば、それは処分ですが、短い期間貸すぐらいであれば、価値が維持できるので承認とは扱わないよ、としているのです。

	相続の承認	相続の放棄	限定承認
相続債務を承継するか	○	×	○
相続債務について個人財産での責任を負うか	○	×	×

相続の承認・放棄によって何が起きるかが書いてあります。

相続の承認をすることによって**権利と義務を承継**します。

父親が債務を負っているのであれば、債務が降りてきます。債務を負えば、責任もやってきます。それを払えなければ自分の財産が強制執行されます。

一方、相続の放棄をした場合はどうでしょう。

相続の放棄をした場合は、**債務を承継しません**。だから強制執行されるなんてこともありません。

表の一番右に限定承認というのがあります。

これは、**債務は承継するけど、責任は負わない**というタイプのものです。

次の条文と図を見てください。

922条（限定承認）

相続人は、相続によって得た財産の限度においてのみ被相続人の債務及び遺贈を弁済すべきことを留保して、相続の承認をすることができる。

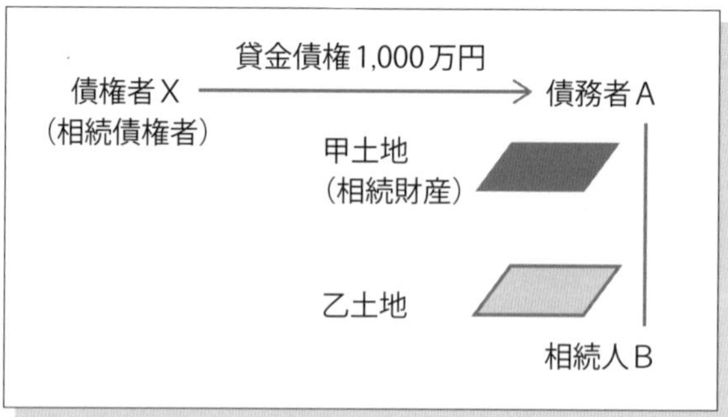

Bは、甲土地が売ったらいくらになるかで、承認するか放棄するか決めたかったのです。

甲土地が1,000万円以上であれば承認したいし、また、甲土地の価値が低いのであれば放棄したいと考えていました。

ただ、どのぐらいの価値になるかがわかりません。

こういった場合には、限定承認をしておくのです。

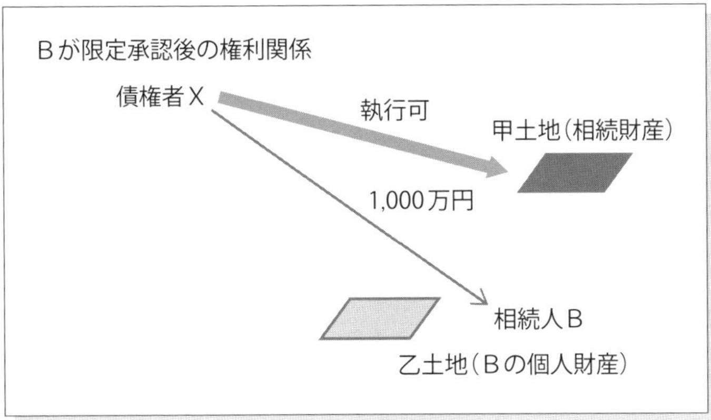

債務は降りてきますし、土地も降りてきます。

ただ、**相続財産はすべて清算手続に入ります**。すべての財産をお金にして、それで、借金を返す手続に入るのです。

例えば、甲土地が1,200万円であれば、借金1,000万円払って200万円をBがもらいます。

また、甲土地が700万円の価値であれば、700万円まで借金を返して、Bには借金300万円が残ります。債務は300万円残るのです。

ただ、これについて、**個人財産で責任を負いません**。

300万円の借金を返さないからといって、**Bの個人財産である乙土地に強制執行はされない**のです。

債務は負うけど、個人財産で責任を負わない、これが限定承認です。

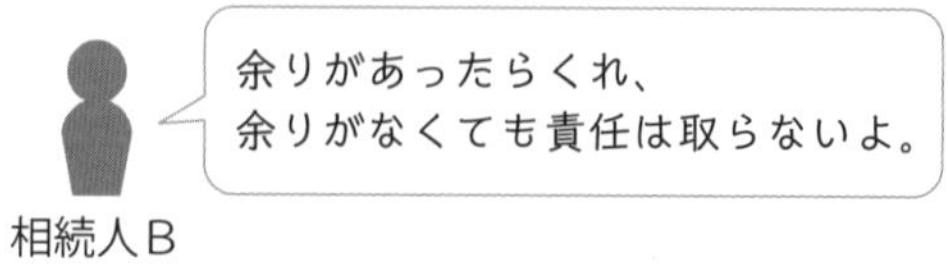

余りがあったらくれ、
余りがなくても責任は取らないよ。
相続人B

こうしたイメージがいいでしょう。

覚えましょう

	相続の承認	相続の放棄	限定承認
家庭裁判所への申述が必要か	×	○(938)	○(924)
相続人が各別にできるか	○	○	×(923)

家庭裁判所に手続が必要かというと、相続の承認については**全く手続は要りません**。3か月何もしないだけで、承認になります。相続財産を処分するだけで自動的に承認になります。

相続の放棄については、**家庭裁判所に申述に行く必要があります**。

限定承認も同じく**家庭裁判所に手続をとる必要があります**。すべての財産が清算手続になりますが、これは裁判所の力を借りて行います。

他に、一人ひとりできるかという論点もあります。
相続の承認、相続の放棄については一人ひとりで別々にやって構いません。

ただ、**限定承認だけ、相続人全員でやることを要求しています**。
限定承認の手続をとると、**父の財産を全てお金に代えて清算します。こんなことを、相続人一部の意思だけで始めてはいけない**のです。

共同相続人ABCで、Aが単純承認・BCが限定承認
→ 不可

相続人の１人が単純承認をしていれば、もはや全員で限定承認できなくなります。

> 共同相続人ＡＢＣで、Ａが相続放棄・ＢＣが限定承認
> →　可

Ａが相続放棄をすることにより、相続人はＢとＣの２人になるので、ＢとＣで限定承認できます。

問題を解いて確認しよう

1	未成年である相続人の親権者が相続財産である建物を売却したときは、その相続人は、単純承認をしたものとみなされる。〔13-21-オ〕	○
2	相続人が相続財産である建物の不法占有者に対し明渡しを求めたときは、単純承認をしたものとみなされる。〔13-21-ウ〕	×
3	相続人が３年を超えない期間を定めて相続財産である建物を賃貸しても、単純承認をしたものとみなされない。〔26-22-ウ〕	○
4	限定承認をした相続人は、相続によって得た財産の限度においてのみ被相続人の債務及び遺贈を弁済する責任を負う。〔11-21-エ〕	○
5	甲が死亡し、その子Ａ、Ｂ及びＣに相続が開始した。Ａ及びＢが相続の単純承認をした後であっても、Ｃのみで限定承認することができる。〔5-22-ウ（11-21-ア）〕	×
6	共同相続人の一人が相続の放棄をしたときは、残りの相続人は、全員が共同してするのであれば、限定承認することができる。〔9-19-イ（令2-22-オ）〕	○
7	共同相続人は家庭裁判所の許可を得たときは、各別に限定承認をすることができる。〔55-19-1（19-24-ウ）〕	×

×肢のヒトコト解説

2　価値を維持する保存行為にあたるので、承認になりません。

5　限定承認は相続人全員で行う必要があります。ＡＢが単純承認している以上、全員で限定承認をすることはできません。

7　限定承認は、相続人全員で行う必要があります。

これで到達！ 合格ゾーン

□ 21条1号による法定単純承認の効果が生ずるには、相続人が自己のために相続が開始した事実を知りながら相続財産を処分したか、又は、少なくとも相続人が被相続人の死亡した事実を確実に予想しながらあえてその処分をしたことを要する（最判昭42.4.27）。〔令2-22-イ〕

★「相続財産を処分した → 相続を承認している」というには、相続（財産）の認識が必要でしょう。

□ 相続の放棄は、相続の効果を全面的に拒否するものであるから、単純でなければならず、条件・期限を付けることは許されない。〔19-24-ア〕

★相続の放棄は、申述受理の審判によって直ちに放棄の効力が生じます。

民法の条文では、「相続人の不存在（第951条—第959条）」という章があります。ここは民法でも出題はありますが、不動産登記法で学習した方が効率的なので、本書のシリーズでは不動産登記法に掲載しています。

第4章 遺言

令和7年本試験は
ここが狙われる!

この章については「遺言の作り方」（遺言の方式といいます）の部分と、「遺言のやめ方（遺言の撤回といいます）の部分の出題が多いです。
遺言者の最終意思を尊重したいという制度趣旨を忘れずに、読み進めてください。

第1節 遺言通則規定

961条（遺言能力）
15歳に達した者は、遺言をすることができる。

960条（遺言の方式）
遺言は、この法律に定める方式に従わなければ、することができない。

遺言では、**意思能力を年齢だけで判断します**（養子縁組と同じです）。

そして、**遺言にはやり方が決まっていて**、これを守らないと遺言は効力を生じません。例えば、口頭で「これが遺言だ」なんてことを言っても、これは民法が定める方式に従っていないので、遺言としての効力はありません。

では、どんな方式を要求しているかを見ていきます。

- 普通方式
  - 公証人の関与なし —— 自筆証書遺言
  - 公証人の関与あり
    - 公正証書遺言
    - 秘密証書遺言

公証人を入れるか、入れないかで分かれます。

公証人に関与させず、**自分一人でやるのが自筆証書遺言**です。

一方、公証人を関与させるケースには2つあります。例えば公正証書遺言というのは、**公証人が内容を作成して、公証役場に写しを保管してくれる方式**です。

遺言の方式について、試験で出るのは自筆証書遺言がほとんどなので、そこをしっかり勉強してください。

> **遺言書**
>
> 私はつぎのとおり遺言する。
> 一、私所有の土地建物は私の長男山田一郎に相続させる。
> 二、私の預金は私の長女田中花子に相続させる。
>
> 令和4年8月20日　　　山田太郎　（山田）

> **968条（自筆証書遺言）**
> 1　自筆証書によって遺言をするには、遺言者が、その全文、日付及び氏名を自書し、これに印を押さなければならない。
> 2　前項の規定にかかわらず、自筆証書にこれと一体のものとして相続財産（第997条第1項に規定する場合における同項に規定する権利を含む。）の全部又は一部の目録を添付する場合には、その目録については、自書することを要しない。この場合において、遺言者は、その目録の毎葉（自書によらない記載がその両面にある場合にあっては、その両面）に署名し、印を押さなければならない。

手書きプラス押印だけでできる、これが自筆証書遺言というものです。

しかも、この押印は実印だけでなく、認印、指印でも構いません。

ただ、花押では足りません（花押を知らない方は、ネット検索してみてください）。条文は押印を要求していますが、花押は印を押す行為ではないからです。

誰が書いたのかが死後に揉めた場合、筆跡鑑定をする必要が生じます。そのため、**手書きを要求している**のです。

ワープロやタイプライターではできません。

いくつかポイントがあります。まず手書きしなければならない部分です。

遺言**内容の全文**に加えて、**日付**、**氏名**、この3つは手書きの必要があります（ただ、「あげる財産の内容」については、ワープロなどでも作れます）。

細かく出るのは日付の点です。

①「年・月」のみで「日」の記載がない遺言は無効である ②「何年何月吉日」と記載された遺言書は無効である

日付の部分は厳格に扱われ、**遺言した日付が分からないと、その遺言は無効と扱われます**。

遺言には15歳の年齢が必要ですし、また**遺言書が2通以上あった場合、どっちが先の遺言かによって、効果が全く変わってきます**。

このように、遺言した日付は重要なため、それが分からない遺言は無効と扱われます。

かつて本試験で、日付のところを明確に書かずに、「長野オリンピック開会式当日」という文言が書かれた遺言書の有効性について出題されました。

これは日付が特定できるでしょうか。

できますね。

長野オリンピック開会式の日付は調べれば、1998年2月7日と分かるので、この遺言は有効です。

968条

3　自筆証書（前項の目録を含む。）中の加除その他の変更は、遺言者が、その場所を指示し、これを変更した旨を付記して特にこれに署名し、かつ、その変更の場所に印を押さなければ、その効力を生じない。

Point

当該証書の記載自体からみて明らかな誤記の訂正については、訂正の方式の違背があっても、遺言の効力に影響を及ぼさない（最判昭56.12.18）。

遺言の要式制は厳格で、修正するときはやり方を規定しています。このやり方に従わなかった場合は、修正がなかったとされるのです。

ただ、誤植などの修正は異なります。「誤植の訂正を形式に従わなった→誤植のまま」というのはおかしな話なので、形式に従わなくても問題ない旨が判示されています。

問題を解いて確認しよう

1	未成年者が遺言をするためには、法定代理人の同意を要する。〔57-16-1（7-19-1）〕	×
2	14歳の者がした遺言は、その者に意思能力があり、法定の方式を具備している限り、有効である。〔62-21-1（8-20-ア）〕	×
3	ワードプロセッサーにより遺言内容を記載して、これに署名捺印をした文書は、遺言としての効力を生じない。〔元-23-1改題〕	○
4	自筆証書遺言は自署することが必要であるから、カーボン複写の方法によって遺言書が作成された場合は、遺言は無効である。〔20-23-オ〕	×
5	日付を「昭和60年3月吉日」と記載した自筆遺言書も、有効である。〔60-18-オ〕	×
6	自筆証書遺言には日付が記載されていることが必要であるが、「長野オリンピック開会式当日」という記載がされている場合は、遺言は有効である。〔20-23-イ〕	○
7	自筆遺言証書の押印が指印となっていた場合、遺言は無効である。〔4-18-ウ（20-23-エ、22-22-ア）〕	×
8	自筆証書遺言における押印は、実印でなければならない。〔オリジナル〕	×
9	自筆証書によって遺言をするに当たっては、押印の代わりに花押を用いることができる。〔31-22-イ〕	×
10	自筆証書によって遺言をするには、遺言者が、その全文を自書する必要があり、相続財産の全部又は一部の目録を添付する場合も、その目録は自書する必要がある。〔オリジナル〕	×
11	自筆証書遺言の作成過程における加除その他の変更は、遺言者がその場所を指示し、これを変更した旨を付記して特にこれに署名し、かつ、その変更の場所に印を押さなければ、その効力を生じないが、証書の記載自体からみて明らかな誤記の訂正については、訂正の方式に違背があっても、遺言は有効である。〔20-23-ウ〕	○

×肢のヒトコト解説

1 身分行為なので、法定代理人の同意は不要です。
2 遺言の意思能力は15歳を基準にします。
4 カーボン複写であっても、筆跡は分かります。
5 吉日では、何日かはわかりません。
7,8 押印は実印だけでなく、認印、指印でも構いません。
9 花押は押印になりません。
10 財産の一覧等については自書の必要はなく、コピーなどでも構いません。

第2節 遺言の効力

	特定遺贈	包括遺贈
意義	具体的な財産を目的とする遺贈	遺産の全部又は一定の割合額の遺贈
効果	遺言の効力発生のとき、目的物が移転する	包括受遺者は相続人と同一の権利義務を有する(990)
放棄	遺贈者の死亡後いつでも(986)	自己のために遺贈の効力が発生したことを知ったときから3か月以内(990・915)
遺言者の死亡以前に受遺者が死亡したとき	遺言の効力は生じない(994 I)。 →受遺者が受けるべきであったものは、遺贈者の相続人に帰属する(995)	
代襲相続の規定	適用なし	

遺贈には特定遺贈と包括遺贈があります。

「特定遺贈」、これは「甲土地をあげる」「乙建物をあげる」とあげるものを特定している場合です。

特定遺贈の放棄というところを見てください。

遺言は、遺言者の一方的な行為によって行われます。

この一方的な行為で、**要らないものを押しつけられたら、たまったもんじゃありません**。そのため、**受遺者（もらう方のことを言います）は、要らないと言え**

るようにしています。

しかも、**いつまで経っても言えます**。

次に「包括遺贈」、効果の部分が要注意で、**財産をもらう受遺者は相続人と同一扱いされます**。

ここが放棄の結論に影響してきます。

相続人扱いするので、知って3か月のルールを使うことになるのです。

また、相続人と同一の扱いになるため、遺産分割協議に参加することも可能になります。

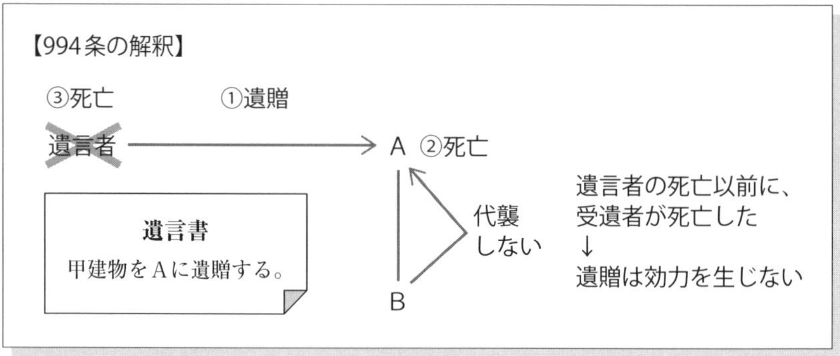

XがAに建物をあげたくて遺贈したのですが、遺言者が死ぬ前に、Aが死んでしまいました。

その後、遺言者が死亡して、甲建物の所有権がAに飛んでいくのですが、Aは受け取れません（先に死んでいるから）。

では先に死んでいるからということで、Aの子BがAの地位を乗っ取って受け取っていいのでしょうか。

これは認められません。

相続の場合は、下の人が上の地位を乗っ取ることができますが、**遺贈については、代襲というルールがない**のです。

もともと財産を与えて生活できるようにしたいから、代襲相続というルールを作りました。

遺言者には、遺贈をもらう人の子供の生活を守ってあげる、そこまでしてあげる必要はありません。

また、遺言者の意思はAにあげることです。

もし、Aにあげられないのであれば、**死者の最終意思を尊重するという考えからも、この遺贈は無効にすべき**ですね。

結局、**遺贈は無効になるので、相続処理**になり、甲建物は遺言者の相続人たちがもらうことになります。

これは、遺贈が特定遺贈でも包括遺贈でも適用がありません。

問題を解いて確認しよう

1	特定遺贈の受遺者は、自己のために遺贈の効力が生じたことを知った時から３か月以内に、遺贈の放棄をしないときは、その遺贈を承認したものとみなされる。〔11-19-ア（5-20-3）〕	×
2	包括遺贈を受けた法人は、遺産分割協議に参加することができる。〔18-24-イ〕	○
3	包括受遺者が相続人でもある場合において、遺贈者が死亡する以前に当該包括受遺者が死亡したときは、当該包括受遺者の相続人が包括受遺者の地位を代襲する。〔18-24-ウ〕	×
4	Aはその子BにA所有の甲土地を遺贈する旨の遺言をした。Cはその子Dに遺産分割方法の指定としてC所有の乙土地を取得させる旨の遺言をした。この場合、BがAよりも先に死亡した場合には、遺贈はその効力を生じないが、DがCよりも先に死亡した場合において、Dに子がいるときは、その子が乙土地の所有権を取得する。〔29-22-エ〕	×

×肢のヒトコト解説

1　特定遺贈の受遺者はいつまでたっても放棄できます。

3,4　代襲相続の規定は適用されません。

これで到達！ 合格ゾーン

□ 遺言に停止条件を付した場合において、その条件が遺言者の死亡後に成就したときは、遺言は、条件が成就した時からその効力を生ずる（985 Ⅱ）。

〔26-23-ウ、令2-23-ウ〕

★「Aが成人になったら、甲土地を遺贈する」という遺言の場合、遺言の効力は「遺言者が死亡する」「Aが成人になる」という2つの要素を満たしたときに生じます。

□ 遺言者の妻を扶養することを負担とする特定遺贈があった場合、受遺者がその負担した義務を履行しないときであっても、その遺贈は、効力が生じる。

〔11-19-イ〕

★死亡した時点で、遺贈の効力（所有権移転）が生じます。ちなみにいつまでたっても、負担を履行しないと、1027条（後述）の適用を受けます。

□ 負担付遺贈を受けた者がその負担した義務を履行しないときは、相続人は、相当の期間を定めてその履行の催告をすることができる。この場合において、その期間内に履行がないときは、その負担付遺贈に係る遺言の取消しを家庭裁判所に請求することができる（1027）。〔令2-23-オ〕

★いつまでたっても負担を履行しない場合には、相続人から「早く履行して欲しい」と催告することができます。これでも履行されない場合は、取り消すことができるのですが、履行しているかどうかを裁判所にチェックしてもらうことになっています。

□ 受遺者が遺贈の承認又は放棄をしないで死亡したときは、その相続人は、自己の相続権の範囲内で、遺贈の承認又は放棄をすることができる（988本文）。

〔26-23-オ〕

★AからBに遺贈した事案で、Aが死亡した後に、Bが遺贈の承認・放棄をしないまま死亡した場合、Bの相続人が承認・放棄を決めることができます（ちなみに、Bが死亡した後Aが死亡した場合、先述のとおり、遺贈は失効します）。

第3節 遺言の執行

Point

遺言の執行とは、遺言の効力発生後に、その内容を実現させるために必要な一切の事務を行なうことを指す

ex.　不動産を第三者に遺贈　→　登記手続事務

　　不特定物を遺贈　→　特定する事務

遺言によって所有権は飛んでいきますが、その後いろんな手続が必要になったりします。

例えば登記を移すという手続が必要ですし、後日、建物を渡すことになるでしょう。

こういう手続を「遺言執行」といい、**遺言内容を最後まで完結するための一切の手続**と思ってください。

これは基本的には、**遺言書で決めておく遺言執行者がやります。**

遺言書で誰も決めていないと、**相続人がこの手続を行うことになります。**

ほとんどのケースでは、遺言執行者を決めておきます。

遺贈によって相続人は相続を受けられません。その**相続人たちが、こういったことをやってくれるとは期待できない**からです。

1013条（遺言の執行の妨害行為の禁止）

1　遺言執行者がある場合には、相続人は、相続財産の処分その他遺言の執行を妨げるべき行為をすることができない。

2　前項の規定に違反してした行為は、無効とする。ただし、これをもって善意の第三者に対抗することができない。

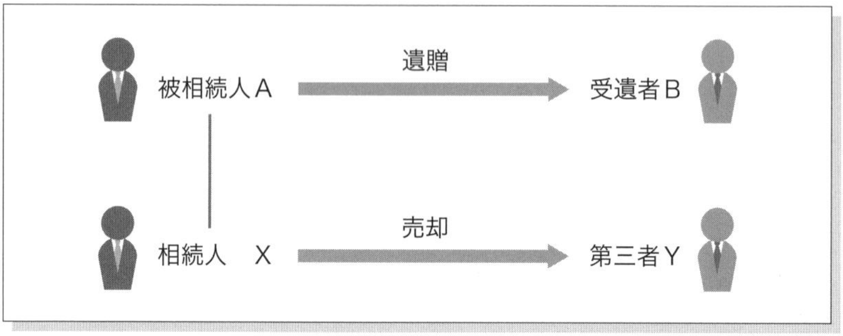

ここでのＢＹの関係は、対抗関係になるのが原則です。ＡＸという人格が、Ｂに遺贈して、Ｙに売却したと考えるのです。

ただし、Ａの遺言執行者がいた場合は別です。この場合は、**遺言執行を邪魔できないように1013条が相続人の処分権を奪っている**のです。

そのため、Ｘに処分権がないので
→ＸＹの売買は他人物売買
→Ｙは無権利者となります。
Ｙの立場はＡＢの遺贈に遺言執行者がいるかいないかで大きく変わるのです。

ただ、この結論は妥当でしょうか。
第三者の立場に立ってみると、

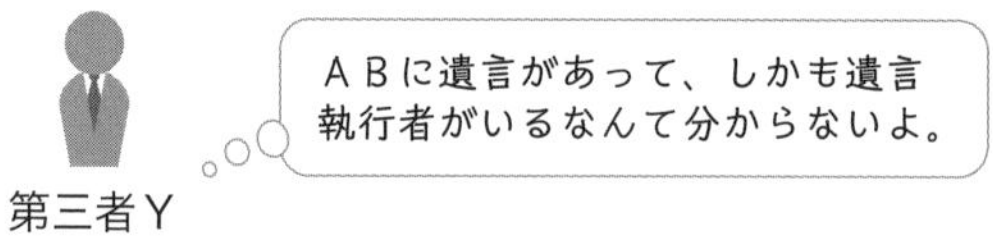

このように、まさに不意打ちを受ける状態になります。
そこで、1013条は２項で「Ｙが善意の場合」には、Ｙに対抗できないと規定することにしました。

問題を解いて確認しよう

1　遺言により遺言執行者として指定された者が、その就職を承諾する前である場合、相続人が遺贈の目的不動産について、善意の第三者に対してした処分は無効である。〔8-22-ウ（22-22-ウ）〕　×

ヒトコト解説

1　第三者が善意の場合には、無効にはなりません。

Point

検認

遺言書の偽造変造を防ぐための一種の保全手続

遺言の内容を調書に残し、事後的偽造を防ぐ

公正証書遺言以外のすべての遺言で要求される

検認手続、これは偽造防止策として設けられています。

①遺言書発見

遺言書

×××

遺言書が見つかった場合、この遺言書は、家庭裁判所に持っていく必要があります（1004条にて、遺言書を保管している人の義務として規定されています）。

②家庭裁判所で検認手続を取る

↓

家庭裁判所に内容が残る

遺言書

×××

家庭裁判所で、検認手続をとりました。
イメージは、内容を残しておく、**コピーを取っておくという感じ**です。
内容を残しておくと後々安全です。

例えば、この後、相続人の一人がこの遺言書を書き換えたとします。

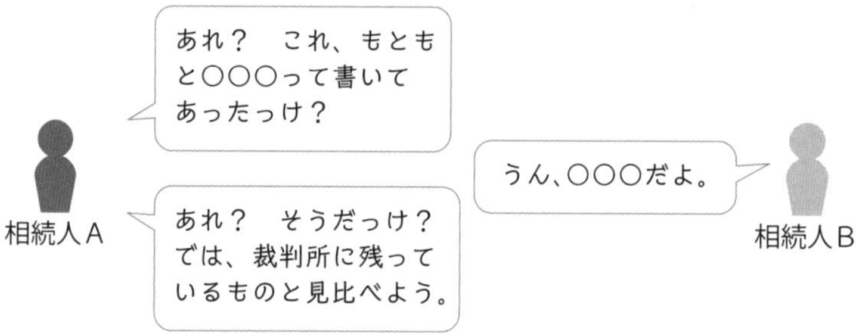

「裁判所に残ってる内容は×××」ですが、「今の遺言書が○○○」になっているので、遺言書を誰かが書き換えたことがすぐ分かります。

書き換えたらすぐバレるようにする、それによって偽造、書き換えを防ぐ、これが検認という規制を設けた理由です。

基本的に検認は、全ての遺言で必要です。
ただ、**公正証書遺言の場合は要りません**。これについては、**公証役場で原本を保存しているので、偽造の可能性が低い**からです。
また、自筆証書遺言でも法務局で保管してもらっていた場合には、偽造の危険性が低いため検認が不要になります。

問題を解いて確認しよう

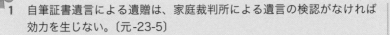

1	自筆証書遺言による遺贈は、家庭裁判所による遺言の検認がなければ効力を生じない。〔元-23-5〕	×
2	自筆証書による遺言は、検認手続が遅滞しても有効である。〔8-20-イ〕	○
3	封印のある遺言書は、家庭裁判所において相続人又はその代理人の立会いがなければ開封することができず、これに反して開封された場合には、遺言は無効となる。〔22-22-オ〕	×
4	秘密証書による遺言がされた場合には、その遺言書の保管者は、相続の開始を知った後、遅滞なく、これを家庭裁判所に提出して、その検認を請求しなければならない。〔31-22-ウ〕	○

×肢のヒトコト解説

1,3 死亡した時点で遺言の効力は生じます。検認は、証拠としての保全手続にすぎません。

これで到達！　合格ゾーン

□ 遺言執行者は、自己の責任で第三者にその任務を行わせることができる（1016 Ⅰ本文）。ただし、遺言者がその遺言に別段の意思を表示したときは、その意思に従う（1016 Ⅰ但書）。〔8-22-エ、令3-23-エ〕

★遺言執行者として選ばれた人が、「登記手続はプロの司法書士に頼みたい」と第三者に頼むことは可能です。ただし、遺言者が遺言で「他人に頼むことを禁止する」としていた場合は、その意思に従うことになります。

□ 遺産分割方法の指定として遺産に属する特定の不動産を共同相続人の１人に承継させる旨の遺言がされた場合には、遺言執行者は、単独で、当該遺言に基づいて被相続人から当該共同相続人の１人に対する所有権の移転の登記を申請することができる。〔令3-23-イ〕

★「甲土地はAに相続させる」という遺言があった場合、A名義の登記は、A自身でもできますが、遺言執行者が単独ですることもできることにしています（1014Ⅱ）。

第4節 遺言の撤回・無効・取消し

覚えましょう

遺言者は、いつでも、なんら特別の理由がなくても、自由にその全部又は一部を撤回することができる（1022）
→　撤回権の放棄は不可（1026）

遺言は自由に撤回ができます。

死者の最終意思の尊重という趣旨があるため、**最終意思が変われば、「やっぱりやめた」と言えるようにしている**のです。

この趣旨を貫徹するために、「やっぱりやめた」という権利も放棄できないとしています。

もし**撤回権の放棄ができたら、遺贈を受ける人がそれを強要する**でしょう。「遺言してくれてありがとう。撤回しないと一筆入れてくれないか」という感じで強要しかねないため、撤回は絶対にできるというルールにしています。

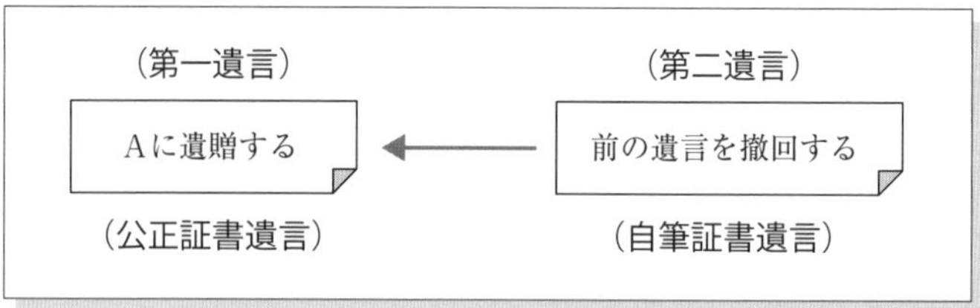

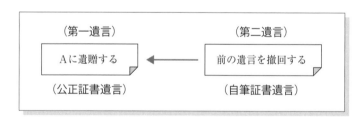

遺言を撤回したければ、もう1回遺言を書きます。

撤回するために、わざわざ遺言書を作る必要があるのです。

ただ、**形式面を同じにする必要はありません**。公正証書で作った遺言を費用をかけないよう自筆証書遺言で撤回することが可能です。

ただ、撤回するのに遺言を作るのは、面倒ですね。

実際には遺言をやめたい場合、遺言書を捨ててしまうというケースが多いですが、実はそれでも撤回になります。

遺言書を作らなくても、撤回扱いしてくれるケースがあります。

覚えましょう

①遺言者が故意に遺言書を破棄したり、遺言の目的物を破棄した場合（1024）

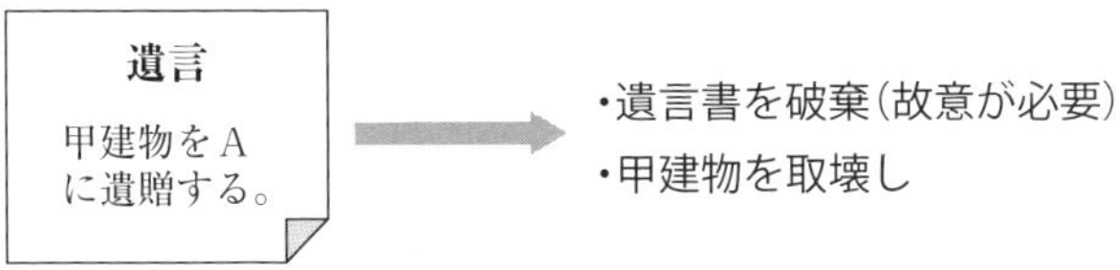

遺言書を破った場合、その遺言をする気がなくなったと評価され、遺言は撤回と扱われます。

また、遺言の目的物を壊した場合も、その物をあげる意思はなくなったと評価されます。

覚えましょう

②前の遺言と後の遺言が抵触するとき（抵触遺言　1023 Ⅰ）

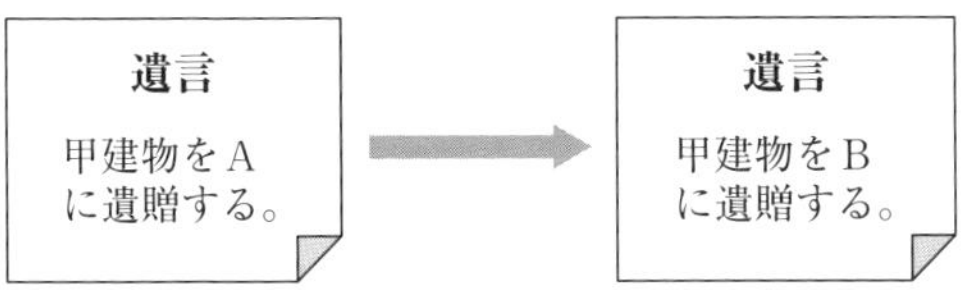

矛盾する遺言を作った場合、前の遺言は撤回したと扱います。

遺言は順番が大切です。そのため遺言書には、日付の記載が要求されるのです。

覚えましょう

③遺言の趣旨と抵触するような生前処分その他の法律行為をした場合（1023 Ⅱ）

遺言
甲建物をA
に遺贈する。

→ 甲建物を第三者に譲渡

矛盾する行為をした場合も、もう遺言する気はなくなったと扱います。

遺言書
私はつぎのとおり遺言する。
一、太郎と花子のそれぞれの預金を、息子の次郎に
　相続させる。
令和5年8月20日
　遺言者　山田　太郎
　　　　　山田　花子

連名で書かれた遺言を「共同遺言」といい、このような遺言を作っても無効と扱われます。連名で遺言を認めると、撤回がやりづらくなるからです。

本来一人ひとりの意思で撤回すべきなのに、連名でやってしまうと**二人揃わないと撤回できないということになってしまいます**。
撤回は自由だと言う建前から、連名での遺言は無効としたのです。

ただ、二人の遺言が同じ紙に書かれていても、両者が全く独立の遺言で、**切り離せば２通の遺言書になるような場合には、遺言は有効**です。**切り離すことができるため、別々の遺言と扱われる**のです。

1025条（撤回された遺言の効力）
前３条の規定により撤回された遺言は、その撤回の行為が、撤回され、取り消され、又は効力を生じなくなるに至ったときであっても、その効力を回復しない。

遺言
甲建物をA
に遺贈する。

→

遺言
「甲建物をAに遺贈
する」をやめる。

→

遺言
『「甲建物をAに遺
贈する」をやめる』
をやめる。

遺贈すると書いた後に、その遺言を撤回しました。
そのあとに、「遺言を撤回する」という遺言を撤回したのです。

これって遺贈したいの？　したくないの？？

冷静に考えれば、遺贈したいということは分かります。
ただ、この読み取りが難しく、真意が分かりづらいため、**撤回を撤回しても復活しない**ことにしました。
だったら、次の遺言はどうでしょう。

> **遺言**
> 前の遺言を撤回する。第一の遺言を復活させる。

この撤回であれば、遺贈をしたいって意思が明らかですよ。
こういう遺言書を残しているのであれば、元の遺言を復活させることができます。

問題を解いて確認しよう

1	夫婦が同一の証書で遺言をしたときは、その証書は、遺言としての効力を生じない。〔元-23-2（6-19-ア、22-22-イ）〕	○
2	自筆証書遺言は二人以上の者が同一の証書ですることができないとされているが、二人の遺言が同じ紙に書かれていても、両者が全く独立の遺言で、切り離せば２通の遺言書になるような場合は、遺言は有効である。〔20-23-ア〕	○
3	遺言者は、推定相続人との間で遺言を撤回しない旨を約した後は、遺言を撤回することができない。〔63-23-3（13-22-ウ）〕	×
4	甲が「Ａ家屋を乙に与える」旨の秘密証書遺言をした場合、甲は先にした秘密証書遺言を自筆証書遺言の方式で撤回することができる。〔53-21-1（2-23-5、13-22-ア、26-23-ア）〕	○

5	遺言者が、A土地を甲に遺贈する旨の遺言をした後、遺言の内容を失念して、この土地を乙に贈与したときは、遺言は撤回したものとみなされる。〔63-23-1（13-22-エ）〕	○
6	A所有の甲土地について、Aが自筆証書によって「甲土地をB（Aの相続人ではない）に譲る」旨の遺言をした後に、自筆証書によって「甲土地をCに譲る」旨の遺言をした。その後、Aは、自筆証書によって「甲土地をCに譲る旨の遺言を撤回する」旨の遺言をした後に死亡した。Bは、Aによる遺贈を承認することによって甲土地の所有権を取得することができる。〔26-23-イ〕	×
7	Aが、自己所有の甲土地をBに遺贈する旨の遺言をした後、同土地をCに贈与した場合、Aの死亡後、Cは、所有権の移転の登記を経ていなくても、同土地の所有権をBに対抗することができる。〔18-24-エ〕	○

×肢のヒトコト解説

3 遺言をした後の撤回は、絶対に保障されます。

6 撤回の撤回をしても前の遺言は復活しないので、Bは所有権を取得できません。

これで到達！  合格ゾーン

□ 遺言者が、甲遺言をした後に、それを撤回する乙遺言をした場合には、乙遺言が強迫により取り消された場合、甲遺言の効力は回復する。〔令2-23-イ〕

★撤回行為の撤回をしても、元の遺言は復活しません。ただ、強迫で撤回行為をさせられていて、それを取り消した場合は復活します（遺言者の意思を尊重するためです）。

第5章 配偶者居住権

ここでは、配偶者がタダで住むことができる権利を２つ紹介します。その中の１つ配偶者居住権は、登記も必要になってくる重要な権利です。「賃借権とどこが違うのか」を意識して読んでください。

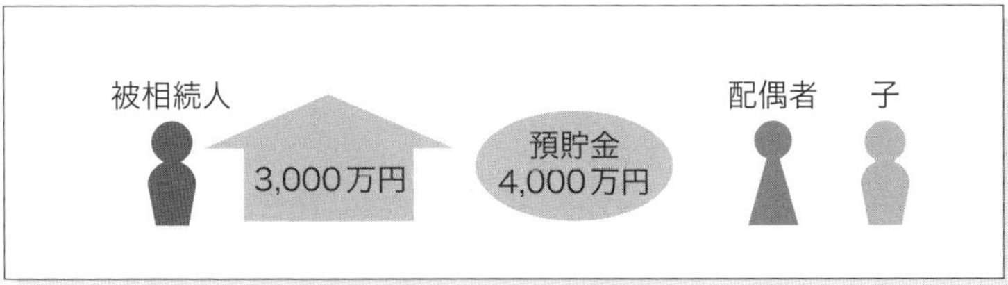

上記の状態で、相続がありました。

被相続人が「配偶者が今後も家に住めるように」と、建物を遺贈するとどうなるでしょうか。

相続分が均等の場合、配偶者が3,000万円を建物でもらってしまうと、あとは現金が500万円しか相続できません。

このままでは、**現金が少ないため、生活のために建物を売る羽目になることでしょう**。

これでは、被相続人の意思に反する結果になるため、新法では新たな制度を設けることにしました。次の図を見てください。

建物の価値を、「所有権と居住権」に分け、そのうちの居住権を配偶者に与えるのです。

それにより、下記のような相続になります。

配偶者　：　居住権（1,000万円）　＋　預貯金　2,500万円
子　　　：　所有権（2,000万円）　＋　預貯金　1,500万円

しかも、この居住権は**「死ぬまで」住むことができ、そして「無料」で住める権利**です。

これにより、配偶者は無償で居住することができ、かつ、現金等の相続を受けることが可能になります。

これが、配偶者居住権という制度です。

この権利はどういったときに、認められるのでしょうか。

◆ 配偶者居住権の発生事由 ◆

被相続人の財産に属した建物に相続開始の時に居住していた配偶者について、
- 配偶者居住権を取得させる旨の遺産分割
- 配偶者居住権を取得させる旨の遺贈
- 被相続人との間の死因贈与契約

のいずれかがあること（1028）

まず、被相続人が死亡した時点で、その**建物に居住していることが必要**です（そのため、介護施設などにいる場合には、この居住権は認められません）。

そのうえで

> **遺贈**
>
> 死亡したら、配偶者に
> 居住権を認めること

という**被相続人からの遺贈**があるか、

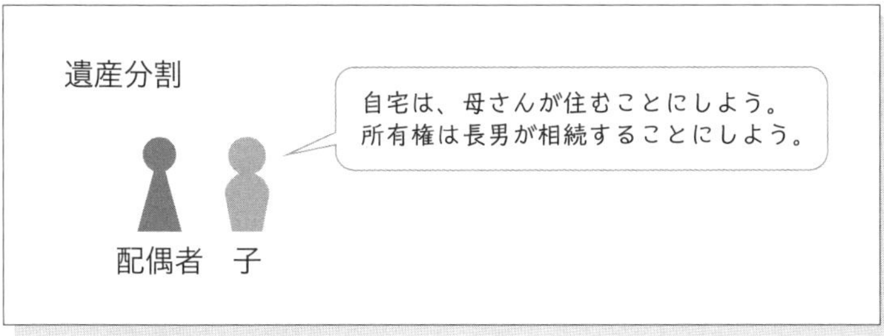
遺産分割
自宅は、母さんが住むことにしよう。
所有権は長男が相続することにしよう。
配偶者
子

という、**相続人全員による遺産分割**があれば成立します（それ以外にも家庭裁判所の審判があれば成立することがあります）。

◆ 配偶者居住権と建物賃借権の比較 ◆

	配偶者居住権	建物賃借権
有償性	配偶者は無償で建物の使用収益ができる	賃借人は賃料支払義務を負う
存続期間	原則：配偶者の終身の間（1030） 例外：遺産分割で別段の定めをしたときは、その定めるところによる	50年を超えることができない（604 Ⅰ）
対抗要件	登記に限られる	①登記（605） ②建物引渡（借31）
登記請求権	配偶者は登記請求権を有する（1031 Ⅰ）	賃借人は特約がなければ、登記請求権を有しない
譲渡性	譲渡することができない（1032 Ⅱ）	賃貸人の承諾がなければ譲渡することができない（612 Ⅰ）
相続性	配偶者が死亡したときは、存続期間の満了の前であっても、消滅する	賃借人が死亡したときは賃借権は相続により承継される

この配偶者居住権と、建物賃借権を比較してみます。

有償性・存続期間

先ほど、説明した通り「死ぬまで」「タダで」住める権利なのが基本ですが、「存続期間は40年まで」のように期間を定めることができます。

対抗要件・登記請求権

建物賃借権であれば、登記だけでなく引渡しでも対抗要件になります。一方、配偶者居住権ではすでに建物に居住しているため、引き渡すことはありえません。

そのため、**対抗要件は登記だけ**になります。

対抗要件が登記しかないため、**登記が絶対にできるよう登記請求権を認めています。つまり、所有者には居住権の登記をする義務が課せられているのです。**

譲渡性・相続性

この居住権は、配偶者に対して認めた権利です。そのため、これを譲渡したり、相続による承継をさせたりする必要はありません。

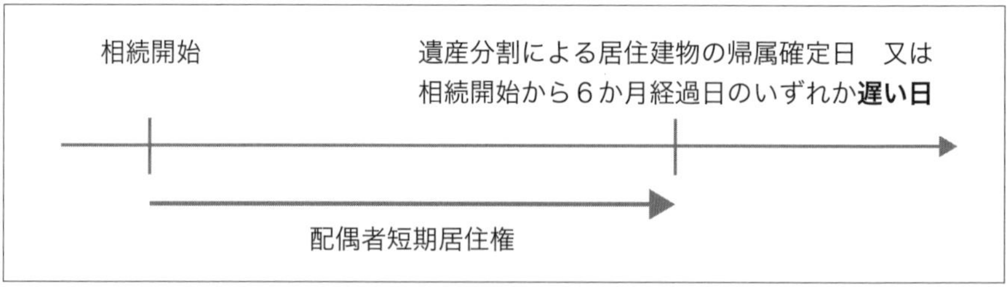

被相続人が死亡した後、配偶者は

①遺産分割により、建物の所有権を取得して、居住する

②死亡したときに配偶者居住権を取得して居住する

③遺産分割により、配偶者居住権を取得して居住する

④別の家に引っ越しをして、居住する

ことになります。

①②では、死亡時から住める権利があるから問題ありません。問題は③④の場合です。被相続人が死亡してから、居住地が決まるまである程度間隔が開いてしまいます。

そこで、**③④の場合、死亡後にとりあえず建物に住めることにしました。**

この居住権のことを、配偶者短期居住権と呼びます。

例えば、遺産分割により、建物所有権を長男が取得した場合には、その時点までこの居住権が認められます。

ただ、その遺産分割が相続開始から６か月を経過していなければ、**相続開始から６か月まで居住権が認められます**。

問題を解いて確認しよう

1	配偶者居住権は、居住建物の所有者の承諾があれば譲渡することができる。〔令4-23-イ改題〕	×
2	配偶者居住権は、登記を備えることにより第三者対抗力を有する。〔令4-23-ウ改題〕	○

×肢のヒトコト解説

1　配偶者居住権は、譲渡することができません。

◆ 配偶者居住権と配偶者短期居住権の比較 ◆

	配偶者居住権	配偶者短期居住権
発生事由	被相続人の財産に属した建物に相続開始の時に居住していた配偶者について、 ・配偶者居住権を取得させる旨の遺産分割 ・配偶者居住権を取得させる旨の遺贈 ・被相続人との間の死因贈与契約 のいずれかがあること（1028）	配偶者が、被相続人の財産に属した建物に相続開始の時に無償で居住していること
居住権の権利内容	建物の使用収益	建物の使用
居住権の有償性	無償	無償
存続期間	原則：配偶者の終身の間（1030） 例外：遺産分割で別段の定めをしたときは、その定めるところによる	① 居住建物につき共同相続人間で遺産の分割をする場合 → 遺産の分割により居住建物の帰属が確定した日 又は相続開始の時から６か月を経過する日のいずれか遅い日 ② ①以外の場合 → 消滅の申入れの日から６か月を経過する日
譲渡性	譲渡することができない（1032 Ⅱ）	譲渡することができない（1041・1032 Ⅱ）
必要費の負担	通常の必要費：配偶者の負担 特別の必要費：建物所有者の負担（1034）	同左（1041・1034）
有益費の負担	建物所有者の負担（1034）	同左（1041・1034）
配偶者が死亡したとき	存続期間の満了の前であっても、消滅する	消滅する（1041・597③）
対抗力	登記することによって、対抗できる（1031 Ⅱ・605）	対抗要件を具備することはできない

配偶者居住権、配偶者短期居住権を比較した図表になっています。

結論が異なっている点について、重点的に解説します。

発生事由

配偶者短期居住権は、ただ住んでいるというだけで、自動的に発生する権利です。

ちなみに、配偶者が居住建物を無償で使用していることが必要です。有償で使用している場合には、配偶者と被相続人との間に賃貸借等の契約関係があったと考えられ、被相続人の契約上の地位が相続人に引き継がれて契約関係が継続するため、新たな権利は不要と考えられたためです（配偶者居住権は、居住していれば要件を満たし、その居住は有償・無償を問いません）。

居住権の権利内容

配偶者居住権には、使用だけでなく収益権も認められていますが（居住権を持つ配偶者が資金不足などになったときに、その家を貸すことを想定しています）、配偶者短期居住権は「とりあえず住めるだけ」の権利になっています。

存続期間

配偶者短期居住権は「とりあえず住めるだけ」という権利なので、配偶者居住権のように終身までの期間を認めていません。

最短で６か月間しか認められない権利です。

対抗力

配偶者居住権は、「死ぬまでタダで住む権利」であり、非常に強い権利です。そのため、登記が可能です。

一方、配偶者短期居住権は最短で６か月だけの権利であるため、登記で公示する必要性が乏しいと考えられ、登記事項にはなっていません。

問題を解いて確認しよう

1	被相続人の配偶者が相続開始時に被相続人の財産に属した建物に無償で居住していた場合、配偶者居住権及び配偶者短期居住権は、いずれも、遺産分割又は遺贈の目的とされたときに成立する。〔オリジナル〕	×
2	配偶者居住権を取得した配偶者は、居住建物について使用及び収益をする権利を有し、配偶者短期居住権を取得した配偶者も、居住建物について使用及び収益をする権利を有する。〔オリジナル〕	×
3	配偶者は、取得した配偶者居住権について、設定の登記を備えることができ、取得した配偶者短期居住権についても、設定の登記を備えることができる。〔オリジナル〕	×

ヒトコト解説

1 短期居住権は、居住しているだけで発生する権利です。

2 短期居住権は、使用する権利のみ認められています。

3 短期居住権は、登記することができません。

これで到達！ 合格ゾーン

□ 居住建物の全部が滅失して使用及び収益をすることができなくなった場合には、配偶者居住権は消滅する（1036・616の2）。〔令4-23-エ〕

★居住建物がなくなっていれば、居住権を残す意味がないため、居住権は消滅することになります。

第6章 遺留分

ここで、誰がどれだけ請求できるのかという計算問題がよく出ます（個別的遺留分という部分です）。
また、誰に対して金銭請求できるかという点も多く出ます。
ここは、「あまり昔の人には迷惑をかけない」という観点で読むようにしてください。

これは、生活を保障したいという相続の趣旨と、死者の最終意思を尊重したいという遺言の趣旨の調整をする制度です。

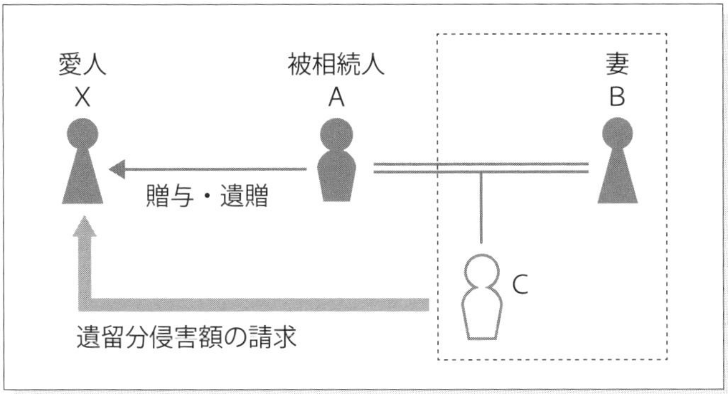

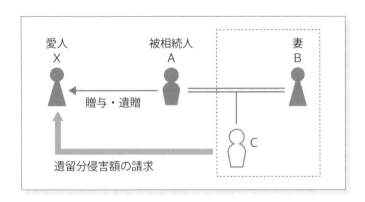

Aが自分の愛人に全財産を遺贈していました。この**遺贈を認めてしまうと、残った家族が生活できなくなります**。

そこで、残った家族の生活を考え、**家族は、財産の２分の１に相当する金銭を請求できるようにしました**。

これが「遺留分侵害額請求」という制度です。

気を付けてほしいのは、この請求によって、遺贈・贈与は無効になるわけではありません（遺贈などでもらった土地・建物自体を返す必要はないのです）。

ＡはＸにこの財産をあげたかったので、それを重視したのです。

もらったものを返す必要はない、ただＢＣにお金を払う義務を課しました。

では、いくら払えと請求できるのでしょうか。

ここは、二段階に分けて検討する必要があります。

覚えましょう

総体的遺留分：ＢＣ２人で取り戻せる財産の割合
個別的遺留分：Ｂが取り戻せる財産の割合

まず、二人揃ってどれだけ請求できるかの分数を決めることから始めます。この分数を総体的遺留分と呼びます。

覚えましょう

総体的遺留分率

①直系尊属のみが相続人であるとき
→　総体的遺留分：被相続人の財産の３分の１
②その他
→　総体的遺留分：被相続人の財産の２分の１

基本が２分の１で、３分の１になるケースをしっかりと覚えておいてください。

直系尊属のみが相続人のケースだけが3分の1になるのです。

① 相続人が子3人のみ	→	2分の1
② 相続人が配偶者と直系尊属	→	2分の1
③ 相続人が直系尊属のみ	→	3分の1

そのため、上記の例では③だけが3分の1の遺留分になります。②は2分の1であることに注意をしてください。

では、次に一人ひとりがどれだけ請求できるのか、という点にいきましょう。
これは個別的遺留分といいますが、
「総体的遺留分に自分の相続分をかける」ことによって、はじき出します。

先ほどの事例のBの個別的遺留分は
2分の1（総体的遺留分） × 2分の1（法定相続分）で、4分の1となります。

1049条（遺留分の放棄）
1 相続の開始前における遺留分の放棄は、家庭裁判所の許可を受けたときに限り、その効力を生ずる。
2 共同相続人の一人のした遺留分の放棄は、他の各共同相続人の遺留分に影響を及ぼさない。

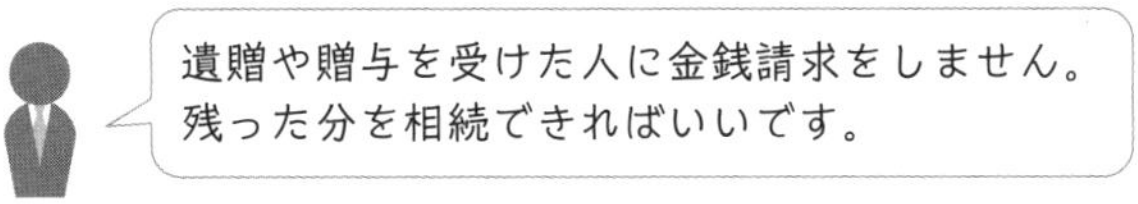

遺贈や贈与を受けた人に金銭請求をしません。
残った分を相続できればいいです。

遺留分を放棄する、これは侵害額請求をしないという意思表示です。
これは、放棄する時期によって、制約が入ります。

覚えましょう

	相続開始前の放棄	相続開始後の放棄
家庭裁判所の許可	必要	不要

例えば、相続が始まる前に、遺留分を放棄する場合は、家庭裁判所の許可が必要です。

これはチェックをするためなのです。

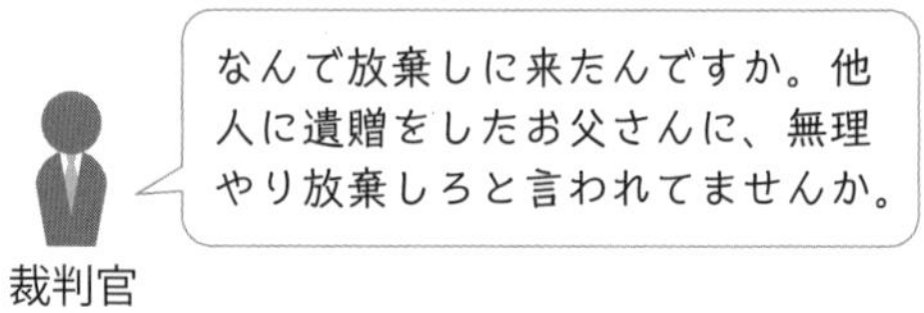

なんで放棄しに来たんですか。他人に遺贈をしたお父さんに、無理やり放棄しろと言われてませんか。
裁判官

被相続人から放棄を強要されていないかのチェックをするのです。

こういった趣旨だからこそ、相続開始後は家庭裁判所の許可は要らないことになります（死んだ後は強要なんかできないからです）。

ちなみに比較して欲しいのが相続放棄です。

相続放棄は、相続を知ってから3か月間しかできません。裏を返せば、相続が始まる前は全くできないのです。

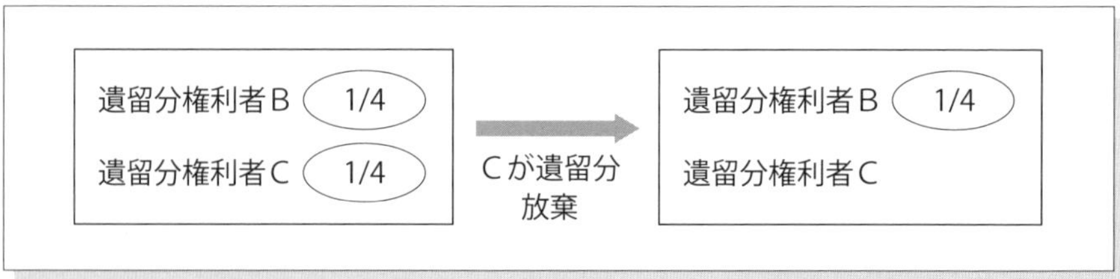

ＢとＣ二人で半分取り返せる状態でした。ＢＣはそれぞれ4分の1ずつ、取り返せます。

ここでＣが遺留分を放棄すると、その人の遺留分だけなくなり、**Ｂの遺留分は増えません**（**結果として、全体で取り返せる割合は減る**のです）。

ちなみに、今回Ｃは遺留分を放棄していますが、相続人であることは変わりません。Ｃが遺留分を放棄するというのは、「遺贈を受けた人に、私は侵害額請求しません。残った部分だけ相続します」ことを意味します。

ちなみに、このＣが相続を放棄した場合は、相続人ではありませんから遺留分侵害額請求はできないし、相続も受けられなくなります。

Point

遺留分侵害額請求権の成立

一方的意思表示による（形成権） ※訴訟の必要はない

遺留分侵害額請求、これは合意ではなく、**一方的な意思表示で成立**します。

しかも、**訴訟の必要もありません**。

詐害行為取消請求と比較をしてください。詐害行為取消請求は一方的な意思ですが、訴訟が必要でした。

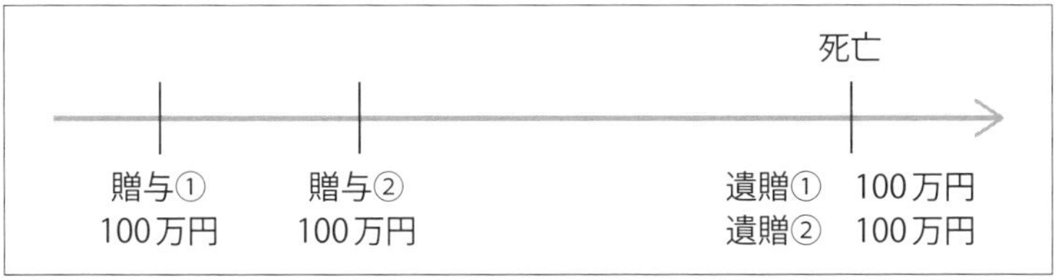

Point

Q 遺留分侵害額が150万円の場合、誰に遺留分侵害額請求できるのか。

A 侵害額請求すべき贈与・遺贈が数個あるとき

→ 遺贈を受けた者へ侵害額請求をする

遺贈が数個あるとき

→ 遺贈の価額に応じて按分して侵害額請求をする

［結論］遺贈①・遺贈②を受けた人に75万円を請求する

死ぬまでに贈与を2回、死んだ時点で現金を二人に遺贈しているようです。

遺留分全体の考え方

→できるだけ昔の人に迷惑をかけたくない

こういう発想があります。

そのため、遺贈と贈与がある場合は、昔行われた贈与よりも先に、遺贈を受けた人に請求しなさい、としているのです。

そして遺贈が複数ある場合には、遺贈には効力発生の時期の先後がないのでここは平等です。遺贈の価額に応じて、侵害額請求をすることになります。

そのため、前記の事例では遺贈から侵害額請求をする、そして、遺贈が複数あるので150万円を按分で割り振って、遺贈①を受けた人に75万円、遺贈②を受けた人に75万円を請求することになります。

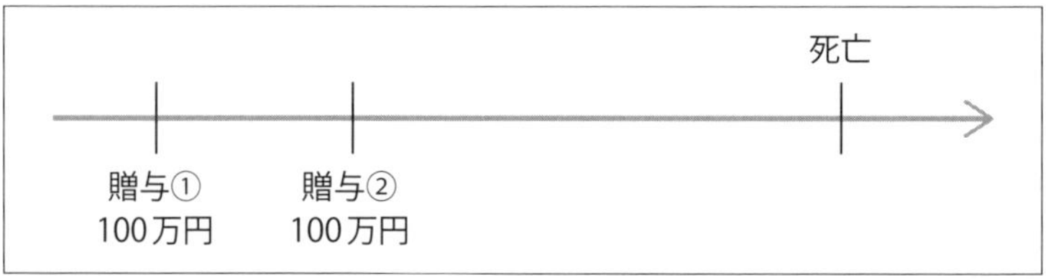

Point

Q　遺留分侵害額が150万円の場合、どれについて侵害額請求できるのか。

A　贈与が数個あるとき → 後の贈与から、順次、前の贈与へ

【結論】　贈与②から100万円、贈与①から50万円

これも昔の人に迷惑をかけたくないという趣旨から、**贈与②に請求して、それでも足りない場合は、前の贈与①に請求できます。**

問題を解いて確認しよう

1	被相続人Aに妻Bと既に死亡している子Cの子Dがいる場合に、AがBに対し全財産を遺贈したときは、Dは、相続財産の2分の1に相続分2分の1を乗じた相続財産の4分の1について、Bに対し遺留分侵害額請求をすることができる。〔20-24-イ改題〕	○
2	相続開始前の遺留分の放棄は、その旨を家庭裁判所へ申述することによって、その効力を生ずる。〔2-21-4（6-19-オ、10-20-ア）〕	×
3	共同相続人の一人が遺留分を放棄したときは、他の各共同相続人の遺留分はその相続分に応じて増加する。〔54-10-2（10-20-イ、20-24-エ）〕	×
4	遺留分侵害額請求は、受遺者又は受贈者に対する意思表示によってすれば足り、必ずしも裁判上の請求によることを要しない。〔12-21-イ改題〕	○
5	贈与を受けた者に遺留分侵害額請求した後でなければ、遺贈を受けた者に対して遺留分侵害額請求することができない。〔6-19-エ改題（10-20-オ、25-23-ウ）〕	×

×肢のヒトコト解説

2 家庭裁判所に申述するだけでは足りず、許可をもらう必要があります。

3 一人が遺留分を放棄しても、他の人の遺留分に変化はありません。

5 遺贈を受けた人に遺留分侵害額請求をします。それでも、侵害額に達しない場合だけ、贈与を受けた人に請求できます。

2周目はここまで押さえよう

遺留分侵害額 ＝ 遺留分額 － 相続・遺贈で得られた利益

最低限1,000万円は残されるべきだったのに、被相続人の生前贈与があったため、400万円しか相続を受けることができませんでした。

この場合、生前贈与を受けた人に対して、600万円払えと請求できます。

この関係を「ざっくり」記載したのが上の表です（詳細が気になる方は、条文で確認してください)。

上記の計算式のうち、多く出題されるのは、「遺留分額」、最低限残されるべき金額の部分の計算です。

次の図を見てください。

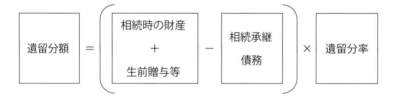

遺留分額 ＝ （相続時の財産 ＋ 生前贈与等 － 相続承継債務）× 遺留分率

上記のような計算式になります。

例えば、死亡時の相続財産が1,000万円、相続債務が400万円で、遺留分率が２分の１だった場合は、

(1,000万円－400万円) × ２分の１＝300万円

となります。

ここからが本題です。この相続時の財産という部分ですが、死亡前に、贈与などをしている場合は、加算して計算します。

例えば、死亡時の相続財産が1,000万円、相続する半年前に300万円の贈与、相続債務が400万円で、遺留分率が２分の１だった場合は、

(1,000万円＋300万円－400万円) × ２分の１＝450万円

となります。

この加算部分が出題されます。贈与だけでなく、いろいろなものを加算します。次の図を見てください。

相続開始時に存した財産（1043 Ⅰ）
＋　①　相続開始前１年間になされた贈与（1044 Ⅰ前段）
＋　②　当事者双方悪意の相続開始の１年前の日より前の贈与（1044 Ⅰ後段）
＋　③　相続開始前10年間になされた特別受益としての贈与（1044 Ⅰ・Ⅲ）
＋　④　当事者双方悪意の10年前の日より前の特別受益としての贈与（1044 Ⅰ・Ⅲ）
＋　⑤　負担付贈与、当事者双方悪意の不相当対価の有償行為（1045）

①～③まで押さえておけば十分でしょう

① 死亡前の１年間にされていた贈与です。これは、受贈者の善悪にかかわらず加算します。

② １年より前のものは加算しません。ただし、遺留分を侵害することを分かってもらっていた場合には加算します。

③ 相続人のだれかだけが特別受益を受けている場合は、相続前10年間のものまで加算します。従来は無制限だったのですが、そのせいで③の金額がドンドン加算されてしまい、受贈者に迷惑が掛かった（身内の贈与のせいで、受贈者の取り返される金額が増えていく）ため、改正が入ったところです。

☑ 1	Ａが相続開始の２年前にＣに対して土地を贈与した場合において、当該贈与の当時、遺留分権利者に損害を加えることをＡは知っていたものの、Ｃはこれを知らなかったときは、当該贈与は、遺留分侵害額請求の対象とならない（なお、ＡとＣの間には、親族関係はないものとする）。〔25-23-イ〕	○
2	Ａが相続開始の２年前にその子Ｂに対して生計の資本として金銭を贈与した場合には、遺留分権利者とＢとの間に生ずる不公平が到底是認することができないほどに著しいものであると評価すべき特段の事情がない限り、当該贈与は、遺留分侵害額請求の対象とならない。〔25-23-ア〕	×

これで、民法の講義は終了です。

ここでは、本書を通読した後の学習方法について、説明します。

〈本書を通読した方の今後の学習法〉

① 本書を、順番通り２回から３回通読していく

↓

② 本書に掲載されている問題のみ解いていく

（間違えたものは本文を読む）

↓

③ 過去問を解く、答案練習会に参加する

民法の学習は、⑴**制度趣旨（ルールのある理由、ルールの背景）を押さえて、⑵制度趣旨からルールを覚えて、⑶ルールを当てはめること（問題を解くこと）**を丹念に繰り返すことにつきます。

まずは、２回から３回、**本書を順番通り読んでいきましょう**。これをすることによって、上記の⑴⑵⑶の手順を繰り返すことができます。

そして、本書を読む回数が増えてきたら、**「本書についている問題を解く」→「間違えるところについて本書を読む」ようにしましょう**。

これにより、知識を確認するだけでなく、間違えたところ「だけ」を読むことによって、効率的に弱点を潰すことができるようになります。

ここまでできるようになれば、合格力は相当ついてきます。**あとは、新しい知識に触れれば触れるほど知識が増えてきます**。

ぜひ、過去問題（過去問題集合格ゾーン）を解いたり、答案練習会（ＬＥＣ精撰答練）に参加し、**新作問題も解いてください**。

MEMO

索引

さ行

た行

な行

は行

ま行

や行

ら行

〈執筆者〉

根本 正次（ねもと しょうじ）

2001年司法書士試験合格。2002年から講師として教壇に立ち、20年以上にわたり初学者から上級者まで幅広く受験生を対象とした講義を企画・担当している。講義方針は、「細かい知識よりもイメージ・考え方」を重視すること。熱血的な講義の随所に小噺・寸劇を交えた受講生を楽しませる「楽しい講義」をする講師でもある。過去問の分析・出題予想に長けており、本試験直前期には「出題予想講座」を企画・実施し、数多くの合格者から絶賛されている。

令和7年版 根本正次のリアル実況中継
司法書士 合格ゾーンテキスト
3 民法Ⅲ

2019年3月25日　第1版　第1刷発行
2024年6月20日　第6版　第1刷発行

執　筆●根本 正次
編著者●株式会社　東京リーガルマインド
LEC総合研究所　司法書士試験部

発行所●株式会社　東京リーガルマインド
〒164-0001　東京都中野区中野4-11-10
アーバンネット中野ビル
LECコールセンター　0570-064-464
受付時間　平日9：30～20：00/土・祝10：00～19：00/日10：00～18：00
※このナビダイヤルは通話料お客様ご負担となります。
書店様専用受注センター　TEL 048-999-7581 / FAX 048-999-7591
受付時間　平日9：00～17：00/土・日・祝休み
www.lec-jp.com/

本文デザイン●株式会社リリーフ・システムズ
本文イラスト●小牧 良次
印刷・製本●図書印刷株式会社

ISBN978-4-8449-6307-3

根本正次
LEC専任講師

Shoji

誰にもマネできない記憶に残る講義

司法書士試験は、「正しい努力をすれば」、「必ず」合格ラインに届きます。
そのために必要なのは、「絶対にやりぬく」という意気込みです。
皆さんに用意していただきたいのは、
司法書士試験に一発合格する！という強い気持ち、この1点だけです。
あとは、私が示す正しい努力の方向を邁進するだけで、
合格ラインに届きます。

私の講義ここがPoint!

1 わかりやすいのは当たり前！ 私の講義は「記憶に残る講義」

❶ 知識の1つ1つについて、しっかりとした理由付けをする。
❷ 一度の説明ではなく、時間の許す限り繰り返し説明する。
❸ 寸劇・コントを交えて衝撃を与える。

2 法律を教えるのは当たり前！ 時期に応じた学習計画も伝授

❶ 講義の受講の仕方、復習の仕方、順序を説明する。
❷ すでに学習済みの科目について、復習するタイミング、復習する範囲を指示します。
❸ どの教材を、いつまでに、どのレベルまで仕上げるべきなのかを細かく指導する。

3 徹底した過去問重視の指導

❶ 過去の出題実績の高いところを重点に講義をする。
❷ 復習時に解くべき過去問を指摘する。
❸ 講義内で過去問を解いてもらう。

Nemoto

その裏に隠された緻密な分析力！

私のクラスでは、
❶ 法律を全く知らない人に向けて、「わかりやすく」「面白く」「合格できる」講義と
❷ いつ、どういった学習をするべきなのかのスケジュールと
❸ 数多くの一発合格するためのサポートを用意しています。
とにかく目指すは、司法書士試験一発合格です。一緒に頑張っていきましょう！

合格者の声　根本先生おすすめします！

一発合格

長井 愛さん

根本先生の講義はとにかく楽しいです。丁寧に、分かりやすく説明してくださる上に、全力の寸劇が何度も繰り広げられ、そのおかげで頭に残りやすかったです。また先生作成のノートやレジュメも分かりやすくて大好きです！！

一発合格
最年少合格

大島 駿さん

根本先生の良かった点は、講義内容のわかりやすさはもちろん、記憶に残る講義だということです。正直、合格できた１番の理由は根本先生の存在があったからこそだと思います。

一発合格

大石徳子さん

根本講師は、受験生の気持ちを本当に良く理解していて、すごく愛のある先生だと思います。講座の区切り、区切りで、今受験生が言ってもらいたい言葉を掛けてくれます。

一発合格

望月飛鳥さん

初学者の私でも分かりやすく、楽しく授業を受けられました。講義全体を通して、全力で授業をしてくれるので、こちらも頑張ろうという気持ちになります。

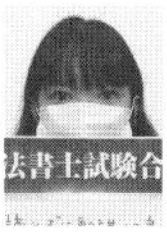

一発合格

H・Tさん

寸劇を交えた講義が楽しくイメージしやすかったです。問題を解いている時も先生の講義を思い出せました。

一発合格

田中佑幸さん

根本先生の『論点のストーリー説明→条文根拠づけ→図表まとめ』の講義構成がわかりやすく記憶に残りやすかったです。

LEC司法書士YouTubeチャンネル https://www.youtube.com/@LEC-shoshi

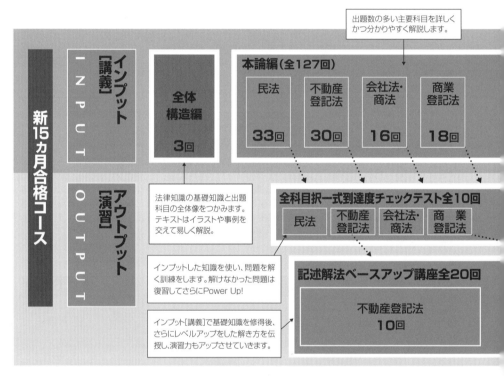

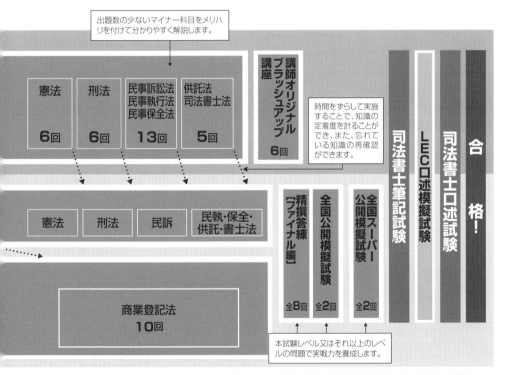

通信専用

初学者向け通信講座

こんな希望をお持ちの方におすすめ
○これから初めて法律を学習していきたい
○通勤・通学、家事の合間のスキマ時間を有効活用したい
○いつでもどこでも手軽に講義を受講したい
○司法書士試験で重要なポイントに絞って学習したい
○独学での学習に限界を感じている

過去問対策

過去問
演習講座
15分
×60ユニット

択一式対策

一問一答
オンライン
問題集

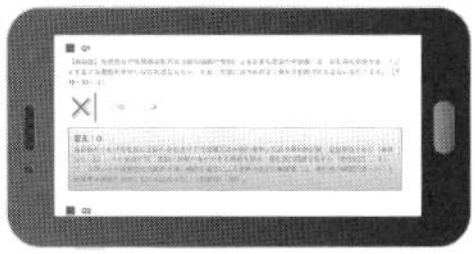

全国スーパー公開模擬試験
全２回

※本カリキュラムは、2023年８月１日現在のものであり、講座の内容・回数等が変更になる場合があります。予めご了承ください。

詳しくはこちら⇒ www.lec-jp.com/shoshi/

■お電話での講座に関するお問い合わせ 平日：9:30～20:00　土祝：10:00～19:00　日：10:00～18:00
※このナビダイヤルは通話料お客様ご負担になります。※固定電話・携帯電話共通（一部のPHS・IP電話からのご利用可能）。

LECコールセンター 0570-064-464

LEC全国学校案内

＊講座のお問合せ，受講相談は最寄りのLEC各校へ

LEC本校

北海道・東北

札　幌本校 ☎011(210)5002
〒060-0004 北海道札幌市中央区北4条西5-1　アスティ45ビル

仙　台本校 ☎022(380)7001
〒980-0022 宮城県仙台市青葉区五橋1-1-10　第二河北ビル

関東

渋谷駅前本校 ☎03(3464)5001
〒150-0043 東京都渋谷区道玄坂2-6-17　渋東シネタワー

池　袋本校 ☎03(3984)5001
〒171-0022 東京都豊島区南池袋1-25-11　第15野萩ビル

水道橋本校 ☎03(3265)5001
〒101-0061 東京都千代田区神田三崎町2-2-15　Daiwa三崎町ビル

新宿エルタワー本校 ☎03(5325)6001
〒163-1518 東京都新宿区西新宿1-6-1　新宿エルタワー

早稲田本校 ☎03(5155)5501
〒162-0045 東京都新宿区馬場下町62　三朝庵ビル

中　野本校 ☎03(5913)6005
〒164-0001 東京都中野区中野4-11-10　アーバンネット中野ビル

立　川本校 ☎042(524)5001
〒190-0012 東京都立川市曙町1-14-13　立川MKビル

町　田本校 ☎042(709)0581
〒194-0013 東京都町田市原町田4-5-8　MIキューブ町田イースト

横　浜本校 ☎045(311)5001
〒220-0004 神奈川県横浜市西区北幸2-4-3　北幸GM21ビル

千　葉本校 ☎043(222)5009
〒260-0015 千葉県千葉市中央区富士見2-3-1　塚本大千葉ビル

大　宮本校 ☎048(740)5501
〒330-0802 埼玉県さいたま市大宮区宮町1-24　大宮GSビル

東海

名古屋駅前本校 ☎052(586)5001
〒450-0002 愛知県名古屋市中村区名駅4-6-23　第三堀内ビル

静　岡本校 ☎054(255)5001
〒420-0857 静岡県静岡市葵区御幸町3-21　ペガサート

北陸

富　山本校 ☎076(443)5810
〒930-0002 富山県富山市新富町2-4-25　カーニープレイス富山

関西

梅田駅前本校 ☎06(6374)5001
〒530-0013 大阪府大阪市北区茶屋町1-27　ABC-MART梅田ビル

難波駅前本校 ☎06(6646)6911
〒556－0017 大阪府大阪市浪速区湊町1-4-1
大阪シティエアターミナルビル

京都駅前本校 ☎075(353)9531
〒600-8216 京都府京都市下京区東洞院通七条下ル2丁目
東塩小路町680-2　木村食品ビル

四条烏丸本校 ☎075(353)2531
〒600-8413　京都府京都市下京区烏丸通仏光寺下ル
大政所町680-1　第八長谷ビル

神　戸本校 ☎078(325)0511
〒650-0021 兵庫県神戸市中央区三宮町1-1-2　三宮セントラルビル

中国・四国

岡　山本校 ☎086(227)5001
〒700-0901 岡山県岡山市北区本町10-22　本町ビル

広　島本校 ☎082(511)7001
〒730-0011 広島県広島市中区基町11-13　合人社広島紙屋町アネクス

山　口本校 ☎083(921)8911
〒753-0814 山口県山口市吉敷下東 3-4-7　リアライズⅢ

高　松本校 ☎087(851)3411
〒760-0023 香川県高松市寿町2-4-20　高松センタービル

松　山本校 ☎089(961)1333
〒790-0003 愛媛県松山市三番町7-13-13　ミツネビルディング

九州・沖縄

福　岡本校 ☎092(715)5001
〒810-0001 福岡県福岡市中央区天神4-4-11　天神ショッパーズ福岡

那　覇本校 ☎098(867)5001
〒902-0067 沖縄県那覇市安里2-9-10　丸姫産業第2ビル

EYE関西

EYE 大阪本校 ☎06(7222)3655
〒530-0013　大阪府大阪市北区茶屋町1-27　ABC-MART梅田ビル

EYE 京都本校 ☎075(353)2531
〒600-8413　京都府京都市下京区烏丸通仏光寺下ル
大政所町680-1　第八長谷ビル

LEC提携校

＊提携校はLECとは別の経営母体が運営をしております。
＊提携校は実施講座およびサービスにおいてLECと異なる部分がございます。

北海道・東北

八戸中央校【提携校】 ☎0178(47)5011
〒031-0035　青森県八戸市寺横町13　第1朋友ビル　新教育センター内

弘前校【提携校】 ☎0172(55)8831
〒036-8093　青森県弘前市城東中央1-5-2
まなびの森　弘前城東予備校内

秋田校【提携校】 ☎018(863)9341
〒010-0964　秋田県秋田市八橋鯲沼町1-60
株式会社アキタシステムマネジメント内

関東

水戸校【提携校】 ☎029(297)6611
〒310-0912　茨城県水戸市見川2-3092-3

所沢校【提携校】 ☎050(6865)6996
〒359-0037　埼玉県所沢市くすのき台3-18-4　所沢K・Sビル
合同会社LPエデュケーション内

東京駅八重洲口校【提携校】 ☎03(3527)9304
〒103-0027　東京都中央区日本橋3-7-7　日本橋アーバンビル
グランデスク内

日本橋校【提携校】 ☎03(6661)1188
〒103-0025　東京都中央区日本橋茅場町2-5-6　日本橋大江戸ビル
株式会社大江戸コンサルタント内

東海

沼津校【提携校】 ☎055(928)4621
〒410-0048　静岡県沼津市新宿町3-15　萩原ビル
M-netパソコンスクール沼津校内

北陸

新潟校【提携校】 ☎025(240)7781
〒950-0901　新潟県新潟市中央区弁天3-2-20　弁天501ビル
株式会社大江戸コンサルタント内

金沢校【提携校】 ☎076(237)3925
〒920-8217　石川県金沢市近岡町845-1　株式会社アイ・アイ・ピー金沢内

福井南校【提携校】 ☎0776(35)8230
〒918-8114　福井県福井市羽水2-701　株式会社ヒューマン・デザイン内

関西

和歌山駅前校【提携校】 ☎073(402)2888
〒640-8342　和歌山県和歌山市友田町2-145
KEG教育センタービル　株式会社KEGキャリア・アカデミー内

中国・四国

松江殿町校【提携校】 ☎0852(31)1661
〒690-0887　島根県松江市殿町517　アルファステイツ殿町
山路イングリッシュスクール内

岩国駅前校【提携校】 ☎0827(23)7424
〒740-0018　山口県岩国市麻里布町1-3-3　岡村ビル　英光学院内

新居浜駅前校【提携校】 ☎0897(32)5356
〒792-0812　愛媛県新居浜市坂井町2-3-8　パルティフジ新居浜駅前店内

九州・沖縄

佐世保駅前校【提携校】 ☎0956(22)8623
〒857-0862　長崎県佐世保市白南風町5-15　智翔館内

日野校【提携校】 ☎0956(48)2239
〒858-0925　長崎県佐世保市椎木町336-1　智翔館日野校内

長崎駅前校【提携校】 ☎095(895)5917
〒850-0057 長崎県長崎市大黒町10-10　KoKoRoビル
minatoコワーキングスペース内

高原校【提携校】 ☎098(989)8009
〒904-2163　沖縄県沖縄市大里2-24-1
有限会社スキップヒューマンワーク内

※上記は2024年5月1日現在のものです。

書籍の訂正情報について

このたびは，弊社発行書籍をご購入いただき，誠にありがとうございます。
万が一誤りの箇所がございましたら，以下の方法にてご確認ください。

1 訂正情報の確認方法

書籍発行後に判明した訂正情報を順次掲載しております。
下記Webサイトよりご確認ください。

www.lec-jp.com/system/correct/

2 ご連絡方法

上記Webサイトに訂正情報の掲載がない場合は，下記Webサイトの入力フォームよりご連絡ください。

lec.jp/system/soudan/web.html

フォームのご入力にあたりましては，「Web教材・サービスのご利用について」の最下部の「ご質問内容」に下記事項をご記載ください。

- 対象書籍名（○○年版，第○版の記載がある書籍は併せてご記載ください）
- ご指摘箇所（具体的にページ数と内容の記載をお願いいたします）

ご連絡期限は，次の改訂版の発行日までとさせていただきます。
また，改訂版を発行しない書籍は，販売終了日までとさせていただきます。

※上記「2ご連絡方法」のフォームをご利用になれない場合は，①書籍名，②発行年月日，③ご指摘箇所，を記載の上，郵送にて下記送付先にご送付ください。確認した上で，内容理解の妨げとなる誤りについては，訂正情報として掲載させていただきます。なお，郵送でご連絡いただいた場合は個別に返信しておりません。

送付先：〒164-0001 東京都中野区中野4-11-10 アーバンネット中野ビル
株式会社東京リーガルマインド 出版部 訂正情報係

- 誤りの箇所のご連絡以外の書籍の内容に関する質問は受け付けておりません。
  また，書籍の内容に関する解説，受験指導等は一切行っておりませんので，あらかじめご了承ください。
- お電話でのお問合せは受け付けておりません。

講座・資料のお問合せ・お申込み

LECコールセンター 0570-064-464

受付時間：平日9:30〜20:00/土・祝10:00〜19:00/日10:00〜18:00

※このナビダイヤルの通話料はお客様のご負担となります。
※このナビダイヤルは講座のお申込みや資料のご請求に関するお問合せ専用ですので，書籍の正誤に関するご質問をいただいた場合，上記「2ご連絡方法」のフォームをご案内させていただきます。